U0734503

随着汽车技术的发展，目前汽车车载网络系统已成为汽车电子领域的热点，并成为汽车的重要组成部分。不了解汽车车载网络技术，很难对现代汽车进行全面的诊断和检修。为了适应并推动高等职业教育的发展，使所培养的汽车高级技术人员能够尽快掌握现代汽车车载网络技术和维修方法，我们联合教学一线的教师和相关维修企业的技术人员共同编写了本书。

编者编写的《汽车车载网络系统检修（第2版）》一书自出版以来，受到了众多高职高专院校的欢迎。为了更好地满足广大高职高专院校的学生对汽车车载网络技术学习的需要，编者结合近几年的教学改革实践和广大读者的反馈意见，在保留原书特色的基础上，对原书进行了全面的修订。修订后的内容比以前更具针对性和实用性，更有利于教师的教学和读者的自学。本次修订的主要内容如下。

1．相对于第 2 版对全书体例进行了修改，以项目为驱动增加了典型案例分析、工作任务和知识训练等内容。

2．根据技术的发展，对车载网络协议标准、术语进行了校正和修改。

3．更新了奥迪 A8 和奥迪 A4 的网络系统拓扑内容。

4．增加了大众速腾的驱动系统 CAN 总线和舒适系统 CAN 总线系统内容。

5．增加了电动汽车车载网络系统检修和智能网联汽车车载网络系统检修内容。

本书贯彻落实党的二十大精神，体现了"以行业为导向、以能力为本位、以学生为中心"的基于工作过程的课程理念；体现了汽车前沿的新知识、新技术、新工艺，重视实践能力的培养。

本书各项目均配有典型案例分析和工作任务等，并以二维码的形式附相应内容的动画及视频资源。本书建议学时为 60 学时，其中实训环节为 38 学时。各项目的参考学时见下表。

项目编号	课程内容	学时分配	
		讲　授	实　训
项目 1	认识车载网络系统	2	2
项目 2	认识常用车载网络系统	2	2
项目 3	大众车系车载网络系统检修	4	8
项目 4	奥迪车系车载网络系统检修	4	8
项目 5	丰田多路传输系统检修	4	8
项目 6	电动汽车车载网络系统检修	4	8
项目 7	智能网联汽车车载网络系统检修	2	2
学时总计		22	38

本书由重庆工业职业技术学院的李雷、王亮亮任主编，重庆工业职业技术学院的康学忠、湖南汽车工程职业学院的尹艺霏和重庆长安汽车股份有限公司的陈思良任副主编。其中，项目 1、项目 2、项目 3 由李雷和陈思良编写，项目 4、项目 5 由王亮亮编写，项目 6 由尹艺霏编写，项目 7 由康学忠编写。

在编写本书时，编者参考了相关车型的维修手册和培训资料，谨在此向各位编者及资料提供者表示由衷的谢意。此外，特别感谢重庆市汽车维修行业技术专家们的大力支持。

由于编者水平有限，书中难免存在不足之处，敬请广大读者批评指正。

编者

2023 年 12 月

工业和信息化部"十四五"规划教材

汽车类专业
人才培养系列教材

李雷 王亮亮 / 主编

康学忠 尹艺霏 陈思良 / 副主编

汽车车载
网络系统检修

第3版 | 微课版

人民邮电出版社
北京

图书在版编目（CIP）数据

汽车车载网络系统检修：微课版 / 李雷，王亮亮主编. -- 3版. -- 北京：人民邮电出版社，2024.8
汽车类专业人才培养系列教材
ISBN 978-7-115-64078-9

Ⅰ. ①汽… Ⅱ. ①李… ②王… Ⅲ. ①汽车－计算机网络－维修－高等职业教育－教材 Ⅳ. ①U472.41

中国国家版本馆CIP数据核字(2024)第063634号

内 容 提 要

本书以大众/奥迪车系为核心讲解车载网络系统的基础知识，以及 CAN 总线系统、MOST 总线系统和 LIN 总线系统的原理与检修。本书重点介绍车载网络系统故障的诊断与排除方法及检测仪器的使用方法，并在此基础上以丰田多路传输系统、电动汽车车载网络系统和智能网联汽车车载网络系统为实例对以上内容进行详细阐述。本书涉及故障检修的项目均配有实训内容，并附有各种车型的故障实例。

本书适用于职业院校汽车类专业学生，也可作为相关职业培训或汽车维修行业从业人员的自学参考书。

◆ 主　　编　李　雷　王亮亮
　　副主编　康学忠　尹艺霏　陈思良
　　责任编辑　王丽美
　　责任印制　王　郁　焦志炜
◆ 人民邮电出版社出版发行　　北京市丰台区成寿寺路 11 号
　　邮编　100164　电子邮件　315@ptpress.com.cn
　　网址　https://www.ptpress.com.cn
　　北京隆昌伟业印刷有限公司印刷
◆ 开本：787×1092　1/16
　　印张：18.5　　　　　　　　　　2024 年 8 月第 3 版
　　字数：467 千字　　　　　　　　2024 年 8 月北京第 1 次印刷

定价：69.80 元

读者服务热线：(010)81055256　印装质量热线：(010)81055316
反盗版热线：(010)81055315
广告经营许可证：京东市监广登字 20170147 号

目 录

项目 1
认识车载网络系统

|1.1 项目导入|

【项目描述】

一辆 2018 年款大众帕萨特 2.0T 轿车，行驶里程 200000 km。该车因发生交通事故被送入修理厂维修，维修作业完成后一切正常。但交付使用后不久便出现发动机不能正常启动的现象（在发动机启动 2 s 后就自动熄火）。

经初步使用故障诊断仪读取故障码，结果显示 2 个故障码，分别是"驱动系统数据总线通信失败"和"发动机控制单元被防盗控制单元闭锁"。在仪表控制单元和网关控制器内也存在故障码，显示"驱动系统数据总线通信有故障"。那么什么是数据总线通信呢？

本项目以车载网络系统为项目实体，介绍车载网络系统相关知识、车载网络系统的要求及应用，以及车载网络系统通信协议等。

【学习目标】

素质目标

通过对车载网络系统的应用背景、发展历程、要求、应用等内容的学习，培养追求科学进步、不断学习的精神。

知识目标

1. 掌握车载网络系统的定义及发展；
2. 掌握车载网络系统的要求及应用；
3. 掌握车载网络系统通信协议。

技能目标

能够实车指认车载网络系统部件并说出其功能。

【学习资源】

1. 车辆数据总线系统自学手册；

2．车辆维修手册；

3．网络平台教学资源库课程资源。

|1.2 学习参考|

1.2.1 车载网络系统概述

随着汽车电子技术的不断发展，汽车上电控系统的数量不断增多，而且功能越来越复杂。如果仍采用常规的布线方式，即每一电子控制单元（以下简称控制单元或 ECU）都需要与多个传感器、执行器通信，将导致汽车上电线数量急剧增加。电控系统的增加虽然提高了汽车的动力性、经济性和舒适性，但随之增加的复杂电路也降低了汽车的可靠性，增大了维修的难度。而采用车载网络系统的汽车，其电线数量将会减少，可靠性也会提高，同时维修的难度也降低了。

1．车载网络系统的应用背景

20 世纪 90 年代以来，集成电路开始在汽车上广泛应用，汽车上电控系统的数量不断增多，例如电子燃油喷射系统、防抱死制动系统（ABS）、安全气囊系统、电动门窗系统、主动悬架系统等。各种电控系统的导入和应用使汽车的各项功能更加完善，控制更加精确和灵活，智能化程度也不断提升。然而，功能的日益增加和完善使车载控制单元（ECU）的数量以惊人的速度增加。

如果每个电控系统都独立配置一整套相应的传感器、执行器，势必会造成导线、插接件数量的不断增多，使得在有限的汽车空间内布线越来越困难，汽车的装配难度增大，功能的扩展受限制。图 1-1 所示为沃尔沃汽车线束历年来的增加趋势。线束和插接件的增加使得汽车维修人员对车辆进行故障诊断和维修的难度增加；同时导线质量每增加 50 kg，油耗会增加 0.2 L/100 km；而单从线束本身来说，它也是电控系统中成本较高、连接复杂的部件之一。图 1-2 所示为现代汽车线束布置示意。从图中可以看出，线束非常复杂。

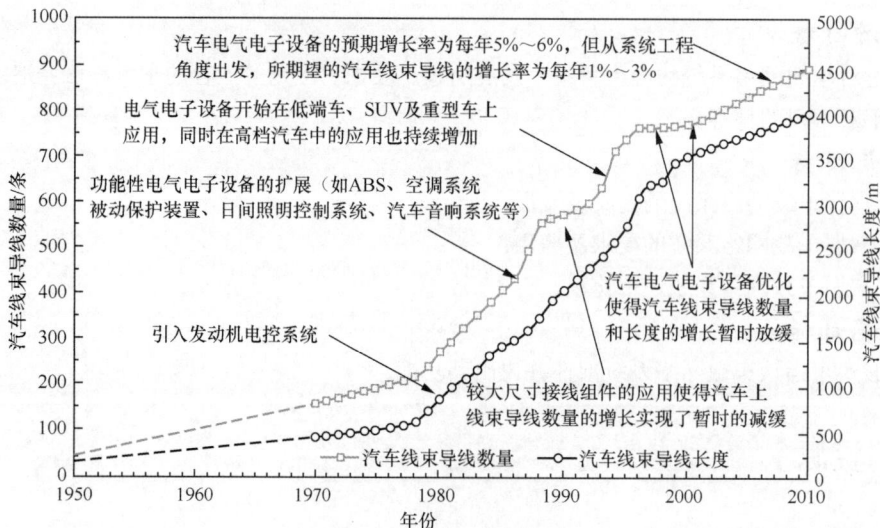

图 1-1 沃尔沃汽车线束历年来的增加趋势

图 1-2　现代汽车线束布置示意

　　基于上述原因，汽车制造商和相关研发机构开始考虑设计传感器信息共享和执行器资源共享的控制系统。他们重新设计和组织控制单元，将控制单元的功能集成化。例如，发动机集成管理系统可以包括喷油、点火、怠速、尾气排放、进气增压、冷却管理和故障自诊断等功能；汽车电子稳定控制系统更是集成了防抱死制动、防滑驱动控制、动力转向等功能。

　　与此同时，各控制单元之间的数据交换也随之增加。传统的数据交换形式只是通过模块间专设的导线完成点对点的通信，数据量的增加必然导致车身线束的增加。庞大的车身线束不仅增加了制造成本，而且占用了空间，增加了整车质量。线束的增加还会使因线束老化而引起电气故障的可能性大大增加，降低了系统的可靠性。解决这个问题的关键就是利用计算机网络技术，将车载控制单元通过车载网络连接起来，实现数据信息的高效传输。图 1-3 和图 1-4 所示为无车载网络的不同控制单元车辆线束布置示意。图 1-5 所示为装备车载网络的车辆控制原理示意。图 1-6 所示为装备车载网络的车辆线束布置示意。

图 1-3　单个控制单元车辆线束布置示意
（无车载网络）

图 1-4　3 个控制单元车辆线束布置示意
（无车载网络）

　　为了提高汽车综合控制的准确性，控制系统也迫切需要输入、输出信号以及数据共享。当控制单元共享输入信息时，就能对汽车进行更为复杂的控制。例如，驾驶员侧车门控制单元就可利用来自自动变速器控制单元的变速挡挡位传感器信号和来自 ABS 控制单元的车速信号去控制车门的自动闭锁。

彩图 1-3

彩图 1-4

　　在现代汽车中，采用车载网络的意义已远远超出节省电线的初衷，它已成为汽车各零部件实施信息交互的标准接口。整车的车载网络成为整车的电器平台，也就是说只要有车载网络存在，就可以在这个网络平台上不断增加汽车的智能化零部件。车载网络技术促进了汽车智能化的发展，也促进了智能网联汽车的发展。

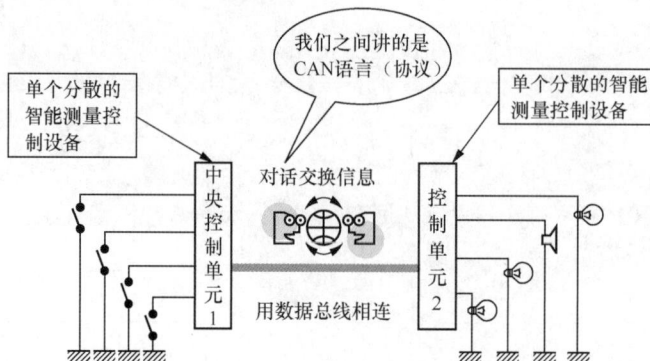

图 1-5　装备车载网络的车辆控制原理示意

图 1-6　装备车载网络的车辆线束布置示意

2．汽车车载网络技术定义

汽车车载网络技术是指通过数据总线使汽车上的各种电子装置与设备（控制单元、传感器、执行器）连接成计算机网络的技术，又称为汽车数据总线技术。汽车车载网络技术使汽车不同控制单元能在一个共同的环境下协调工作，实现相互之间的信息共享，其应用减少了连接导线的数量并减轻了质量，使布线简单、设计简化、成本降低、可靠性和可维护性提高，提高了汽车各方面性能，满足了现代汽车电子设备的功能要求。即，计算机是汽车内各种控制单元的"大脑"，而车载网络则是"神经网络"。

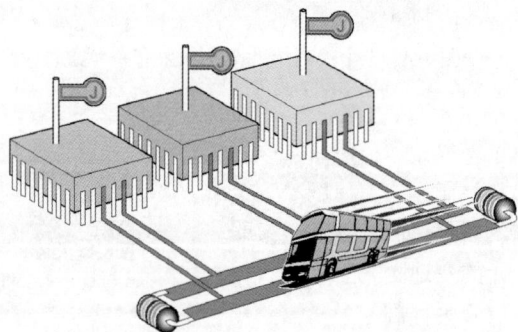

一辆汽车不管有多少个控制单元，不管信息容量有多大，每个控制单元都只需引出两条导线分别连接在两个节点上，这两条导线被称作数据总线（简称总线），如图 1-7 所示。以前各控制单元之间好比有许多人骑着自行车来来往往，现在是这些人乘坐公共汽车。公共汽车可以搭载大量

图 1-7　数据总线

乘客，因此数据总线又常被称为 Bus。

3．车载网络系统的优点

使用车载网络系统有以下优点。

（1）布线简单，降低成本。

（2）控制单元之间交流更加简单和快捷。

（3）传感器数量减少，实现信息共享。

（4）提高汽车总体运行的可靠性。

图 1-8 和图 1-9 所示分别为相同节点的传统点对点通信方式和控制器局域网（Controller Area Network，CAN）总线通信方式，从这两幅图中可以直观地看出线束的变化（图中节点之间的连线仅表示节点间存在的信息交换，并不代表线束的多少）。

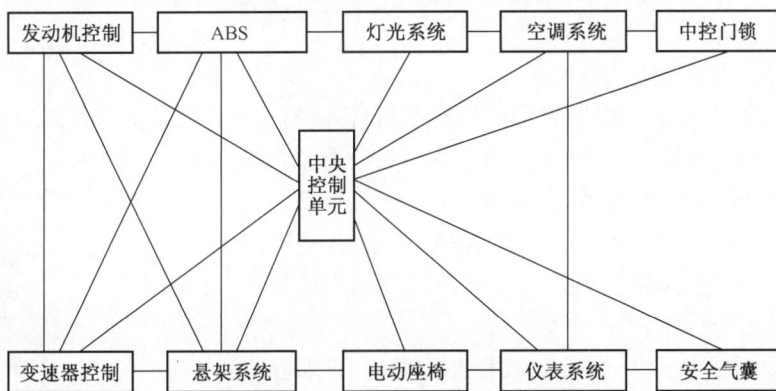

图 1-8　传统点对点通信方式

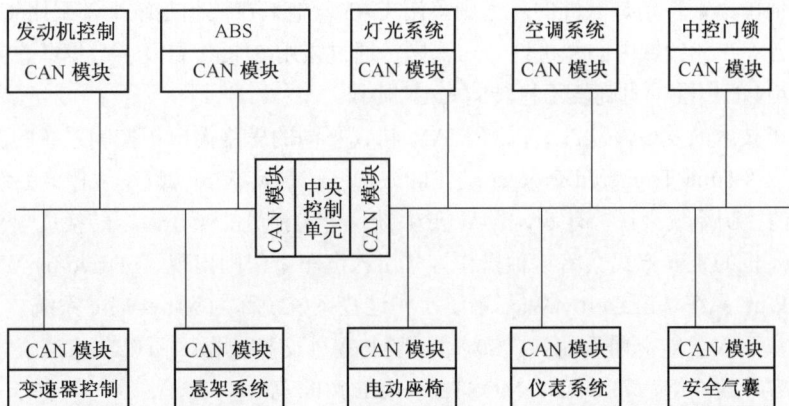

图 1-9　CAN 总线通信方式

4．车载网络系统的功能

车载网络系统的功能主要包括多路传输功能、"唤醒"和"睡眠"功能、失效保护功能和故障自诊断功能。

（1）多路传输功能

为了减少汽车电气线束，多路传输系统可使部分数字信号通过共用传输线路进行传输。系统工作时，由各个开关发送的输入信号通过中央处理器

车载网络系统的功能

（CPU）转换为数字信号，该数字信号以串行信号方式传输给接收装置，发送的信号在接收装置处将被转换为开关信号，再通过开关信号对有关元件进行控制。

（2）"唤醒"和"睡眠"功能

"唤醒"和"睡眠"功能用于减少在关闭点火开关时蓄电池的额外能量消耗。当系统处于"睡眠"状态时，多路传输系统将停止诸如信号传输和 CPU 控制等功能，以节约蓄电池的电能；当系统有人为操作时，处于"睡眠"状态的有关控制装置立即开始工作，同时将"唤醒"信号通过传输线路发送给其他控制装置。

（3）失效保护功能

失效保护功能包括硬件失效保护功能和软件失效保护功能。当系统的 CPU 发生故障时，硬件失效保护功能使其以固定的信号进行输出，以确保汽车能继续行驶；当系统某控制装置发生故障时，软件失效保护功能将不受来自有故障的控制装置的信号影响，以保证系统能继续工作。

（4）故障自诊断功能

故障自诊断功能包括多路传输系统的故障自诊断模式和各系统输入线路的故障自诊断模式，既能对自身进行故障诊断，又能对其他系统进行故障诊断。

5．车载网络系统的发展历程

1986 年 2 月，博世（Bosch）公司在美国汽车工程师协会（SAE）大会上介绍了一种新型的串行总线——CAN，它已成为目前国际上应用最广泛的现场总线之一。

车载网络系统的发展历程

随后，SAE 提出了汽车通信协议标准 J1850；日本也提出了各种各样的网络方案，并且丰田、日产、三菱、本田及马自达等公司都已经处于批量生产的阶段，但没有统一为以车身系统为主的控制方式。

而在其他国家，特别是欧洲的厂家则采用 CAN，他们在控制系统上都采用 CAN，充分地证明了 CAN 在此领域内的先进性。在美国，通过采用 J1850 普及了数据共享系统，SAE 也通过了 CAN 的标准，明确表示将转向 CAN 协议。

随着汽车技术的发展，欧洲又以与 CAN 协议不同的思路提出了控制系统的新协议——时间触发协议（Time Triggered Protocol，TTP），并在 X-by-Wire（汽车线控）系统上开始应用。对飞机的控制系统来说，有 Fly-by-Wire 系统，将飞行员的操作命令转换成电信号，利用计算机控制飞机的工作方式。将这种操作方式引入汽车中，则出现了 Drive-by-Wire 系统、Steering-by-Wire 系统、Brake-by-Wire 系统，将这些系统统称为 X-by-Wire 系统。

当对汽车引入智能交通系统（ITS）时，要与车外交换数据，所以在信息娱乐系统中将会采用更大容量的网络，如 DDB、MOST 及 IEEE 1394 等。

主要车载网络基本情况如表 1-1 所示，几种车载网络的开发年份或发表年份与采用情况如表 1-2 所示。

表 1-1 主要车载网络基本情况

车载网络	概　　要	通信速率	组织/推动单位
CAN	车身/驱动系统控制用 LAN（局域网）协议，最有可能成为世界标准的车用 LAN 协议	1 Mbit/s	博世公司、ISO（国际标准化组织）

车载网络	概　要	通信速率	组织/推动单位
VAN（Vehicle Area Network，车载网）	车身系统控制用 LAN 协议，以法国为中心	1 Mbit/s	ISO
J1850	车身系统控制用 LAN 协议，以美国为中心	10.4 kbit/s 41.6 kbit/s	福特公司
LIN（Local Interconnect Network，本地互联网络）	车身系统控制用 LAN 协议	20 kbit/s	LIN 联合体[①]
IDB-C（ITS Data Bus on CAN，基于控制器局域网的智能交通系统数据总线）	以 CAN 为基础的控制用 LAN 协议	250 kbit/s	IDM 论坛
TTP/C（Time Triggered Protocol by CAN，控制器局域网时间触发协议）	重视安全、按用途分类的控制用 LAN 协议，时分多路访问（TDMA）	2 Mbit/s 25 Mbit/s	TIT 计算机技术公司[②]
TTCAN（Time Triggered CAN，时间触发控制器局域网）	重视安全、按用途分类的控制用 LAN 协议，时间同步的 CAN	1 Mbit/s	博世公司、CIA 协会
Byteflight（单根光纤总线系统）	重视安全、按用途分类的控制用 LAN 协议，分频时分多路访问（FTDMA）	10 Mbit/s	宝马公司
FlexRay	重视安全、按用途分类的控制用 LAN 协议	5 Mbit/s	宝马公司、克莱斯勒公司
DDB/Optical（Domestic Digital Bus/ Optical，国内数字总线/光纤）	音频系统通信协议，将 DDB 作为音频系统总线，采用光通信	5.6 Mbit/s	和弦产业研究中心（简称 C&C）
MOST（Media Oriented System Transport，媒体导向系统传输）	信息娱乐系统通信协议	22.5 Mbit/s	MOST 合作组织、克莱斯勒公司、宝马公司
IEEE 1394	信息娱乐系统通信协议，有转化成 IDB-1394 的动向	100 Mbit/s	IEEE 1394 工业协会

注：① LIN 联合体包括奥迪、宝马、克莱斯勒、摩托罗拉、博世、大众和沃尔沃等公司。
　　② TIT 计算机技术公司指 TTTech Computer Technik AG，成立于 1998 年，总部在奥地利。

表 1-2　　　　　　　　　　几种车载网络的开发年份或发表年份与采用情况

开发年份或发表年份	车载网络	采用情况	备　注
1986（开发年份）	DDB	飞利浦公司采用	1986 年 2 月北美车采用 LAN
1986（开发年份）	CAN	博世公司采用	1986 年 12 月欧洲车采用 LAN
1987（开发年份）	VNP CAD	北美车采用	1987 年 12 月日本车采用 LAN
1988（开发年份）	MOST VAN	美国车采用	
1991（开发年份）	CAN	欧洲车采用	
1992（开发年份）	DDB/Optical	日本车采用	
1994（发表年份）	J1850 VAN	SAE 认可，ISO 批准	
1986（发表年份）	DDB	欧洲车采用	以汽车厂为主对新 LAN 进行研究

续表

开发年份或发表年份	车 载 网 络	采用情况	备　　注
1999（发表年份）	LIN		
发表年份未知	TTP		发表了许多新的 LAN
发表年份未知	Byteflight		
2004（发表年份）	TTCAN		

6．典型车载网络系统的结构与组成

随着汽车电子技术的发展，在汽车上采用的计算机微处理芯片的数量越来越多，多个处理器之间相互连接、协调工作并共享信息，这就构成了汽车车载网络系统。图 1-10 所示为典型的汽车车载网络系统的结构，图 1-11 所示为典型的汽车车载网络控制系统在车上的位置。

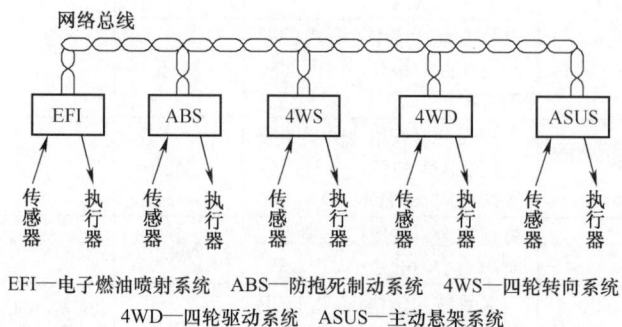

典型车载网络系统的结构与组成

EFI—电子燃油喷射系统　ABS—防抱死制动系统　4WS—四轮转向系统
4WD—四轮驱动系统　ASUS—主动悬架系统

图 1-10　汽车车载网络控制系统的结构

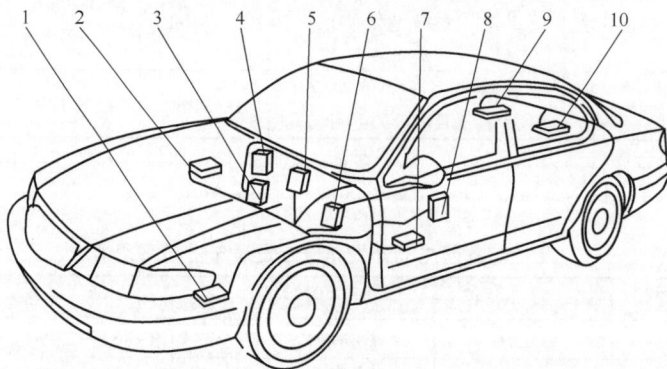

1—ABS模块　2—驱动系统控制模块（PCM）　3—电子自动温度控制模块（EATC）　4—集成控制板（ICP）
5—虚像组合仪表　6—照明控制模块（LCM）　7—驾驶员座椅模块（DSM）
8—驾驶员车门模块（DDM）　9—移动电话模块　10—汽车动态模块

图 1-11　典型的汽车车载网络系统在车上的位置

汽车车载网络系统结构如图 1-12 所示。通常汽车车载网络系统采用多条不同速率的总线分别连接不同类型的节点，并使用网关来实现整车的信息共享和网络管理。

车身系统的控制单元多为低速电动机和开关器件，对实时性要求低但数量较多，可使用低速总线连接这些控制单元。将这些控制单元与汽车的驱动系统分开，有利于保证驱动系统通信的实时性。此外，采用低速总线还可增加传输距离，提高抗干扰能力，降

低硬件成本。

　　驱动系统的受控对象直接关系到汽车的行驶状态，对通信的实时性有较高的要求，因此使用高速总线连接驱动系统。传感器组的各种状态信息可以通过广播的形式在高速总线上发布，各节点可以在同一时刻根据自己的需要获取信息，这种方式最大限度地提高了通信的实时性。

　　信息娱乐系统对于通信速率的要求更高，一般在 2 Mbit/s 以上，采用新型的多媒体总线连接车载媒体。这些新型的多媒体总线往往是基于光纤通信的，从而可以保证带宽。

　　网关是汽车内部通信的核心，通过它可以实现各条总线上信息的共享，实现汽车内部的网络管理和故障诊断功能。故障诊断系统将车用诊断系统在通信网络上加以实现。

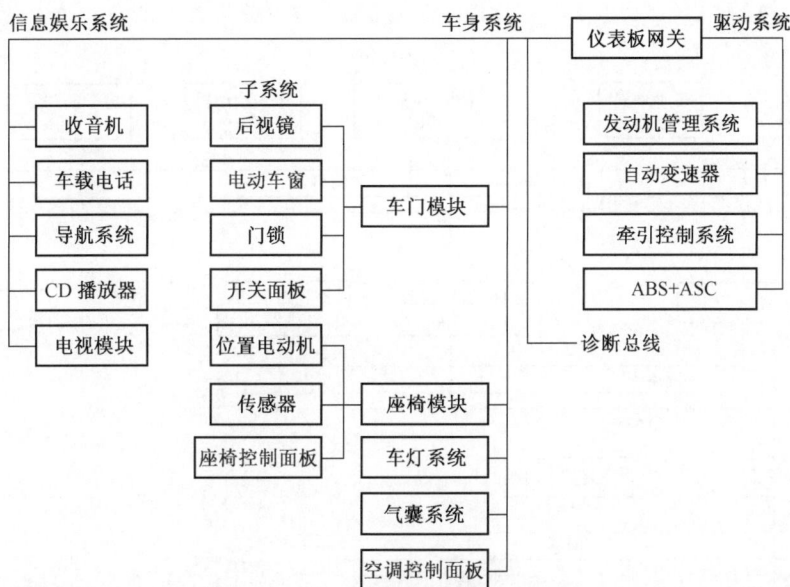

图 1-12　汽车车载网络系统结构

1.2.2　车载网络系统的要求及应用

　　本节主要介绍车载网络系统的网络布局、车载网络系统在汽车上的应用以及车载网络系统的常用术语等内容。

1. 车载网络系统的网络布局

车载网络系统的网络布局常见的有分级式和分开式两种。

（1）分级式

采用 J1939 标准的分级式网络布局，将整个网络分成不同功能层级，并用特制的微型计算机对不同层级进行处理和控制，如图 1-13 所示。这种网络布局能容纳 30 个 ECU。

（2）分开式

采用 J1587/J1708 标准的分开式网络布局如图 1-14 所示。在这种网络布局中，各个网络都有自己的操作系统，相互之间用桥接器来处理多个 ECU 之间的通信。

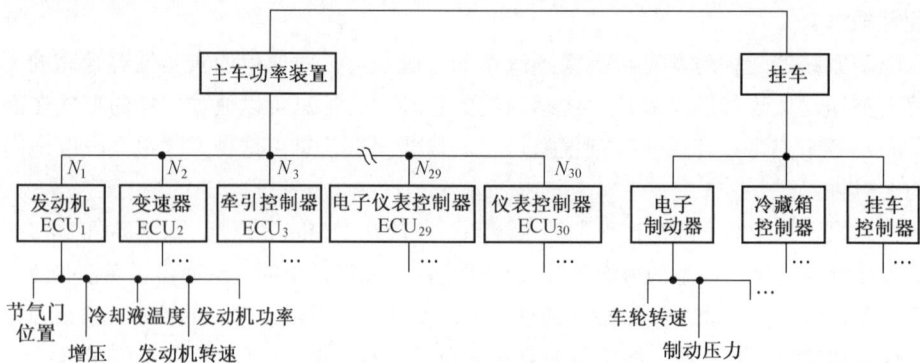

注：$N_1 \sim N_{30}$ 表示30个节点。

图 1-13 分级式网络布局

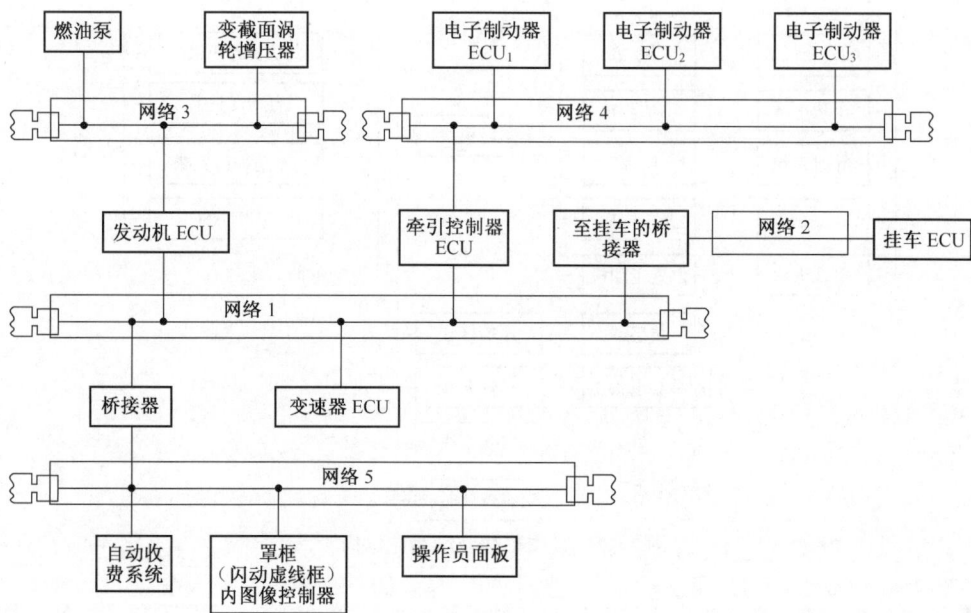

图 1-14 分开式网络布局

连接到车载网络的各个 ECU 之间按需要从总线上接收最新的信息以操纵各个系统。例如，与发动机转速传感器相匹配的发动机 ECU，将发动机转速数据连续馈送至总线，其他几个需要发动机转速数据的 ECU，只需从总线上接收发动机转速数据即可。ECU 接收到的最新数据为现行数据，在实际实施中，每当 ECU 接收到数据，就将这些数据存储在其 RAM（随机存储器）中，并将这些数据按各自的类型赋值。因此，RAM 总有一个更新了的数据赋值并存储在其中，再通过对这些数据的应用，使 ECU 获取最新的数据。

汽车内 ECU 之间与办公用微型计算机之间的数据传输特征不尽相同，主要差别在于数据传输频率。汽车内 ECU 之间的数据传输频率是变化的。在一个完善的汽车电控系统中，许多动态信息必须与车速同步。为了满足各子系统的实时性要求，有必要对汽车公共数据实行共享，如发动机转速、车轮转速、加速踏板位置等。但每个 ECU 对实时性的要求因数据的更新速率和控制周期不同而不同。例如，一个 8 缸柴油机运行在 2400 r/min，则 ECU 控制两次喷射的时间间隔为 6.25 ms。其中，喷射持续时间为曲轴旋转 30° 转角所用的时间（2 ms），剩余的 4.25 ms 中，在 4 ms 内需完成转速测量、油量测量、A/D（模/数）转换、工况计算、执行器的控制等一系列过程，这就意味着数据发送与接收必须在 0.25 ms 内完成，才能达到发动机电控的实时性要求。这就要求其数据交换网是基于优先权竞争的模式，且本身具有极高的通信速率。不同参数应具有不同的通信优先权，表 1-3 列出了典型参数的允许响应时间。

表 1-3　　　　　　　　　　　　典型参数的允许响应时间

典 型 参 数	允许响应时间	典 型 参 数	允许响应时间
发动机喷油量	10 ms	进气温度	20 s
发动机转速	300 ms	冷却液温度	1 min
车轮转速	1～100 s	燃油温度	10 min

汽车车载网络应用的层次和目的（例如驱动系统、车身系统、信息娱乐系统等）变化很大，不同层次或目的对网络的性能要求有很大的差异。汽车本身对价格非常敏感，若采用性能高的网络系统覆盖低层次的应用，则汽车成本无法接受。

汽车对车载网络的要求

因此，汽车需要采用多个不同层次的网络标准（见图 1-15），在汽车各电控系统性能要求与成本要求之间找到最佳平衡，即车载网络将是一个多层互联网结构。

图 1-15　汽车需要采用多个不同层次的网络标准

2．车载网络系统在汽车上的应用

车载网络系统在汽车上的应用非常多，按照应用系统加以划分，车载网络大致可以分为 4 个系统，即驱动系统、车身系统、安全系统、信息娱乐系统，如图 1-16 所示。

车载网络系统在汽车上的应用

（1）驱动系统

在驱动系统内，利用网络将发动机舱内设置的模块连接起来，再将实现行驶、停止与转弯这些功能的装置用网络连接起来时，就需要高速网络。驱动系统模块的位置比较集中地固定在一处。从欧洲汽车厂家的示例来看，驱动系统对节点的数量是有限制的。

驱动系统 CAN 数据总线连接 3 个控制单元，它们是发动机控制单元、ABS/EDL 控制单元及自动变速器控制单元（驱动系统 CAN 数据总线可以连接安全气囊、四轮驱动与组合仪表等控制单元）。数据总线可以同时传递 10 组数据，发动机控制单元 5 组、ABS/EDL 控制单元 3 组、自动变速器控制单元 2 组。数据总线以 500 kbit/s 的速率传递数据，每一组数据传递大约需要 0.25 ms，每个控制单元 7～20 ms 发送一次数据。优先权顺序为 ABS/EDL 控制单元、发动机控制单元、自动变速器控制单元。

在驱动系统中，数据传递应尽可能快速，以便能及时利用数据，所以需要一个高速发送器。高速发送器会加快点火系统间的数据传递，能使接收到的数据立即应用到下一个点火脉冲中。CAN 数据总线连接点通常置于控制单元外部的线束中，但在特殊情况下，连接点也可

能设在发动机控制单元内部。

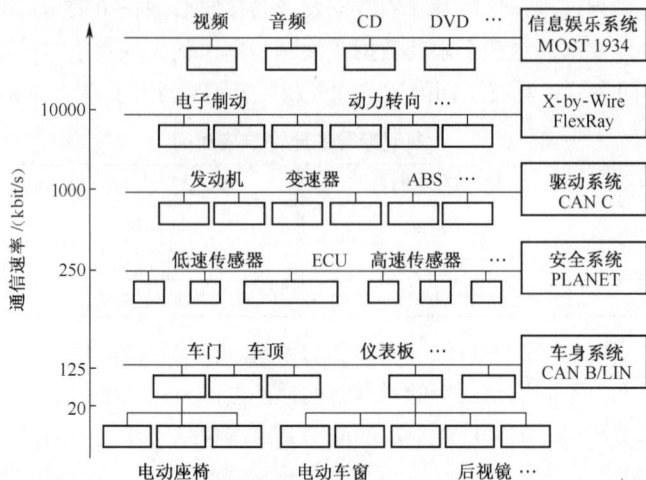

图 1-16　车载网络的拓扑

（2）车身系统

与驱动系统相比，汽车上的各处都配置有车身系统的部件，线束长，容易受到干扰。防干扰的措施是尽量降低通信速率，通过增加节点的数量，保证通信速率不受影响。在车身系统中，因为担负着人机接口作用的模块、节点的数量增加，所以，与性能（通信速率）相比，人们更倾向于注重成本。人们正在摸索更廉价的解决方法，目前常常采用直连总线及辅助总线。

舒适系统 CAN 数据总线一般连接 5 个控制单元（包括中央控制单元及 4 个车门控制单元），有 5 个功能：中央门锁、电动车窗、照明开关、电动后视镜控制及故障自诊断。控制单元的各条传输线以星形汇聚一点，这样做的好处是，如果一个控制单元发生故障，其他控制单元仍可发送各自的数据。

车身系统使经过车门的导线数量减少，线路变得简单。如果线路中某处出现对地短路、对正极短路或线路间短路，CAN 系统会立即转为应急模式运行或转为单线模式运行。4 个车门控制单元都是由中央控制单元控制的，只需较少的自诊断线。

数据总线以 62.5 kbit/s 的速率传递数据，每一组数据传递大约需要 1 ms，每个控制单元 20 ms 发送一次数据。优先权顺序为中央控制单元、驾驶员侧[1]车门控制单元、副驾驶员侧[2]车门控制单元、左后车门控制单元、右后车门控制单元。由于车身系统中的数据可以用较低的速率传递，所以其发送器的性能比驱动系统发送器的性能低。

（3）安全系统

安全系统是指根据多个传感器的信息使安全气囊等启动的控制系统，由此使用的节点数将急剧增加。对安全系统通信总线的要求是成本低、通信速率高、通信可靠性高。

（4）信息娱乐系统

对信息娱乐系统通信总线的要求是容量大、通信速率非常高。

除上述所介绍的系统之外，还有高速车身系统及主干网络等，这就意味着将会有不同的网络并存，因此要求网络之间可以互相连接，也可以断开。为了实现即插即用，将各个 LAN 与总线相连，根据汽车的平台选择并建立所需要的网络。

---

[1]　本书针对驾驶员侧的相关部件表述，后文有时也称"左前"。
[2]　本书针对副驾驶员侧的相关部件表述，后文有时也称"右前"。

3．车载网络系统的常用术语

汽车车载网络系统涉及很多术语，为了使读者能更好地理解车载网络系统，下面介绍一些常用术语。

（1）LAN

在一个有限区域内连接的计算机的网络称为 LAN。一般这个区域具有特定的职能，通过这个网络实现这个区域内的资源共享和数据通信。连接到网络上的节点可以是计算机、基于微处理器的应用系统或智能装置。LAN 的数据传输速率一般为 $1\times10^2\sim1\times10^5$ kbit/s，传输距离为 100～250 m，误码率低。

从物理意义上讲，汽车上许多模块和数据总线距离很近，因此被称为 LAN；摩托罗拉公司设计的一种智能车身辅助装置网络，被称为 LIN。LIN 的数据传输速率一般为 10～1×10^3 kbit/s，传输距离为几十米。

（2）网络拓扑结构

计算机网络拓扑结构是指由网络设备和通信介质构成的网络结构，它描述了线缆和网络设备的布局以及数据传输时所采用的路径。主要的网络拓扑结构有总线型、星形、环形及混合型。下面对前 3 种进行简单介绍。

总线型网络拓扑结构：网络中所有节点都连接在同一条总线上，可以双向传播；网络中任何一个节点发送的信号都沿同一条总线传播，而且能被其他所有节点接收。总线型网络拓扑结构简单、灵活，可扩展性好，可靠性高，资源共享能力强，但是需要解决多站争用总线问题。总线型网络拓扑结构如图 1-17（a）所示。CAN 总线系统采用该结构。

星形网络拓扑结构（集中控制式网络拓扑结构）：各个节点都由一个单独的通信线路连接到中心节点上；中心节点控制全网的通信，任何两个节点之间的通信都要通过中心节点来转接，如图 1-17（b）所示。星形网络拓扑结构的信息共享能力差，可靠性低，若中心节点发生故障，则整个网络会瘫痪。

环形网络拓扑结构：网络中所有节点通过通信线路组成闭合线路，数据只能沿一个方向传输，如图 1-17（c）所示。对于环形网络拓扑结构，同样要解决各网络节点的争用总线问题，且不便于扩展节点，系统响应时间长。

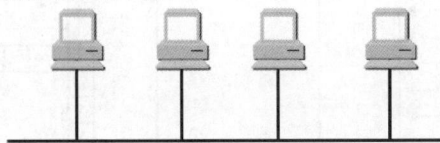

（a）总线型网络拓扑结构

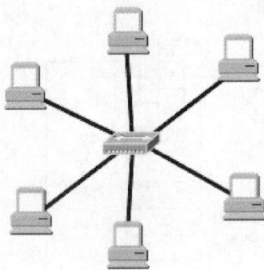

（b）星形网络拓扑结构　　　　　　　（c）环形网络拓扑结构

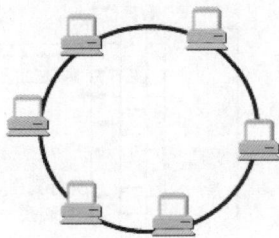

图 1-17　网络拓扑结构

（3）数据总线

数据总线是模块间传递数据的通道，即所谓的"信息高速公路"。在一条数据总线上传递的信号可以被多个系统（控制单元）共享，从而最大限度地提高系统整体效率，充分利用有限的资源。如果系统可以发送和接收数据，则这样的数据总线就被称为双向数据总线。数据总线实际是一条导线，或是两条导线，两条导线中的一条导线不是用作额外的通道，它的作用有点像公路的路肩，上面立有交通标志和信号灯，一旦数据通道发生故障，该"路肩"在有些数据总线中被用来承载"交通"，或者令数据换向通过一条或两条数据总线中未发生故障的部分。为了抗电子干扰，双线制数据总线的两条线是绞在一起的。

各汽车制造商一直在设计各自的数据总线，如果不兼容，就称为专用数据总线。如果是按照某种国际标准设计的，就是非专用数据总线。为使不同厂家生产的零部件能在同一辆汽车上协调工作，必须制定标准。按照 ISO 有关标准，CAN 的拓扑结构为总线式，因此也称为CAN 数据总线（CAN-BUS）。

（4）并行/串行通信

计算机与外界的信息交换称为通信。通信的基本方式可分为并行通信和串行通信两种。

并行通信是指数据的各数据位同时在多条数据传输线上发送或接收，每一个数据位占用一条通信线路，如图 1-18 所示。

串行通信是指在数据发送端和接收端之间，只存在一条通信线路，并通过该线路逐个地传送所有数据位，如图 1-19 所示。

串行通信和并行通信往往是结合运用的。先由发送端的总线发送设备，将并行通信方式经并-串转换硬件转换成串行通信方式。再逐位经传输线路到达接收端，并在接收端将数据从串行通信方式重新转换成并行通信方式，以便接收端使用数据。图 1-20 所示为并行通信和串行通信综合运用示意。

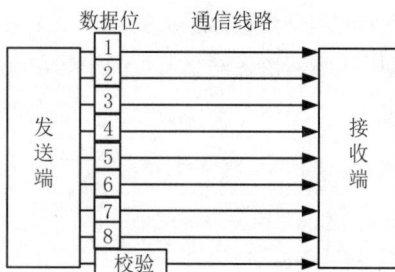

图 1-18　并行通信

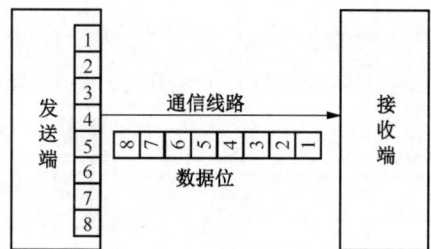

图 1-19　串行通信

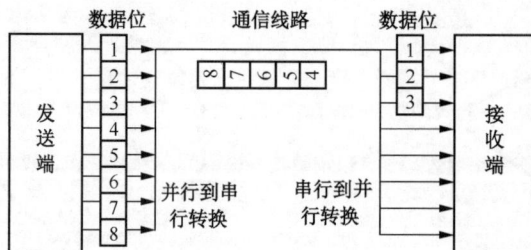

图 1-20　并行通信和串行通信综合运用示意

（5）多路传输

多路传输用智能布线系统（Smart Wiring System，SWS）表示，是指在同一通道或线路上同时传输多个数据。事实上，数据是依次传输的，但速度非常快，几乎就是同时传输的。对一个人来说，十分之一秒算是非常快了，但对一台运算速度相对较慢的计算机来说，十分之一秒是很慢的。如果将十分之一秒分成若干段，许多单个的数据都能被传输，每一段时间传输一个数据，这就叫作时分多路传输。汽车上用的是单线或双线时分多路传输系统。

时分多路数字复用技术原理示意如图 1-21 所示，它将不同源端的数字数据合并到一个时间共享的链路上，其特点如下：

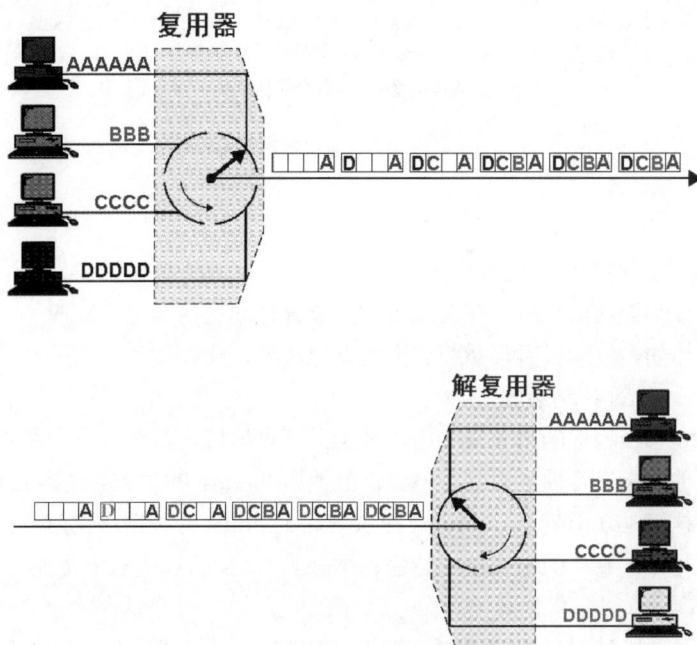

图 1-21　时分多路数字复用技术原理示意

① 几路数字信号可以通过交替（交替可以按位、按字节块或大数据块进行）使用不同的"时隙"（或"时间片""时槽"）在一条传输线路上传送；

② 时隙被预先固定分配给每个数据源；

③ 即使某个数据源并没有数据传送，该时隙也要分配给它；

④ 每个数据源对应的时隙数量可以不同。

从图 1-22 中可以看出，常规线路要比多路传输线路简单得多，然而多路传输线路系统之间所用导线比常规线路系统所用导线少得多。由于 ECU 可以触发仪表板上的警告灯或灯光故障指示灯等，而且多路传输线路可以通过一条线（数据总线）执行多个指令，因此可以增加许多功能装置。

随着汽车装备无线多路传输装置的增加，基于频率、幅值或其他方法进行通信的同时，数据传输也成为可能。

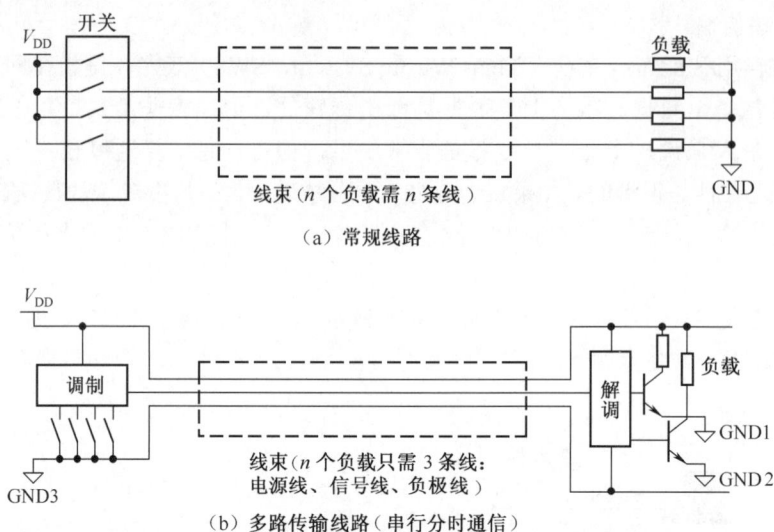

（a）常规线路

（b）多路传输线路（串行分时通信）

图 1-22　常规线路和多路传输线路的简单对比

（6）CAN

CAN 是国际上应用最广泛的现场总线之一。最初，CAN 被设计作为汽车环境中的微控制器通信总线，在车载各电控装置之间交换信息，形成汽车电控网络。比如，发动机管理系统、变速器控制器、仪表装备、电子主干系统中均嵌入 CAN 控制装置。

一个由 CAN 总线构成的单一网络中，理论上可以挂接无数个节点。在实际应用中，节点数目受网络硬件的电气特性所限制。例如，当使用 Philips P82C250 作为 CAN 收发器时，同一网络中允许挂接 110 个节点。CAN 可提供高达 1 Mbit/s 的数据传输速率，这使实时控制变得非常容易。另外，硬件的错误检定特性也增强了 CAN 的抗电磁干扰能力。

（7）模块/节点

模块就是一种电子装置，简单的如温度传感器和压力传感器，复杂的如计算机（微处理器）。传感器是一个模块，可根据温度和压力的不同产生不同的电压信号，这些电压信号在计算机的输入接口被转变成数字信号。计算机多路传输系统中的控制单元模块被称为节点。通常普通传感器是不能作为多路传输系统的节点的，如果传感器要成为一个节点，则该传感器必须具备支持多路传输功能的控制电路，如大众车系的转角传感器。

（8）接口

接口为两个系统、设备或部件之间的数据建立连接。计算机通信接口由设备（或部件）和说明组成，说明一般包括 4 个方面的内容：物理说明、电气说明、逻辑说明和过程说明。在物理说明方面，要指出连接器有多少个引脚。在电气说明方面，要确定接口电路信号的电压、宽度及它们的时间关系。在逻辑说明方面，要说明为了传送如何把数据位或字符变换成字段，并要说明传输控制字符的功能使用等。换句话说，计算机通信接口的逻辑说明，提供了用于控制和实现穿越接口交换数据流的一种语言。在过程说明方面，要说明通信控制字符的法定顺序、各种字段的法定内容以及控制数据流穿越接口的命令和应答。如果把逻辑说明看成确定数据流穿越接口的语法，那么过程说明就可作为语义。

通过接口连接不同设备时有点对点连接和多点连接两种连接方式。为了通过接口正确传输数据，所有设备必须使用相同的硬件和软件。如果无法满足这些前提条件，则由一个网关（Gateway）（控制单元）来完成协调工作。

（9）网关

因为汽车上往往不只使用一种总线和网络，所以必须用一种方法实现信息共享，而不产生协议间的冲突。例如，车门打开时，发动机控制模块也许需要被唤醒。为了使采用不同协议及速度的数据总线间实现无差错数据传输，必须要用一种具有特殊功能的计算机，这种计算机就叫作网关。

网关的主要任务是使两个速度不同的系统之间能进行信息共享。网关又称网间连接器或协议转换器，它能够将采用不同通信协议或不同传输速率的模块之间的数据进行解码，重新编译，再将数据传输到其他不同的系统中。

网关是汽车内部通信的核心，通过它可以实现在不同的总线、模块和网络间通信、信息共享以及汽车内部的网络管理和故障诊断等功能。其原理示意如图1-23所示。

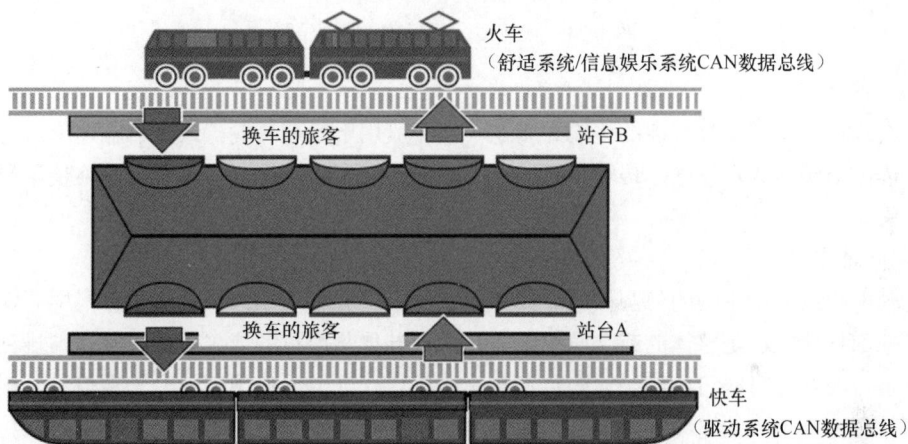

图1-23　网关原理示意

可以用火车站作为例子来说明网关的原理。如图1-23所示，在站台A（即网关）到达一列快车（驱动系统 CAN 数据总线，传输速率为 500 kbit/s），车上有数百名旅客。在站台 B 已经有一列火车（舒适系统/信息娱乐系统 CAN 数据总线，传输速率为 100 kbit/s）在等待。有一些旅客要换乘火车，有一些旅客要换乘快车。

车站/站台的这种功能，即让旅客换车，以便通过速度不同的交通工具到达各自目的地的功能，与驱动系统 CAN 数据总线和舒适系统/信息娱乐系统 CAN 数据总线两系统网络的网关功能是相同的。

（10）链路

链路（也称传输媒体、传输介质）指网络信息传输的媒体，分为有线和无线两种类型。目前汽车上使用的大多数都是有线网络。通常用于局域网的传输介质有双绞线、同轴电缆和光纤，如图1-24所示。

（a）双绞线　　　　　　　　　　　　（b）同轴电缆

（c）光纤

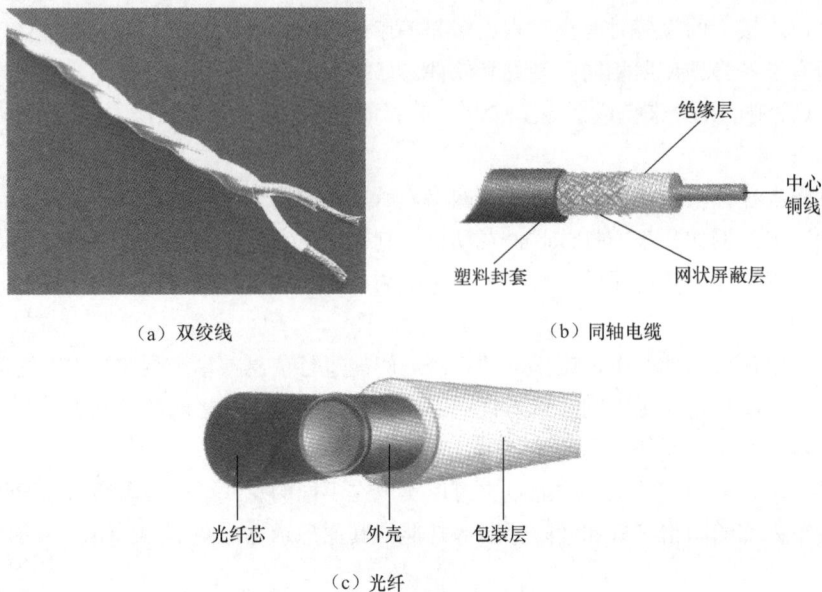

图 1-24　双绞线、同轴电缆和光纤

① 双绞线。

双绞线是局域网中最普通的传输介质之一，一般用于低速传输，最大传输速率可达 1～10 Mbit/s。双绞线成本较低，传输距离较近，非常适合车载网络，也是车载网络使用最多的传输介质。

② 同轴电缆。

同轴电缆由一个空心的外圆柱面导体（网状屏蔽层）和一个内部线形导体（中心铜线）组成。外部导体可以是整体的或金属编织的，内部导体是整体的或多股的。用均匀排列的绝缘环或整体的绝缘材料将内部导体固定在合适的位置，外部导体用塑料封套覆盖。几根同轴电缆往往套在一个大的电缆内，有些电缆里还装有二芯双绞线或四芯线组，用于传输控制信号。同轴电缆的外部导体是搭铁的，由于它的屏蔽作用，外界噪声很少进入其中。

同轴电缆可以满足较高性能的要求。与双绞线相比，同轴电缆可以提供较高的吞吐量，连接较多的设备，跨越更大的距离。同轴电缆可以传输模拟信号和数字信号。同轴电缆比双绞线有更优越的频率特性，因而可以满足较高的频率和数据传输速率的需求。由于同轴电缆屏蔽的同轴心结构，与双绞线相比，同轴电缆对于干扰和串音不敏感。影响同轴电缆性能的主要因素是衰减、热噪声和交调噪声。

③ 光纤。

光纤在电磁兼容性等方面有独特的优点，其数据传输速率高，传输距离远；其在车载网络上，特别是在一些要求数据传输速率高的车载网络（如车上信息与多媒体网络）上有很好的应用前景。常用的光纤是塑料光纤和玻璃纤维光纤，在汽车上多用塑料光纤。

（11）报文及数据帧

若要在车载网络中有效、快速地传输信息，则需要将信息转化成符合特定网络协议规定的格式，即报文。

为可靠地传输数据，通常将原始数据分割成一定长度的数据单元，该数据单元称为数据帧。

报文是网络中交换与传输的数据单元，也是网络传输的单元。报文包含将要发送的完整的数据信息，其长度不需要一致。报文在传输过程中会不断地封装成分组、包、帧来传输，封装的方式就是添加一些控制信息组成的首部，即报文头。

一个数据帧内应包括同步信号（如帧起始、帧结束等）、错误控制信息（各类检错码或纠错码，大部分采用检错重发的控制方式）、流量控制信息（协调发送方和接收方的速率）、数据信息、寻址（在信道共享的情况下，要保证每一帧都能够正确地到达目的地，接收方也能知道信息来自何处）。

（12）数值

在计算机和数据传输技术中有 3 种重要数制，即十进制、二进制、十六进制。

十进制是常用的数制。这种数制的基数是 10。与此相适应，每个单个数位有 10 个不同的符号。十进制数 365 的结构如图 1-25 所示。

二进制是计算机最基本的数制，也是数据处理中最常用的数制之一。在二进制中只有两个数值，即 0 和 1，或接通或关闭，或高电压或低电压，即所谓的二进制符号或位。在通信领域，也把这两个数值称为逻辑 0 和逻辑 1。二进制数 1010 的结构如图 1-26 所示。

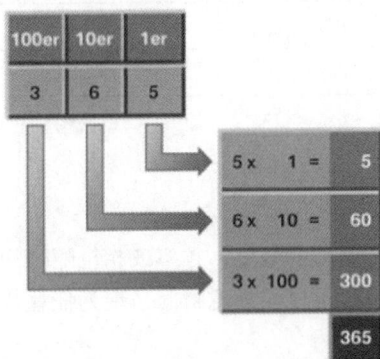

图 1-25　十进制数 365 的结构　　　　图 1-26　二进制数 1010 的结构

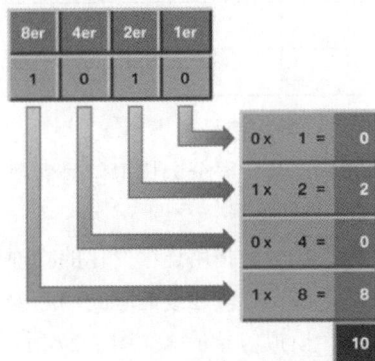

注　意

十进制中 1er 表示 10^0，10er 表示 10^1，100er 表示 10^2；二进制中 1er 表示 2^0，2er 表示 2^1，4er 表示 2^2，8er 表示 2^3。

十六进制是二进制的简化表示。这种数制包括 16 个符号，即 0、1、2、3、4、5、6、7、8、9、A、B、C、D、E、F（字母 A～F 对应十进制中的数值 10～15）。十六进制的基数是 16。用一位十六进制数可以表示 4 位二进制数（4 位组），如表 1-4 所示。

表 1-4　　　　　　　　　　　十六进制数与二进制数、十进制数的对应关系

二 进 制 数				十 六 进 制 数	十 进 制 数
位 3	位 2	位 1	位 0		
0	0	0	0	0	0
0	0	0	1	1	1
0	0	1	0	2	2
0	0	1	1	3	3
0	1	0	0	4	4

续表

二　进　制　数				十　六　进　制　数	十　进　制
位 3	位 2	位 1	位 0		
0	1	0	1	5	5
0	1	1	0	6	6
0	1	1	1	7	7
1	0	0	0	8	8
1	0	0	1	9	9
1	0	1	0	A	10
1	0	1	1	B	11
1	1	0	0	C	12
1	1	0	1	D	13
1	1	1	0	E	14
1	1	1	1	F	15

（13）数据信号的类别

数据信号主要分为模拟信号和数字信号。

① 模拟信号。

模拟信号是指用连续变化的物理量表示的信息，模拟信号的幅度、频率或相位随时间连续变化，或在一段连续的时间间隔内，其代表信息的特征量可以在任意瞬间呈现为任意数值的信号。模拟信号示意如图 1-27 所示。

② 数字信号。

数字信号就是以数字形式表示不断变化的物理量。尤其在计算机内，所有数据都以"0"和"1"的序列形式（二进制）表示出来。数字信号示意如图 1-28 所示。

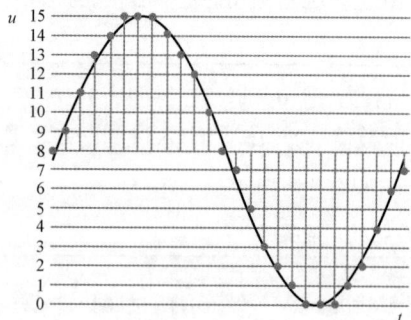

图 1-27　模拟信号示意

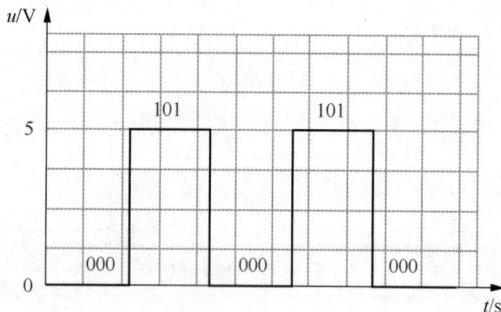

图 1-28　数字信号示意

（14）二进制编码

二进制编码是 CAN 总线信息交换的基础。二进制编码是用预先规定的方法将文字、数字或其他对象编成二进制的数码，或将信息、数据转换成规定的二进制电脉冲信号，如图 1-29 所示。

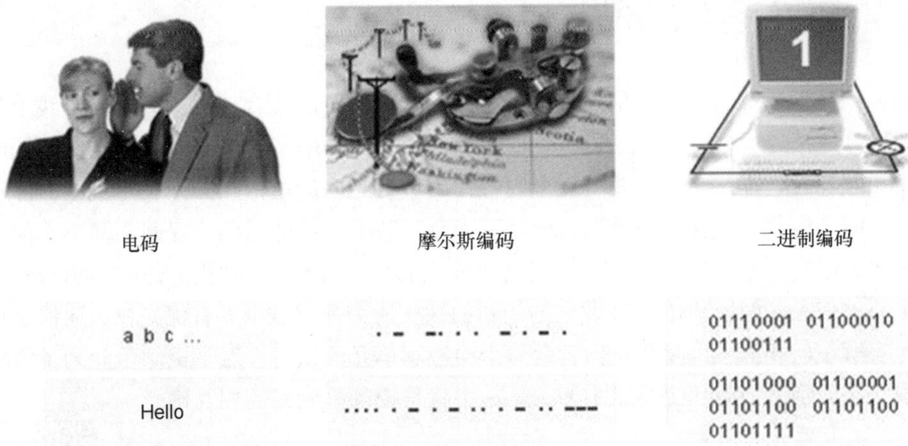

电码　　　　　　　　　摩尔斯编码　　　　　　　　二进制编码

a b c ...　　　　　　　- ● ● ● ● ● ● ● ●　　　　01110001 01100010
　　　　　　　　　　　　　　　　　　　　　　　　01100111

Hello　　　　　　　● ● ● ● ● ● ● ● ● ● ● -　01101000 01100001
　　　　　　　　　　　　　　　　　　　　　　　　01101100 01101100
　　　　　　　　　　　　　　　　　　　　　　　　01101111

图 1-29　通信编码方式

使用 8 bit 信息表示温度信号，如表 1-5 所示。

表 1-5　　　　　　　　　　　　　使用 8 bit 信息表示温度信号

二　进　制　数								十进制数	温度值/℃
2^7	2^6	2^5	2^4	2^3	2^2	2^1	2^0		
0	0	0	0	0	0	0	0	0	0
0	0	0	0	0	0	0	1	1	0.5
0	0	0	0	0	0	1	0	2	1
1	0	0	0	1	0	1	0	138	69
1	1	1	1	1	1	1	1	255	127.5

（15）比特率

比特率是指每秒传送的位数，单位为 bit/s，也可表示为 bps（bit per second）。比特率越高，单位时间传送的数据量（位数）越大。计算机中的信息都用二进制的 0 和 1 来表示，其中每一个 0 或 1 被称作一位，即 1 bit。大写 B 表示 Byte，即字节，1 字节=8 位，即 1 B=8 bit。

（16）传输协议

传输协议也称通信协议，是控制通信实体间有效完成信息交换的一组约定和规则。换句话说，要想"交流"成功，通信双方必须"说同样的语言"（如相同的语法规则和语速等）。

（17）传输仲裁

当出现数个使用者同时申请利用总线发送信息时，会发生数据传输冲突，好比同时有两个或者多个人想要过独木桥一样。传输仲裁的功能就是避免数据传输冲突，保证信息按其重要程度来发送。

（18）串行通信的校验

串行通信的目的不只是传送数据信息，更重要的是应确保准确无误地传送。因此必须考虑在通信过程中对数据差错进行校验，因为差错校验是保证准确无误地通信的关键。常用差错校验方法有奇偶校验、累加和校验以及循环冗余校验（CRC）等。车载网络采用 CRC。

CRC 的基本原理是将一个数据块看成一个位数很长的二进制数，然后用一个特定的数去除它，将余数作为校验码附在数据块之后一起发送。接收端收到该数据块和校验码后，进行同样的运算来校验传送是否出错。目前 CRC 已广泛用于数据存储和数据通信中，并在国际上形成规范。

1.2.3　车载网络系统通信协议

通信协议是指通信双方控制信息交换规则的标准、约定的集合，即指数据在总线上的传输规则。简单地说，两个实体要想成功地通信，它们必须"说同样的语言"，并按既定控制法则来保证相互配合。在汽车上，要实现车内各控制单元之间的通信，必须制定规则，即通信的方法、时间和内容，以保证通信双方能相互配合。数据总线的通信协议并不简单，但可举例简单说明。例如，当控制单元 A 检测到发动机已接近过热时，发动机过热的信息相对于其他不太重要的信息（如控制单元 B 发送的最新的大气压力变化数据）有优先权。通信协议的标准蕴含唤醒访问和握手。唤醒访问就是一个给控制单元的信号（这个控制单元为了节电而处于睡眠状态），使控制单元进入工作状态。握手就是控制单元间的相互确认、兼容，并正常工作。

1．通信协议的种类

通信协议种类繁多，常见的有以下 3 种。

（1）在一个简单的通信协议中，模块不分主从，根据优先规则，模块间相互传递信息，并且都知道该接收什么信息。

（2）一个模块是主模块，其他则为从模块，根据优先规则，主模块决定哪个从模块发送信息以及何时发送信息。

（3）所有的模块都像旋转木马上的骑马人，他们绕着一根有挂环的柱子旋转。当一个模块有了有用的信息时，它便抓住挂环挂上这条信息，任何一个需要这条信息的模块都可以从挂环上取下这条信息。

通信协议中有一个仲裁系统，通常这个系统按照每条信息的数字拼法为各数据传输设定优先规则。例如，以 1 结尾的数字信息要比以 0 结尾的有优先权。

2．通信协议要素及功能

（1）要素

通信协议有三要素，即语法、语义和定时规则。

① 语法。

语法确定通信双方之间"如何讲"，由逻辑说明构成，对信息或报文中各字段进行格式化，说明报头（或标题）字段、命令和应答的结构。

② 语义。

语义确定通信双方之间"讲什么"，由过程说明构成，对发布请求、执行动作以及返回应答予以解释，并确定用于协调和差错处理的控制信息。

③ 定时规则。

定时规则指出事件的顺序以及速度匹配、排序等。

（2）功能

通信协议的功能是控制并指导两个对话实体的对话过程，发现对话过程中出现的差错并确定处理策略。具体来说，每个协议都是具有针对性的，用于特定的目的，所以各协议的功能是不一样的；但是还有一些公共的功能是大多数协议都具有的，这些功能包括以下 4 个方面。

① 差错检测和纠正。

面向通信的协议常使用应答-重发、CRC、软件检查等机制进行差错检测和纠正工作；而

面向应用的协议常使用重新同步、恢复以及托付等更为高级的方法进行差错检测和纠正工作。一般来说，协议中对异常情况的处理说明在所有工作中要占很大的比例。

② 分块和重装。

用协议控制进行传送的数据长度是有一定限制的，参与交换的数据都要求有一定的格式。为满足这个要求，就需要对实际应用中的数据进行加工处理，使之符合协议交换时的格式要求，只有这样才能应用协议进行数据交换。分块与重装就是这种加工处理操作。分块操作将大的数据划分成若干小块，如将报文划分成几个报文分组；重装操作则是将划分的小块数据重新组合复原，如将报文分组还原成报文。

③ 排序。

排序就是对发送出的数据进行编号以标识它们的顺序。通过排序，可达到按序传递、信息流控制和差错控制等目的。

④ 流量控制。

流量控制指通过限制发送的数据量或速率，以防止在信道中出现堵塞现象。

3．通信协议的类型

通信协议根据其不同特性，可分为直接型/间接型、单体型/结构化型、对称型/不对称型、标准型/非标准型等。

（1）直接型/间接型

两个实体间的通信，可以是直接的或间接的。例如，如果两个系统共享一个点到点链路，那么这两个系统中的实体就可以直接通信。此时数据和控制信息直接在实体间传递而无任何中间的信息处理装置，所需要的协议属于直接型协议。

如果系统经过转接式通信网或者两个（或两个以上）网络串接的通信网，两个实体要交换数据必须依赖于其他实体的功能，则属于间接通信。此时设计协议时，需要考虑对中间系统了解到什么程度，因而较为复杂。

（2）单体型/结构化型

在两个实体间通信任务比较简单的情况下，采用单一协议来控制通信，这种协议被称为单体型协议。

实际上，计算机网络中实体间的通信任务是很复杂的，不可能作为一个单体来处理。面临复杂的情况时，可采用结构化型协议，即以展示为层次或分层结构的协议集合来代替单体型协议。此时，较低层次或较低级别的功能在较低层次的实体上实现，而它们又向较高层次的实体提供服务。换言之，较高层次的实体依靠较低层次的实体来交换数据。

（3）对称型/不对称型

大部分的协议属于对称型协议，即它们关联于同等的实体之间的通信。不对称型协议可以满足交换逻辑的要求（例如，一个用户进程和一个服务进程），或者用于尽可能使实体或系统保持简单。

（4）标准型/非标准型

一个部门或者一个国家都希望制定标准型协议，促进组建计算机网络和分布式处理系统。非标准型协议一般都是发展中的产物，或者为特定通信环境所设计。

4．车载网络通信协议标准

国际上众多知名汽车公司早在 20 世纪 80 年代就积极致力于汽车网络

技术的研究及应用。迄今为止，已有多种网络标准，其侧重的功能有所不同。按照系统的复杂程度、通信速率、必要的动作响应速度、工作可靠性等方面的因素，SAE 车辆网络委员会将汽车数据传输网划分为 A、B、C、D、E 这 5 类，如表 1-6 所示。

表 1-6　　　　　　　　　　　　　　　　汽车数据传输网的类型

类　型	功　能
A 类	面向传感器/执行器控制的低速网络，数据传输速率通常小于 20 kbit/s，主要应用于后视镜、电动车窗、刮水器、空调、照明灯等
B 类	面向独立模块间数据共享的中低速网络，数据传输速率为 10～125 kbit/s，主要应用于车身电子舒适性模块、仪表显示等系统
C 类	面向实时性控制的中高速网络，数据传输速率为 125 kbit/s～1 Mbit/s，主要应用于牵引控制、发动机控制、自动变速器控制、ABS 控制等系统
D 类	面向媒体信息的高速网络，数据传输速率一般在 1 Mbit/s 以上，主要应用于车载视频、车载音响、车载电话、导航等系统
E 类	面向乘客的安全系统高速、实时网络，数据传输速率在 10 Mbit/s 以上，主要应用于汽车被动安全领域

（1）A 类网络标准

A 类网络是应用在控制模块与智能传感器或智能执行器之间的通信网络(子总线)。例如，大众迈腾轿车上就运用了几个 A 类网络，用来控制智能刮水器、自动空调等，其特点是低传输速率、低成本。

A 类网络标准如表 1-7 所示。很多 A 类总线标准都已被淘汰，A 类网络通信大部分采用通用异步接收/发送设备（Universal Asynchronous Receiver/Transmitter，UART）标准。目前还在应用的主要是 LIN 协议、TTP/A 协议和丰田专用 BEAN 协议等。

表 1-7　　　　　　　　　　　　　　　　A 类网络标准

总线名称	使用公司	主要使用场合	备　注
UART（ALDL）	通用	多种场合	正在淘汰
Sinebus	通用	Audio	应用于无限操纵车轮控制
E&C	通用	娱乐媒体	正在淘汰
I2C	雷诺	HVAC	极少使用
J1708/J1587/J1922	贝通（T&B）	多种场合	正逐步被淘汰
CCD	克莱斯勒	传感器总线	正逐步被淘汰
ACP	福特	娱乐媒体	正在淘汰
BEAN	丰田	控制器	应用于车身控制
LIN	许多公司	智能传感器/执行器	由 LIN 协会开发
TTP/A	TTTech	智能传感器	由奥地利维也纳工业大学开发

① BEAN 协议。

车身电子局域网络（Body Electronic Area Network，BEAN）协议是丰田汽车专用的双向通信网络协议。它是一种多总线网络，由仪表板 BEAN 系统、转向柱 BEAN 系统和车门 BEAN 系统等组成。它的最大传输速率为 10 kbit/s，采用单线制，数据长度为 1～11 B。

② LIN 协议。

目前首选的 A 类网络标准是 LIN，有大量的车型采用此标准。LIN 是用于汽车分布式电控系统的一种新型低成本串行通信协议，它是一种基于

LIN

UART 的数据格式、主从结构的单线 12 V 的总线通信协议,主要用于智能传感器和执行器的串行通信。

　　LIN 采用低成本的单线连接,传输速率最高可达 20 kbit/s,其媒体访问采用单主/多从的机制,不需要进行仲裁,在从节点中不需要晶体振荡器便能进行自同步,采用 8 位单片机,这极大地减少了硬件平台的成本。LIN 的应用示例如图 1-30 所示。

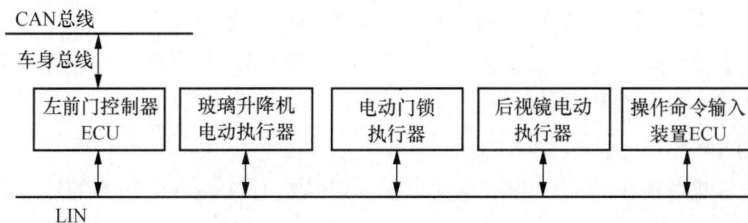

图 1-30　LIN 的应用示例

　　③ TTP/A 协议。

　　TTP/A 最初由维也纳工业大学开发,为时间触发类型的网络协议,主要应用于集成了智能传感器的实时现场总线。它具有标准的 UART,能自动识别加入总线的主节点与从节点,节点在某段已知的时间内触发通信,但不具备内部容错功能。

　　(2) B 类网络标准

　　B 类网络标准如表 1-8 所示。从目前来看,主要应用的 B 类网络标准有 3 种:J1850、低速 CAN、VAN。低速 CAN 是 B 类总线的国际标准,以往广泛适用于美国车型的 J1850 正逐步被基于 CAN 总线的标准和协议所取代。

表 1-8　　　　　　　　　　　　　　　　B 类网络标准

总线名称	使用公司	主要使用场合	备　　注
J2284	通用、福特、雪佛兰	多种场合	基于 ISO 11898-2,传输速率为 500 kbit/s
CAN	欧洲汽车公司	车身系统控制	基于 ISO 11898-3,也称为容错 CAN
J1939	贝通	多种场合	在载货汽车、大客车应用时传输速率为 250 kbit/s
J1850	福特、通用、克莱斯勒	多种场合	主要应用于北美汽车公司
VAN	雷诺、标致-雪铁龙(PSA)	车身系统控制	基于 ISO 11898-3,主要应用于法国车

　　① J1850。

　　1994 年 SAE 正式将 J1850 作为 B 类网络标准。最早,J1850 应用在美国福特、通用以及克莱斯勒公司的汽车中,后来 J1850 作为诊断和数据共享标准被广泛应用在汽车产品中。J1850 并不是一个单一标准,如福特、通用和克莱斯勒公司使用的物理层或数据帧格式并不相同,并且 3 个公司使用各自的消息协议。J1850 总线现在已停止使用,全部转至 CAN 总线。

　　② 低速 CAN。

　　CAN 总线是德国博世公司在 20 世纪 80 年代初为解决现代汽车中众多的控制单元之间数据交换问题和控制单元与测试仪器之间的数据交换问题而开发的一种串行通信协议。低速 CAN 是一种多主总线,传输介质可以是双绞线、同轴电缆或光纤,目前主要采用双绞线,传输速率可达 125 kbit/s。低速 CAN 具有许多容错功能,一般用在车身电控系统中。CAN

总线凭借其突出的可靠性、实时性和灵活性已从众多总线中突显出来，成为被世界接受的 B 类总线的主流协议。

③ VAN。

VAN 是现场总线的一种，主要应用在法国汽车中，由法国的标致、雪铁龙、雷诺公司联合开发。VAN 传输介质简单，传输速率可达 1 Mbit/s（40 m 内），主要用于车身电气设备的控制。VAN 支持分布式实时控制的通信网络，可广泛应用于汽车门锁、电动车窗、空调、自动报警以及娱乐控制等系统。VAN 总线作为串行通信网络，与一般总线相比，其数据通信具有突出的可靠性、实时性和灵活性。

（3）C 类网络标准

由于高速总线系统主要用于与汽车安全相关以及实时性要求比较高的地方，如驱动系统等，所以其有高传输速率，通常为 125 kbit/s～1 Mbit/s，支持实时的周期性参数传输。C 类网络主要用于动力控制系统、电子制动系统等。C 类网络标准如表 1-9 所示。

表 1-9　　　　　　　　　　　　　　　C 类网络标准

总 线 名 称	使 用 公 司	主要使用场合
TTP/C	TTTech	实时控制场合
FlexRay	宝马、摩托罗拉、戴姆勒、克莱斯勒和飞利浦等	实时控制场合
ISO 11898-2（高速 CAN）	通用、欧洲汽车公司	实时控制场合

① TTP/C 协议。

TTP/C 协议由维也纳工业大学开发，是基于 TDMA 的访问协议。TTP/C 是一个应用于分布式实时控制系统的完整的通信协议。它能够支持多种容错策略，提供容错的时间同步以及广泛的错误检测机制，同时提供节点的恢复和再整合功能。其采用光纤传输的工程化样品速度将达到 25 Mbit/s。TTP/C 支持时间和事件触发的数据传输。TTP 管理组织的 TTA 组成员包括奥迪、SA、雷诺、NEC、TTTech、Delphi 等。

② FlexRay。

FlexRay 是宝马、戴姆勒、克莱斯勒、摩托罗拉和飞利浦等公司制定的功能强大的通信协议。它是基于 FTDMA 的确定性访问协议，具有容错功能及确定的通信消息传输时间，同时支持事件触发与时间触发通信，具备高速率通信能力。FlexRay 采用冗余备份的方法，对高速设备可以采用点对点方式与 FlexRay 总线控制器连接，构成星形结构，对低速网络可以采用类似 CAN 总线的方式连接。

FlexRay

③ 高速 CAN。

欧洲的汽车制造商基本上采用总线标准 ISO 11898-2，传输速率通常为 125 kbit/s～1 Mbit/s。据 Strategy Analytics 公司统计，2008 年用在汽车上的 CAN 节点数目超过 7 亿。CAN 已成为事实上的国际标准，目前在高速网络通信系统中应用得最为广泛。然而，作为一种事件驱动型总线，CAN 无法为下一代线控系统提供所需的容错功能或带宽，因为 X-by-Wire 系统对实时性和可靠性的要求很高，必须采用时间触发的通信协议，如 TTP/C 或 FlexRay 等。

（4）D 类网络标准

汽车信息娱乐和远程信息设备，特别是汽车导航系统，需要功能强

MOST

大的操作系统和连接能力。目前主要应用的几种 D 类网络标准如表 1-10 所示。

表 1-10　　　　　　　　　　　　　　　　　D 类网络标准

分类	总线协议		应用场合	传输介质	传输速率	备　注
低速	IDB-C		通信娱乐	双绞线	250 kbit/s	基于 CAN 总线
高速	D2B	Cipper	通信娱乐	双绞线	29.8 kbit/s	
		Optical	通信娱乐	光纤	12 Mbit/s	
	MOST		通信娱乐	光纤	25 Mbit/s	
	IEEE 1394		PC 设备	屏蔽双绞线	98～393 Mbit/s	
无线	蓝牙		PC 通信		因版本、传输距离不同而不同，具体见本书项目 7	短距离射频技术

汽车多媒体网络和协议分为 3 种类型，分别是低速、高速和无线，对应 SAE 的分类分别为 IDB-C、IDB-M 和 IDB-W。低速一类用于远程通信、诊断及通用信息传输，IDB-C 按 CAN 总线的格式以 250 kbit/s 的速率进行信息传输。由于其低成本的特性，早期的汽车多媒体网络多采用该模式，但一般不传输媒体信息，主要完成操作指令的传输。高速一类主要用于实时的音频和视频通信，如 MP3、DVD 和 CD 等的播放，所使用的传输介质是光纤，这一类主要有 D2B、MOST 和 IEEE 1394。在无线通信方面，采用蓝牙。

（5）E 类网络标准（安全总线标准）

安全总线主要用于安全气囊系统，以连接气囊控制单元、加速度传感器、安全传感器等装置，为被动安全提供最佳保障。

典型的安全总线标准如 Byteflight。Byteflight 是由宝马、摩托罗拉、Elmos 和 Infineon 等公司共同开发的，此协议基于灵活的 TDMA，以 10 Mbit/s 的速率传送数据，光纤可长达 43 m。其结构能够保证以一段固定的等待时间专门用于传送来自安全元件的高优先级信息，而允许低优先级信息使用其余的时段。

Byteflight 不仅可以用于安全气囊系统的网络通信，还可以用于 X-by-Wire 系统的通信和控制。宝马公司在 2001 年 9 月推出的 BMW 7 系列车型中，采用了一套名为 ISIS 的安全气囊控制系统，它是由 14 个传感器构成的，利用 Byteflight 来连接和收集前座安全气囊、后座安全气囊以及膝部安全气囊等安全装置的信号。在紧急情况下，中央控制单元能够更快、更准确地决定不同位置的安全气囊的施放范围与时机，达到最佳的保护效果。

|1.3　典型案例分析|

【故障诊断过程】

在前述故障中，来厂检修时发动机能启动，说明该车的点火系统和燃油系统都没有问题。这种现象很像是启用了防盗系统，但是防盗报警灯始终没有点亮，也无法重新对防盗系统进行匹配。本着"代码优先"的原则，先从检查、分析故障码入手。

通过专用故障诊断仪，在发动机控制单元读到 2 个故障码，分别是"驱动系统数据总线通信失败"和"发动机控制单元被防盗控制单元闭锁"。在仪表控制单元和网关控制器内也存有故障码，表示"驱动系统数据总线通信有故障"。

由于发动机无法正常运转，因此无法对动态数据流进行分析并帮助查找其他的原因。因此，先从显示的这几个故障码着手排除。老款大众帕萨特 B5 1.8T 车是采用 CAN 总线与多路传输系统控制的车辆，整车有 2 套总线，一套驱动系统（动力系统）总线，一套舒适系统总线。驱动系统总线连接发动机控制单元、仪表控制单元、ABS 控制单元、安全气囊控制单元和自动变速器控制单元，采用星形接法。通过对两个故障码的分析，推断故障发生的原因很可能是驱动系统总线有故障或缺陷（即数据通信质量不好等）。而该车的防盗控制器就安装在仪表总成内，若仪表控制单元与发动机控制单元因链路中断而不能通信，也就会发生"发动机控制单元被防盗控制单元闭锁"的故障。因此，应重点检查仪表控制单元到发动机控制单元的网络通信链路。

【故障排除】

拆下仪表总成外壳，沿其连接线束向下查找，发现在发动机舱与驾驶舱的连接防火墙线孔处网线表皮有磨损并发生搭铁。用胶带缠绕磨损的表皮，并用橡胶圈将其固定，清除故障码，故障排除，发动机正常启动。

【故障分析与总结】

此故障是驱动系统的 CAN 通信故障。案例中的发动机无法正常启动都是常见的电气故障，它们不只有通信故障还有各个控制开关、电动机、线路和模块等的故障。

|1.4 工作任务：认识车载网络系统部件与功能|

1.4.1 实训内容与要求

实训内容：认识车载网络系统部件与功能。

实训要求如下。

① 能够使用维修资料，正确选用工具。

② 能够正确认识车载网络系统部件与功能。

③ 应在 80 min 内独立完成。

④ 在实训过程中应注意人身健康与安全。

1.4.2 实训条件

① 车间或模拟车间。

② 个人防护用品用具。

③ 汽车维修设备和工具。

④ 安全的工作环境和工作场所。

⑤ 装备车载网络系统的车辆。

⑥ 相关说明书、维修手册等资料。

⑦ 有关人身健康与安全的信息。

⑧ 提供各类维修知识和维修资料的网页。

1.4.3 实训步骤

1．在教师提供的车辆上，通过查阅维修手册，指出车辆使用了哪几种车载网络，每种网络的传输速率是多少。

车型：_____

使用的网络和传输速率：_____

_____

_____

_____

2．你知道目前汽车使用的车载网络的类型和特点吗？请查阅资料，写出 3～5 个。

例如，CAN：车身系统、驱动系统控制用 LAN 协议，传输速率为 1 Mbit/s。

_____

_____

_____

_____

3．在教师提供的车辆上，通过查阅维修手册，指出下列系统采用的车载网络类型，并填入下表中。

车型：_____

序号	系统	车载网络类型
1	驱动系统	
2	车身系统	
3	安全系统	
4	信息娱乐系统	

4．在教师提供的车辆上，通过查阅维修手册，指出车辆采用了哪几种总线，每种总线系统包括哪些模块。

车型：_____

（1）是否采用了 LIN 总线？　　　　　　　　　　是 ☐　 不是☐

包括的模块有：

_____

_____

_____

（2）是否采用了低速 CAN 总线？　　　　　　　　　　　是 ❑　　不是❑

包括的模块有：

（3）是否采用了高速 CAN 总线？　　　　　　　　　　　是 ❑　　不是❑

包括的模块有：

（4）是否采用了 FlexRay 总线？　　　　　　　　　　　是 ❑　　不是❑

包括的模块有：

（5）是否采用了 MOST 总线？　　　　　　　　　　　　是 ❑　　不是❑

包括的模块有：

|1.5　项目小结|

本项目介绍了车载网络系统的应用背景、作用、优点和目前的使用情况；汽车对通信网络的要求，车载网络系统在汽车上的应用和车载网络系统常用术语；车载网络系统通信协议等。

本项目应着重掌握车载网络系统的定义、术语和应用。

|1.6　知识训练|

1．回答问题

（1）按照你的理解，说一说汽车为什么要使用车载网络系统。

（2）说明典型车载网络系统的组成。

（3）车载网络系统在汽车上的应用有哪些？

（4）解释 CAN、多路传输、数据总线的含义。

（5）什么是通信协议？常用的通信协议有哪些？

（6）下述哪些是车载网络系统的优点？

① 布线简单，降低成本　　　　　　　　　　　　　　是☐　不是☐
② 控制单元之间交流更加简单和快捷　　　　　　　　是☐　不是☐
③ 传感器数目减少，实现信息共享　　　　　　　　　是☐　不是☐
④ 提高汽车总体运行的可靠性　　　　　　　　　　　是☐　不是☐
⑤ 大多采用传统的点对点通信方式　　　　　　　　　是☐　不是☐

（7）下述哪些是车载网络系统的功能？
① 减少电气线束数量，信号通过共用传输线路传输　　是☐　不是☐
② 唤醒和睡眠功能可以减少蓄电池的额外能量消耗　　是☐　不是☐
③ 具有硬件失效保护功能和软件失效保护功能　　　　是☐　不是☐
④ 具有故障自诊断功能　　　　　　　　　　　　　　是☐　不是☐

（8）将不同车载网络系统名称、概要及其通信速率连线。

CAN	信息娱乐系统通信协议，由克莱斯勒和宝马公司推动	5 Mbit/s
VAN	重视安全、按照用途分类的控制用 LAN 协议	1 Mbit/s
LIN	车身系统控制用 LAN 协议	22.5 Mbit/s
FlexRay	车身系统控制用 LAN 协议，以法国为中心	1 Mbit/s
MOST	车身系统、驱动系统控制用 LAN 协议	20 kbit/s

（9）下列哪几项是通信协议三要素？
① 语法　　　　　　　　　　　　　　　　　　　　　是☐　不是☐
② 语义　　　　　　　　　　　　　　　　　　　　　是☐　不是☐
③ 定时规则　　　　　　　　　　　　　　　　　　　是☐　不是☐
④ 容错　　　　　　　　　　　　　　　　　　　　　是☐　不是☐

（10）下列哪几项是通信协议的功能？
① 差错检测和纠正　　　　　　　　　　　　　　　　是☐　不是☐
② 分块和重装　　　　　　　　　　　　　　　　　　是☐　不是☐
③ 排序　　　　　　　　　　　　　　　　　　　　　是☐　不是☐
④ 流量控制　　　　　　　　　　　　　　　　　　　是☐　不是☐

（11）下列哪几项属于 A 类网络标准？
① UART（ALDL）　　　　　　　　　　　　　　　　是☐　不是☐
② BEAN　　　　　　　　　　　　　　　　　　　　是☐　不是☐
③ CAN　　　　　　　　　　　　　　　　　　　　　是☐　不是☐
④ LIN　　　　　　　　　　　　　　　　　　　　　是☐　不是☐
⑤ FlexRay　　　　　　　　　　　　　　　　　　　是☐　不是☐
⑥ MOST　　　　　　　　　　　　　　　　　　　　是☐　不是☐
⑦ 蓝牙　　　　　　　　　　　　　　　　　　　　　是☐　不是☐

2．判断正误

（1）（　　）通常汽车车载网络系统采用多条不同速率的总线分别连接不同类型的节点，并使用网关来实现整车的信息共享和网络管理。

（2）（　　）车身系统的控制单元对实时性要求低但数据较多，可使用低速总线连接这些控制单元。

（3）（　　）驱动系统的受控对象对通信实时性有较高的要求，因此使用高速总线连接驱动系统的控制单元。

（4）（　　　）信息娱乐系统对于通信速率的要求更高，因此采用新型的多媒体总线连接车载多媒体控制单元，这些新型的多媒体总线往往是基于光纤通信的。

（5）（　　　）网关是汽车内部通信的核心，通过它可以实现各条总线上信息的共享。

（6）（　　　）车载网络系统网络布局常用的有分级式和分开式两种。

（7）（　　　）连接到车载网络的各个 ECU 按需要从总线上接收最新的信息以操纵各个系统。

（8）（　　　）车载网络系统大致可以分为 4 个系统：驱动系统、车身系统、安全系统、信息娱乐系统。

（9）（　　　）在驱动系统中，数据传递应尽可能快速，以便及时利用数据。

（10）（　　　）与驱动系统相比，车身系统更倾向于注重成本，大家普遍使用更廉价的解决方法。

（11）（　　　）安全系统通信总线的要求是成本低、通信速率高和通信可靠性高。

（12）（　　　）信息娱乐系统通信总线的要求是容量大、通信速率非常高。

（13）（　　　）数据总线是模块间传递数据的通道。

（14）（　　　）CAN 是目前在汽车上应用最广泛的车载网络。

（15）（　　　）车载网络应用的是单线或双线时分多路传输系统。

（16）（　　　）计算机多路传输系统中的控制单元称为节点。

（17）（　　　）网关的作用是使采用不同协议和速度的数据总线间实现无差错数据传输。

（18）（　　　）目前车载网络使用的传输介质有双绞线、同轴电缆和光纤。

（19）（　　　）比特率是指每秒传送的位数，单位为 bit/s。

（20）（　　　）传输协议是控制实体间有效完成信息交换的一组约定和规则。

（21）（　　　）通信协议是指通信双方控制信息交换规则的标准、约定的集合，即指数据在总线上的传输规则。

（22）（　　　）两个节点要想成功地通信，它们必须"说同样的语言"，并按既定控制法则来保证相互配合。

（23）（　　　）在一个简单的通信协议中，模块不分主从，根据优先规则，模块间相互传递信息，并且都知道该接收什么信息。

（24）（　　　）一个模块是主模块，其他则为从模块，根据优先规则，主模块决定哪个从模块发送信息以及何时发送信息。

（25）（　　　）通信协议中有一个仲裁系统，通常这个系统按照每条信息的数字拼法为各数据传输设定优先规则。

项目 2
认识常用车载网络系统

|2.1 项目导入|

【项目描述】

一辆上汽大众帕萨特汽车，偶尔出现无法启动现象，且故障灯全部点亮，故障出现没有规律。经初步使用故障诊断仪读取故障码，故障诊断仪无法与各系统（发动机电控系统、变速器电控系统、车门单元、制动电子装置、电子驻车系统、安全气囊、转向柱电子装置控制单元、电子中央电气系统等）正常通信。这些系统使用的是哪种网络传输方式呢？怎样解决这个故障呢？

本项目以常用的车载网络系统为项目实体，介绍各种常用车载网络系统在汽车中的使用。在汽车中常用的车载网络系统是 CAN 总线系统和 LIN 总线系统，如何对其进行检测与维修以解决上述故障对维修人员来说是一个考验。

【学习目标】

素质目标

通过参与理实一体化的实训过程培养沟通、交流、协作能力，提高安全意识和对操作问题的重视程度。

知识目标

1. 知道 CAN 总线系统结构及工作原理；
2. 知道 LIN 总线系统结构及工作原理；
3. 知道 VAN 总线系统结构及工作原理；
4. 知道 LAN 总线系统结构及工作原理；
5. 知道 MOST 总线系统结构及工作原理；
6. 知道车载蓝牙系统结构及工作原理。

技能目标

1. 能够使用万用表、示波器和故障诊断仪等设备对车载网络系统进行检测；
2. 能够诊断车载网络系统的常见故障并恢复正常功能。

【学习资源】

1. 数据总线系统自学手册；
2. 轿车维修手册；
3. 国家教学资源库。

| 2.2 学习参考 |

2.2.1 CAN 总线系统

CAN 总线具有十分优越的特点，诸如低成本，极高的总线利用率，较远的数据传输距离（可达 10 km），较高的数据传输速率（可达 1 Mbit/s），可根据信息的 ID（标识符）决定接收或屏蔽该信息，具有可靠的错误处理和检错机制，发送的信息遭到破坏之后可自动重发，各控制单元在错误严重的情况下具有自动退出总线的功能，信息不包含原地址或目标地址，仅用标识符来指示功能信息和优先级信息。

CAN 总线系统的工作建立在通信协议的基础上，CAN 通信协议主要描述各控制单元间的信息传输方式。CAN 较常用的传输介质是双绞线。信号使用差分电压传送，两条信号线被称为 CAN-H（高）和 CAN-L（低），即 CAN 的高位数据传输线和低位数据传输线。例如，大众车系驱动系统 CAN 总线静态时，两线电压均约为 2.5 V，此时总线状态表示为逻辑"1"，也可叫作"隐性"位；工作时，CAN-H 的电压比 CAN-L 的高，表示为逻辑"0"，称为"显性"位。不管信息量的大小，系统内所有的信息都是通过这两条数据传输线传输的。

1．CAN 总线的发展历史

CAN 总线发展很多年了，最早用在汽车电子领域，世界上一些著名的汽车制造厂商都采用 CAN 总线来实现汽车内部控制系统与各检测和执行机构间的数据通信。

CAN 总线发布前，汽车 ECU 间的通信方式是"点对点"布线方式。

1986 年，博世公司开发了 CAN 协议作为解决方案。

1993 年，CAN 被采用为国际标准（ISO 11898）。

2003 年，ISO 11898 称为标准系列。

2006 年，通过了 ISO 11898-3 标准，该标准取代了 ISO 11519-2。

2012 年，博世公司发布了 CAN FD 1.0。

2015 年，CAN FD 协议标准化（ISO 11898-1）。

2016 年，CAN 数据传输速率高达 5 Mbit/s，已通过 ISO 11898-2 标准化。

2019 年，审查确认了 ISO 11898-4 标准。

如今，CAN 总线已成为汽车、卡车、公共汽车、拖拉机、轮船、飞机等的标准配置，是目前国际上应用最为广泛的开放式现场总线之一。

2．CAN 总线系统的构成

CAN 总线系统由控制器、收发器、两个数据传输终端（位于某两个控制单元内）和两条数据传输线组成，如图 2-1 和图 2-2 所示。

CAN 总线系统的构成

（1）CAN 控制器和 CAN 收发器

每一个 CAN 节点上都接有一个控制单元。每一个控制单元中均设有一个 CAN 控制器和一个 CAN 收发器（即数据的发送器和接收器）。产生数据的单元被称为数据的发送器，此单元保持作为数据的发送器，直到总线出现空闲或此单元失去仲裁为止。如果有一单元不作为数据的发送器并且总线不空闲，这一单元就称为数据的接收器。CAN 控制器主要用来接收微处理器传来的数据，对这些数据进行处理并传给 CAN 收发器；同时 CAN 控制器也接收由 CAN 收发器传来的数据，对这些数据进行处理并传给控制单元中的微处理器。典型的 CAN 总线系统结构示意如图 2-2 所示。

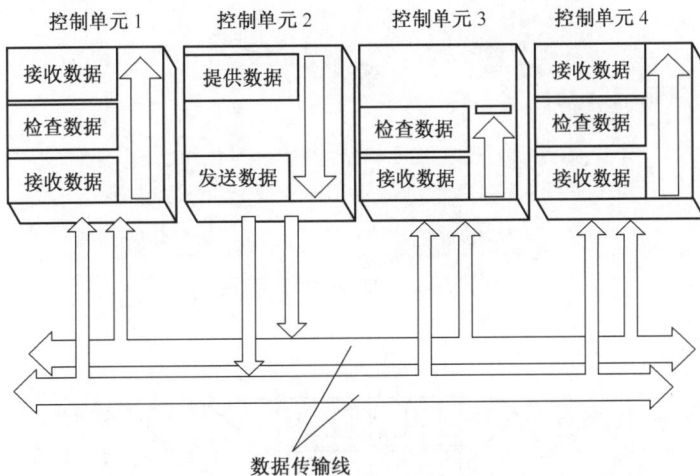

图 2-1　CAN 总线系统组成

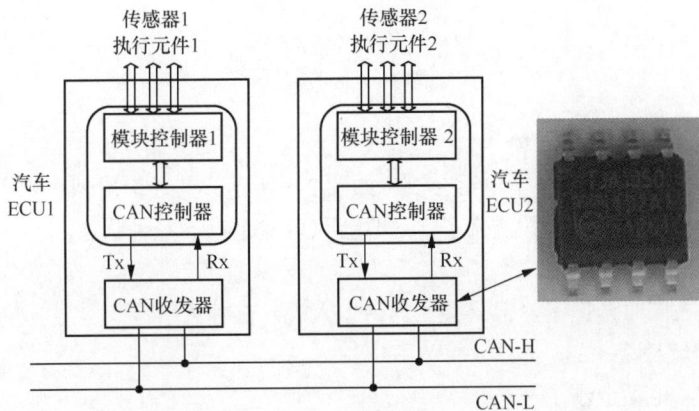

图 2-2　典型的 CAN 总线系统结构示意

（2）数据传输终端

CAN 有数据发送和接收两端（即两个通信节点），如图 2-3 所示，两端都接一个 120 Ω 的电阻器，连接在双绞线的两端，数据传输终端上的电阻器可防止数据在数据传输终端被反射并以回声的形式返回，影响数据的正确传输。

（3）数据传输线

汽车上的 CAN 数据传输线大都是双绞线，分为 CAN 高位数据传输线和低位数据传输线。这种结构使系统能够同时读写总线数据。数据使用差分电压传送。差分的电压使 CAN 总线系统即使在一条数据传输线断开的情况下或者在噪声极大的环境中也能够工作。汽车在使用过程中，电火花、电磁线圈开关、移动电话和发送站等发出的电磁波都会影响或破坏 CAN 的数据传输。为了防止数据在传输时受到干扰（即防止数据传输线所产生的辐射噪声），两条数据传输线缠绕在一起，如图 2-4 所示（图 2-4 所示为大众车系的舒适系统 CAN 总线）。这两条数据传输线的电位相反，如果一条数据传输线上的电压约为 3.5 V，那么另一条数据传输线上的电压就约为 2.5 V，这样两条数据传输线的总电压差保持一个常数，而且所产生的电磁效应也会由于极性相反而互相抵消，使向外辐射保持中性（即无辐射）。

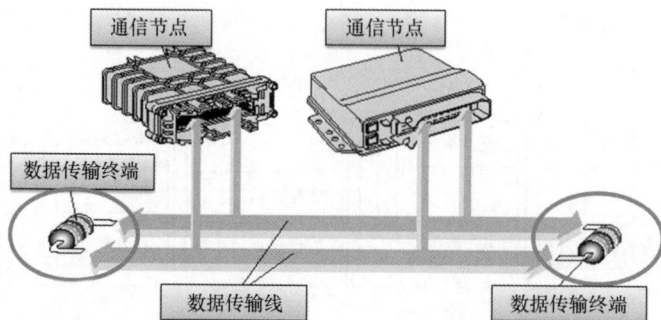

图 2-3　CAN 总线结构

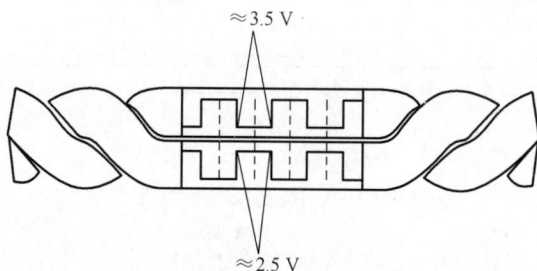

图 2-4　缠绕在一起的数据传输线

3．CAN 总线的数据传输

CAN 总线的数据传输像一个电话会议，如图 2-5 所示。其通信原理：好比开一个电话会议，大家都拨进来了，这时会议可能是以下几种状态。

一人说，其他人听；

两人甚至多人同时开口了，但只会让其中一人说，其他人听；

一人要求另一人说；

有人掉线了，电话卡顿了……

针对上述各种情况，要保证这个电话会议有序、高效地进行，就需要大家遵守一些约定俗成的规定或协议。这些规定或协议称为 CAN 协议。

一个电话用户（控制单元）将数据"讲入"网络中，其他用户通过网络"接听"该数据。对该数据感兴趣的控制单元会利用该数据，而其他控制单元则会忽略该数据。在该网络中，任一控制单元既可发送数据，又可接收数据。

当某一控制单元向 CAN 控制器提供需发送的数据后，CAN 控制器再将此数据发送给 CAN 收发器，CAN 收发器接收由 CAN 控制器传来的数据，并将其转换为电信号，通过数据传输线发出。此时，CAN 总线系统中其他控制单元转换为接收器接收此信号，并检查、判断所接收的信号是否为所需要的，如果接收的信号是所需要的，它将被接受并被处理，否则该

信号将被忽略。

　　CAN 总线在极短的时间内在各控制单元间传输数据。该数据由多位构成,位数的多少由数据帧的大小决定。

　　CAN 控制器大多具有根据 ID 过滤报文的功能,即只接收某些 ID 的报文。CAN 节点对接收到的报文进行过滤,比较消息 ID 与选择器(Accepter)中接收过滤相关位是否相同。如果相同,则接收;如果不相同,则过滤。CAN 报文接收过滤原理如图 2-6 所示。

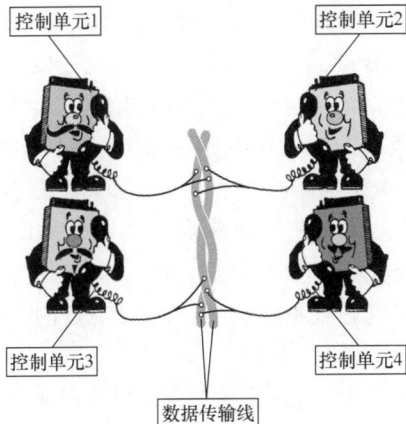

图 2-5　CAN 总线的数据传输　　　　图 2-6　CAN 报文接收过滤原理

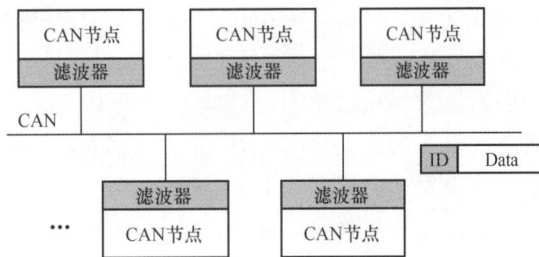

4. CAN 总线传输的数据类型

　　CAN 总线所传输的数据有数据帧、远程帧、错误帧和过载帧这 4 种类型。

　　(1) 数据帧

　　数据帧携带数据,由发送器发送至接收器。数据帧由开始域、仲裁域、控制域、数据域、安全域、应答域、结束域组成,如图 2-7 所示。

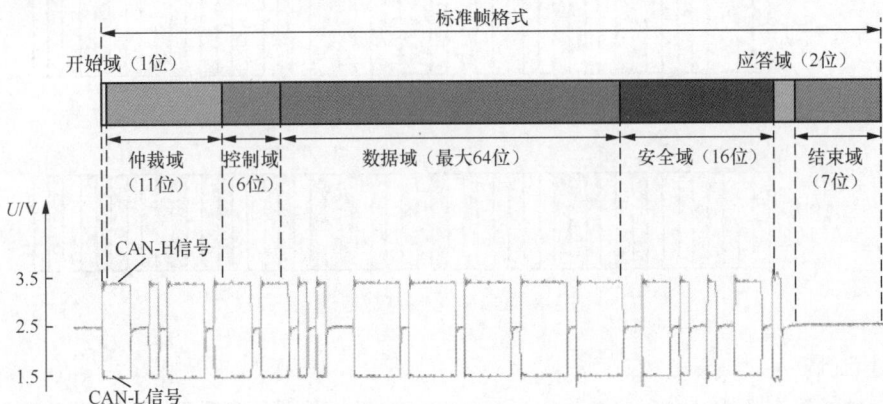

CAN 总线传输的数据类型　　彩图 2-7

注:U 表示 CAN 总线电压。

图 2-7　标准数据帧的组成(以高速 CAN 信号为例)

　　① 开始域。

　　开始域标志数据帧的起始,仅由一个"显性"(即逻辑"0")位组成,带有约 5 V 电压的 1 位被送入 CAN 高位数据传输线,带有约 0 V 电压的 1 位被送入 CAN 低位数据传输线(由系统决定）。

② 仲裁域。

仲裁域根据标识符判定数据的优先权。标准格式下标识符长度为 11 位，这些位按 ID-10～ID-0 的顺序发送，最低位是 ID-0。7 个高位（ID-10～ID-4）不能全是"隐性"（即逻辑"1"）的。在标准帧里，标识符后是远程发送请求位，该位若为"显性"，代表发送的信息是数据；该位若为"隐性"的，代表发送的信息是数据请求。只要总线空闲，各控制单元均可向总线发送数据，如果各控制单元要同时发送各自的数据，那么系统必须决定哪一个控制单元先进行发送。系统规定具有最高优先权的控制单元先发送，标识符的二进制值越小，其优先权就越高。例如，发动机控制单元、ABS 控制单元、自动变速器控制单元同时向总线发送数据时，三者仲裁域的标识符分别为 010 1000 0000、001 1010 0000、100 0100 0000（程序中设置好的）。由于 ABS 控制单元的标识符最小，系统就先发送 ABS 控制单元发送的数据。此时，发动机控制单元和自动变速器控制单元转化为接收器接收数据。总线一旦空闲，系统就会发送其他的数据，但要注意在数据被成功接收之前仍要争取仲裁，即总线发送数据是根据各数据单元的优先权决定的，而不是按请求发送的时间先后来决定的。

CAN 总线仲裁原理如图 2-8 所示。从帧起始位开始，从左往右逐位比较，只要出现位不一样，比较就结束，显性电平者胜出，有权发送。

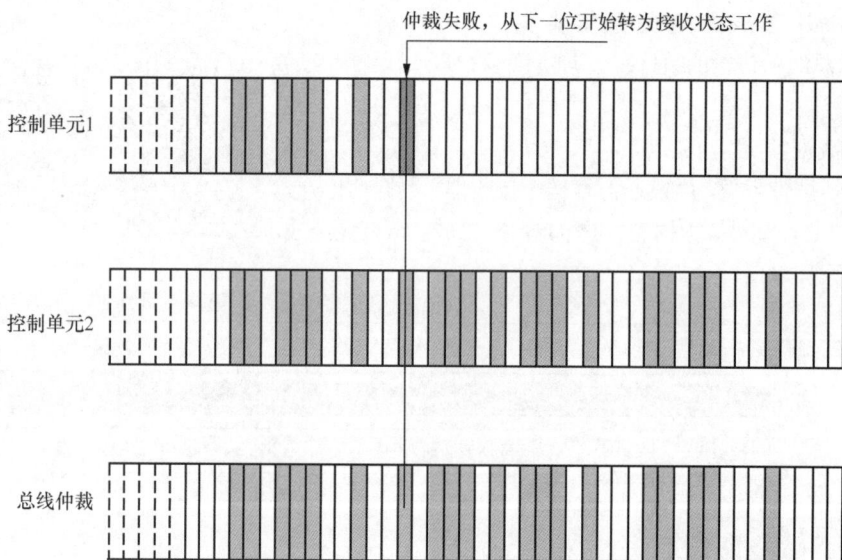

图 2-8　CAN 总线仲裁原理

③ 控制域。

控制域显示在数据域中所包含的数据长度代码，供接收器检查是否已经接收到所传来的所有信息。控制域由 6 个位组成，包括数据长度代码和两个作为扩展用的保留位，所发送的保留位必须为"显性"的。接收器接收所有由"显性"位和"隐性"位组合在一起的位。数据长度代码为 4 个位，指示了数据域中字节的数量，如表 2-1 所示。

表 2-1　数据长度的表示

数 据 长 度/B	数据长度代码			
	DLC3	DLC2	DLC1	DLC0
0	0	0	0	0
1	0	0	0	1
2	0	0	1	0
3	0	0	1	1
4	0	1	0	0
5	0	1	0	1
6	0	1	1	0
7	0	1	1	1
8	1	0	0	0

④　数据域。

数据域给出要传送的数据，可以为 0～8 字节，每字节包含 8 个位（最大为 64 个位）。该数据可以代表实际的数据，也可以是一个数据请求。如果是数据请求，就没有数据字节随从，控制域中的数据长度代码就不会与数据字节有直接关系。那么，数据域是如何表示数据的呢？例如，要表示节气门开度，系统可以用 2 个位表示 4 个节气门开度位置，如表 2-2 所示；用 3 个位表示 8 个节气门开度位置，如表 2-3 所示。

表 2-2　2 个位表示的节气门开度位置

节气门开度	数据域代码	
	DLC1	DLC0
0.1	0	0
0.2	0	1
0.3	1	0
0.4	1	1

表 2-3　3 个位表示的节气门开度位置

节气门开度	数据域代码		
	DLC2	DLC1	DLC0
0.1	0	0	0
0.2	0	0	1
0.3	0	1	0
0.4	0	1	1
0.5	1	0	0
0.6	1	0	1
0.7	1	1	0
0.8	1	1	1

同理，可用 8 个位表示 256 个节气门开度位置。如果 1 个字节不够表示，可以用 2 个字节或多个字节表示，但不超过 8 个字节。短帧结构的实时性好，适合汽车和工控领域。

⑤　安全域。

安全域用来检测传递数据中的错误。CAN 总线系统用于电噪声很大的环境，这个环境中的数据最容易丢失或被破坏。CAN 协议提供了 5 种错误检测和修正的方法。因此，如果数据被破坏，安全域能够检测出来，而且网络中所有的控制单元都会忽略这个数据。这 5 种错误检测类型分别为位错误、填充错误、校验错误、形式错误、应答错误。

a. 位错误。各控制单元在发送位的同时也对总线进行监视。如果所发送的位值与所监视的位值不相符，则在此位时间里检测到一个位错误。但是在仲裁域的填充位流期间或应答间隙发送一"隐性"位的情况是例外的。此时，当监视到一"显性"位时，不会发出位错误。当发送器发送一个被动错误标志但检测到"显性"位时，也不会视为位错误。

b. 填充错误。在使用位填充法进行编码的信息中，如果出现了 6 个连续相同的位电平，将检测到一个填充错误。

c. 校验错误。校验序列包括发送器的校验计算结果，接收器计算校验的方法与发送器的相同。如果接收器的校验计算结果与接收到校验序列的结果不相符，则检测到一个校验错误，如图 2-9 所示。

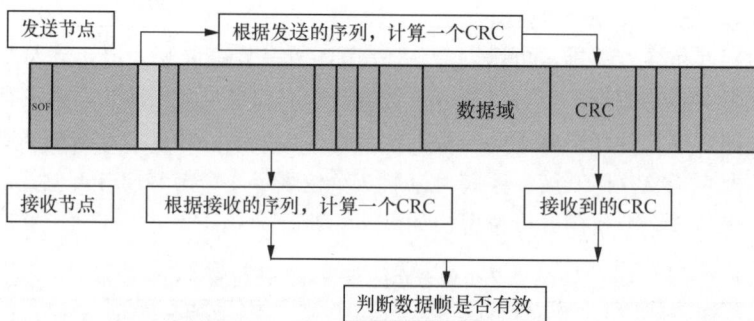

图 2-9　校验原理

d. 形式错误。当一个固定形式的域含有一个或多个非法位时，则检测到一个形式错误。

e. 应答错误。只要在应答间隙所监视的位不为"显性"，则发送器会检测到一个应答错误。

⑥ 应答域。

在应答域中接收器通知发送器已经正确接收到数据。如果检测到错误，接收器立即通知发送器，发送器再发送一次数据，直到该数据被正确接收。但从检测到错误到下一数据的传送开始，发送时间最多为 29 个位的时间。应答域长度为 2 个位，包含应答间隙和应答界定符，常态下发送两个"隐性"位。当接收器正确接收到有效的数据时，接收器就会在应答间隙向发送器发送一个"显性"位以应答，而应答界定符始终是"隐性"位。CAN 总线系统应答原理如图 2-10 所示。

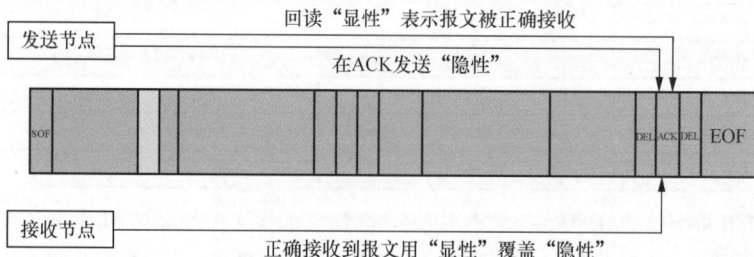

图 2-10　CAN 总线系统应答原理

⑦ 结束域。

结束域标志着数据帧结束，由 7 个"隐性"位组成。这里是显示错误并重复发送数据的最后一次机会。

（2）远程帧

远程帧由开始域、仲裁域、控制域、安全域、应答域和结束域组成，没有数据域。远程帧的远程发送请求位（RTR位）是"隐性"的。

远程帧主要用来请求某个指定节点发送数据，如图2-11所示。节点A需要节点B发送数据（变速器油温度），A发送一个远程帧（命令），B收到后发送数据帧（数据为变速器油温度115℃）给A。由于CAN总线仲裁时，数据帧发送的优先权高于远程帧的优先权，因此可以避免总线冲突。

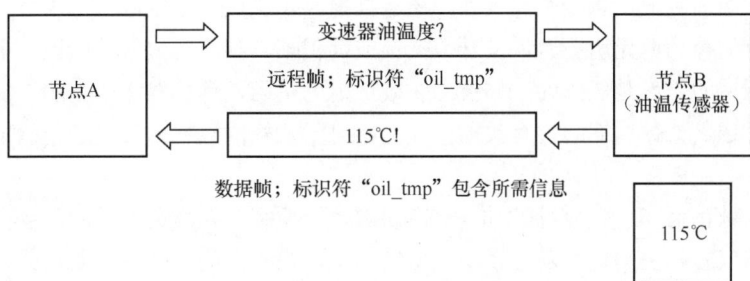

图2-11　远程帧应用实例

（3）错误帧

错误帧的功能是对所发送的数据进行错误检测、错误标定及错误自检。错误帧由两个不同的域组成，第1个域为不同控制单元提供错误标志的叠加，第2个域为错误界定符。

错误标志包括主动错误标志和被动错误标志两种形式。主动错误标志由6个连续的"显性"位组成；被动错误标志由6个连续的"隐性"位组成，除非被其他控制单元的"显性"位覆盖。检测到错误条件的"错误主动"控制单元通过发送主动错误标志来指示错误。错误标志的形式破坏了从开始域到校验界定符的位填充规则，或者破坏了应答域或结束域的固定形式，所有其他的控制单元由此检测到错误条件，与此同时开始发送错误标志。因此，"显性"位的序列会导致一个结果，就是把各个控制单元单独发送的不同的错误标志叠加在一起。这个顺序的总长度最小为6位，最大为12位。检测到错误条件的"错误被动"控制单元试图通过发送被动错误标志来指示错误。"错误被动"控制单元等待6个相同极性的连续位（这6个位处于被动错误标志的开始）。当这6个相同极性的位被检测到时，被动错误标志的发送就完成了。

错误界定符包括8个"隐性"位。错误标志被发送以后，每个通信节点就发送"隐性"位并一直监视总线，直到检测出一个"隐性"位为止，然后开始继续发送7个"隐性"位。

（4）过载帧

接收器在电路尚未准备好或在间歇域检测到一个"显性"位时，会发送过载帧，以延迟数据的发送。过载帧包括过载标志和过载界定符两个域。过载标志由6个"显性"位组成，其所有形式都和主动错误标志的一样。过载标志的形式破坏了间歇域的固定形式。过载界定符包括8个"隐性"位，它的形式和错误界定符的形式一样。过载标志被发送后，控制单元就一直监视总线，直到检测到从"显性"位到"隐性"位的发送。此时，总线上的每个控制单元都完成了过载标志的发送，并开始同时发送7个"隐性"位。

对于过载帧的结构我们可以这样理解：接收节点A达到接收极限时，就会发送过载帧到总线上，显然，过载标志的6个连续"显性"位会屏蔽掉总线上其他节点的发送，也就是说这时 A 通过发送过载帧来破坏其他节点的发送，这样在 A 发送过载帧期间，其他节点就不能成功发送报文，于是就相当于把其他节点的发送推迟了，也就是说 A 在其发送过载帧的这段时间得以"休息"。

（5）帧间空间

数据帧或远程帧与其前面帧的隔离是通过帧间空间实现的，无论其前面的帧为何类型。不同的是过载帧与错误帧之间没有帧间空间，多个过载帧之间也不是由帧间空间隔离的。帧间空间包括间歇域和总线空闲域。如果"错误被动"控制单元已作为前一数据的发送器，则其帧间空间除了间歇域、总线空闲域外，还包括挂起传送域。间歇域包括 3 个"隐性"位，间歇期间所有的控制单元均不允许发送数据帧或远程帧，唯一要做的是标识一个过载条件。

总线空闲域的长度是任意的。只要总线被认定为空闲，等待发送数据的控制单元就会访问总线。在发送其他数据期间，有数据被挂起，对于这样的数据，其发送起始于间歇之后的第 1 位。

挂起传送域包括 8 个"隐性"位。"错误被动"控制单元发送数据后，会在下一个数据开始发送之前或总线空闲之前发送 8 个"隐性"位，跟随在间歇域的后面。如果同时另一个控制单元开始发送数据，则此控制单元就作为这个数据的接收器。

5．车用控制单元数据的发送

除了命令和请求数据外，汽车的一些基本状态数据（如发动机转速、车轮转速、冷却液温度等）是大部分控制单元必须获取的数据，控制单元采用广播形式向总线发送数据。如果在同一时刻所有控制单元都向总线发送数据，将发生总线数据冲突。CAN 协议提出用标识符识别数据优先权的总线仲裁。表 2-4 所示为汽车各控制单元发送及接收的数据类型。

车用控制单元数据的发送

表 2-4　　　　　　　　　汽车各控制单元发送及接收的数据类型

优先权	数据类型	电控燃油喷射系统	电控传动系统	ABS	ASR 系统	废气再循环系统	空调系统
1	实际喷油量	发送	接收				
2	发动机转速	发送	接收	接收	接收		接收
3	油量设置	接收			发送		
4	车轮转速	接收	接收	发送	接收		
5	加速踏板位置	发送	接收	接收	接收		
6	变速比	接收	发送		接收	接收	
7	怠速设置	接收				发送	发送
8	冷却液温度	发送	接收				接收
9	空气温度	发送					接收

由表 2-4 可以看出，实际喷油量和发动机转速具有较高的优先权，这是因为它们的实时性要求高，并直接影响发动机的动力性、经济性和排放性能。

6．CAN 总线系统的协议

（1）CAN 协议概述

CAN 结构如图 2-12 所示。CAN 协议包括 OSI（开放系统互连）参考模型的传输层、数据链路层及物理层的协议（ISO 规定的 OSI 参考模型见

CAN 总线系统的协议

表 2-5）。

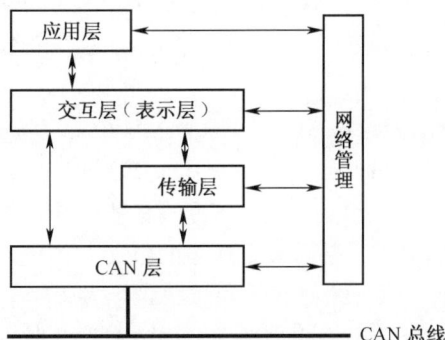

图 2-12　CAN 结构

表 2-5　　　　　　　　　　　　　　　　OSI 参考模型

OSI 参考模型		各层定义的主要项目
软件控制	7 层：应用层	提供各种实际可以应用的服务
	6 层：表示层	对数据的表现形式进行变换。例如，文字的调整，数据的压缩、加密
	5 层：会话层	实现会话通信。按正确的顺序控制数据的发送与接收
	4 层：传输层	保证按顺序控制数据及更正错误等的通信品质。例如，订正错误、重新发送的控制
	3 层：网络层	选择数据的传输途径及中转节点。例如，各单元之间的数据交换及地址管理
硬件控制	2 层：数据链路层	将从物理层获得的信号（字符集）汇总成具有某种意义的数据，提供控制顺序，以便对控制传输错误等的数据加以传输。例如，访问时的方法及数据形式；通信方式、连接控制方式、同步方式、错误检测方式；响应方式、帧的构成；组帧方式等
	1 层：物理层	规定通信时所使用的电缆、插座等媒体及信号的标准等，以实现设备之间信号的交接。例如，信号电平、发送与接收、电缆及插座等的形式

（2）CAN 协议标准

CAN 总线是一种用于在不同的 ECU 之间传输数据的总线，CAN 协议是一种国际标准化的串行通信协议，目前正使用的标准有 ISO 11898-1、ISO 11898-2、ISO 11898-3 和 ISO 11898-4。

ISO 11898-1:2015 是 ISO 11898-1:2003 的修订版本，指定了经典 CAN 帧格式和新引入的 CAN FD 帧格式。经典 CAN 帧格式允许通信速率高达 1Mbit/s，有效载荷最高可达每帧 8 字节。CAN FD 帧格式允许通信速率高于 1Mbit/s，有效载荷超过每帧 8 字节。

ISO 11898-2:2016 是 ISO 11898-2:2003 的修订版本，指定了 CAN 的高速物理媒体附属层（High-Speed Physical Media Attachment，HS-PMA），包括没有和具有低功耗模式功能以及具有选择性唤醒功能的 HS-PMA 配置。

ISO 11898-3:2006/Cor 1:2006 规定了在配备 CAN 的公路车辆的电子控制单元之间建立数字信息交换的特性，通信速率为 40 ~ 125kbit/s。其取代了最早发布的 ISO 11519-2:1994。

ISO 11898-4:2004 指定 CAN 中的时间触发通信。该标准最后一次审查和确认是在 2019 年。

（3）CAN 总线系统的物理层

物理层是通信网络的底层，它统一传输介质（导线、光纤或无线载体）的特征，有时包括连接装置，并确定电压、电平信号、介质的电子特性（双绞型互补数据对）。CAN 总线系统的物理层表现为两种，即高速 CAN 总线系统物理层（适用通信速率为 125 kbit/s～1 Mbit/s）和低速 CAN 总线系统容错物理层（适用通信速率不超过 125 kbit/s）。前者是自 CAN 协议诞生之日起就存在的，后者则起步较晚，主要是为了 CAN 总线系统物理层的容错。

（4）CAN 协议的特点

CAN 协议具有如下 8 个特点。

① 多主通信。在总线空闲的时候，所有的节点都可以发送报文。

② 报文的发送。在 CAN 协议中，规定了所有的报文应以规定的格式发送，在总线空闲的时候，与总线相连的所有节点都可以发送新的报文。在两个以上的节点同时开始发送报文的场合下，利用标识符（以下简称 ID）可以决定优先顺序，以位为单位对各报文的 ID 进行仲裁，仲裁获胜（被判断为最有优先顺序）的节点继续发送；仲裁失败的节点立即停止发送并转为接收状态。

③ 灵活性。与总线相连的节点没有节点地址的信息，因此，在向总线追加节点的时候，就没有必要更改与总线相连的其他节点的软件层、硬件层及应用层。

④ 通信速率可以根据网络的规模设定。在一个网络内部，对所有的节点来说，必须设定相同的通信速率。通信速率不同的节点连到一起时，节点就会出错，阻碍通信。在不同的网络上，可以采用不同的通信速率。

⑤ 可要求远程数据。在发送远程帧时，可对其他节点提出发送数据的要求，最先访问总线的节点可以获得发送权；同时有多个节点开始发送的场合下，所发报文具有最高优先顺序的节点可以获得发送权。

⑥ 错误检测功能、错误通知功能、错误还原功能。所有的节点都可以检测出错误（错误检测功能），检测出错误的节点立即向其他节点发送出错的通知（错误通知功能）。发送报文的节点检测出错误时，强制使其发送结束，发送被强制结束的节点会反复再发送，直至其报文可以正常发送为止（错误还原功能）。

⑦ 故障的界定。CAN 总线上出现的故障可以分为总线上的数据临时产生的错误（来自外部的干扰等）和总线上的数据连续产生的错误（节点内部的故障、驱动方面的故障及断线等引起的）两类。CAN 总线系统具备判别错误种类的功能，利用这项功能，在总线上的数据连续产生错误的场合下，CAN 总线系统会将产生错误的节点从总线上切除。

⑧ 连接。CAN 总线同时可以连接许多节点。从理论上讲，可以连接的节点数是无限的；但实际可以连接的节点数将受总线延迟时间与电负荷的限制。当降低通信速率时，可以连接较多的节点；当提高通信速率时，可以连接的节点数将减少。

7. 低速车身控制系统实施高速的 CAN 协议

低速车身控制系统主要指汽车灯光、刮水器、电动车窗、后视镜、中央门锁、加热-通风-空调以及其他低速数据的通信系统。低优先权和低通信量的低速车身控制系统采用高速数据总线结构是不合理的，生产成本和维修费用也令人难以接受。

低速车身控制系统实施高速的 CAN 协议

近年来，各种有专利权的协议已经用于车身控制系统。这些协议不是通用的，而且有一定的局限性。ISO 提出了将 CAN 作为汽车高速数据总线的标准，目前 CAN 芯片的制造厂商有英特尔、摩托罗拉、NEC、飞利浦、西门子和美国国家半导体等公司，CAN 芯片在市场上很容易购买到。CAN 技术在汽车、飞机、轮船以及工业控制中都得到了广泛的应用。

CAN 虽然是 ISO 推荐的汽车高速网络标准，但是也可将其用于低速车身控制系统。从工程的观点出发，如果选用同类的 CAN 协议，则很容易从高速到低速网络或从低速到高速网络桥接数据。然而，当 CAN 系统被配置于低速应用时，若 CAN 的芯片仍然与高速应用的芯片相同，这是不经济的。由华威大学先进技术中心与飞利浦公司开发的串行链路输入/输出控制器局域网（SLIO CAN）发展和改进了 CAN 技术，能以低成本满足低速车身控制系统的应用。

SLIO CAN 技术应用于汽车车身控制系统，一般可在 40 kbit/s 的速率下操作，需要增速时也可扩展至 125 kbit/s。除了每隔 3800 位时间标定恒定传输的消息外，所有的 CAN 传输都属于事件驱动（状态变化）。总线负载是相当低的，通过使用 CAN 总线分析器，在改进的系统中记录的最大总线负载才 6.4%，其中包括转向信号灯接通、重复按压座椅位置开关和前照灯远光开关。SLIO CAN 的标定帧总数是总线负载的 1.8%。SLIO CAN 中的这种"附加开销"与智能 CAN 相比差别很大。

SLIO CAN 基本车身控制系统的布局如图 2-13 所示。其中，中央控制器 P8XC592 是飞利浦公司的产品，其主要的性能特点是具有多机通信和网络接口功能，即有 CAN 总线接口。除了电动座椅和装在翼子板上的后视镜需进行 A/D 转换外，大多数车身控制装置只需进行数字通/断。另外，由于 SLIO CAN 备有内部 A/D 转换器，将用数字记录电位差计的读数，故操作速度会加快一些。

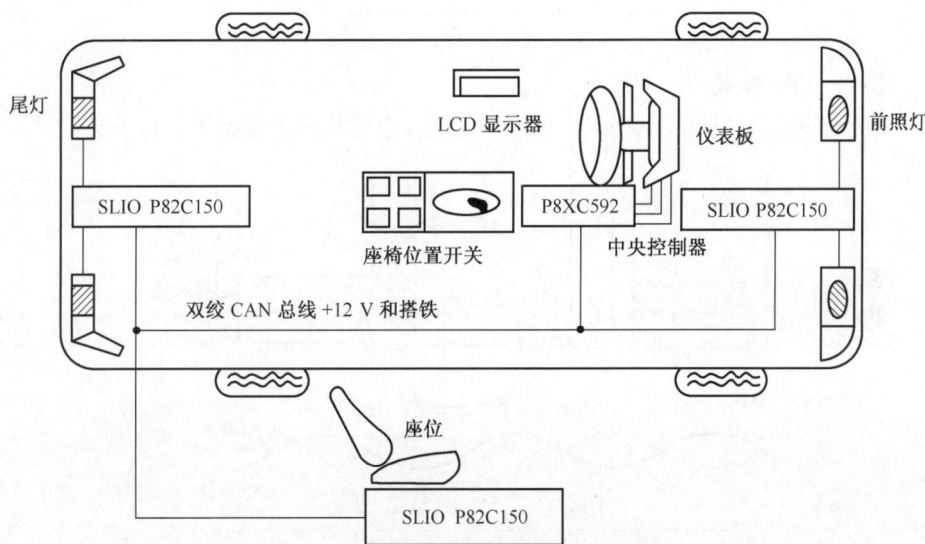

图 2-13　SLIO CAN 基本车身控制系统的布局

2.2.2　CAN 典型故障测量方法

本节主要介绍汽车车载网络系统中 CAN 总线经常发生的故障类型及其测量方法。

1．CAN-L 断路故障

CAN-L 断路故障如图 2-14 所示，使用示波器读取的故障波形如图 2-15 所示。

CAN 典型故障
测量方法

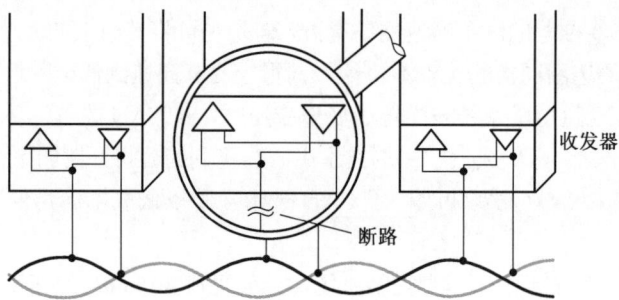

图 2-14　CAN-L 断路故障

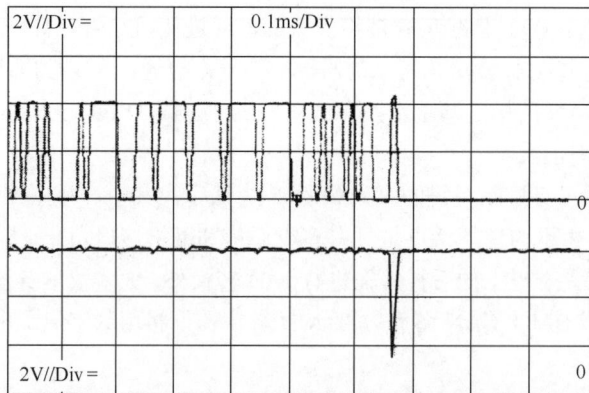

图 2-15　CAN-L 断路故障波形

2．CAN-H 断路故障

CAN-H 断路故障如图 2-16 所示，使用示波器读取的故障波形如图 2-17 所示。

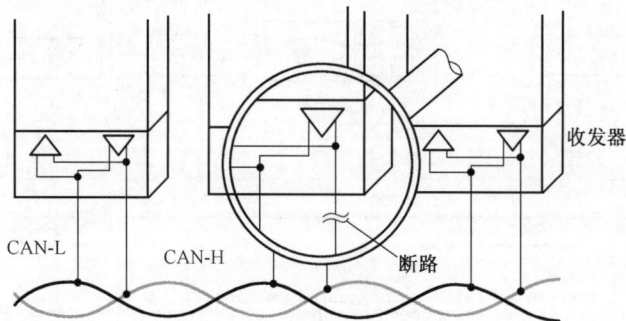

图 2-16　CAN-H 断路故障

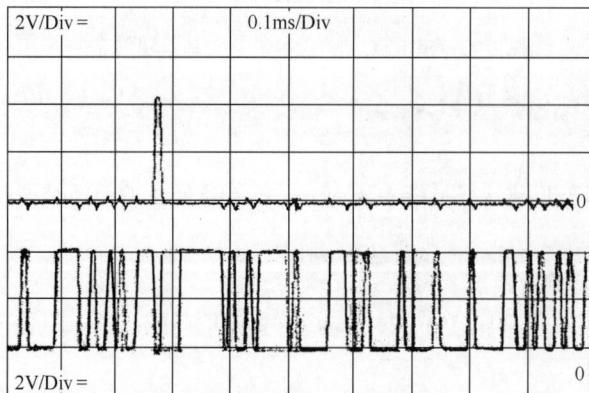

图 2-17　CAN-H 断路故障波形

3．CAN-L 与蓄电池正极短路故障

CAN-L 与蓄电池正极短路故障如图 2-18 所示，使用示波器读取的故障波形如图 2-19 所示。

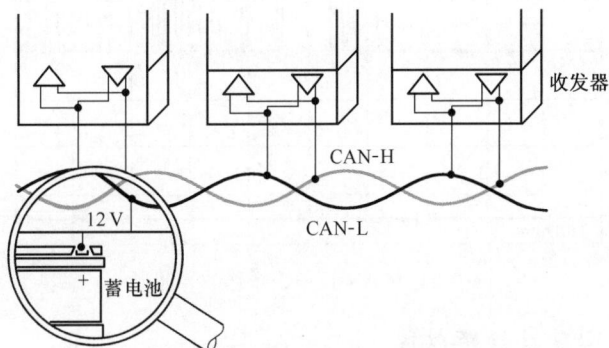

图 2-18　CAN-L 与蓄电池正极短路故障

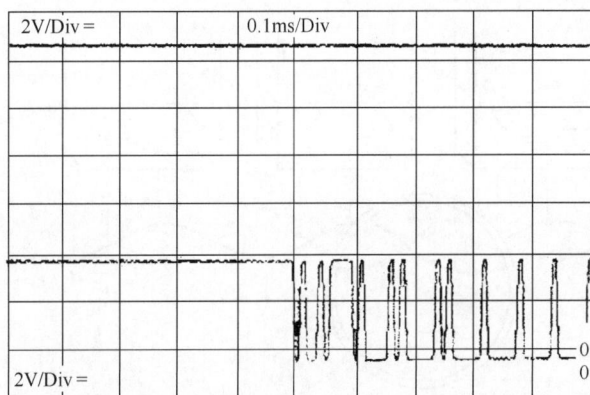

图 2-19　CAN-L 与蓄电池正极短路故障波形

4．CAN-L 搭铁短路故障

CAN-L 搭铁短路故障如图 2-20 所示，使用示波器读取的故障波形如图 2-21 所示。

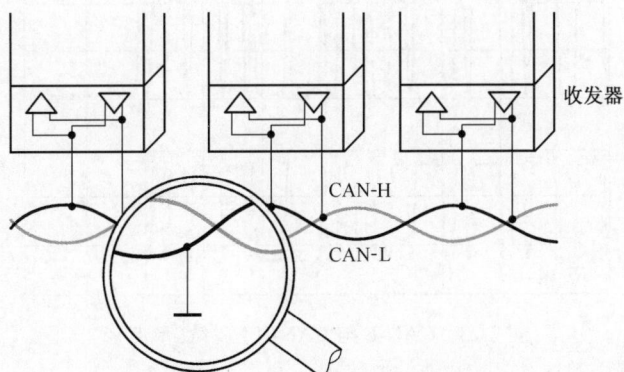

图 2-20　CAN-L 搭铁短路故障

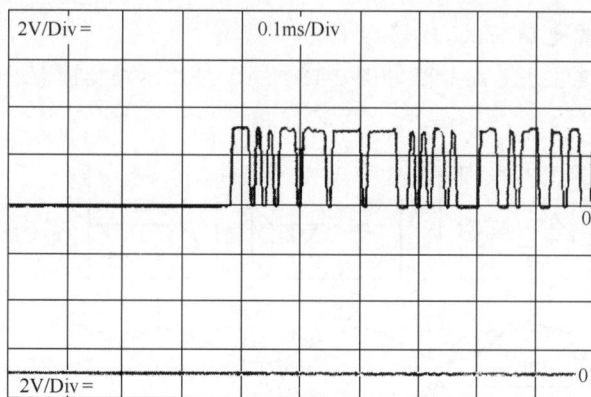

图 2-21　CAN-L 搭铁短路故障波形

5．CAN-L 与 CAN-H 短路故障

CAN-L 与 CAN-H 短路故障如图 2-22 所示，使用示波器读取的故障波形如图 2-23 所示。

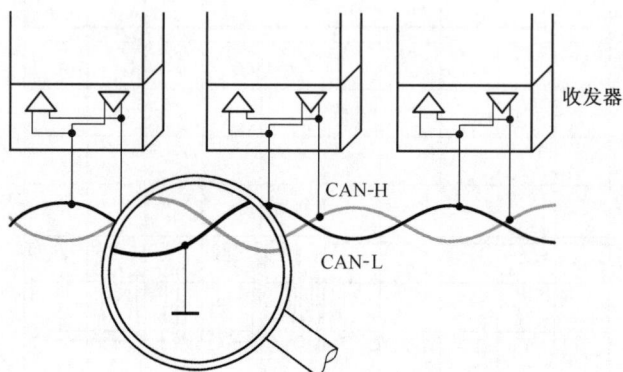

图 2-22　CAN-L 与 CAN-H 短路故障

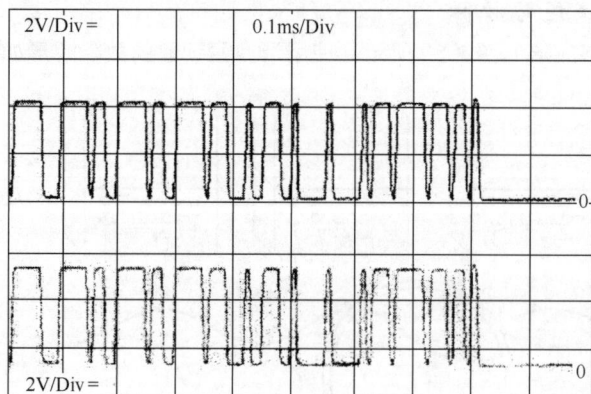

图 2-23　CAN-L 与 CAN-H 短路故障波形

6．CAN-L 与 CAN-H 反接故障

CAN-L 与 CAN-H 反接故障如图 2-24 所示，使用示波器读取的故障波形如图 2-25 所示。

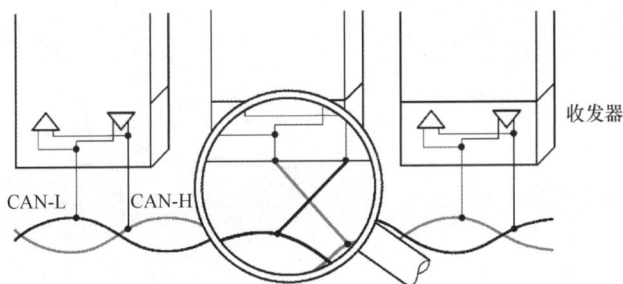

图 2-24　CAN-L 与 CAN-H 反接故障

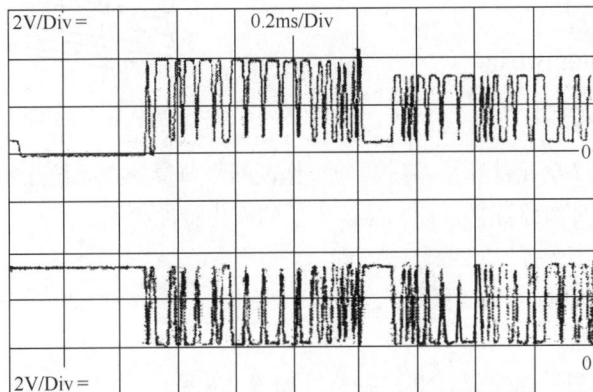

图 2-25　CAN-L 与 CAN-H 反接故障波形

2.2.3　LIN 总线系统

LIN 总线系统是一种低成本的串行通信网络，是对 CAN 等其他汽车多路网络的一种补充，可满足对网络的带宽、性能或容错功能没有过高要求的应用。下面具体介绍 LIN 的发展、应用及结构与协议。

1．LIN 的发展

LIN（其标志见图 2-26）是由奥迪、宝马、克莱斯勒、半导体制造商飞思卡尔（前摩托罗拉半导体）、VCT、大众和沃尔沃等公司和部门（LIN联合体）提出的一个汽车底层网络协议，其目的是给出一个价格低廉、性能可靠的低速网，在汽车网络层次结构中作为低端网络的通用协议，并逐渐取代目前各种各样的低端总线系统。这个标准与其相应的开发、测试以及维护平台的应用，将会降低车上电子系统开发、生产、使用和维护的费用。

LIN 总线系统保证网络节点软件与硬件的互用性（Interoperability）和可预测的电磁兼容性（EMC）。LIN 典型的应用是车上传感器和执行器的联网。按 SAE 的车上网络等级标准，LIN 属于汽车上的 A 类网络标准。

LIN 的诞生时间不长，在汽车上的应用才刚刚起步。从某种意义上来讲，LIN 就相当于 CAN 的经济版通信网络，可定位于低于 CAN 的通信层，它在车门模块上的示意如图 2-27所示。

图 2-26　LIN 的标志

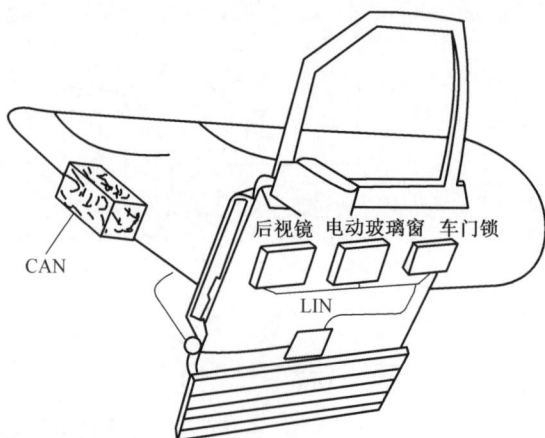

图 2-27　LIN 在车门模块上的示意

LIN 协议可以将简单元件和从系统与一个保证网络节奏的主系统连接起来，从而消除大批电气设备必需的各种线路连接。LIN 协议主要的简化特性如下。

（1）电磁兼容性不受控制。

（2）由于无睡眠/唤醒机制过程，其能耗不可控制。

（3）不能进行诊断。

LIN 协议是一个简单的协议，其主要特征如表 2-6 所示。LIN 的信号电压为 0～12 V。在 LIN 中只有主系统有发言权，传输内容包括以下两项：命令从系统的状态和反馈从系统的状态。

表 2-6　　　　　　　　　　　　　　　LIN 协议的主要特征

交 流 介 质	1 根导线
传输速率	1～20 kbit/s
节点数	小于 16
长 度	小于 40 m
成 本	低于 CAN 和 VAN
数据制式	64 bit
帧的数据大小	2～8 B
结 构	单主/多从
可靠性	低于 CAN 和 VAN
支节点	自同步

2．LIN 的应用

随着 CAN 总线系统的应用，现有汽车电子系统已经实现了多路传输，这使得大量线路和内部连接被取消。在这种条件下，尽管 CAN 总线系统中控制单元间的连接已经最优化了，但一个控制单元和它的传感器和执行器之间的连接不一定是多路传输的，如图 2-28 所示。

LIN 的应用

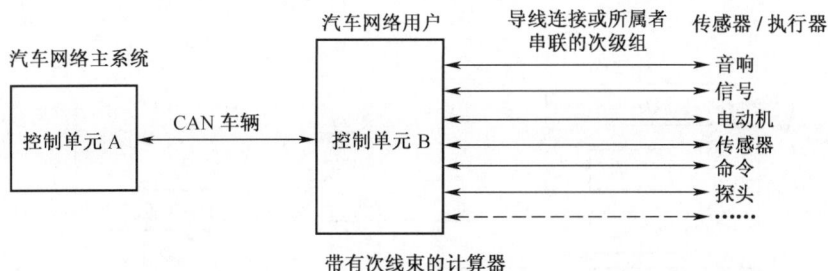

图 2-28　不用 LIN 的 CAN 系统结构

引入 LIN 协议后，几乎所有控制单元和它们的传感器和执行器之间的连接，都已经实现多路传输了。由于建立了一个连接传感器/执行器与控制单元的二级网络，原来 CAN 中的次级组将会取消，如图 2-29 所示。

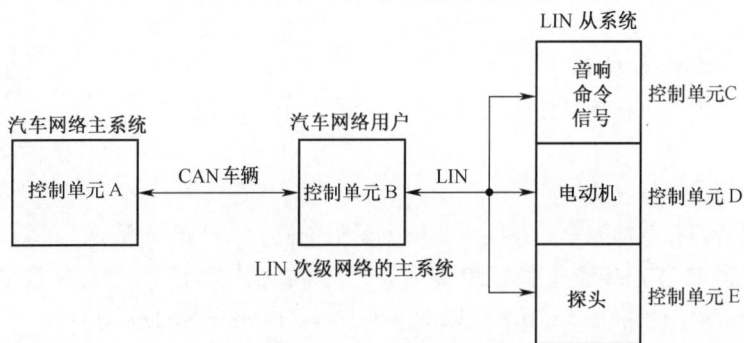

图 2-29　采用 LIN 的 CAN 系统结构

LIN 是一个主/从结构的网络，如图 2-30 所示，主要用来控制车身的附件系统。常用 LIN 控制的系统示意如图 2-31 所示。

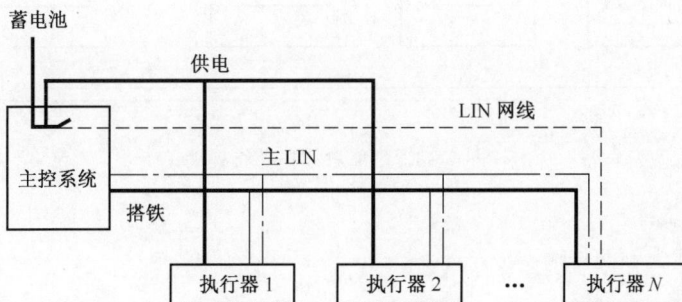

图 2-30　LIN 系统的结构

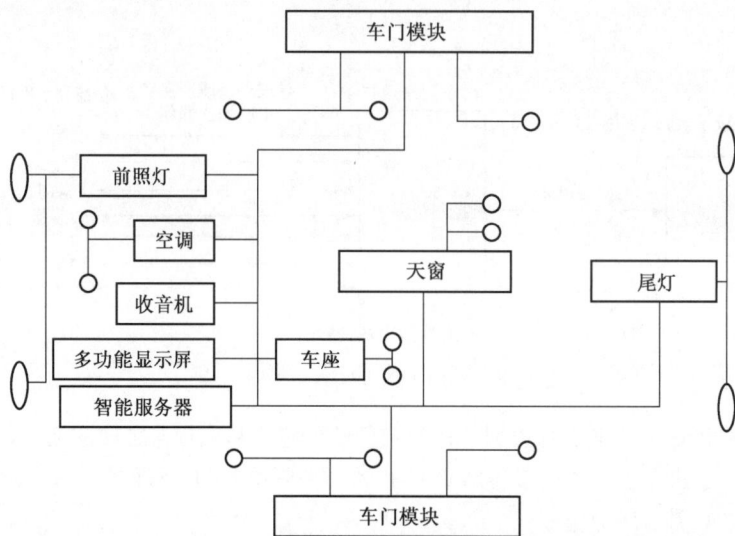

图 2-31　常用 LIN 控制的系统示意

3．LIN 的结构与协议

LIN 的结构主要包括总线拓扑结构、传输介质、节点结构、帧结构等。

（1）总线拓扑结构

LIN 总线的拓扑结构为单线总线，应用了单一主机、多从机的概念。总线电平为 12 V，传输速率为 20 kbit/s。由于物理层限制，一个 LIN 最多可以连接 16 个节点，典型应用一般都在 12 个节点以下，主节点（Master Node）有且只有一个，从节点（Slave Node）有 1～15 个，系统中两个控制单元之间的最大距离为 40 m。主节点包含主机任务和从机任务，从节点只包含从机任务，如图 2-32 所示。

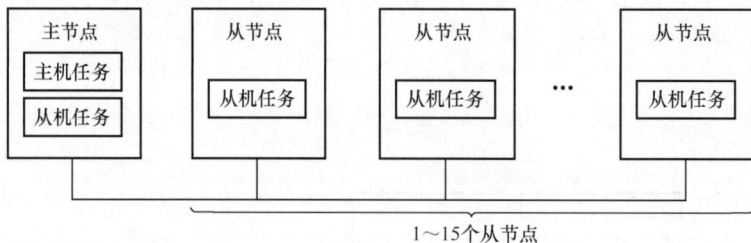

图 2-32　LIN 总线拓扑结构

主机任务负责：

① 调度总线上帧的传输次序；

② 监测数据，处理错误；

③ 作为标准时钟参考；

④ 接收从节点发出的总线唤醒命令。

从机任务不能够主动发送数据，需要接收主机发送的帧头（帧的起始部分），根据帧头所包含的信息（这里指帧 ID）判断：

① 发送应答（帧中除帧头外剩下的部分）；

② 接收应答；

③ 既不接收也不发送应答。

（2）传输介质

传输介质（即 LIN 信号传输的物质载体或者非物质载体）在 LIN 标准中并没有强制规定。LIN 一般使用一根单独的铜线作为传输介质。

（3）节点结构

一个 LIN 控制单元拥有一个统一的接口（LIN 标准），以便与其他 LIN 控制单元之间进行数据处理。这种接口需要满足严格的成本要求，所以它必须在现有微控制器中使用标准单位，基本单位为 UART。LIN 的节点结构如图 2-33 所示。这种接口主要由两部分组成：LIN 协议控制器和 LIN 线路接口。

① LIN 协议控制器。

LIN 协议控制器（CP LIN）集成在微

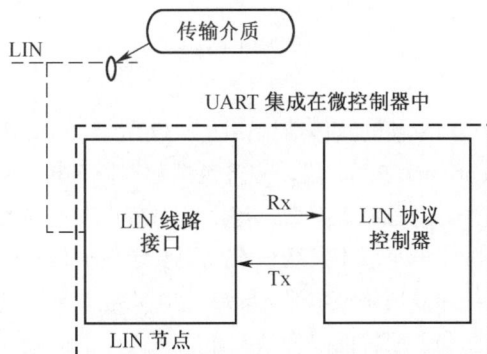

图 2-33　LIN 的节点结构

控制器中的一个标准单位（UART）上，微控制器通过软件来管理 LIN 协议，实现如下的主要功能：发送/接收 8 个字节；构成请求帧，接收回应帧；发送帧。

② LIN 线路接口。

LIN 线路接口负责将 LIN 总线的信号翻译成无干扰的 Rx 信号并传入 LIN 协议控制器；或者相反，将 LIN 协议控制器的 Tx 信号进行翻译并传入 LIN 总线。因此，这个部件有两个重要作用，即翻译和保护。示波器上的 LIN 线路电压记录如图 2-34 所示。

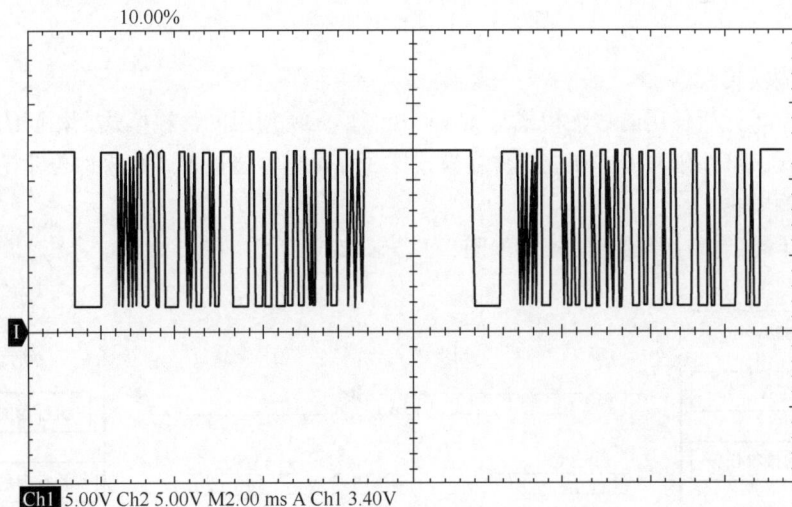

图 2-34　示波器上的 LIN 线路电压记录

（4）帧结构

一个 LIN 帧（Frame）包含帧头（Header）和应答（Response）两部分。主机任务负责发送帧头；从机任务负责接收帧头并对帧头所包含的信息进行解析，然后决定是发送应答或者接收应答，还是不做任何反应。帧在总线上的传输如图 2-35 所示。

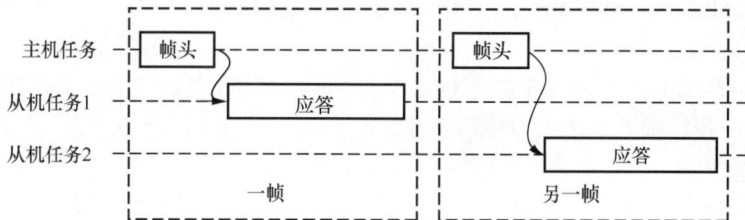

图 2-35　帧在总线上的传输

LIN 帧的具体结构如图 2-36 所示。帧头包括同步间隔段、同步段以及受保护 ID（Protected Identifier，PID）段，应答包括数据段及校验和段，其中值"0"为显性电平，值"1"为隐性电平。当总线上有大于等于一个节点发送显性电平时，总线呈显性电平；当所有的节点都发送隐性电平或不发送信息（不发送任何信息时总线默认呈隐性电平）时，总线才呈现隐性电平，即显性电平起主导作用。图 2-36 中帧间隔为帧之间的间隔；应答间隔为帧头和应答之间的间隔；字节间隔包括同步段和受保护 ID 段之间的间隔、数据段各字节之间的间隔以及数据段后一个字节和校验和段之间的间隔。

彩图 2-36

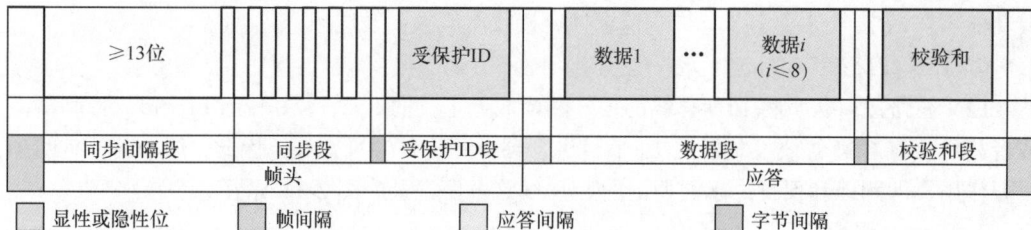

图 2-36　LIN 帧的具体结构

（5）传输模式

LIN 控制单元所使用的传输模式与 CAN 控制单元所使用的传输模式是相同的，都包括定时传输模式、事件传输模式和混合传输模式这 3 种。定时传输模式和事件传输模式相结合就为混合传输模式。

从控制单元到执行器的传输模式如图 2-37～图 2-39 所示。

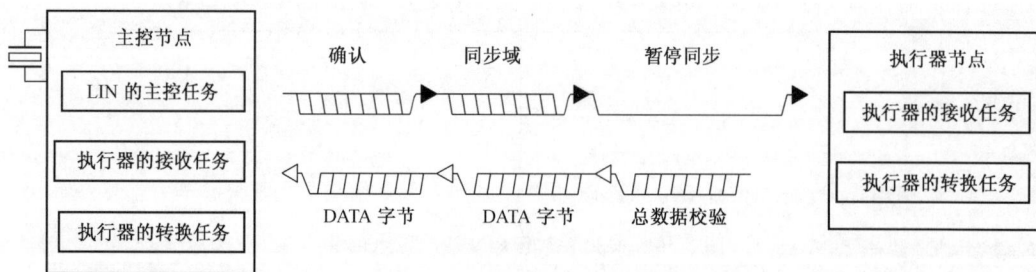

图 2-37　LIN 传输——DATA 数据从主控制器到执行器（单个）

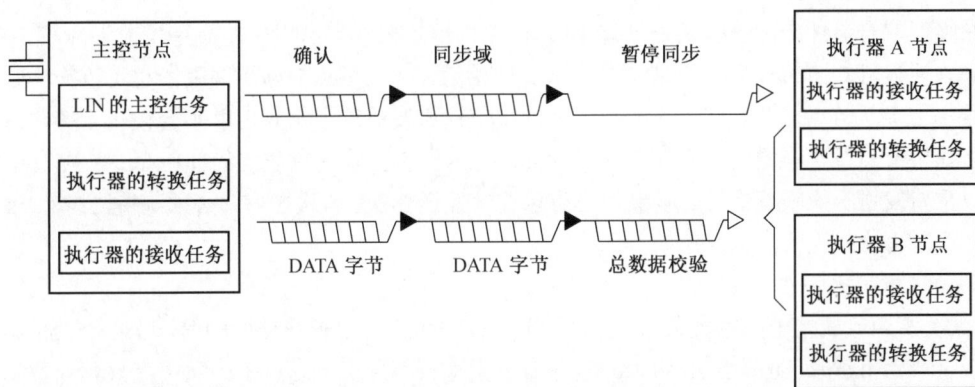

图 2-38　LIN 传输——DATA 数据从主控制器到执行器（多个）

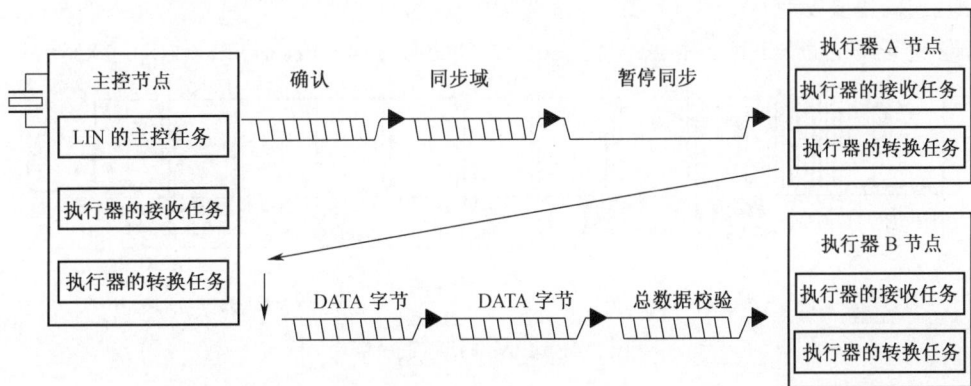

图 2-39　LIN 传输——DATA 数据从执行器（多个）到主控制器

（6）进入传输介质

LIN 控制单元进入传输介质有随机方式和异步方式两种，这表明这种进入可以根据需要和执行本地命令随时进行。LIN 节点不可能根据本地命令进入 LIN。为了能够实现连接，它们必须事先获得 LIN 主节点的邀请，而这是需要通过一个中介实现的。

（7）服务

LIN 控制单元有 3 项通信服务：发散模式的数据写入（一个数据制造者向多个数据使用者发送数据）、数据请求（一个数据使用者向一个数据制造者发出数据请求）和即时回复（立即回复一个请求）。这些服务允许单一总线/多支线策略（发散和请求/回复）的使用。

（8）网络管理

网络管理主要指的是网络的睡眠和唤醒管理，如图 2-40 所示。

当总线处于睡眠状态时，主节点从节点都可以向总线上发送唤醒信号，唤醒信号持续 250 μs～5 ms。其余节点（除发送唤醒信号以外的节点）以大于 150 μs 为阈值判定唤醒信号。每个从节点必

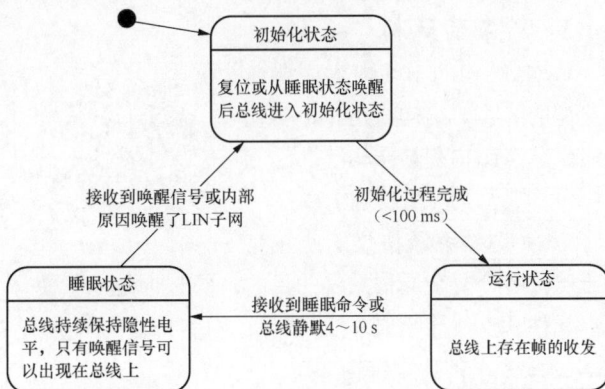

图 2-40　LIN 总线网络管理

须在唤醒信号显性脉冲的结束处算起 100 ms 以内准备接收来自主机的命令（帧头）；主节点也必须被唤醒，100 ms 之内主节点发送帧头开始通信。主节点的同步间隔段也可以充当唤醒信号，由于从节点需要做初始化处理，因此主节点所发的这个帧有可能不会被正常接收。

如果节点发送唤醒信号后在 150～250 ms 之内没有接收到总线上的任何命令（帧头），则可以重新发送一次唤醒信号。唤醒信号可以连续发送 3 次，3 次之后，必须等待至少 1.5 s 之后才可以再次发送唤醒信号。

（9）总线睡眠

① 利用诊断帧中的主机请求帧 0x3C 作为睡眠命令，要求数据段的第一个字节为 0x00，其余字节为 0xFF，如图 2-41 所示。睡眠命令由主节点发出，总线上的从节点只判断数据段的第一个字节，其余字节忽略。从节点在接收到睡眠命令后，不一定会进入低功耗模式，根据应用层的需要设置。

② 当总线静默（没有显性电平和隐性电平之间的切换）4～10 s 时，节点自动进入睡眠状态。

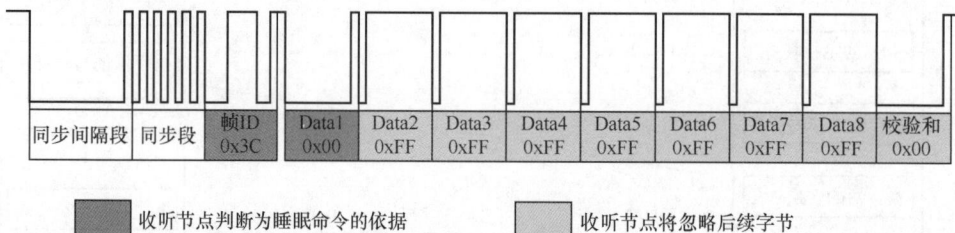

图 2-41　LIN 总线睡眠命令

2.2.4　VAN 总线系统

VAN 是由标致-雪铁龙、雷诺等公司联合开发的，它主要应用于车身电气设备的控制。VAN 协议是一种只需要中等通信速率的通信协议，适用于车身功能和车辆舒适性功能的管理。实际上，许多功能从发出指令到有所行动都需要反应时间，VAN 总线系统的反应时间大约是 100 ms，由此可见，这项协议是十分有效的。

根据 ISO 标准中的 OSI 参考模型，VAN 总线系统协议的 OSI 参考模型分层如图 2-42 所示。

1．VAN 的结构

VAN 结构的学习内容主要包括典型的 VAN 结构、拓扑、传输介质、节点结构和帧结构等。

（1）典型的 VAN 结构

VAN 总线系统协议的研发是出于连接各个复杂通信系统的目的，同时也是为了使简单元件和支线连接成总线，以保证网络传输的节奏。VAN 总线系统的典型结构如图 2-43 所示。

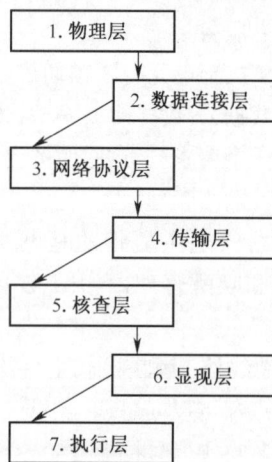

图 2-42　VAN 总线系统协议的 OSI 参考模型分层

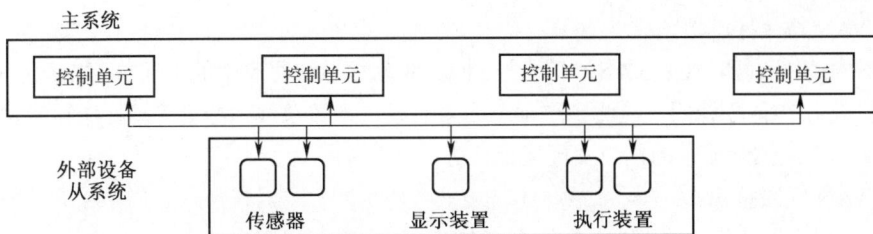

图 2-43　VAN 总线系统的典型结构

（2）拓扑

拓扑也就是 VAN 总线系统协议所允许的各个控制单元之间的排列方式。控制单元通常按照总线型-树形或者总线型-树形-星形的拓扑方式相互连接，如图 2-44 所示。

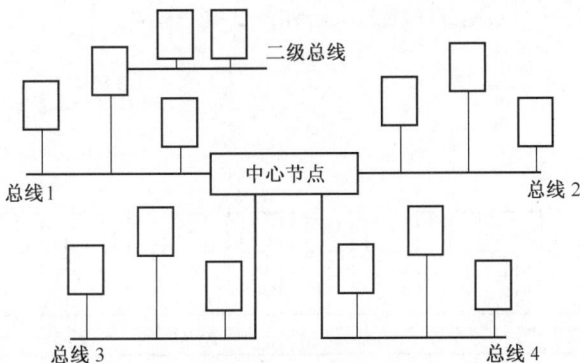

图 2-44　VAN 总线系统的拓扑

（3）传输介质

传输介质是 VAN 信号传输的物质载体或者非物质载体，一般情况下每个控制单元只对应一个双绞铜线的传输介质。两根导线被称为 DATAA 和 DATAB，任何一根导线都可以将 VAN 的信息传输到多功能显示屏或者收放机上。

（4）节点结构

一个 VAN 总线系统控制单元拥有一个标准接口（VAN 标准），以便于与其他 VAN 总线系统控制单元之间进行数据处理，如图 2-45 所示。这种结构由 VAN 协议控制器和 VAN 线路接口两个主要部分组成。

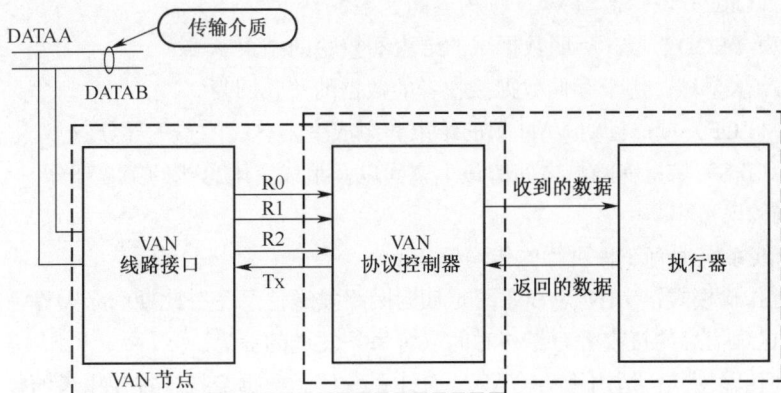

图 2-45　VAN 总线系统的节点结构

① VAN 协议控制器。

VAN 协议控制器（CP VAN）负责控制 VAN 总线系统协议中的下述重要功能：VAN 信息输入和输出的编码/译码，检测到空闲总线之后即进入该总线，冲突管理，错误管理，与微处理器（或者微控制器）的接口实现运行任务。

② VAN 线路接口。

VAN 线路接口负责将 VAN 总线系统的信号 DATAA 和 DATAB 翻译成无干扰的 R0、R1 和 R2 信号并传入 VAN 协议控制器；或者相反，将 VAN 协议控制器的 Tx 信号翻译成 DATAA 和 DATAB 并传入 VAN 总线系统。因此，这个部件有两个重要作用，即翻译和保护。

（5）帧结构

一个 VAN 总线系统的帧由 9 个域组成，如图 2-46 所示。

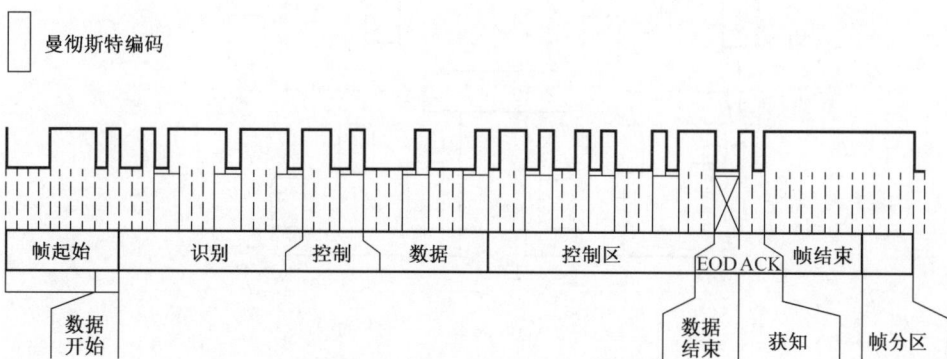

图 2-46　VAN 总线系统的帧结构

帧起始（Start of Frame，SOF）域：表示 VAN 总线系统帧结构的起始，它的作用是允许 VAN 支线外部设备自动适应 VAN 总线的速度。

识别（IDEN）域：标明数据的性质和数据的接收者。

控制（COM）域：标明帧的类型（读或写）以及分类传输模式（点对点或者数据发散，也就是说是否需要签收回复命令）。

数据（DAT）域：包含有用的数据信息。

控制区（CRC）域：检验 VAN 帧内容的完整性。

数据结束（EOD）域：标明数据域的结束和校验的结束。

获知（ACK）域：用于存储数据接收者的数据的签收回复。

帧结束（EOF）域：标明 VAN 帧的结束和组成空闲总线的第 1 部分。

帧分区（IFS）域：保障帧之间的最小空间以及组成空闲总线的第 2 部分。

（6）传输模式

VAN 总线系统拥有 3 种可行的传输模式。

① 定时传输模式：VAN 总线系统定期向网络发送信息，在此期间必须保证时间不是很短，以便于这项信息的接收者有足够时间取舍每条发送的信息。

② 事件传输模式：适用于传输 VAN 总线系统信息数据交换（视使用者的行为而定）。

③ 混合传输模式：定时传输模式和事件传输模式的结合，以便于保证对使用者所有操

作的一个最大限度的回应，确保可以随时刷新信息。

（7）进入传输介质

VAN 总线系统控制单元进入传输介质依靠随机方式和异步方式，这表明这种进入可以根据需要和执行本地命令随时进行。VAN 协议控制器遵守最基本的准则。

① 在进入 VAN 总线系统时必须先检测它是否空闲。如果总线能够连续读取 12 位的隐性数据即被视为空闲。在这种情况下，不论是 VAN 总线系统的哪种控制单元都能够发送和接收信息。

② 在两个或者更多的 VAN 总线系统控制单元同时进入网络的情况下，就会有冲突，必须判断优先级。

（8）服务

VAN 总线系统控制单元拥有 4 项通信服务。

① 用发散模式写入数据（将数据从一个数据制造者发往多个数据使用者），不在帧内签收回复。

② 用点对点模式写入数据（将数据从一个数据制造者发往一个确切的数据使用者），在帧内签收回复。

③ 数据请求（一个数据使用者向一个数据制造者发出数据请求）。

④ 帧中的回应（在同一帧中对一个请求的回应）或者是滞后回应（如果数据制造者没有在提出请求时马上回应）。

这些服务允许多主控策略（数据发散服务的使用）和单一总线/多支线策略（点对点写入，以及在帧中请求和回应）。

（9）VAN 总线系统签收回复

VAN 总线系统的签收回复是由数据发送者激活和实现的。如果最后一个请求与一个确切的控制单元相连接（点对点模式），它将激活签收回复命令。在这种情况下，单一控制单元将会检测帧的格式是否正确，以及回应一个发给它的信息（识别域将进行核实），以产生一个对这个帧的回复；没有涉及此交换的其他控制单元则不应该产生回复。相反，如果最后一个请求与几个控制单元或网络中的控制单元整体相连接，它将取消回复命令。在这种情况下，所有的控制单元将不会产生回复，只有相关控制单元处理这些信息。因此，VAN 总线系统协议同样适用于数据发散模式和点对点模式。

2．VAN 的物理层

下面主要从互补数据对、电压水平、诊断以及睡眠/唤醒等几个方面对 VAN 的物理层进行介绍。

VAN 的物理层

（1）互补数据对

VAN 的物理层由互补数据对组成（传输介质是铜线），其两条线分别叫作 DATAA 和 DATAB。在 DATAA 和 DATAB 上同时传送信息，DATAA 上传送的信息和 DATAB 上传送的信息正好是相反的互补数据对。由于线路中一条线路和另外一条线路比较靠近（就像双绞线），电磁半径较小，电磁力互相抵消，VAN 的物理层入口的差逻辑计算器可以将干扰消除。VAN 互补数据对干扰的消除如图 2-47 所示。

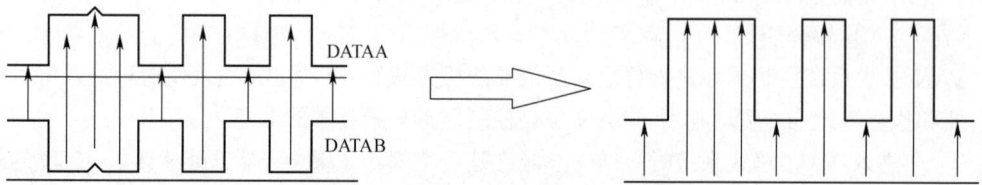

图 2-47　VAN 互补数据对干扰的消除

由此，可得到 VAN 总线的基本特征，如下。

① 作为帧的传输载体，总线由两条绝缘截面积为 0.6 mm² 的铜线组成。

② 这两条线被称为 DATAA 和 DATAB，它们传输着相反的电平信号。

③ 为了抵抗总线中帧发射的电磁干扰，这两条线被绞在一起，呈双绞状。

（2）电压水平

VAN 互补数据对的电压水平是统一的，VAN 总线的两根信号线被定义为 DATAA 和 DATAB，两线的电平总是相反的，VAN 总线的差分信号如图 2-48 所示。信号的电压值是统一的。当 DATAA 与 DATAB 的电压差为 3.8 V 时信号逻辑状态为 1，电压差为-3.8V 时信号逻辑状态为 0。示波器显示的 VAN 信号如图 2-49 所示，互补数据对形式的 VAN 信号如图 2-50 所示。

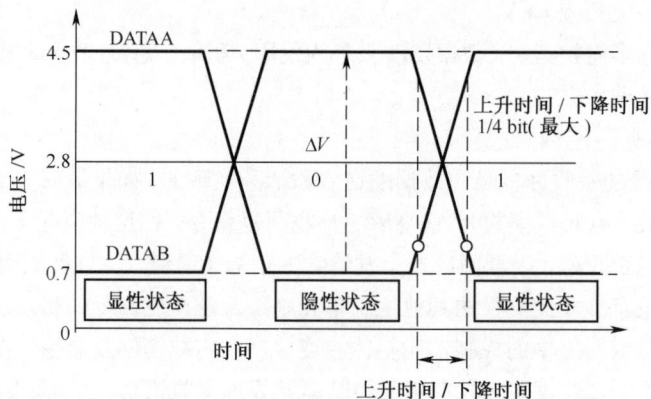

图 2-48　VAN 互补数据对的信号形式

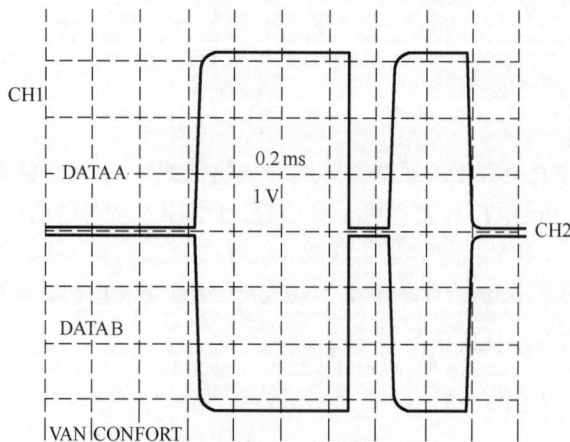

图 2-49　示波器显示的 VAN 信号

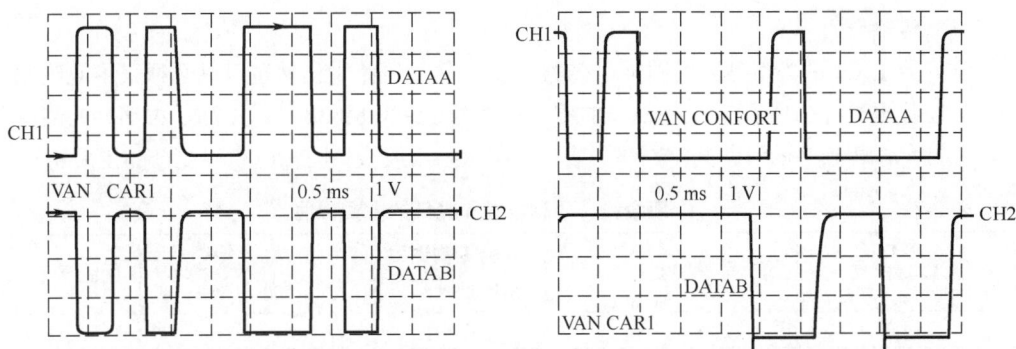

图 2-50　互补数据对形式的 VAN 信号

（3）诊断

VAN 的物理层具备容错能力，它有 3 个比较器，用于将 DATAA 和 DATAB 的电压与参照电压进行比较，以确定是否存在故障。

VAN 的物理层不能容忍的故障是 DATAA 和 DATAB 出现相互短路，这将导致真正的 VAN 总线系统故障。VAN 总线系统的故障模式如图 2-51 所示。

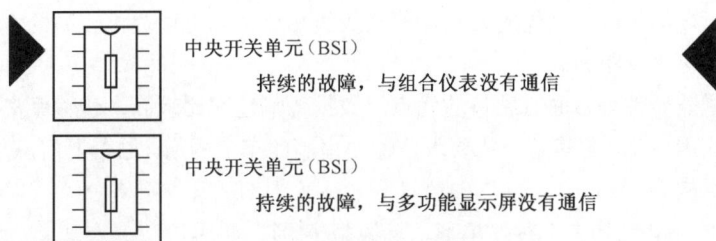

图 2-51　VAN 总线系统的故障模式

（4）睡眠/唤醒

VAN 的物理层有管理 VAN 总线的睡眠/唤醒机制。为实现这种机制，VAN 总线的线路接口提供 3 个主要接头，以便完成以下功能：主导由乘车者操作引起的网络唤醒（如车辆解锁）；检测由另一个控制单元造成的网络唤醒和允许正常功能运行；车辆从睡眠状态解除的情况下，再次转入睡眠状态。

例如，汽车静止，断开点火开关，驾驶员按下自动收音机的（运行/停止）按钮，自动收音机将要求智能服务器（BSI）运行自动收音机，智能服务器建立起 VAN 总线连接，自动收音机在多功能显示屏上显示一个由它自己产生的事件。

2.2.5　LAN 总线系统

LAN 的产生与 CAN 相似，主要是为了方便车载各控制单元间进行各种数据交换，以达到对汽车性能的精确、高速控制和减少配线的目的。

1．LAN 的特点

LAN 主要取决于传输介质、拓扑结构和介质访问控制协议 3 个因素。其中传输介质和拓扑结构是主要的技术选择，它们在很大程度上决定了可以传输的数据类型、通信速率、效率以及网络提供的应用种类。

LAN 的特点

（1）传输介质

常见的 LAN 的类型是采用同轴电缆的总线型/树形网络，当然也可以选择采用双绞线、同轴电缆甚至光纤的环形网络。LAN 的传输速率为 1~20 Mbit/s，足以满足大部分的应用要求，并且允许相当多的设备共享网络。表 2-7 所示为双绞线、同轴电缆和光纤的主要特性。

表 2-7   双绞线、同轴电缆和光纤的主要特性

传 输 介 质	信 号 类 型	最大数据传输速率 /（Mbit·s⁻¹）	最大传输 距离/km	网络节点数
双绞线	数字	1~2	0.1	几十
同轴电缆（50 Ω）	数字	10	1	几百
同轴电缆（75 Ω）	数字	50	1	几十
同轴电缆（75 Ω）	FOM 模拟	20	10	几千
同轴电缆（75 Ω）	单信道模拟	50	1	几十
光纤	模拟	100	1	几十

双绞线是局域网中最普通的传输介质，一般用于低速传输，最大数据传输速率可达 1~2 Mbit/s。双绞线成本较低，传输距离较近，非常适合汽车网络的情况，也是汽车网络使用最多的传输介质。

同轴电缆可以满足较高性能的要求，与双绞线相比，它可以提供较高的吞吐量，连接较多的设备，跨越更大的距离。

光纤在电磁兼容性等方面有独特的优点，数据传输速率比较高，传输距离远，在汽车网络上有很好的应用前景，尤其是一些要求传输速率高的车上网络，如车上信息与多媒体网络。

（2）拓扑结构

LAN 常用的拓扑结构有 3 种：星形、总线型/树形、环形。

① 星形网络拓扑结构。

星形网络即以一台中心处理机（主机）为主的网络，各种类型的入网计算机均与该中心处理机由物理链路直接相连，因此，所有的网上传输信息均需通过该中心处理机转发。星形网络拓扑结构如图 2-52 所示。

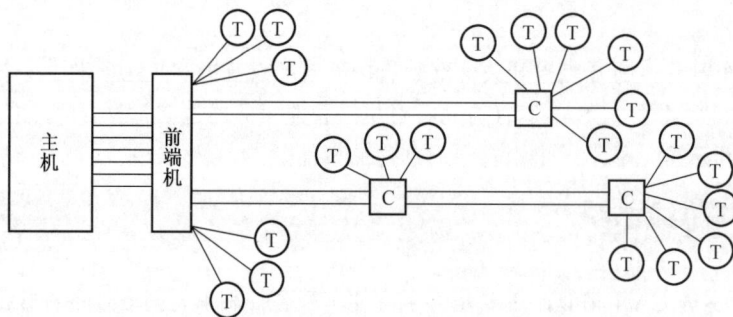

C（Concentrator）—集中器   T（Terminal）—终端（计算机）

图 2-52   星形网络拓扑结构

星形网络由于其物理结构，具有以下特点：构造较容易，适用于同种机型相连；通信功能简单，它可以根据需要由中心处理机分时或按优先权排队处理；中心处理机负载过重，

扩充困难；每台入网计算机均需与中心处理机有线路直接相连，因此线路利用率不高，信道容量浪费较大。

② 总线型网络拓扑结构。

总线型网络是从计算机的总线访问控制发展而来的，它将所有的入网计算机通过分接头接到一条载波传输线上，网络拓扑结构就是一条传输线，如图 2-53 所示。

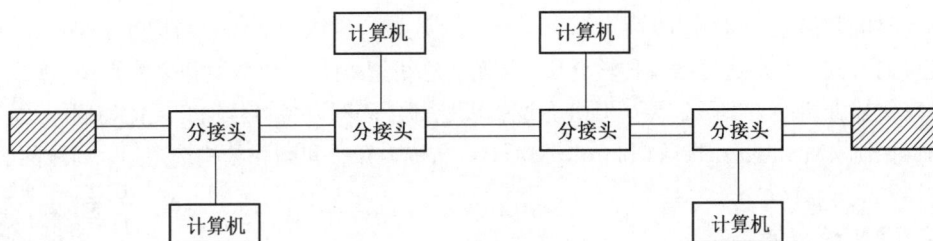

图 2-53　总线型网络拓扑结构

由于所有的入网计算机共用一条传输线，因此总线型网络的一个特殊问题就是信道的访问控制权的分配。

总线型网络的特点是：由于多台计算机共用一条传输线，所以信道利用率较高；同一时刻只能有两处网络节点相互通信；网络延伸距离有限；网络容纳节点数受信道访问机制影响，因而是有限的。总线型网络适用于传输距离较短、地域有限的组网环境，目前局域网多采用此种方式。

③ 环形网络拓扑结构。

环形网络通过一台转发器（网络接口部件）将每台入网计算机接入网络，每台转发器与相邻两台转发器用物理链路相连，所有转发器组成一个拓扑结构为环形的网络系统，如图 2-54 所示。

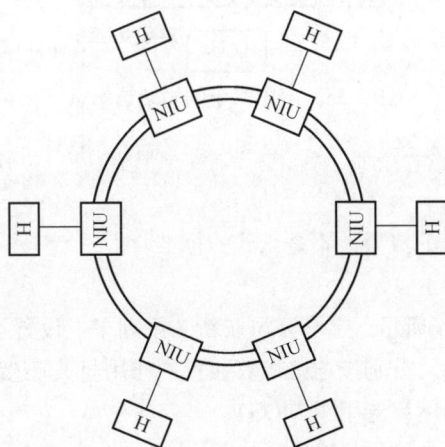

H（Host）—主机（计算机）　NIU（Network Interface Unit）—网络接口部件

图 2-54　环形网络拓扑结构

环形网络由于其点对点通信的唯一性，因此，不宜在广域范围内组建计算机网络。它也是一种较为实用的局域网拓扑结构，尤其是在实时性要求较高的环境。

环形网络的主要特点：由于一条通信信息在网络中传输的最大时间是固定的，因此实时性较高；每个网上节点只与其他两个节点有物理链路直接相连，因此传输控制机制较为简单；一个节点出现故障可能会终止全网运行，因此可靠性较差；网络扩充需对全网进行拓扑和访问控制机制的调整，较为复杂。

（3）介质访问控制协议

LAN 的标准由美国电气电子工程师学会（IEEE）于 1980 年 2 月成立的专门研究局域网技术并制定相应标准的一个委员会（IEEE 802 委员会）制定，其标准称为 IEEE 802 标准。局域网的目的是使某一区域内大量的通信设备相互连接，局域网的拓扑结构并未采用物理上完全连接的方式，而是通过共享传输介质（环形、总线型/树形）或转换开关（星形）实现的。对于共享传输介质的方案，需要一套分布逻辑以控制各联网设备对传输介质的访问，这就是介质访问控制（Medium Access Control，MAC）。当传输介质和拓扑结构选定后，局域网的性能就主要取决于 MAC。

2．LAN 的应用

丰田公司在汽车上配置了由 5 个 ECU 组成的 LAN 总线系统，在 LAN 总线系统中采用了通信和驱动器/接收器 IC，并用一根屏蔽双绞线作为通信总线，通信总线在车内布成环形（见图 2-55），将 5 个 ECU 当作节点与其相连接。这些 ECU 分别控制汽车的发动机、悬架等。控制中必需的数据有发动机转速、汽车车速等，这些数据都经由环形总线进行传输。

LAN 的应用

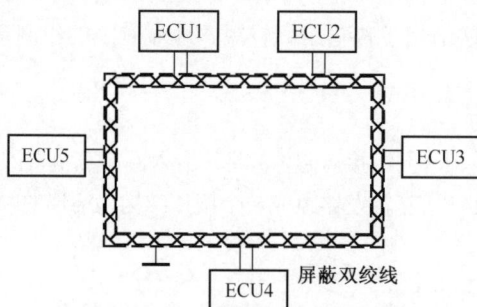

图 2-55　丰田汽车网络结构示意

2.2.6　MOST 总线系统

MOST 是汽车行业合作的成果，不是正式的标准。

1．MOST 的发展

MOST 的标志如图 2-56 所示。宝马公司在新 7 系列车上设置了 70 多个运算装置，利用 8 种网络，分别按这些运算装置的作用将其连接起来，其中连接多媒体系统装置的网络选用了 MOST。

MOST 是媒体信息传送的网络标准，通过采用 MOST，不仅可以减轻连接各部件的线束的质量、降低噪声，而且可以减轻系统开发人员的负担，最终在用户处实现各种设备的集中控制。

MOST 总线系统可以不需要额外的主控计算机系统，其结构灵活、性能可靠、易于扩展；用

MOST 的发展

Media Oriented System Transport

图 2-56　MOST 的标志

光纤作为物理层的传输介质，可以连接视听设备、通信设备以及信息设备。MOST 网络支持即插即用方式，在网络上可以随时添加和去除设备。

MOST 总线系统具有以下基本特征。

（1）支持多种网络连接方式。

（2）使用塑料光纤（Plastic Optical Fiber，POF）优化信息传送质量。

（3）无论是否有主控计算机都可以工作。

（4）发送器/接收器嵌有虚拟网络管理系统。

（5）支持数据的同步和异步传输。

（6）支持声音和压缩图像的实时处理。

（7）在保证低成本的条件下，达到 24.8 Mbit/s 的数据传输速率。

（8）提供 MOST 设备标准。

（9）方便、简洁的应用系统界面。

MOST 总线系统利用一个低价的光纤网络，可以实现下述 3 种数据的传送。

（1）同步数据：实时传送音频信号、视频信号等流动型数据。

（2）非同步数据：传送访问网络及访问数据库等的数据包。

（3）控制数据：传送控制报文及控制整个网络的数据。

MOST 总线系统是以数字电话交换机等使用的"帧同步传送"技术为基础的，因此，通过简单的硬件就可以实现流动型数据的同步传送，只会产生完全可以预测到的最小限度的滞后。

MOST 总线系统利用一根光纤，最多可以同时传送 15 个频道的 CD 质量的非压缩音频数据。在一个局域网上，最多可以连接 64 个节点（装置）。从拓扑结构来看，基本上为环形。这种拓扑结构的优点是在增加节点时，不需要手柄及开关，而且光纤没有集中在某特定装置的附近，可以节省光纤。从实际的装车情况来看，光纤正对着连接各电子设备的网络。此外，MOST 系统采用光纤的另一个优点是：光纤网络不会受到电磁辐射干扰与搭铁环的影响。

2．MOST 的结构

对于 MOST 的结构，主要从其节点结构和设备两方面进行介绍。

MOST 的结构

（1）节点结构

标准的 MOST 节点结构模型如图 2-57 所示，MOST 网络可以连接基于不同内部结构和内部实现技术的节点。MOST 网络上的设备分享不同的同步和异步数据传输通道，不同类型的数据具有不同的访问机制。

MOST 网络有集中管理和非集中管理两种管理模式。在集中管理模式中，管理功能由网络上的一个节点实施，当其他节点需要相关服务时，必须向这个节点申请。在非集中管理模式中，网络管理分布在网络上的节点中，不需要中心管理。

一个 MOST 网络系统由以下 3 个方面决定。

① MOST 连接机制。

② MOST 系统服务。

③ MOST 设备。

MOST 网络启动时，为每一个网上设备分配一个地址；数据传输时，通过同步位流实现各节点的同步。

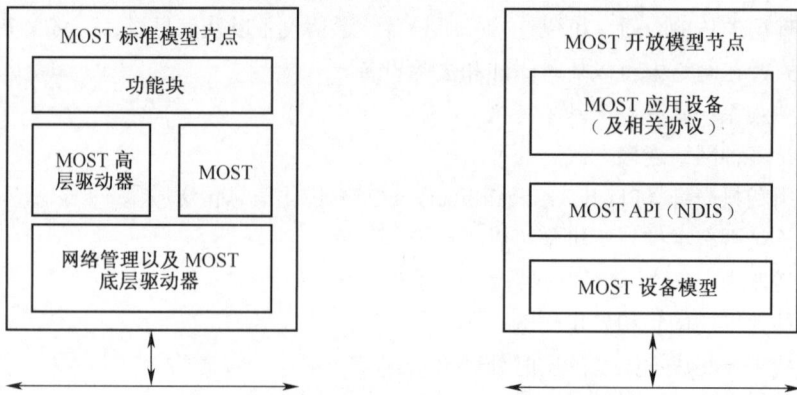

图 2-57 标准的 MOST 节点结构模型

（2）设备

连接到 MOST 上的任何应用层部分都是 MOST 设备。MOST 设备是建立在 MOST 系统服务层上的，它可以应用 MOST 网络提供的信息访问功能以及位流传送的同步频道和数据报文异步传送功能。它可以向系统申请用于实时数据传送的带宽，同时可以以报文形式访问网络和发送/接收控制数据。在 MOST 网络中，在网络管理系统的控制下，这些设备可以协同工作，它们之间可以同时传送数据流、控制信息和数据报文。

如图 2-58 所示，逻辑上，一个 MOST 设备包括节点应用功能块、网络服务层、MOST 发送器/接收器以及物理层接口。一个 MOST 设备可以有多个功能块，如使用 CD，需要有"播放""停止""设置播放时间"等功能，这些功能对于 MOST 设备来说是外部可访问的。

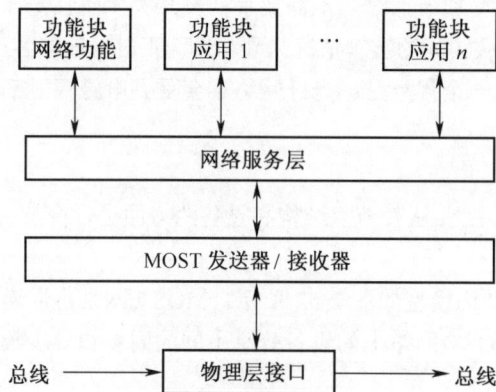

图 2-58 MOST 设备的逻辑结构

典型 MOST 设备的硬件结构如图 2-59 所示。其中，Rx 表示输入信号，Tx 表示发送信号，Ctrl 表示控制信号。在一些简单的设备中，可以没有微控制器模块，由 MOST 功能模块（MOST 发送器/接收器）直接把应用系统连到网络上。

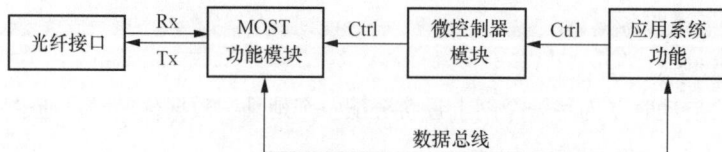

图 2-59 典型 MOST 设备的硬件结构

3．MOST 在汽车上的应用

MOST 网络非常适应汽车多媒体设备应用环境的需求，所以汽车行业已经把 MOST 技术作为将来汽车上多媒体系统的一个标准。汽车生产商采用 MOST 主要是由于其性能可靠、成本低、系统简单、结构灵活、数据兼容性好和抗电磁干扰能力良好。MOST 网络在汽车多媒体系统上的应用如图 2-60 所示。

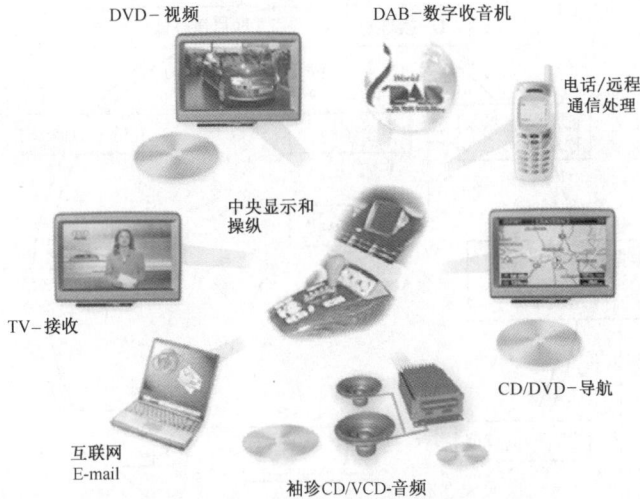

图 2-60　MOST 网络在汽车多媒体系统上的应用

MOST 网络使用光纤，可以减少 250 m 的线缆，减轻 4.5 kg 质量。这种结构为将来可以随时加入多媒体设备节点的结构提供了基础，特别适合车上多媒体设备和信息设备的声控技术应用。随着车上信息设备的不断增加，驾驶中使用这些设备的情况越来越多，通过声控系统访问这些设备是最安全和最经济的方式之一，声控方式被认为是将来车上设备使用的首选人机接口方式。通过 MOST 网络把人机语音接口与车上多媒体设备、通信设备以及其他信息设备连接，是实现这种车上设备语音访问技术的有效方式。图 2-61 所示为用 MOST 实现车上多媒体设备、信息设备连接的示意。

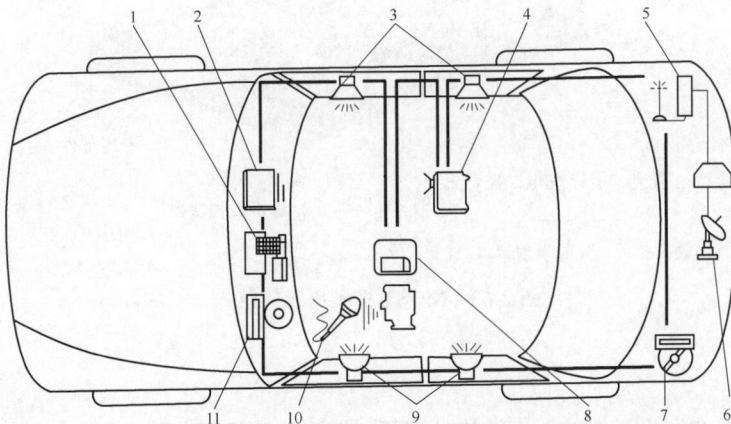

1—计算机及键盘 2—显示器 3、9—音响 4—电视 5—无线信号发送器/接收器 6—卫星信号接收机 7—CD-ROM（电子地图等数据） 8—车载电话 10—语音控制输入接口 11—CD（VCD）播放机

图 2-61　用 MOST 实现车上多媒体设备、信息设备连接的示意

　　MOST 为多媒体时代的车载电子设备所必需的高速网络、分散系统的构筑方法、遥控操作、集中管理的方法等提出了方案。宝马公司新 7 系列、克莱斯勒公司 E 系列已经采用了MOST，奥迪公司的 A8、沃尔沃公司的 XC90 也采用了 MOST，MOST 技术已成为汽车用多媒体设备所不可缺少的技术。

　　奥迪 A8 使用的 MOST 网络系统如图 2-62 所示，其控制单元的结构如图 2-63 所示。

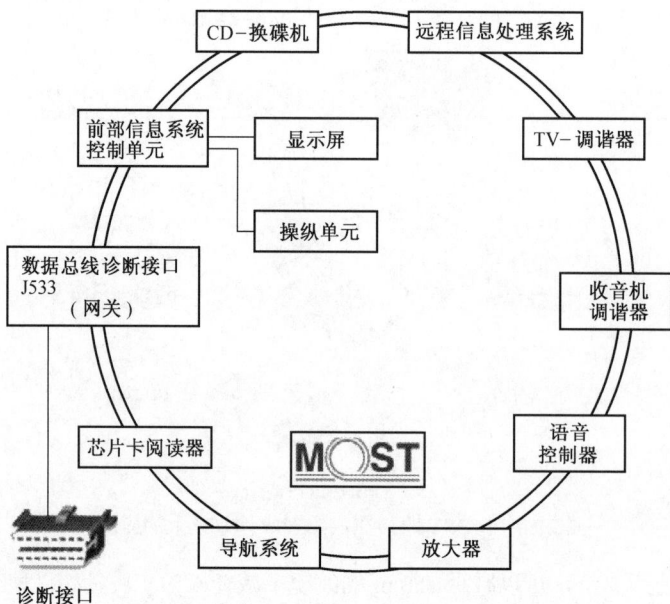

图 2-62　奥迪 A8 使用的 MOST 网络系统

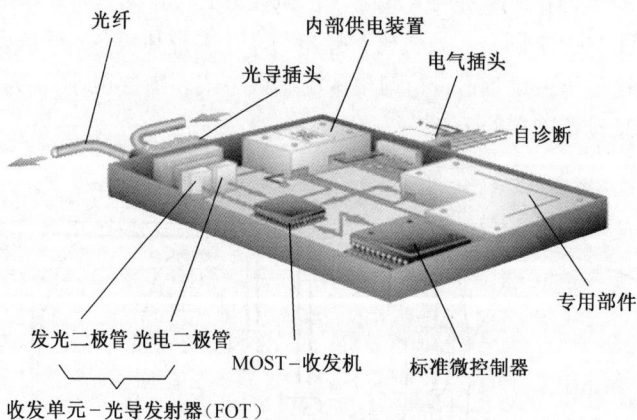

图 2-63　MOST 控制单元的结构

4．光纤

本部分主要介绍光纤的功能、结构、端面、插头和防弯折装置。

（1）光纤的功能

光纤的功能是将在某一控制单元的发射器内产生的光波传送到另一控

制单元的接收器，如图 2-64 所示。

在使用光纤时需考虑下述内容。

① 光波是沿直线传播的，且不可弯曲，但光波在光纤中必须以弯曲的形式传播。

② 发射器与接收器之间的距离可以达到数米远。

③ 机械应力作用（如振动应力、安装应力等）不应损坏光纤。

④ 在车内温度剧烈变化时应能保证光纤的功能。

因此，为了传送光信号，光纤应该具有下述特点。

① 光波在光纤中传送时的衰减足够小。

② 光波能通过弯曲的光纤来传送。

③ 光纤是柔性的。

④ 在 $-40 \sim 85℃$ 的温度范围内，光纤能保证传导功能。

（2）光纤的结构

光纤的结构如图 2-65 所示。纤芯是光纤的核心部分，它是用有机玻璃制成的。纤芯内的光根据全反射原理几乎无损失地传导。透光的反射涂层由氟聚合物制成，它包在纤芯周围，对全反射起关键作用。黑色包层由尼龙制成，用来防止外部光照射。彩色包层起到识别、保护及隔温作用。

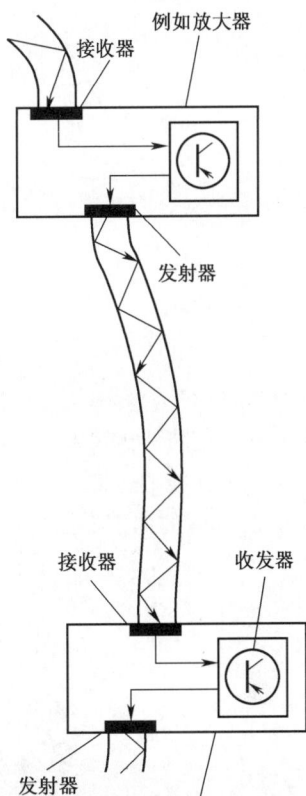

图 2-64 光纤的功能

（3）光纤的端面

为了能使传输过程中的损失尽量小，光纤的端面应光滑、垂直（与光纤轴线垂直）、洁净，如图 2-66 所示。切削面上的污垢和刮痕会加大传送损失（衰减）。

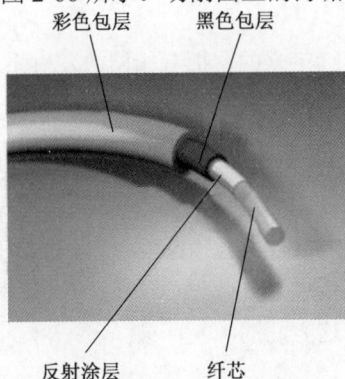

图 2-65 光纤的结构

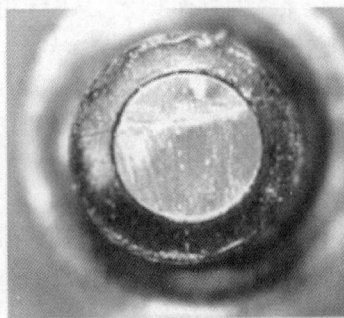

图 2-66 光纤的端面

（4）光纤的插头

为了能将光纤连接到控制单元上，需要使用一种专用插头，如图 2-67 所示。插塞连接上有一个信号方向箭头，它表示信号输入方向（通向接收器）。

插头壳体就是与插头控制单元的连接处。光通过纤芯的端面传送至控制单元的发射器/接收器。在生产光纤时，为了将光纤固定在插头壳体内，使用了激光焊接的塑料端套或黄铜端套。

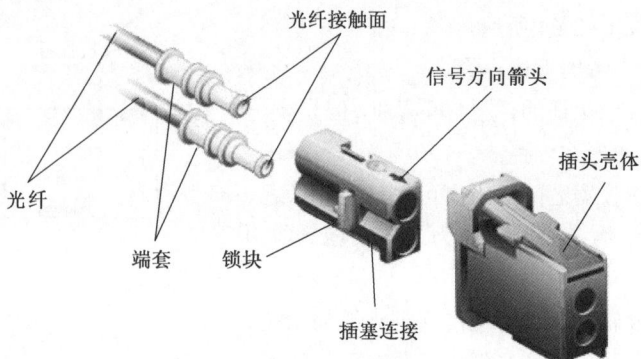

图 2-67　光纤的插头

（5）光纤的防弯折装置

为了保证光线的传输，在铺设光纤时，安装了防弯折装置（波形管，见图 2-68），用以保证最小 25 mm 的曲率半径。

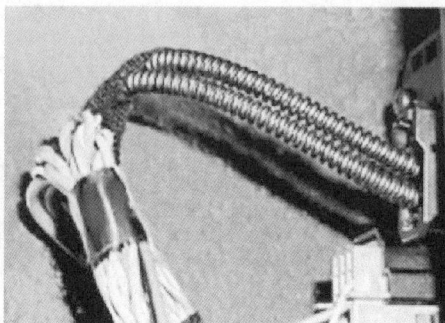

图 2-68　光纤的防弯折装置

2.2.7　车载蓝牙系统

车载蓝牙系统中的蓝牙技术是从手机的蓝牙技术延续下来的，拥有相同的发射系统。下面主要介绍蓝牙技术的发展、蓝牙技术在汽车上的应用以及车载蓝牙系统的结构与原理。

1. 蓝牙技术的发展

在现代商业和个人领域，移动通信和信息娱乐系统的应用显得越来越重要。在过去，移动设备之间的信息交换只能通过导线或红外线技术来实现，这种非标准连接严重限制了移动通信的范围，且使用也很复杂。

蓝牙（Bluetooth）技术（其标志见图 2-69）弥补了这方面的不足，该技术可为不同厂家生产的移动设备提供一个标准的无线连接方式。

蓝牙技术是 1998 年 5 月 5 家世界著名的公司——爱立信（Ericsson）、诺基亚（Nokia）、东芝（Toshiba）、国际商用机器（IBM）和英特尔（Intel）联合宣布的一项技术，其实质内容是建立通用的无线电空中接口及其控制软件的公开标准，使通信技术和计算机技术进一

蓝牙技术的发展

图 2-69　蓝牙的标志

步结合，使不同厂家生产的便携式设备在没有电线或电缆相互连接的情况下，能在近距离范围内具有互用、相互操作的性能。汽车系统和蓝牙技术相结合，将会给汽车的生产和服务带来更大的方便，如果进一步和移动电话甚至互联网连接起来，车主在任何时间、任何地点都可以了解汽车的状况并给予必要的控制。

蓝牙技术要在汽车内实现，需要与 CAN 技术相配合。蓝牙技术的最大优点是无线连接，它不仅可用在汽车和生产工具之间，还可用在汽车和车主喜爱的服务工具之间；其最大的缺点是反应时间慢和安全性差。

2．蓝牙技术在汽车上的应用

在汽车里，每个门、前座和操纵轮都有灵活的电缆，而这些电缆常常会出现问题。可以在小范围内采用无线电缆延伸器。电缆延伸器把 CAN 分为两个网络，其中一个网络将仅由一个节点组成，这就解决了高复杂性和高费用的问题。

蓝牙技术在汽车上的应用

汽车中的网络拓扑如图 2-70 所示。

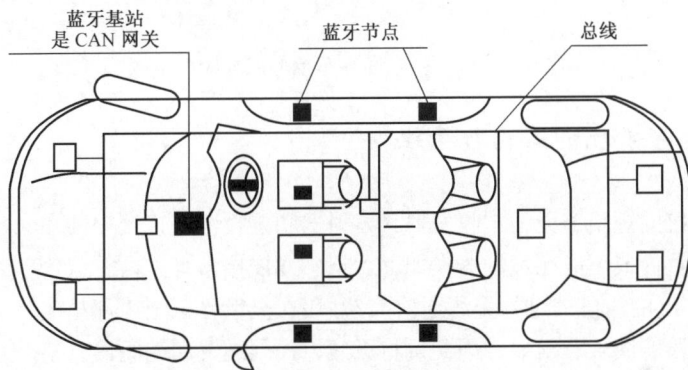

图 2-70　汽车中的网络拓扑

在奥迪 A8 03 型车上，就是将电话/远程信息处理装置的听筒和控制单元通过蓝牙技术进行无线联系的。

在汽车工业中把蓝牙技术用于 CAN 网关，将使汽车具有更高的无线接口能力，从而具有更广阔的市场前景。

蓝牙技术在汽车上的应用具体如下。

（1）当汽车进入服务站时，它的蓝牙站和服务站主计算机建立连接，服务站主计算机和汽车计算机通过蜂窝电话系统交换信息。

（2）服务站主计算机提醒服务人员分配任务，同时服务站的 PC（个人计算机）和汽车建立连接，并下载一些需要的信息。

（3）服务人员在服务站的 PC 上获得必要的工作指示。当给汽车服务时，服务人员可通过 PC 控制和调节一些功能，如汽车灯光、发动机参数等，也可为任何控制单元下载最新版本的软件。

前两点使得汽车制造商可以隐藏或控制一些信息，防止它们被未授权者改变。

蓝牙技术在汽车上还可应用在如下场合：在车的后部安装第 2 个听筒；笔记本计算机与互联网的连接，以实现信息传递等；通过用户的笔记本计算机收发 E-mail；从用户的笔记本计算机向多媒体接口（MMI）传送地址和电话号码；移动电话的免提装置（无附加的适配器）

和驻车加热装置的遥控等。其部分应用示例如图2-71所示。

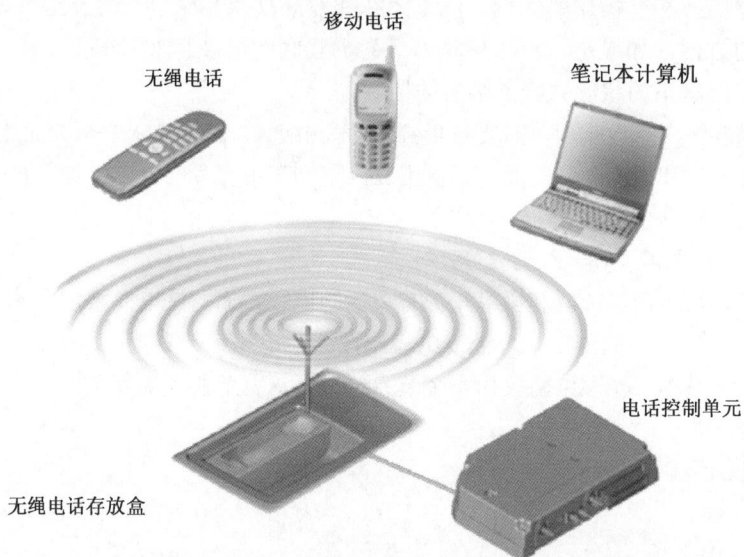

图2-71　蓝牙技术在汽车上的部分应用示例

3. 车载蓝牙系统的结构与原理

（1）结构

车载蓝牙系统的短距离无线电收发器（发射器和接收器）直接安装在所选用的移动装置内或集成在适配器（如PC卡、USB接口等）内。蓝牙系统使用2.45 GHz的波段来进行无线通信，该波段在全世界范围内都是免费的。由于该波段的波长非常短，因此可将天线、控制装置和编码器、整个发送和接收系统等集成到蓝牙模块上。蓝牙模块（见图2-72）结构小巧，可以很方便地将其安装在很小的电子装置内。

图2-72　蓝牙模块和1元硬币比较

（2）数据传输

蓝牙系统内的数据传输采用无线电波的方式，其频率为2.40～2.48 GHz。车载蓝牙系统的数据传输速率可达1 Mbit/s，可同时传送3个语音通道的信号。蓝牙发射器的有效距离为10 m；如果某些装置外加放大器，其有效距离可达100 m。此外，用蓝牙系统进行数据的传输不需要进行复杂的设定。

蓝牙控制模块将数据分成短而灵活的数据包，其长度为625 μs，用一个16位大小的校验和来检查数据包的完整性。如有干扰，自动再次发送数据包，使用一个稳定的语言编码将语言转换成数字信号。

无线电模块在每个数据包发送后，会以随机的方式改变发送和接收的频率（1600 次/s），称为跳频。

（3）数据安全性

在蓝牙技术的开发过程中，生产厂家非常重视对传送数据的保护，如数据的处理和防窃听。数据是用 128 位的电码来编制代码的，接收器的真实性也由一个 128 位的电码来校验，这时各装置用一个密码来彼此识别。蓝牙技术的有效作用距离只有 10 m，对数据的处理操作也只能在这个范围内进行，这样提高了数据的安全性。同时，在蓝牙系统中采用的抗干扰措施也能提高保护数据流免受干扰的能力。

此外，生产厂家还可以通过使用更为复杂的编码方式、不同的安全等级、网络协议等来提高数据的安全性。

（4）蓝牙装置间的适配

如果两个蓝牙装置相遇，它们之间会自动建立起联系。在建立这种联系前，需输入 PIN（个人身份识别码）来进行两装置间的适配（只能进行一次），在此过程中会产生无线微元，从而能够使装置协调工作。每个 Piconet 最多可为 8 个蓝牙装置提供位置，而每个装置又可同时从属于多个 Piconet。在每个 Piconet 上，有一个装置执行主控功能（其被称为主控装置），主控装置先建立起联系，其他装置与主控装置进行同步设定，只有收到主控装置数据包的装置才会应答。例如，在奥迪 A8 03 型车上，电话/远程信息处理控制单元就是蓝牙主控装置。为了避免在创建 Piconet 时产生混乱，每个装置都可进行设定，用以决定它可与哪个装置进行联系。每个装置有一个 48 位的地址，它在全世界范围内是唯一的，可识别 281 万亿个不同的装置。

（5）蓝牙系统的诊断

蓝牙系统在诊断时用的是主控单元的地址码。例如，在奥迪 A8 03 型车上，电话/远程信息处理控制单元 J526 就是蓝牙主控装置，其中电话地址码为 77，紧急呼叫模块地址码为 75。电话听筒和 J526 之间的蓝牙总线连接是通过检查蓝牙天线来进行监控的。如果天线接线断路，故障存储器内会记录故障为蓝牙天线无信号/无法通信。

还可以通过诊断仪器在蓝牙主控装置的自适应过程中，接通或关闭蓝牙功能。例如，对于空运车辆或尚未授权使用蓝牙功能的国家使用的车辆，可以关闭蓝牙功能。

|2.3 典型案例分析|

【故障诊断过程】

由前述故障描述中可知，上汽大众帕萨特汽车偶尔出现无法启动现象，且故障灯全部点亮，故障出现没有规律。

1. 故障原因分析

相关系统/部件原理：CAN 总线是控制单元之间进行数据交换的信息网；网关的作用是

对各控制单元的数据进行分析和处理，其是各类型数据总线信息传输的枢纽。

可能原因 1：数据总线诊断接口 J533 供电或搭铁故障。

可能原因 2：CAN 总线线束故障。

可能原因 3：数据总线诊断接口 J533 自身故障。

2．故障诊断思路

故障诊断思路说明：该故障偶尔出现，可能是接触不良导致的，对数据总线诊断接口的作用及供电或搭铁进行检测，如正常，则进行线束通断检测；如正常，则进行同车型零件对调。暂不考虑各控制单元损坏。

3．故障诊断过程简述

根据故障码，该故障围绕驱动系统 CAN 总线。而数据总线诊断接口的检查点简单些，于是我们首先对数据总线诊断接口的供电熔断器及供电线束进行检测，检测结果为正常。

此后用万用表对 CAN 总线进行通断检测，检测结果为正常。

这时考虑到数据总线诊断接口自身损坏的可能性很小，于是重新厘清思路。又对故障码和电路图进行详细分析，发现故障码都是围绕数据总线诊断接口发生的，而故障码中的数据总线损坏是被动的。数据总线诊断接口的作用就是对各控制单元的数据进行分析和处理，当它不能正常工作时，各控制单元就无法正常进行数据交换，这时各控制单元就会认为是数据传输线损坏，导致假象故障，所以故障可能还是由网关引起的。

于是决定采用还原法，对数据总线诊断接口进行断线，模拟故障，与原故障码进行对比。在进行断线前对插头针脚进行了检查。用针插入针脚，发现插入 T20/14 针脚紧度明显不够，于是对插头进行仔细检查，发现 T20/14 处有很小面积的熔化现象，于是将该针脚断开，读取故障码，将其与原故障码进行比较，发现与之一致。

4．故障原因确定

故障原因/故障点：数据总线诊断接口 J533 供电故障，T20/14 针脚松动故障点照片如图 2-73 所示。

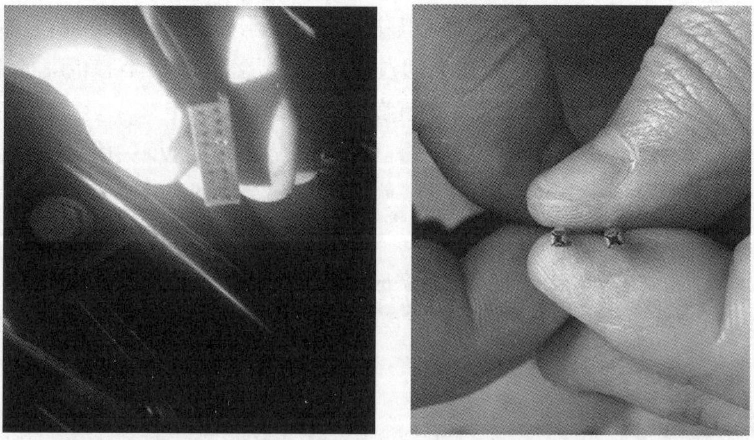

图 2-73　数据总线诊断接口 J533 供电故障，T20/14 针脚松动故障点照片

5．维修方案与过程

由于数据总线诊断接口 J533 的供电针脚出现虚接，导致数据总线诊断接口工作异常，使得各控制单元不能正常进行数据交换，从而导致故障出现。

【故障排除】

对数据总线诊断接口 J533 的 T20/14 针脚进行更换，重新安装并删除故障码后进行多次试车观察，故障未再出现，于是进行交车。一段时间后对该车进行回访，故障未再出现，故障排除。

【故障分析与总结】

对于偶发性故障，是有规律可循的，比如振动相关线路，增加或降低温度或者雨淋；而对于 CAN 总线的故障，可以通过测量波形的方法来诊断，可以接上示波器，振动和 CAN 总线有关的线束，然后观察波形变化，出现变化即可能是故障点。使用示波器诊断 CAN 总线、LIN 总线是非常好的一个方法，这样可以比较直观地看到信号，便于分析、判断。此故障充分展示了在现代车辆维修的过程中，测量诊断设备及维修资料的重要性。

|2.4　工作任务：认识常用车载网络系统|

2.4.1　实训内容与要求

实训内容：车载网络系统信号测量。

实训要求如下。

① 能够确认总线类型。

② 能够使用维修资料，正确选用工具。

③ 能够按照正确的步骤和方法完成车载网络系统信号测量。

④ 应在 80 min 内独立完成。

⑤ 在实训过程中应注意人身健康与安全。

2.4.2　实训条件

① 车间或模拟车间。

② 个人防护用品用具。

③ 汽车维修设备和工具（数字万用表、示波器、可调电阻、导线若干）。

④ 安全的工作环境和工作场所。

⑤ 装备车载网络系统的车辆。

⑥ 相关说明书、维修手册等资料。

⑦ 有关人身健康与安全的信息。

⑧ 提供各类维修知识和维修资料的网页。

2.4.3　实训步骤

1．CAN 总线终端电阻测试与分析

终端电阻装在系统（例如驱动系统 CAN 总线）的两个控制单元内。终端电阻阻止 CAN

总线信号在 CAN 总线上产生变化电压的反射。当终端电阻出现故障时，线路的反射影响会使控制单元的信号无效。测量时，若该信号与标准信号不相符，则可能是终端电阻损坏。在驱动系统 CAN 总线上的终端电阻可以用万用表进行测量。

操作步骤及要点如下。

① 终端电阻的测量。

由于总线电路结构不同，因此，驱动系统 CAN 总线上可以用万用表测量终端电阻的电阻值，而舒适系统 CAN 总线和信息娱乐系统 CAN 总线上不能用万用表进行终端电阻的电阻值的测量。

② 终端电阻测量步骤。

a. 将蓄电池的电极线拔除。

b. 等待约 5 min，目的是让车辆电气系统所有电容器都充分放电。

c. 按照图 2-74，连接测试电路并测量电阻值。

d. 将一个带有终端电阻的控制单元的插头拔下来。

e. 检测 CAN 总线高、低线之间的电阻值是否发生了变化。

f. 将第一个控制单元（带有终端电阻）的插头连接好，再将第二个控制单元的插头拔下来。

g. 检测 CAN 总线高、低线之间的电阻值是否发生了变化。

h. 分析测量结果。

测量总电阻值后，还需要将一个带有终端电阻的控制单元的插头拔下来，进行两次单个电阻值的测量。如果在控制单元的插头被拔下后测量的电阻值发生了变化，则说明两个电阻值都正常。

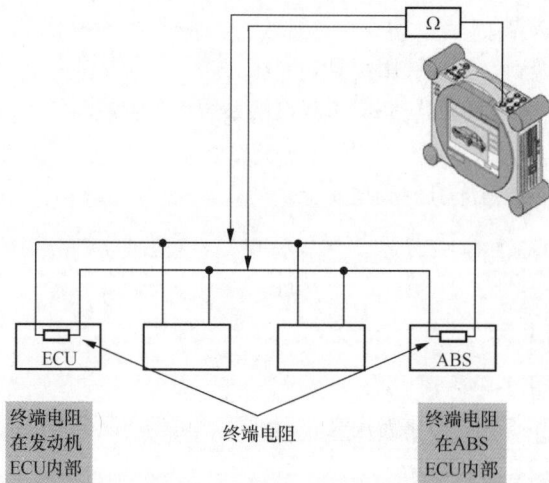

图 2-74　连接测试电路并测量电阻值

2．驱动系统 CAN 总线波形测试与分析

（1）在教师提供的车辆上，通过查阅维修手册，指出车辆是否使用了驱动系统 CAN 总线，并在实车上找到驱动系统 CAN 总线的组成部件。

车型：_____

是否使用了驱动系统 CAN 总线？　　　　　　　　是 ❑　　不是 ❑

CAN 控制器和收发器的位置和作用：

_____

两个数据传输终端的位置和作用：

两条数据传输线的位置和作用：

（2）在教师提供的车辆上，使用示波器测量驱动系统 CAN 总线的波形并记录。本实训主要测试内容如下：

① CAN-H 与 CAN-L 的正常波形；

② CAN-H 与 CAN-L 之间短路（即互短）的信号波形；

③ CAN-H 对电源正极短路的信号波形；

④ CAN-H 对电源负极短路的信号波形；

⑤ CAN-L 对电源正极短路的信号波形；

⑥ CAN-L 对电源负极短路的信号波形；

⑦ CAN-H 电路断路的信号波形；

⑧ CAN-L 电路断路的信号波形。

说明：时间单位为（　　　）/Div，电压单位为（　　　）/Div，在图中标出 0 V 电压位置。

3．舒适系统 CAN 总线波形测试与分析

（1）在教师提供的车辆上，通过查阅维修手册，指出车辆是否使用了舒适系统 CAN 总线，并在实车上找到舒适系统 CAN 总线的组成部件。

车型：_____

是否使用了舒适系统 CAN 总线？　　　　　　　　　　　　　　是 ❑　　不是 ❑

CAN 控制器和收发器的位置和作用：

两个数据传输终端的位置和作用：

————————————————————————————————————

两条数据传输线的位置和作用：

————————————————————————————————————

————————————————————————————————————

（2）在教师提供的车辆上，使用示波器测量舒适系统 CAN 总线的波形并记录。本实训主要测试内容如下：

① CAN-H 与 CAN-L 的正常波形；

② CAN-H 与 CAN-L 之间短路的信号波形；

③ CAN-H 对电源正极短路的信号波形；

④ CAN-H 对电源负极短路的信号波形；

⑤ CAN-L 对电源正极短路的信号波形；

⑥ CAN-L 对电源负极短路的信号波形；

⑦ CAN-H 电路断路的信号波形；

⑧ CAN-L 电路断路的信号波形；

⑨ CAN-H 通过连接电阻对电源正极短路的信号波形；

⑩ CAN-H 通过连接电阻对电源负极短路的信号波形；

⑪ CAN-L 通过连接电阻对电源正极短路的信号波形；

⑫ CAN-L 通过连接电阻对电源负极短路的信号波形；

⑬ CAN-H 与 CAN-L 之间通过连接电阻短路的信号波形。

说明：时间单位为（　　　）/Div，电压单位为（　　　）/Div，在图中标出 0 V 电压位置。

测量舒适系统 CAN 总线的波形

4．LIN 总线波形测试与分析

（1）在教师提供的车辆上，通过查阅维修手册，指出车辆是否使用了 LIN 总线，并在实车上找到 LIN 总线的组成模块。

车型：——————————

是否使用了 LIN 总线？　　　　　　　　　　　　　是 ❑　　不是 ❑

LIN 总线连接的模块：

————————————————————————————————————

————————————————————————————————————

（2）在教师提供的车辆上，使用示波器测量 LIN 总线的波形并记录。本实训主要测试内容如下：

　　① LIN 总线的正常波形（对地测量）；

　　② LIN 总线对电源正极短路的信号波形；

　　③ LIN 总线对电源负极短路的信号波形；

　　④ LIN 总线断路的信号波形；

　　⑤ LIN 总线通过连接电阻对电源正极短路的信号波形；

　　⑥ LIN 总线通过连接电阻对电源负极短路的信号波形；

　　⑦ LIN 总线本身连接电阻的信号波形。

　　说明：时间单位为（　　　）/Div，电压单位为（　　　）/Div，在图中标出 0 V 电压位置。

测量 LIN 总线的波形

5．VAN 总线波形测试与分析

（1）在教师提供的车辆上，通过查阅维修手册，指出车辆是否使用了 VAN 总线，并在实车上找到 VAN 总线的组成模块。

　　车型：----------

　　是否使用了 VAN 总线？　　　　　　　　　　　　　　　　是 ❑　　不是 ❑

　　VAN 总线连接的模块：

（2）在教师提供的车辆上，使用示波器测量 VAN 总线的波形并记录。本实训主要测试内容如下：

　　① DATAA 和 DATAB 的正常波形；

　　② DATAA 和 DATAB 之间短路的信号波形；

　　③ DATAA 对电源正极短路的信号波形；

　　④ DATAA 对电源负极短路的信号波形；

　　⑤ DATAB 对电源正极短路的信号波形；

⑥ DATAB 对电源负极短路的信号波形；

⑦ DATAA 电路断路的信号波形；

⑧ DATAB 电路断路的信号波形；

⑨ DATAA 通过连接电阻对电源正极短路的信号波形；

⑩ DATAA 通过连接电阻对电源负极短路的信号波形；

⑪ DATAB 通过连接电阻对电源正极短路的信号波形；

⑫ DATAB 通过连接电阻对电源负极短路的信号波形；

⑬ DATAA 与 DATAB 之间通过连接电阻短路的信号波形。

说明：时间单位为（　　　）/Div，电压单位为（　　　）/Div，在图中标出 0 V 电压位置。

6. LAN 总线波形测试与分析

（1）在教师提供的车辆上，通过查阅维修手册，指出车辆是否使用了 LAN 总线，并在实车上找到 LAN 总线的组成模块。

车型：_____

是否使用了 LAN 总线？　　　　　　　　　　　　　　　　　　是 ☐　　不是 ☐

LAN 总线连接的模块：

_____

_____

（2）在教师提供的车辆上，使用示波器测量 LAN 总线的波形并记录。

说明：时间单位为（　　　）/Div，电压单位为（　　　）/Div，在图中标出 0 V 电压位置。

7．MOST 总线实训

在教师提供的车辆上，通过查阅维修手册，指出车辆是否使用了 MOST 总线，并在实车上找到 MOST 总线的组成模块。

车型：＿＿＿＿＿＿＿＿＿

是否使用了 MOST 总线？　　　　　　　　　　　　　　是 ☐　　不是 ☐

MOST 总线连接的模块：

＿＿＿＿＿＿＿＿＿＿＿＿＿＿＿＿＿＿＿＿＿＿＿＿＿＿＿＿＿＿＿＿＿＿＿＿＿＿

＿＿＿＿＿＿＿＿＿＿＿＿＿＿＿＿＿＿＿＿＿＿＿＿＿＿＿＿＿＿＿＿＿＿＿＿＿＿

＿＿＿＿＿＿＿＿＿＿＿＿＿＿＿＿＿＿＿＿＿＿＿＿＿＿＿＿＿＿＿＿＿＿＿＿＿＿

＿＿＿＿＿＿＿＿＿＿＿＿＿＿＿＿＿＿＿＿＿＿＿＿＿＿＿＿＿＿＿＿＿＿＿＿＿＿

8．车载蓝牙技术实训

在教师提供的车辆上，通过查阅维修手册，指出车辆是否使用了蓝牙技术，并在实车上找到哪些系统使用了蓝牙技术。

车型：＿＿＿＿＿＿＿＿＿

是否使用了蓝牙技术？　　　　　　　　　　　　　　　是 ☐　　不是 ☐

哪些系统使用了蓝牙技术：

＿＿＿＿＿＿＿＿＿＿＿＿＿＿＿＿＿＿＿＿＿＿＿＿＿＿＿＿＿＿＿＿＿＿＿＿＿＿

＿＿＿＿＿＿＿＿＿＿＿＿＿＿＿＿＿＿＿＿＿＿＿＿＿＿＿＿＿＿＿＿＿＿＿＿＿＿

＿＿＿＿＿＿＿＿＿＿＿＿＿＿＿＿＿＿＿＿＿＿＿＿＿＿＿＿＿＿＿＿＿＿＿＿＿＿

＿＿＿＿＿＿＿＿＿＿＿＿＿＿＿＿＿＿＿＿＿＿＿＿＿＿＿＿＿＿＿＿＿＿＿＿＿＿

|2.5　项目小结|

本项目介绍了常用车载网络系统的结构和工作原理，包括 CAN 总线系统、LIN 总线系统、VAN 总线系统、LAN 总线系统、MOST 总线系统、车载蓝牙系统等，要求重点掌握 CAN 总线系统的结构和工作原理。

|2.6　知识训练|

1．回答问题

（1）简要说明 CAN 总线系统的结构和工作原理。

（2）简要说明 LIN 总线系统的结构和工作原理。

（3）简要说明 VAN 总线系统的结构和工作原理。

（4）简要说明 LAN 总线系统的结构和工作原理。

（5）简要说明 MOST 总线系统的结构和工作原理。

（6）汽车为什么要使用蓝牙系统？简要说明车载蓝牙系统的结构和工作原理。

（7）提供一辆装备车载网络系统的车辆，让学生通过自学认识其使用了哪些车载网络系统，这些系统是怎么进行工作的。

（8）下述哪些是 CAN 总线系统的构成部件？

① CAN 控制器和收发器 　　　　　　　　　　　是□　不是□

② 数据传输终端 　　　　　　　　　　　　　　是□　不是□

③ 数据传输线 　　　　　　　　　　　　　　　是□　不是□

④ 蓝牙模块 　　　　　　　　　　　　　　　　是□　不是□

（9）下述哪些是 CAN 总线传输的数据类型？

① 数据帧 　　　　　　　　　　　　　　　　　是□　不是□

② 远程帧 　　　　　　　　　　　　　　　　　是□　不是□

③ 错误帧 　　　　　　　　　　　　　　　　　是□　不是□

④ 过载帧 　　　　　　　　　　　　　　　　　是□　不是□

2．判断正误

（1）下列叙述内容与 CAN 相关，请判断正误。

①（　　）在 CAN 总线空闲的时候，所有节点都可以发送报文。

②（　　）报文要以规定的格式发送，并且需要决定优先顺序。

③（　　）与 CAN 总线相连的节点没有节点地址信息。

④（　　）在 CAN 总线系统中，任一控制单元既可发送数据，又可接收数据。

⑤（　　）CAN 总线在极短的时间内在各控制单元间传递数据。

（2）下列叙述内容与 LIN 相关，请判断正误。

①（　　）LIN 是由 LIN 联合体提出的一个汽车底层网络协议。

②（　　）LIN 的目的是给出一个价格低廉、性能可靠的低速网。

③（　　）LIN 在汽车网络层次结构中作为低端网络的通用协议，并逐渐取代目前各种各样的低端总线系统。

（3）下列叙述内容与 LIN 的应用相关，请判断正误。

①（　　）LIN 是一个主/从结构的网络，有一个主控单元和多个从控单元。

②（　　）LIN 主要用来控制车身的附件电气系统。

（4）下列叙述内容与 LIN 的结构及协议相关，请判断正误。

①（　　）LIN 协议在同一个总线上的最大节点数量为 16。

②（　　）系统中两个控制单元之间的最大距离为 40 m。

③（　　）LIN 一般使用一根单独的铜线作为传输介质。

④（　　）LIN 的控制单元拥有统一的接口（LIN 标准）。

（5）下列叙述内容与 VAN 相关，请判断正误。

①（　　）VAN 是由标致-雪铁龙、雷诺等公司联合开发的。

②（　　）VAN 主要应用于车身电气设备的控制。

③（　　）VAN 总线系统协议是一种只需要中等通信速率的通信协议。

④（　　）VAN 适用于车身功能和车辆舒适性功能的管理。

⑤（　　）VAN 采用两根双绞线作为传输介质，两根线被称为 DATAA 和 DATAB。

（6）下列叙述内容与 VAN 总线的物理层相关，请判断正误。

①（　　）VAN 的物理层由互补数据对组成（传输介质是铜线）。

②（　　）在 DATAA 和 DATAB 上同时传送信息。

③（　　）DATAA 上传送的信息和 DATAB 上传送的信息正好是相反的互补数据对。

④ （   ）VAN 的物理层具备容错能力。

⑤ （   ）VAN 的物理层有管理 VAN 总线的睡眠/唤醒机制。

（7）下列叙述内容与 LAN 相关，请判断正误。

① （   ）LAN 的产生与 CAN 的相似，主要是为了方便车载各控制单元间进行各种数据交换，以达到对汽车性能的精确、高速控制和减少配线的目的。

② （   ）常见的 LAN 的类型是采用同轴电缆的总线型/树形网络，当然也可以选择采用双绞线、同轴电缆甚至光纤的环形网络。

③ （   ）LAN 的传输速率为 1～20 Mbit/s。

④ （   ）LAN 适用于车身功能和车辆舒适性功能的管理。

⑤ （   ）LAN 常用的拓扑结构有 3 种：星形、环形、总线型/树形。

（8）下列叙述内容与总线型 LAN 的特点相关，请判断正误。

① （   ）信道利用率较高。

② （   ）传输距离较短。

（9）下列叙述内容与 MOST 网络相关，请判断正误。

① （   ） MOST 是媒体信息传送的网络标准。

② （   ）汽车行业已经把 MOST 技术作为将来汽车上多媒体系统的一个标准。

③ （   ）使用塑料光纤优化信息传送质量。

④ （   ）支持数据的同步和异步传输。

⑤ （   ）支持声音和压缩图像的实时处理。

（10）下列叙述内容与光纤相关，请判断正误。

① （   ）光纤的功能是将在某一控制单元的发射器内产生的光波传送到另一控制单元的接收器。

② （   ）光波在光纤内必须以弯曲的形式传播。

③ （   ）发射器与接收器之间的距离可以达到数米。

④ （   ）为了能使传输过程中的损失尽量小，光纤的端面应光滑、垂直、洁净。

⑤ （   ）为了能将光纤连接到控制单元上，需要使用一种专用插头。

（11）下列叙述内容与蓝牙技术相关，请判断正误。

① （   ）蓝牙技术可以使不同厂家生产的便携式设备在没有电线或电缆相互连接的情况下，在近距离范围内具有互用、相互操作的性能。

② （   ）车载蓝牙系统的短距离无线电收发器（发射器和接收器）直接安装在所选用的移动装置内或集成在适配器内。

③ （   ）蓝牙系统内的数据传输采用无线电波的方式，其频率为 2.40～2.48 GHz。

④ （   ）车载蓝牙系统的数据传输速率可达 1 Mbit/s，可同时传送 3 个语音通道的信号。

项目 3
大众车系车载网络系统检修

| 3.1 项目导入 |

【项目描述】

一辆大众迈腾 B8 轿车，驾驶员在下车操作无钥匙进入系统锁车时，发现左后车门无法锁上。打开点火开关，通过驾驶员及侧车门上的闭锁开关进行操作，其他车门闭锁、开锁正常，只有左后车门无法闭锁、开锁。此时按压驾驶员侧玻璃升降器开关检查玻璃升降器功能，发现其他车门玻璃升降器正常，还是左后车门玻璃升降器无法动作。但此时可以通过左后车门上的玻璃升降器开关控制左后车门玻璃升降器的上升和下降。怎样解决这个故障呢？

本项目以大家熟悉的车载网络系统为项目实体，介绍车载网络系统在大众车系中的应用。在大众车系中常用的车载网络系统是 CAN 总线系统和 LIN 总线系统，如何对其进行检测与维修以解决上述故障对维修人员来说是一个考验。

【学习目标】

素质目标

与小组成员合作完成实训任务，模拟故障并检测故障波形，掌握数据总线波形规律，并完成故障诊断与维修，培养探索精神与求学精神。

知识目标

1. 认识大众车系 CAN 总线系统；
2. 认识大众迈腾轿车的车载网络系统。

技能目标

1. 能够使用仪器完成大众车系诊断；
2. 能够诊断与维修大众车系车载网络系统典型故障。

【学习资源】

1. 大众车系 CAN 总线系统自学手册；

2．大众迈腾 B8 轿车维修手册；

3．网络平台教学资源库课程资源。

|3.2　学习参考|

3.2.1　大众车系 CAN 总线系统

为便于学习者学习大众车系 CAN 总线系统，本节前面主要介绍大众车系采用 CAN 总线的过程、大众车系平台简介以及大众车系电源分配，继而深入介绍大众车系 CAN 总线系统的相关知识。

1．大众车系采用 CAN 总线的过程

大众车系在 20 世纪 90 年代开始采用 CAN 总线，具体经历了如下几个过程。

1997 年，帕萨特的舒适系统上采用了传输速率为 62.5 kbit/s 的 CAN 总线。

大众车系采用
CAN 总线的
过程

1998 年，帕萨特和高尔夫的驱动系统上增加了传输速率为 500 kbit/s 的 CAN 总线。

2000 年，大众集团在帕萨特和高尔夫上都采用了带有网关的第 2 代 CAN 总线。

2001 年，大众集团提高了 CAN 总线的设计标准，将舒适系统的传输速率提高到 100 kbit/s，驱动系统的传输速率提高到 500 kbit/s。

2002 年，大众集团在宝来、朗逸、老甲壳虫、高尔夫 4 等车型上使用带有车载网络控制单元的第 3 代 CAN 总线。

2004 年，大众集团在速腾、明锐、高尔夫 5/6、途观、途安、奥迪 A3、EOS、尚酷等车型上使用 5 重结构的 CAN 总线系统，并且出现了单线的 LIN 总线。

2005 年至今，CAN 总线系统和 LIN 总线系统广泛地应用于大众集团各车型上。

2．大众车系平台简介

平台即汽车生产平台，其实就是汽车生产的模板。平台搭建的好处是使同一平台所开发出的多种车型大量采用共同的零部件，采用相似的底盘及车身结构、相近的驱动单元、相近的生产工艺等。其最终目的是大大提高生产、维护效率，大大降低生产、维护成本。

PQ 平台的命名方式。以 PQ35 为例，其中 P 代表乘用车平台，Q 代表发动机横置，3 代表 A 级轿车，也就是紧凑型车，5 是指第 5 代。若第 2 个字母为 L，则代表发动机纵置。PQ 各平台级别及代表车型等信息如表 3-1 所示。

表 3-1　　　　　　　　　　PQ 各平台级别及代表车型等信息

平台	级别	代表车型	备注
PQ24	A0	老 Polo、高尔夫等	
PQ25	A0	全新捷达、全新桑塔纳、新 Polo、晶锐/奥迪 A1、西雅特 Ibiza 等	
PQ32	A	老捷达、老桑塔纳、一汽奔腾、一汽欧朗等	诞生于 1984 年
PQ34	A	宝来、朗逸、老甲壳虫、高尔夫 4 等	诞生于 1997 年

续表

平台	级别	代表车型	备注
PQ35	A	速腾、明锐、高尔夫 5/6、途观、途安、奥迪 A3、EOS、尚酷等	诞生于 2004 年
PL45	B	帕萨特领驭（B5）等	
PQ46	B	老迈腾（B6）、新迈腾（欧版 B7L）、新帕萨特（美版 B7，即 NMS）、CC 等	
PQ62	D	辉腾、奥迪 A8、欧陆等	

模块和平台一样，可以通用大量零部件，同时大大提升研发的灵活性，这样无论是生产的成本还是用车的成本都能大幅降低。

大众主要平台车型如表 3-2 所示。

表 3-2　　　　　　　　　　　大众主要平台车型

平台	中文含义	涵盖车型
MQB	横置发动机平台	大众与奥迪的横置发动机车型（凌渡、途观 L、途安 L、新明锐、速派）
MLB	纵置发动机平台	涵盖从 A4 到 Q7 的所有纵置发动机车型（辉昂）
MMB	中置跑车平台	保时捷 Boxster、奥迪 R4、大众 BlueSport 等
MHB（该平台现已并入 MQB 平台）	后置小型车平台	Up、E-Up 等
MSB	保时捷前置后驱平台	保时捷 Panamera 等
MEB	纯电动汽车平台	未来大众集团纯电动汽车

MQB 是大众集团的全新模块化战略。各大众集团品牌，如 VW、奥迪、斯柯达和西雅特，均于 2012 年采用 MQB 平台。

MQB 平台的模块化基于以下标准化的模块系列：驱动系统模块、内部和外部车身组件、底盘模块、电子/电器模块。

3．大众车系电源分配

大众车系电源分配（即端子 30、15、50、S、75 等形成）。带有 CAN 总线的汽车一般分为两种，一种是没有中央电器控制单元（或称车载电网控制单元）的车型（早期或中低端车型），另一种是带有车载电网控制单元，可以对全车电器系统（包括电源系统）进行智能控制的车型。第二种车型用车载电网控制单元代替中央配线盒。

没有车载电网控制单元的车型电源供给如图 3-1 所示。电源系统通过点火开关将电源按照应用属性分配后，送配电中心，电源属性一般分为常电源、运行带电、启动带电等。

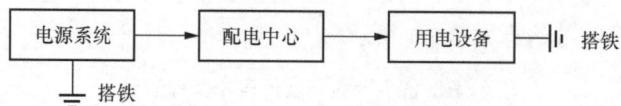

图 3-1　没有车载电网控制单元的车型电源供给

配电中心主要由电源电路、各种熔断器和各种继电器组成，负责全车用电设备的电源供给。

汽车用电设备的正极（电源）均来自配电中心，负极通过导线在搭铁点搭铁（也可直接搭铁）。从配电中心（正极）到搭铁（负极）称为用电设备的回路，是汽车线路分析的主要对象。

大众速腾轿车与传统的汽车电路的主要区别是由车载电网控制单元代替配电中心，实现对电源系统的智能管理和对全车用电设备的智能控制，如图 3-2 所示。

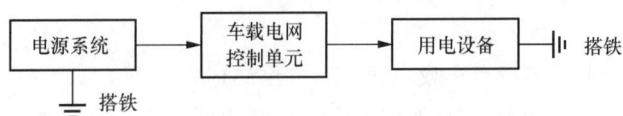

图 3-2　有车载电网控制单元的车型电源供给

下面以两种类型的典型汽车为例介绍电源分配。

（1）捷达电源系统（没有车载电网控制单元）。

捷达电源分配原理如图 3-3 所示。

① 30 号线的形成。

30 号线为常带电，无论点火开关处于何种位置（发动机是否运行）均有电。发电机的 B+通过熔断器和蓄电池的正极连接在一起，又通过熔断器连接到中央配线盒，形成 30 号线。

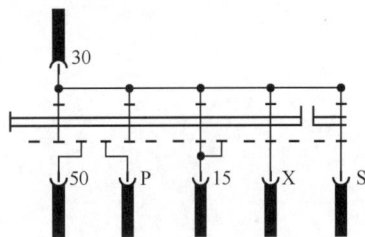

图 3-3　捷达电源分配原理

② 点火开关信号。

30 号线为点火开关来电，点火开关各触点连接情况是：点火开关钥匙未插入时，30 号线与 P 线相通；点火开关钥匙插入后，30 号线与 P 线、S 线相通；点火开关处于点火位置时，30 号线与 15 号线、X 线、S 线相通；点火开关处于启动位置时，30 号线与 50 号线、15 号线、S 线相通。

③ 15 号线的形成。

15 号线为运行启动带电，即当点火开关处于点火和启动位置时带电。30 号线经点火开关后形成 15 号线，15 号线送中央配线盒并经各路熔断器，供全车各种运行启动带电设备使用。

④ 75 号线的形成。

75 号线为大电流（或大负载）运行带电，为卸荷继电器输出电源（75 号线图中未画出）。当点火开关打开（X 线有电）时 75 号线带电，给运行带电的大负载的用电设备提供电源。

30 号线经点火开关后形成 X 线，称为大电流运行带电控制线。X 线送中央配线盒，控制卸荷继电器 J59 工作（31 号线为中央配线盒搭铁线），当卸荷继电器 J59 开关闭合时，30 号线与 75 号线相连。

> **注　意**
>
> X 线连接情况与 15 号线基本相同，但在启动位置时 X 线断开，减少用电负荷，使启动更容易。

⑤ 50 号线的形成。

50 号线为启动带电，即当点火开关处于启动位置时带电。30 号线经点火开关后形成 50 号线，50 号线送中央配线盒。50 号线主要的作用是控制起动机工作。

⑥ P 线的形成。

P 线为驻车带电，点火开关处于启动和运行位置（点火位置）时无电；点火开关处于关闭位置时，无论钥匙是否插入均有电，即驻车有电，用来给驻车灯、防盗器等电器供电。P 线送中央配线盒并经各路熔断器，供全车各种驻车带电设备使用。

⑦ S 线的形成。

S 线为舒适系统带电（或辅助电器带电），点火开关插上钥匙即有电，此时可以使用音响等舒适系统，同时遥控装置无效。S 线送中央配线盒并经各路熔断器，供全车各种辅助电气设备使用。

（2）大众速腾电源系统（有车载电网控制单元 J519）

① 大众速腾 15 号电源形成原理如图 3-4 所示，最终 15 号电源由 J329 继电器被控制端输出。

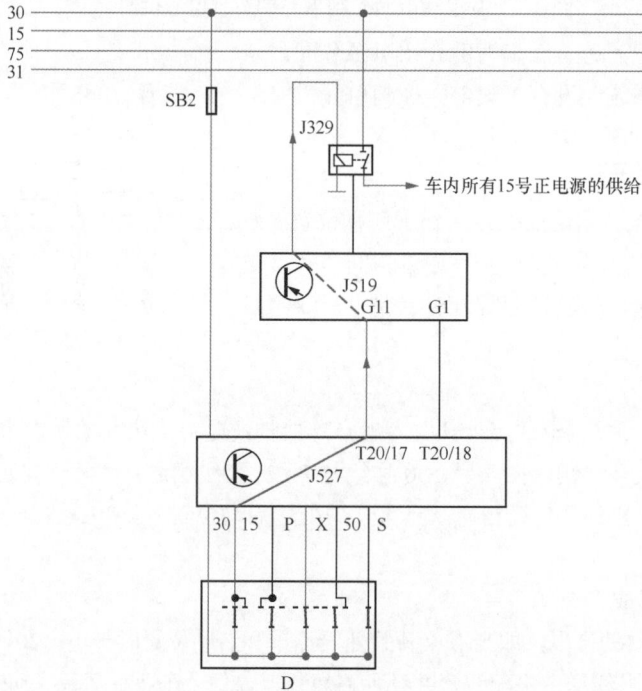

图 3-4　大众速腾全车电源的形成——15 号电源的形成

② 大众速腾 50 号电源形成原理如图 3-5 所示，最终 50 号电源由 J682 继电器被控制端输出。

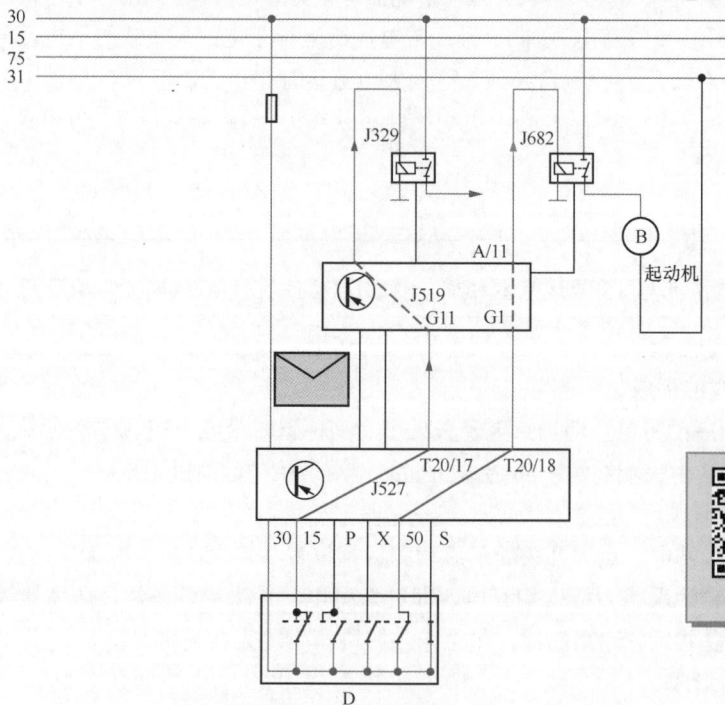

图 3-5　大众速腾全车电源的形成——50 号电源的形成

③ 大众速腾 75 号电源形成原理如图 3-6 所示,最终 75 号电源由 J59 继电器被控制端输出。

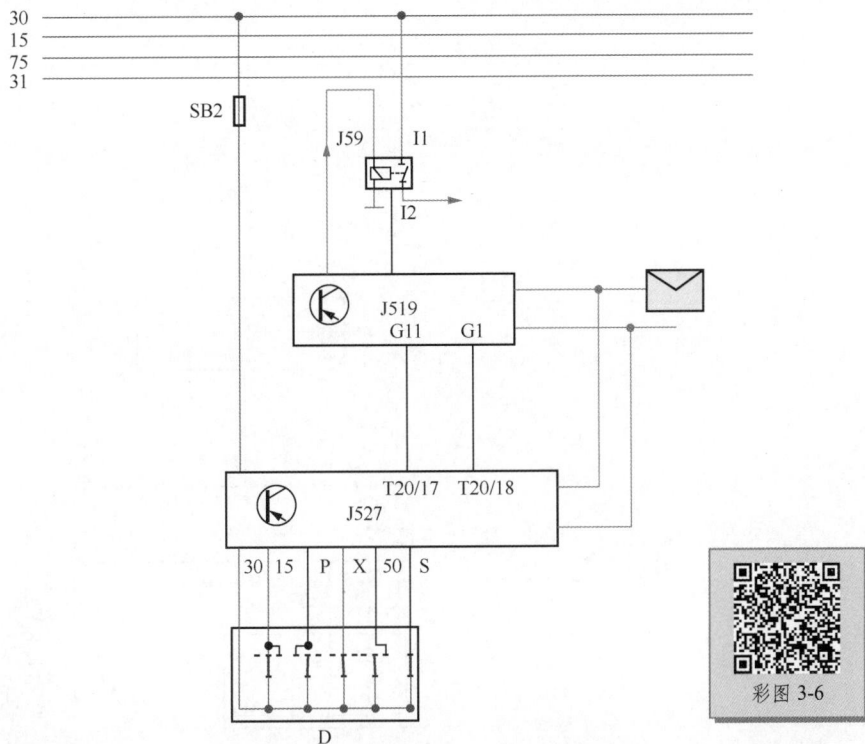

图 3-6　大众速腾全车电源的形成——75 号电源的形成

④ 大众速腾 P 号电源形成原理如图 3-7 所示,最终 P 号电源由 J329 继电器被控制端输出。

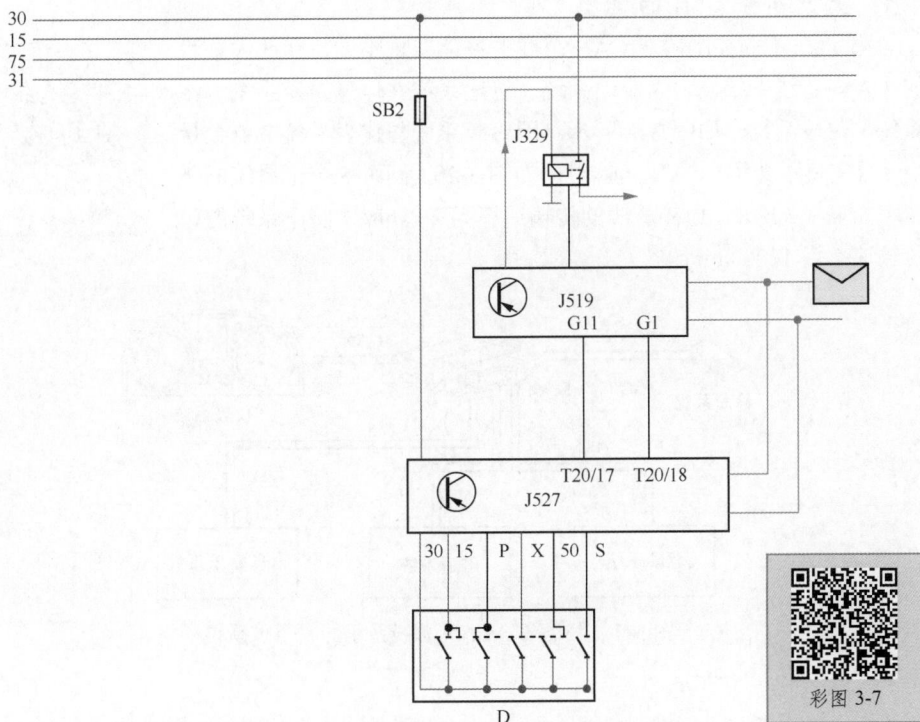

图 3-7　大众速腾全车电源的形成——P 号电源的形成

⑤ 大众速腾 S 号电源形成原理如图 3-8 所示，最终 S 号电源由 J329 继电器被控制端输出。

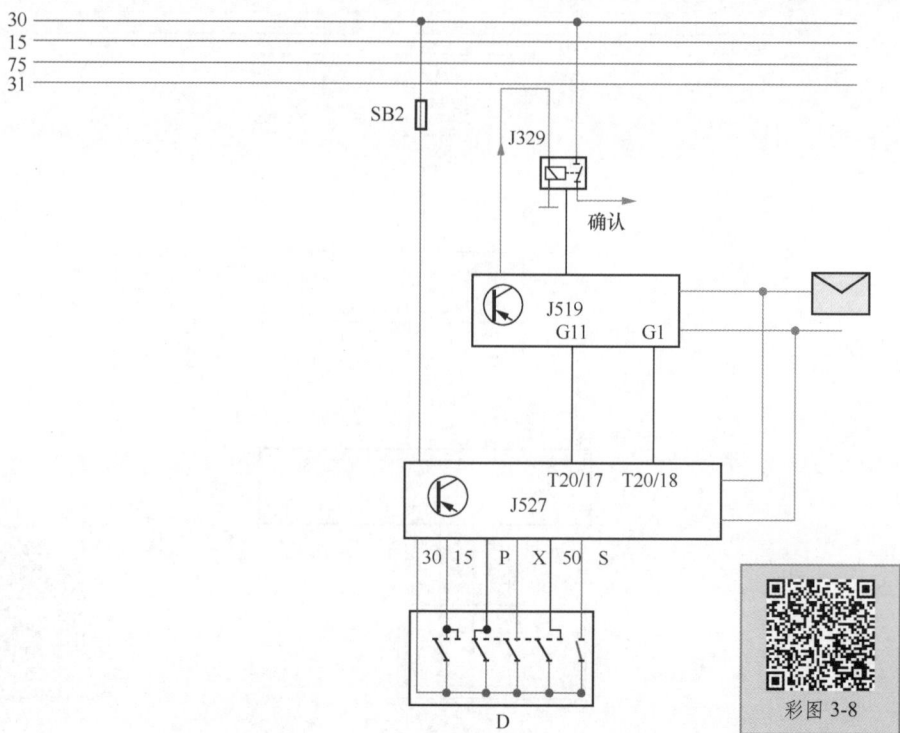

图 3-8　大众速腾全车电源的形成——S 号电源的形成

4. 大众车系 CAN 的类型

　　由于汽车不同控制器对 CAN 总线的性能要求不同，因此大众汽车的 CAN 总线系统设定为驱动系统、舒适系统、信息娱乐系统、诊断系统、仪表系统，如图 3-9 所示。因诊断系统与仪表系统节点数量较少，后文将不介绍。CAN 具体组成如图 3-10 所示。5 个子系统的传输速率如表 3-3 所示。LIN 总线的传输速率为 20 kbit/s，整个系统的最大传输速率为 1000 kbit/s。

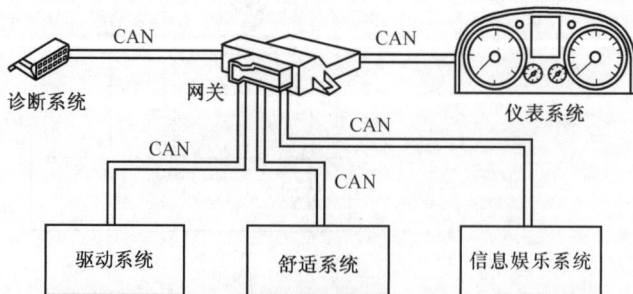

图 3-9　大众汽车 CAN 总线系统的 5 个子系统

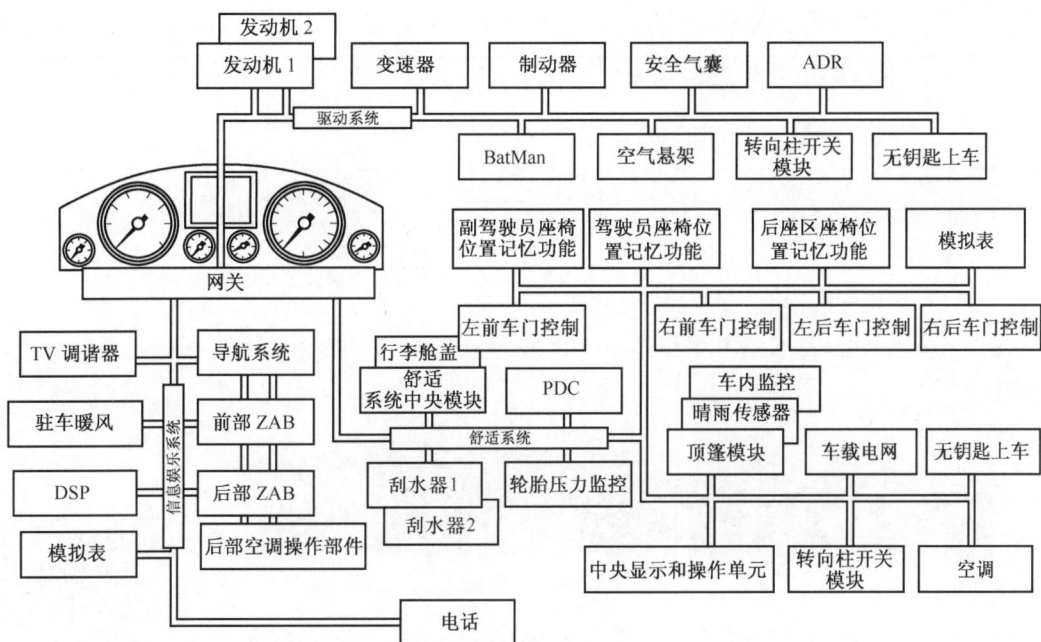

图 3-10　CAN 具体组成

表 3-3　　　　　　　　　　　　　　　子系统传输速率

序号	子系统名称	电源供给	传输速率/（kbit·s⁻¹）
1	驱动系统	15 号线	500
2	舒适系统	30 号线	100
3	信息娱乐系统	30 号线	100
4	诊断系统	30 号线	500
5	仪表系统	15 号线	100

注：在大众汽车电路中，30 号线指电路中经常通电的线路，即 30 号线是从蓄电池直接供电的，不受任何开关控制；15 号线指受点火开关控制的小容量用电设备的电源线，即点火开关置于 ON 挡，15 号线才有蓄电池电压。

大众 MQB 平台全部采用 500 kbit/s 的数据传输，取消了 100 kbit/s 的 CAN 数据传输，并且大量采用 LIN 总线控制，甚至用到 MOST 总线。大众汽车通信技术如表 3-4 所示。

表 3-4　　　　　　　　　　　　　　　大众汽车通信技术

序号	通信总线	通信速率	形式	应用	车型
1	K 线	400 kbit/s	单电缆	诊断仪器与控制单元之间通信	早期车型
2	高速 CAN 总线	4000 kbit/s	双绞线	与行车安全相关的控制单元	PQ 平台车型驱动MQB 平台车型
3	低速 CAN 总线	800 kbit/s	双绞线	与舒适性相关的控制单元	PQ 平台车型舒适/信息娱乐车型
4	LIN 总线	160 kbit/s	单电缆	无关行车安全的控制单元/智能传感器/智能执行器	普遍采用

续表

序号	通信总线	通信速率	形式	应用	车型
5	MOST 总线	21.2 Mbit/s	光纤	信息娱乐系统多媒体信号传送	MQB 平台车型信息娱乐车型
6	FlexRay 总线	80 Mbit/s	双绞线	与行车安全相关的控制单元，常用于驾驶辅助系统	辉昂

大众车系不同类型 CAN 总线颜色如下。

（1）驱动系统 CAN 总线颜色如图 3-11 所示。CAN-H 为橙色/黑色，CAN-L 为橙黄色/棕色。

图 3-11　驱动系统 CAN 总线颜色

彩图 3-11

（2）舒适系统 CAN 总线颜色如图 3-12 所示。CAN-H 为橙色/绿色，CAN-L 为橙色/棕色。

图 3-12　舒适系统 CAN 总线颜色

彩图 3-12

（3）信息娱乐系统 CAN 总线颜色如图 3-13 所示。CAN-H 为橙色/紫色，CAN-L 为橙色/棕色。

图 3-13　信息娱乐系统 CAN 总线颜色

彩图 3-13

5．驱动系统 CAN 总线

驱动系统 CAN 总线的组成如图 3-14 所示。驱动系统 CAN 总线由 15 号线激活，采用两条导线（双绞线）的数据总线，其传输速率为 500 kbit/s，所以也称为高速 CAN 总线。控制单元通过 CAN-H 和 CAN-L 进行数据交换。

驱动系统 CAN 总线

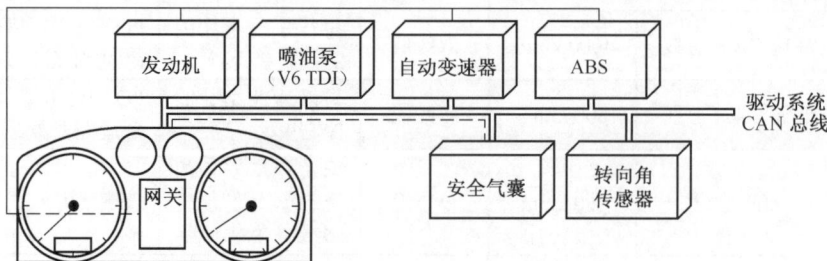

图 3-14　驱动系统 CAN 总线的组成

（1）驱动系统 CAN 总线的数据传递

驱动系统 CAN 总线的信号波形如图 3-15 所示。为了提高数据传递的可靠性，CAN 总线系统的两条导线（双绞线）分别用于不同数据的传递。

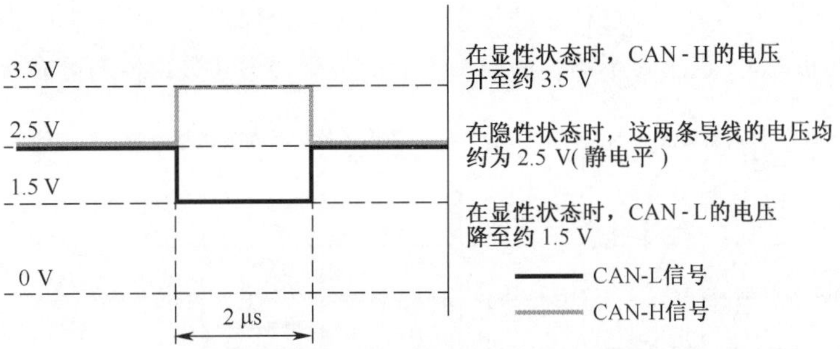

图 3-15　驱动系统 CAN 总线的信号波形

在静止状态（隐性状态）时，这两条导线上作用有相同电压（预先设定值）约 2.5 V，该值称为静电平。

（2）驱动系统 CAN 总线的信号处理

控制单元是通过收发器连接到驱动系统 CAN 总线上的。在这个收发器内有一个接收器，该接收器是安装在接收一侧的差动信号放大器，差动信号放大器用于处理来自 CAN-H 和 CAN-L 的信号，除此以外还负责将转换后的信号传至控制单元的 CAN 接收区。差动信号放大器用 CAN-H 上的电压减去 CAN-L 上的电压得到输出电压，如图 3-16 所示。

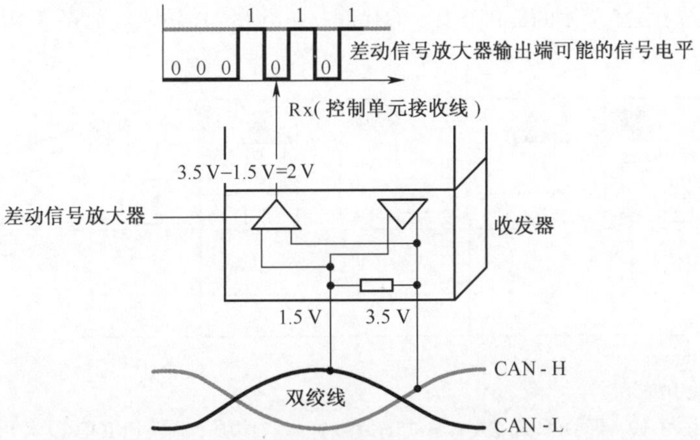

图 3-16　双线信号中获得信号电平波形

差动信号放大器内的信号处理如图 3-17 所示，其中红色波形为处理后的输出电压。

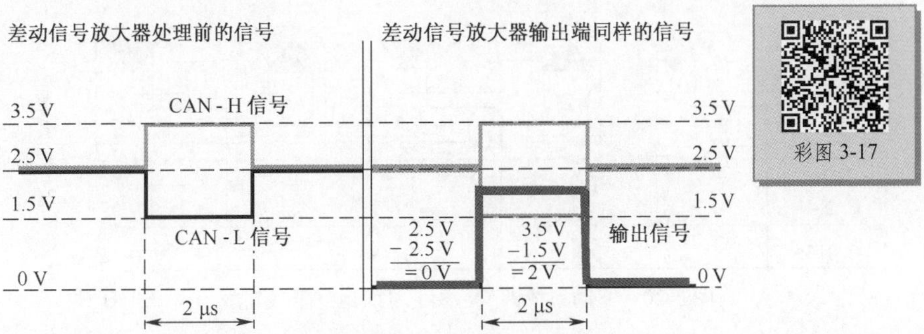

图 3-17　差动信号放大器内的信号处理

（3）驱动系统 CAN 总线的信号抗干扰功能

由于数据总线也要布置在发动机舱内，所以数据总线会受到各种干扰。CAN-H 信号和 CAN-L 信号经过差动信号放大器处理后，可最大限度地消除干扰的影响。差动信号放大器内的抗干扰过滤如图 3-18 所示。这种差动传递技术的另一个优点是即使车上的供电电压有波动（如在启动发动机时），也不会影响各个控制单元的数据传递（数据传递可靠性）。

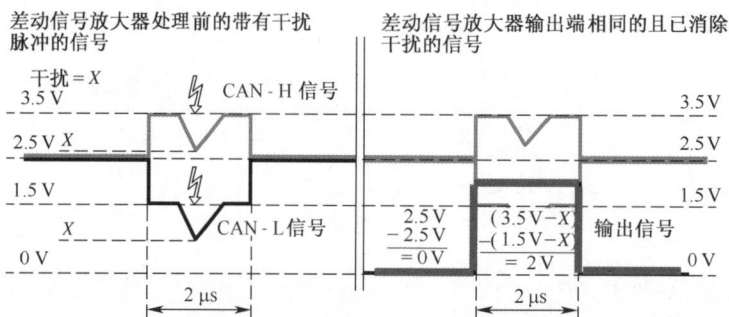

图 3-18　差动信号放大器内的抗干扰过滤

（4）驱动系统 CAN 总线的终端电阻

最初的数据总线的两个末端有两个终端电阻，而大众车系使用的是分配式电阻，即发动机控制单元内的"中央末端电阻"和其他控制单元内的高欧姆电阻。为了便于测量，驱动系统 CAN 总线的长度不应超过 5 m。

① 驱动系统 CAN 总线的终端电阻（旧版/未采用 MQB 技术）如图 3-19 所示。

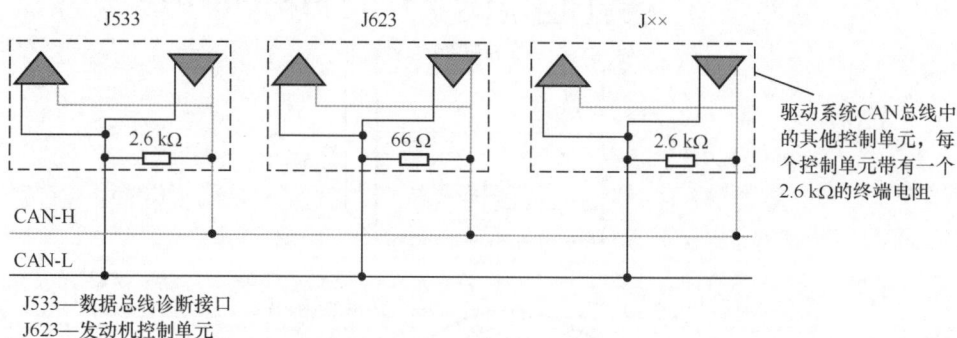

图 3-19　驱动系统 CAN 总线的终端电阻（旧版/未采用 MQB 技术）

② 驱动系统 CAN 总线的终端电阻（新版/采用 MQB 技术）如图 3-20 所示。

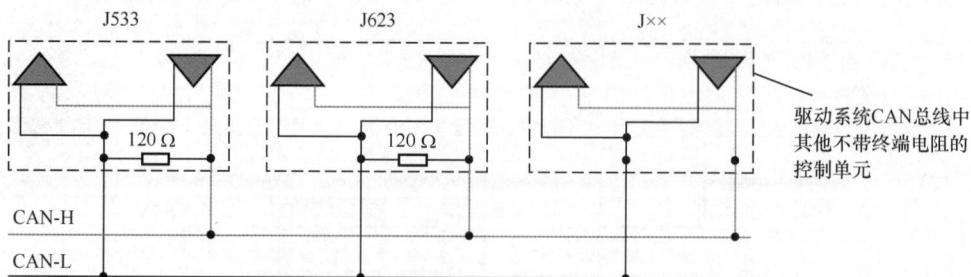

图 3-20　驱动系统 CAN 总线的终端电阻（新版/采用 MQB 技术）

③ MQB 平台车型 CAN 总线终端电阻。

当前融合了 MQB 技术的车型的 CAN 数据总线中，每根线上只有两个终端电阻。一个终端电阻在数据总线诊断接口 J533 处，另一个终端电阻作为标配安装在一个控制单元内部。根据设备的配置情况，其他控制单元均不带终端电阻。MQB 平台车型终端电阻的电阻值如图 3-21 所示。

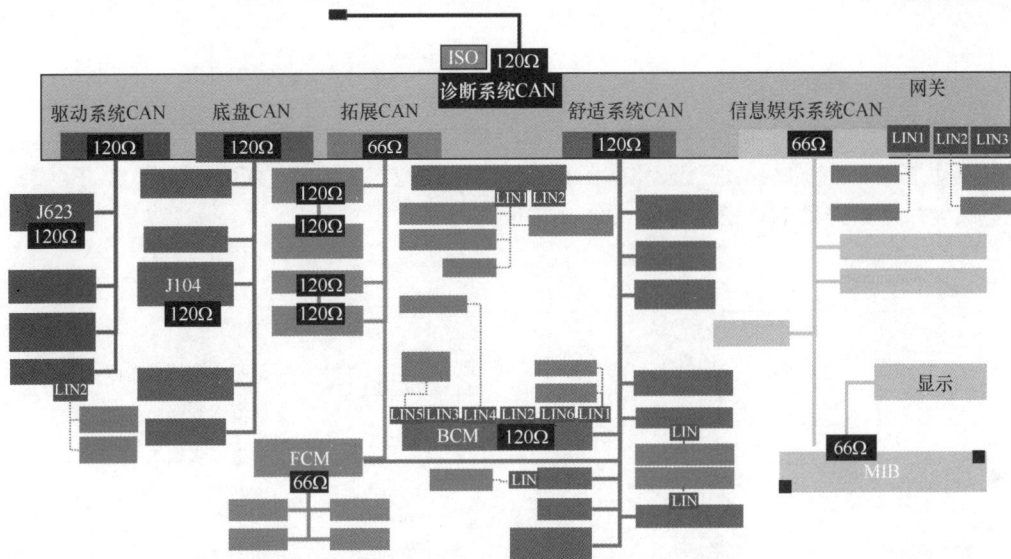

彩图 3-21

图 3-21　MQB 平台车型终端电阻的电阻值

④ 混合动力汽车和电动汽车 CAN 总线终端电阻。

混合动力汽车和电动汽车均有一根 CAN-Hybrid 总线，这根总线连接至所有与传动相关的组件/控制单元。就 CAN-Hybrid 总线来看，发动机控制单元 J623 处一直会有一个终端电阻，而另一个终端电阻在蓄电池控制单元 J840 处，如图 3-22 所示。

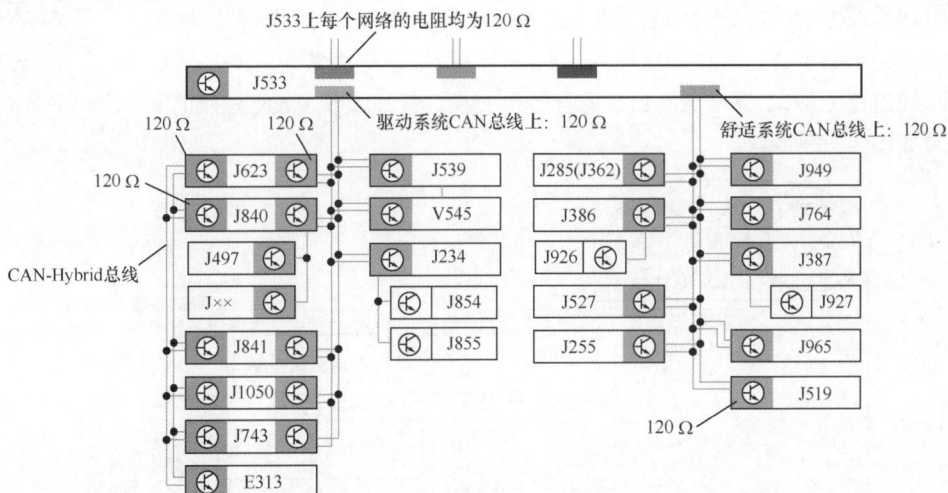

彩图 3-22

图 3-22　混合动力汽车和电动汽车 CAN 总线终端电阻的电阻值

（5）驱动系统 CAN 总线的信号变化

驱动系统 CAN 总线处于睡眠模式下，CAN-H 与 CAN-L 电压都为 0 V，如图 3-23 所示。

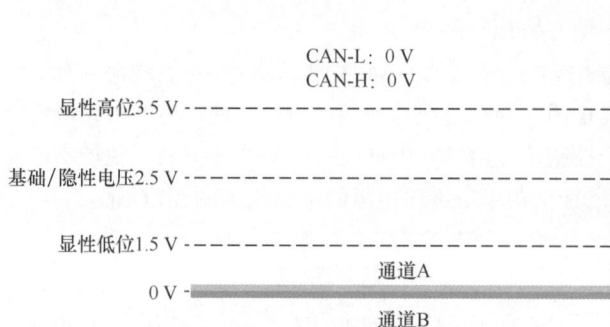

CAN-L：0 V
CAN-H：0 V

显性高位3.5 V

基础/隐性电压2.5 V

显性低位1.5 V

通道A

0 V

通道B

图 3-23　驱动系统 CAN 总线睡眠模式下的电压

　　驱动系统 CAN 总线的信号变化如图 3-24 所示，由数字示波器（DSO）显示。其中，DSO
设置纵坐标为 0.5 V/Div，横坐标为 0.02 ms/Div。

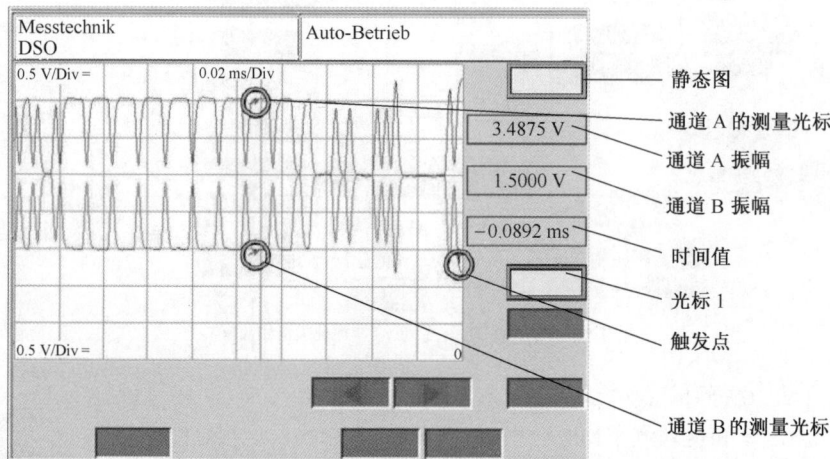

图 3-24　驱动系统 CAN 总线的信号变化

6. 舒适系统 CAN 总线

　　舒适系统 CAN 总线的组成如图 3-25 所示。舒适系统 CAN 总线由 30 号
线激活，采用双绞线，其传输速率为 100kbit/s，所以也称为低速 CAN 总线。
控制单元通过 CAN-H 和 CAN-L 来进行数据交换。舒适系统 CAN 总线的元
件位置如图 3-26 所示。

舒适系统 CAN
总线

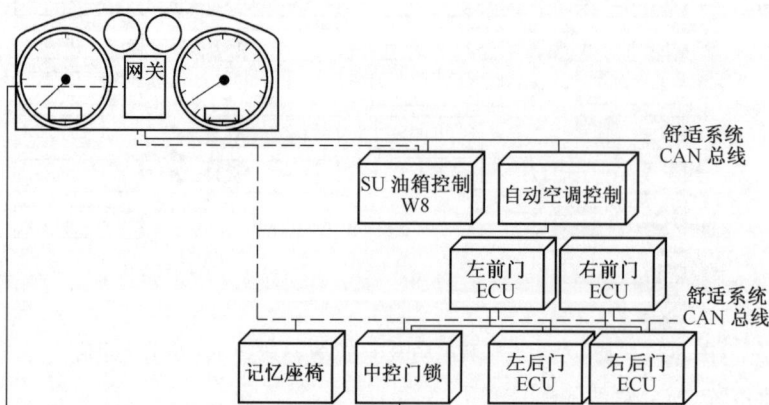

图 3-25　舒适系统 CAN 总线的组成

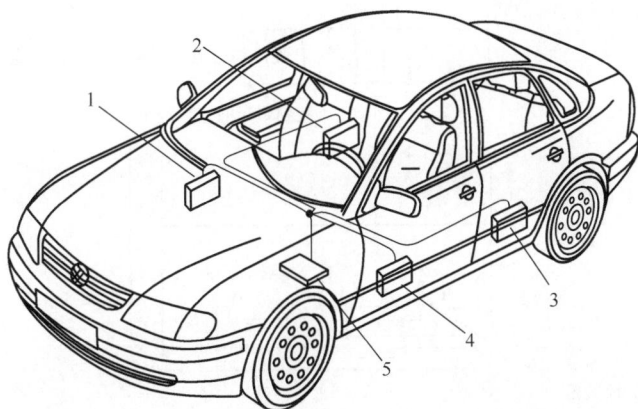

1—副驾驶员侧车门控制单元　2—右后车门控制单元　3—左后车门控制单元
4—驾驶员侧车门控制单元　5—舒适系统控制单元
图 3-26　舒适系统 CAN 总线的元件位置

（1）舒适系统 CAN 总线的数据传递

为了使舒适系统 CAN 总线抗干扰性强且电流消耗低，大众车系使用了单独的驱动器（功率放大器）。舒适系统 CAN 总线的 CAN-H 和 CAN-L 不是通过电阻相连的，而是彼此独立作为电压源来工作。

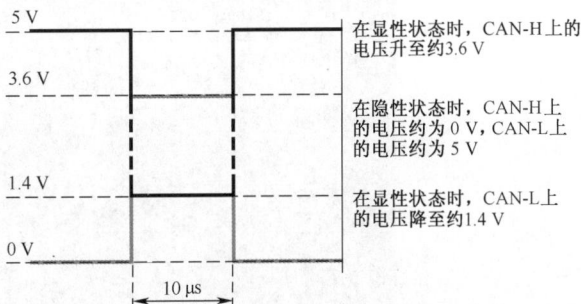

图 3-27　舒适系统 CAN 总线的信号波形

舒适系统 CAN 总线的信号波形如图 3-27 所示。在隐性状态（静电平）时，CAN-H 信号电压为 0 V；在显性状态时，CAN-H 信号电压约为 3.6 V。对于 CAN-L 信号来说，隐性电压为 5 V，显性电压约为 1.4 V。于是在差动信号放大器内相减后，隐性电压为-5 V，显性电压为 2.2 V，那么隐性电压和显性电压之间的电压变化（电压提升）就提高到约 7.2 V。

（2）舒适系统 CAN 总线的信号处理

舒适系统 CAN 总线收发器的工作原理与驱动系统 CAN 总线收发器的基本是一样的，如图 3-28 所示，只是输出的电压和出现故障时切换到 CAN-H 或 CAN-L（单线模式）的方法不同。

在正常的工作模式下，使用 CAN-H 电压减去 CAN-L 电压所得的信号电压作为输出电压，这样就可将故障对舒适系统 CAN 总线两条导线的影响降至最低。

CAN-H 和 CAN-L 上的数据传递由安装在收发器内的故障逻辑电路监控，故障逻辑电路检验两条导线上的信号。如果其中一条导线出现故障（如某条导线断路），那么故障逻辑电路会识别出该故障，从而使用完好的那一条导线（单线模式）。

（3）舒适系统 CAN 总线的信号变化

舒适系统 CAN 总线的信号变化如图 3-29 所示，该信号由 DSO 接收。其中，DSO 设置纵坐标为 2 V/Div，横坐标为 0.1 ms/Div。

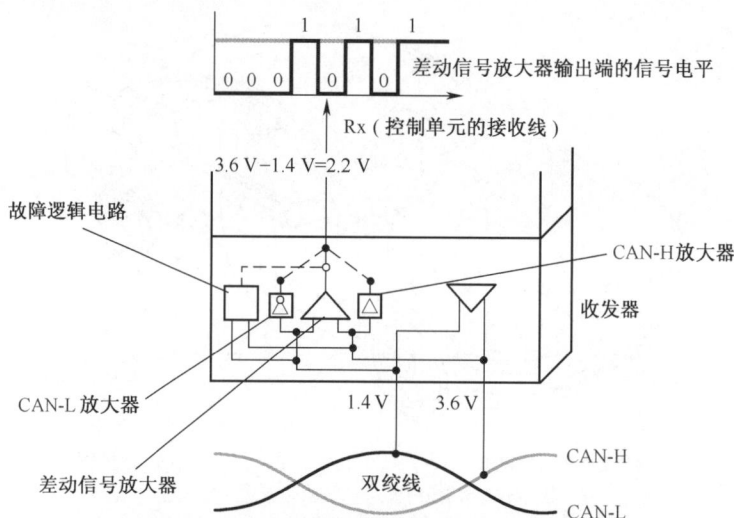

图 3-28　舒适系统 CAN 总线的信号处理

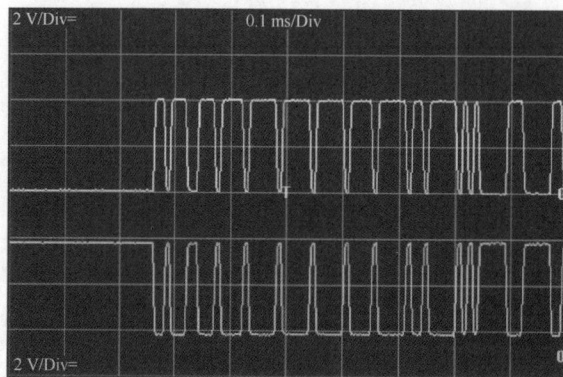

图 3-29　舒适系统 CAN 总线的信号变化

（4）舒适系统 CAN 总线的单线模式

如果因断路、短路或与蓄电池正、负极相连而导致两条 CAN 导线中的一条不工作了，那么会切换到单线模式，如图 3-30 所示。在单线模式下，只使用完好的 CAN 导线中的信号，这样就使得舒适系统 CAN 总线仍可工作。

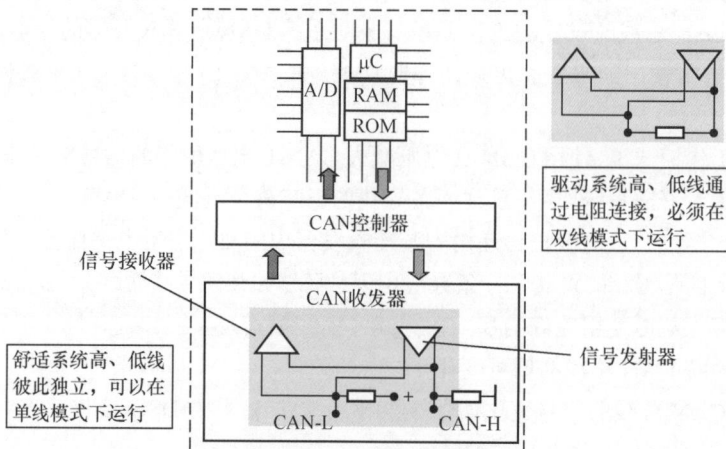

图 3-30　舒适系统 CAN 总线工作在单线模式

控制单元使用 CAN 总线信号不受单线模式的影响，一个专用的故障输出会通知控制单元现在收发器是工作在正常模式还是单线模式下。舒适系统 CAN 总线工作在单线模式下的信号电压变化如图 3-31 所示。

7. 大众速腾 CAN 总线系统

大众速腾 PQ35 全车 CAN 总线节点如图 3-32 所示，其中部分节点代号意义如表 3-5 所示。

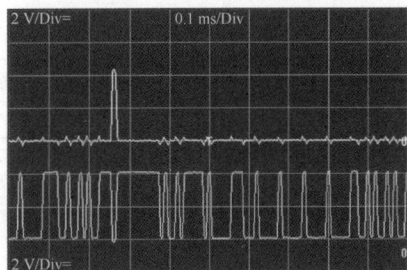

图 3-31　舒适系统 CAN 总线工作在单线模式下的信号变化

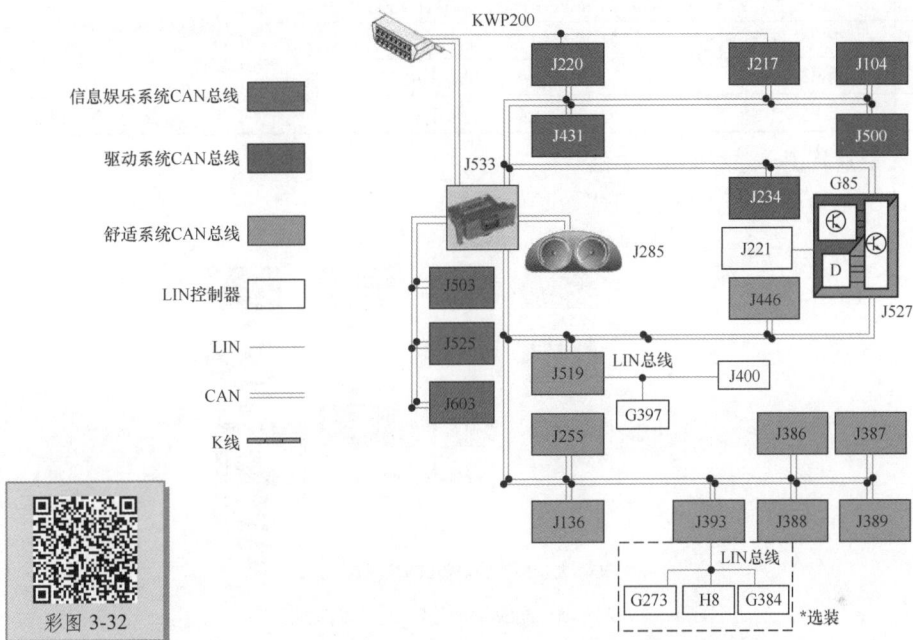

图 3-32　大众速腾 PQ35 全车 CAN 总线节点

表 3-5　　　　　　　　　　大众速腾 PQ35 全车 CAN 总线部分节点代号意义

序号	控制单元	节点（控制模块）名称	子网络名称
1	J533	数据总线诊断接口	网关、诊断网络
2	J220	发动机控制单元	驱动系统 CAN 总线
3	J217	自动变速器控制单元	
4	J104	ABS 控制单元	
5	J431	前照灯照程控制单元	
6	J500	转向辅助控制单元	
7	J234	安全气囊控制单元	
8	J527	转向柱电子装置控制单元	驱动系统 CAN 总线、舒适系统 CAN 总线
9	J221	防盗报警单元	LIN 总线网络
10	J519	车载电网控制单元	舒适系统 CAN 总线
11	J393	舒适系统中央控制单元	
12	J255	全自动空调控制单元	
13	J136	座位调节和带记忆功能的转向柱调节控制单元	

序号	控制单元	节点（控制模块）名称	子网络名称
14	J446	驻车辅助控制单元	舒适系统 CAN 总线
15	J386	驾驶员侧车门控制单元	
16	J387	副驾驶员侧车门控制单元	
17	J388	左后车门控制单元	
18	J389	右后车门控制单元	
19	J400	刮水器电动机控制单元	LIN 总线网络
20	G397	雨水与光线识别传感器	
21	J503	收音机和导航系统显示单元的控制单元	信息娱乐系统 CAN 总线
22	J525	数字式组合音响控制单元	
23	J603	CD 转化控制单元	
24	J285	组合仪表控制单元	仪表 CAN 总线

（1）大众速腾驱动系统 CAN 总线

大众速腾驱动系统 CAN 总线组成如图 3-33 所示。

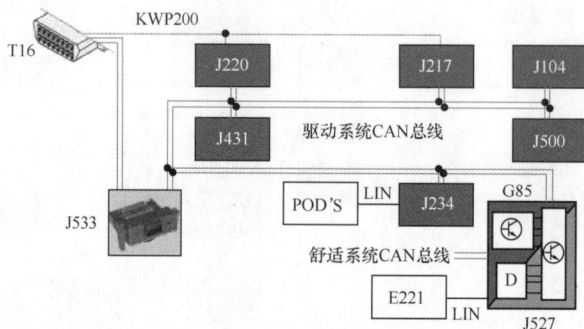

注：POD'S表示副驾驶员侧LIN控制器。

图 3-33　大众速腾驱动系统 CAN 总线组成

驱动系统 CAN 总线共有 7 个节点，包括：

- 转向柱节点，控制单元 J527（转向柱电子装置控制单元）；
- 发动机节点，控制单元 J220（发动机控制单元）；
- 自动变速器节点，控制单元 J217（自动变速器控制单元）；
- ABS 节点，控制单元 J104（ABS 控制单元）；
- 前照灯（氙气灯）照程节点，控制单元 J431（前照灯照程控制单元）；
- 转向辅助节点，控制单元 J500（转向辅助控制单元）；
- 安全气囊节点，控制单元 J234（安全气囊控制单元）。

① 发动机节点。

发动机节点如图 3-34 所示。

由于发动机控制的高实时性，要求在一个实时周期（几十微秒）内，完成 20 多个传感器信号的采集、各种复杂决策以及对 10 多个执行器的控制，现有的 CAN 总线不能完成控制要求，不能采用 CAN 总线方式进行传感器的数据传输，因此发动机控制系统的传感器和执行器均放在同一节点中直接相连，传感器与发动机控制单元之间采用模拟信号传输数据。

J220 控制单元接收所有发动机节点的 22 个传感器信号，并将信号转换为 CAN 信息发送到 CAN 总线上，供 CAN 总线上所有节点共享。22 个传感器和 17 个执行器如表 3-6 所示。

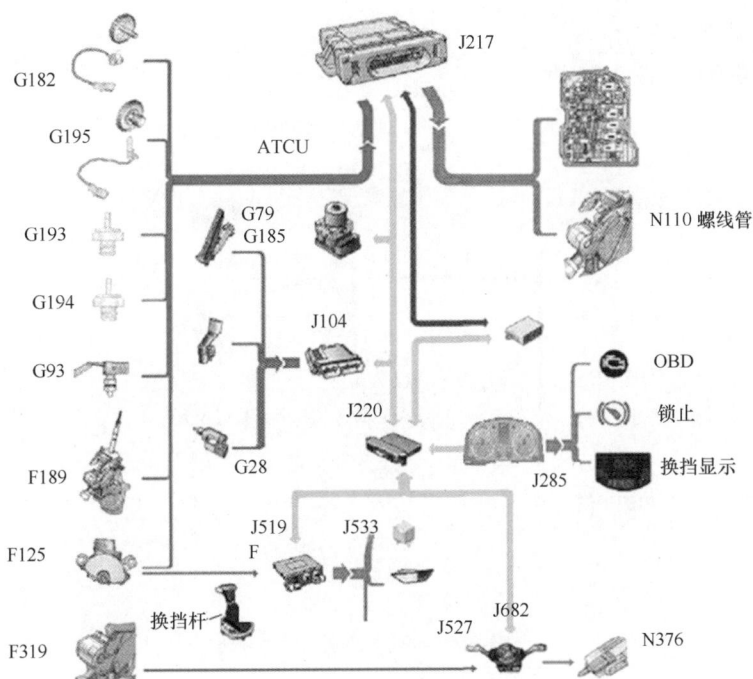

图 3-34　发动机节点

表 3-6　　　　　　　　　　　　　　　　22 个传感器和 17 个执行器

序号	传感器	序号	执行器
1	空气流量传感器 G70	1	喷油嘴 N30
2	进气温度传感器 G42	2	喷油嘴 N31
3	霍尔传感器 G40	3	喷油嘴 N32
4	加速踏板位置传感器 G79	4	喷油嘴 N33
5	加速踏板位置传感器 G185	5	EGR 废气再循环阀 N18
6	GRA 制动踏板开关 F47	6	双通道进气歧管切换阀 N156
7	爆燃传感器 G61	7	二次空气喷射泵继电器 J299
8	爆燃传感器 G66	8	发动机故障指示灯 K132
9	散热器出口温度传感器 G83	9	节气门驱动器 G186（经节流阀体控制单元 J338 控制）
10	主氧传感器 G39	10	点火线圈 N152
11	排气温度传感器 G235	11	活性炭罐电磁阀 N80
12	节气门位置传感器 G187	12	电动燃油泵 G6
13	节气门位置传感器 G188（经节流阀体控制单元 J338 输出信号）	13	氧传感器加热器 Z19
14	进气歧管压力传感器 G71	14	氧传感器加热器 Z28
15	发动机转速传感器 G28	15	氧传感器加热器 Z29
16	废气再循环阀位置传感器 G212	16	氧传感器加热器 Z30
17	制动灯开关 F	17	排气警告灯 K83
18	燃油压力传感器 G247		
19	冷却液温度传感器 G62		
20	ARG 电位计 G212		
21	副氧传感器 G130		
22	NO$_x$ 传感器 G295		

② 自动变速器节点。

自动变速器节点如图 3-35 所示。

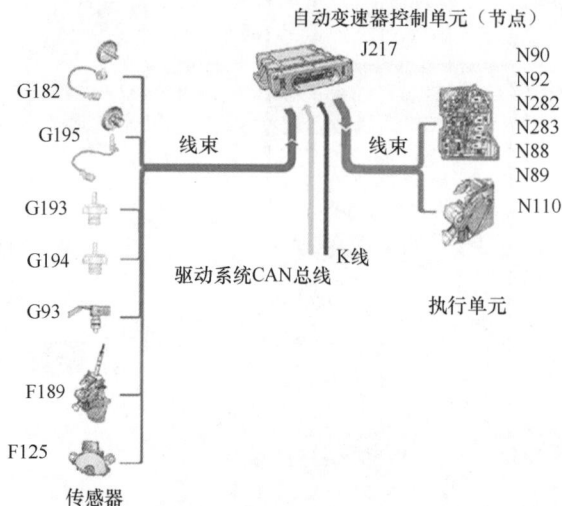

图 3-35 自动变速器节点

自动变速器节点总线设备的组成按照同一现场（区域）原则，在自动变速器（现场）上的传感器及执行器与自动变速器控制单元 J217 就近相连，构成自动变速器总线节点。

自动变速器控制系统的大部分传感器和执行器均放在同一节点（自动变速器节点）中，部分传感器和开关信息通过 CAN 总线发送给 J217。其中 7 个执行器分别是 4 个换挡电磁阀（N90、N283、N282 和 N92）、品质电磁阀 N88、锁止电磁阀 N89 和变速杆锁止电磁铁 N110。

自动变速器控制单元 J217 接收 7 个传感器信号，并将信号转换为 CAN 信息发送到 CAN 总线上，供 CAN 总线上所有节点共享。F125 自动变速器电控多功能开关信号直接送到车载电网控制单元 J519。

自动变速器控制单元 J217 在 CAN 总线上获得制动灯信息（经 J519 发送）、巡航开关信息（经 J527 发送）、P 挡位置开关 F319 信息（为组合开关 F125 中的一个开关，经 J527 发送）、节气门位置信息等发动机节点的传感器信息（经发动机控制单元 J220 发送）。

在 CAN 总线中，其他对自动变速器控制所需的传感器信息和控制信息，均可经 CAN 总线，供自动变速器控制单元 J217 共享。

自动变速器控制单元 J217 接收自动变速器节点内 7 个传感器信号并从 CAN 总线上获得其他信息，根据这些信号和信息进行换挡时间、锁定变矩器以及压力控制等。自动变速器主要控制功能如下：

- J217 控制 4 个换挡电磁阀 N90、N283、N282、N92，以实现 1～6 挡变换；
- J217 通过控制 N93，在挡位变换过程中对离合器和制动器进行压力调节；
- J217 通过控制 N88 开启可选的 4～6 挡，从而改善 5 挡升至 6 挡的过程；
- J217 通过控制 N89 调节锁止离合器的压力；
- J217 通过控制 N88/N89 同时打开 B2 供油及锁止离合器。

详细的自动变速器控制原理可以参考相关书籍和资料。

③ ABS 节点。ABS 节点如图 3-36 所示。

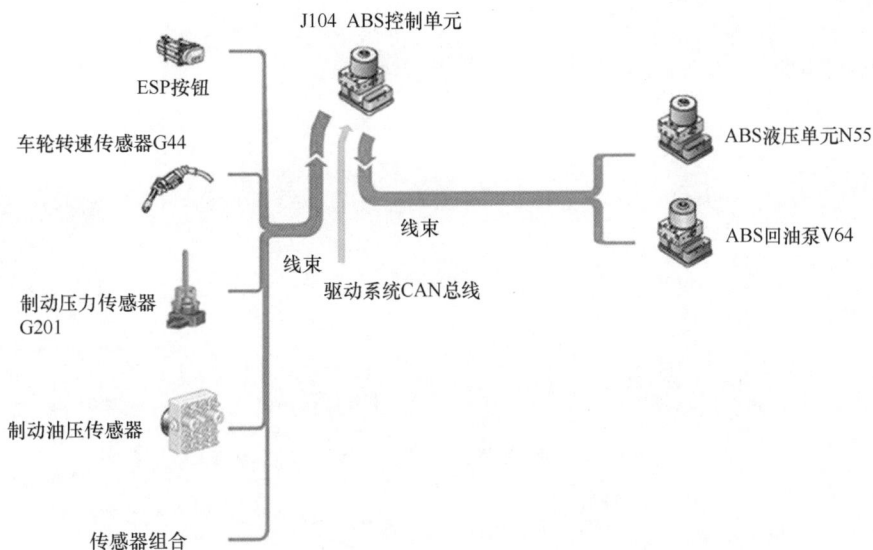

图 3-36   ABS 节点

大众速腾轿车 ABS 节点有 1 个控制单元 J104、1 个开关（ESP 按钮）、6 个传感器［分别为车轮转速传感器 G44、制动压力传感器 G201、传感器组合（G200、G202、G251）以及制动油压传感器］、2 个执行器（分别为 ABS 液压单元 N55 和 ABS 回油泵 V64）。

ABS 节点与驱动系统 CAN 总线相连，并通过网关与其他 CAN 总线连接。

a．ABS 节点特点。ABS 节点总线设备的组成按照同一现场原则，在 ABS 总成现场的传感器、控制单元、执行器构成 ABS 总线节点，ABS 控制系统的其他传感器和开关等信息均通过 CAN 总线获得。

b．ABS 节点工作原理。ABS 控制单元 J104 接收 7 个传感器信号，并将信号转换为 CAN 信息发送到 CAN 总线上，供 CAN 总线上所有节点共享。

ABS 控制单元 J104 在 CAN 总线上获得车轮转速传感器信息（经自动变速器控制单元 J217 发送）以及其他对 ABS 控制所需的传感器信息和控制信息。

ABS 控制单元 J104 接收变速器节点内各个传感器信号并从 CAN 总线上获得其他信息，根据这些信号和信息进行制动压力控制和回油泵控制。ABS 主要控制原理如下。

- 利用车轮转速传感器，可以对 0km/h 以上车速进行探测，采用模糊控制法进行最佳滑移率控制（控制 ABS 液压单元 N55），实现制动时的方向性和方向稳定性以及尽量缩短制动距离。
- 利用传感器组合，包括横向加速度传感器 G200、横摆率传感器 G202，如果有全轮驱动，还包括纵向加速度传感器 G251，确定路面情况并调整控制算法。
- 利用转向角传感器，获得所有方向的角度运算及输出（在转向柱电子装置控制单元 J527 中进行），实现制动时的方向性和方向稳定性，从而修正制动算法。转向角传感器不仅会计算转向角值，还会计算转向速度，用以给电动助力转向系统提供信息。
- 通过制动油压传感器提供的信号控制 ABS 回油泵工作。

④ 转向辅助节点。

转向辅助节点如图 3-37 所示。

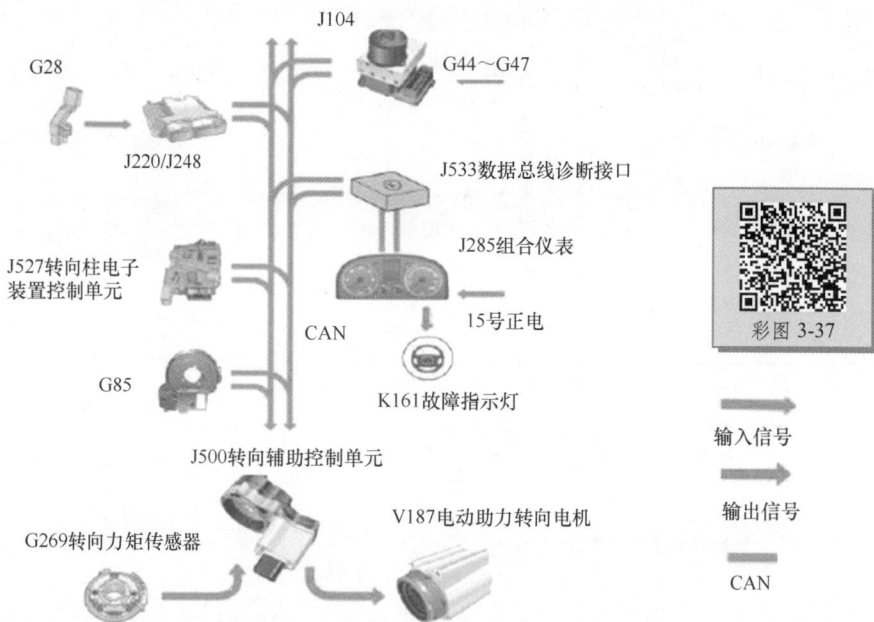

图 3-37　转向辅助节点

大众速腾轿车转向辅助节点共有 1 个控制单元 J500、1 个传感器（G269 转向力矩传感器）、1 个执行器（V187 电动助力转向电动机）。

转向辅助节点与驱动系统 CAN 总线相连，并通过网关与其他 CAN 总线连接。

a. 转向辅助节点特点。转向辅助节点总线设备的组成按照同一现场原则，传感器、控制单元（J500）和执行器均在同一现场（电动助力转向总成）。转向辅助控制系统的其他传感器和开关等信息均通过 CAN 总线发送给 J500。

b. 转向辅助节点工作原理。转向辅助控制单元 J500 接收 G269 转向力矩传感器的信号，并将信号转换为 CAN 信息发送到 CAN 总线上，供 CAN 总线上所有节点共享。

转向辅助控制单元 J500 从 CAN 总线上获得发动机转速传感器 G28 信息（经发动机控制单元 J220 发送）、车轮转速传感器 G44 信息（经 ABS 控制单元 J104 发送）、转向角传感器 G85 信息（经转向柱电子装置控制单元 J527 发送）。

转向辅助控制单元 J500 通过 CAN 总线发送信息给组合仪表控制单元 J285，控制 K161 故障指示灯亮。

⑤ 安全气囊节点。

安全气囊节点如图 3-38 所示。

安全气囊节点共有 1 个控制单元 J234；12 个开关、传感器和子网等信号输入装置，分别为左前侧传感器 G179、右前侧传感器 G180、左前侧碰撞传感器 G283、右前侧碰撞传感器 G284、左后侧碰撞传感器 G285、右后侧碰撞传感器 G286、驾驶员安全带开关 E24、副驾驶员侧安全带开关 E25、安全气囊开关 E224、x 和 x-y 减速度传感器（J234 控制单元内）及 POD G452 副驾驶员侧座椅占用识别系统（经子网 LIN 总线将信息送至 J500）；13 个执行器，分别为驾驶员侧安全气囊点火器 N95、副驾驶员侧安全气囊点火器 N96、前排左侧气囊点火器 N199、前排右侧气囊点火器 N200、后排左侧气囊点火器 N201、后排右侧气囊点火器 N202、左爆炸式张紧安全带 N153、右爆炸式张紧安全带 N154、左安全气囊点火器 N251、右安全气囊点火器 N252、安全气囊关闭报警灯 K145、左安全带张紧触发器 N196、右安全带张紧触发器 N197。

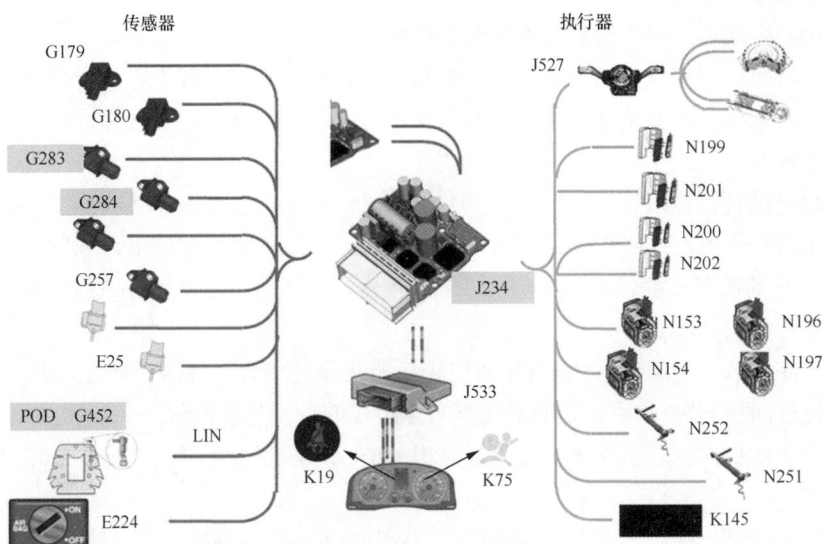

图 3-38　安全气囊节点

安全气囊节点与驱动系统 CAN 总线相连，并通过网关与其他 CAN 总线连接。

a. 安全气囊节点特点。由于安全气囊控制的高实时性，要求接到传感器信号后迅速做出决策，显然不能采用 CAN 总线方式进行主要传感器和执行器的数据传输，因此安全气囊节点总线设备组成按照同一控制系统原则，安全气囊控制系统的主要传感器和执行器均放在同一节点中直接相连，相互之间采用模拟信号传输数据。

b. 安全气囊节点工作原理。安全气囊控制单元 J234 接收 12 个传感器信号，并将信号转化为 CAN 信息发送到 CAN 总线上，供 CAN 总线上所有节点共享。

通过组合仪表控制单元 J285 接收总线信息，控制安全带警告灯 K19 亮，控制安全气囊故障指示灯 K75 亮。

碰撞时，安全气囊控制单元 J234 通过 CAN 总线发送碰撞信息，撞车时车门锁自动开启。

安全气囊控制单元 J234 在 CAN 总线上获得车轮转速传感器信息（经自动变速器控制单元 J217 发送）。

在 CAN 总线中，其他对安全气囊控制有用的传感器信息和控制信息，均可经驱动系统 CAN 总线供 J500 共享。

c. 安全气囊控制原理。安全气囊控制单元 J234 接收 12 个传感器信号及子网 LIN 总线信息，通过驱动 CAN 总线获得车轮转速传感器等对安全气囊控制有用的传感器信息和控制信息，进行决策，并对 13 个执行器进行控制。

安全气囊控制内容主要如下。

前部安全气囊包括驾驶员与副驾驶员侧安全气囊（副驾驶员侧安全气囊可单独关闭）。

安全气囊控制单元 J234 确认碰撞发生时，两级的气体发生器放射式展开。两级展开的时间有一定的间隔，间隔时间范围为 5～40 ms。气囊起爆根据碰撞的种类以及碰撞的强度的不同，间隔时间不同，但两级起爆在一次碰撞中都要执行。

其他安全气囊包括前排侧安全气囊、后排侧安全气囊以及头部气帘，在碰撞发生时一起爆燃（乘客安全气囊可单独关闭）。

燃爆预紧式安全带是当今世界上技术先进的安全带。当汽车受到碰撞时，预紧装置受到激发后，使卷缩器的芯轴反向转动，将安全带迅速回卷一定位置，起到预紧的作用，防止乘客身体前倾与方向盘、仪表板和玻璃窗发生碰撞。

检查驾驶员与副驾驶员侧的安全带是否系上，忘系安全带，或未将安全带锁舌插入锁扣到位，启动发动机时，安装在仪表板上的报警灯将会持续闪烁，还会发出蜂鸣声，提醒驾驶员系好安全带。

⑥ 前照灯照程节点。

大众速腾轿车前照灯照程节点共有 1 个控制单元 J431；2 个传感器，分别为后轴水平传感器 G76、左前汽车高度传感器 G78；2 个执行器，分别为左侧前照灯照程伺服电动机、右侧前照灯照程伺服电动机。

前照灯照程节点与驱动系统 CAN 系统相连，并通过网关与其他 CAN 系统连接。

a. 前照灯照程节点特点。前照灯照程节点组成的原则是按照同一现场（区域）的原则，所有总线设备均集中在一个现场。前照灯照程调节时，前照灯控制的其他信息通过 CAN 总线传到 J431。

b. 前照灯照程节点工作原理。前照灯照程控制单元 J431 接收后轴水平传感器 G76 和左前汽车高度传感器 G78 的信号，并将信号转换为 CAN 信息发送到 CAN 总线上，供 CAN 总线上所有节点共享。

前照灯照程控制单元 J431 在 CAN 总线上获得灯开关 E1 信息（经 J519 发送）和变光开关 E4 信息（经 J527 发送）。

在 CAN 总线中，其他对前照灯照程控制有用的传感器信息和控制信息，均可经驱动系统 CAN 总线供前照灯照程控制单元 J431 共享。

前照灯照程控制单元 J431 通过 CAN 总线发送信息给组合仪表控制单元 J285，通过组合仪表控制单元 J285 控制前照灯照程指示灯亮。

c. 前照灯照程控制原理。安装两个车身水平传感器，一个位于车身底盘的左前方，另一个位于车身底盘的左后方，每个传感器均有两根线，为线性电阻式。当车身高度变化时，传感器电阻变化，电压也随之变化。此电压信号送给前照灯照程控制单元 J431，然后由前照灯照程控制单元 J431 控制左右前照灯的调节电动机动作，完成前照灯的自动调整。

（2）大众速腾舒适系统 CAN 总线

大众速腾舒适系统 CAN 总线节点如图 3-39 所示。

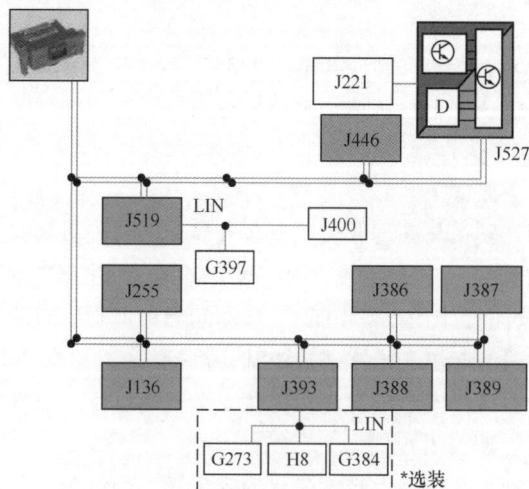

图 3-39　大众速腾舒适系统 CAN 总线节点

① 车载电网节点。

车载电网节点是全车电器控制的核心。按照汽车线束的配线原则，全车电器的控制中心在中央配线盒，以中央配线盒作为现场的总线节点就是车载电网节点。

车载电网节点是大众 CAN 总线系统功能最多的总线节点，通过各种继电器和电源系统控制的执行器多达数十种。大众速腾轿车用车载电网节点取代了中央配线盒，以车载电网控制单元 J519 作为该节点的控制单元。

与中央配线盒相比，车载电网节点具有对用电器进行更强的控制、节省电量消耗、对用电器进行监控、用电器之间的电子通信、电能管理、程序化设置、返修便利、带有故障自诊断功能等优势。

a．车载电网节点组成。车载电网节点共有 1 个控制单元 J519（车载电网控制单元）；4 个开关（传感器），分别为灯开关 E1、挡位开关、制动灯开关和机舱盖开关；16 组执行单元（大多数通过继电器控制），分别为座椅加热元件、后窗加热元件、后视镜加热元件、方向盘加热元件、脚坑照明灯、门内把手照明灯、全自动空调耗能降低或空调关闭元件、信息娱乐系统关闭元件及关闭警示灯、左/右前照灯、左/右尾灯、高位制动灯、室内灯、雾灯、后雾灯、转向灯、牌照灯、燃油泵（通过燃油泵继电器控制）。

b．车载电网节点工作原理。车载电网节点的总线设备和控制功能非常多，主要控制系统有用电负荷管理、外部灯光的控制及灯光缺陷的检测、内部灯光的控制、后风窗加热控制（无电路）、舒适灯光控制（离家、回家功能）、转向信号控制、供电端子（75、15、30）控制、燃油泵预工作控制、照明灯（端子 58d）的控制、发电机准备功能（励磁）、刮水器电动机控制。

② 转向柱电子装置节点。

转向柱电子装置节点如图 3-40 所示。

其中传感器部分有点火开关、转向角传感器、刮水器开关、巡航开关、转向开关、扬声器开关和安全气囊引爆器。J527 可直接控制方向盘锁工作，也可通过网络与其他控制单元通信控制其他原件工作，如通过 J519 控制扬声器工作，其信号流为扬声器开关→J527→J519→扬声器。

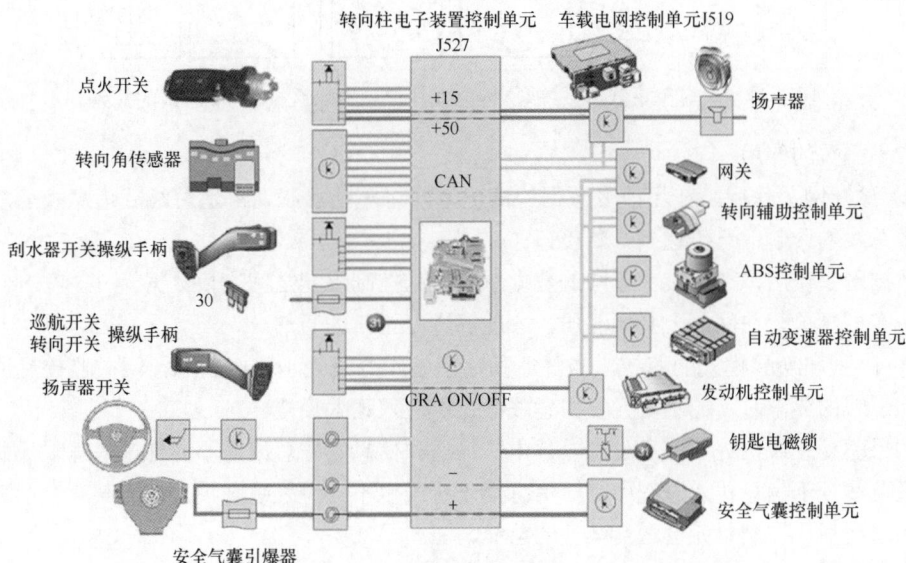

图 3-40　转向柱电子装置节点

8．网关

（1）网关的工作原理

由于不同区域的 CAN 总线的传输速率和识别代号不同（驱动系统 CAN 总线的传输速率为 500 kbit/s，舒适系统 CAN 总线的传输速率为 100 kbit/s，信息娱乐系统 CAN 总线的传输速率为 100 kbit/s），因此一个信号要从一个总线区域进入另一个总线区域，必须对它的识别信号和传输速率进行改变，使其能够让另一个系统接收，这个任务由网关来完成。网关就像一个车辆换乘站。另外，网关还具有改变信息优先级的功能。

如果车辆发生相撞事故，安全气囊控制单元会发出负加速度传感器的信号，这个信号的优先级在驱动系统中非常高，但传到舒适系统后，网关调低了它的优先级，因为它在舒适系统中的功能只是打开车门和车灯。

大众车系舒适系统 CAN 总线和信息娱乐系统 CAN 总线在物理上是一个总线系统，但它们在软件和硬件上是分开的，如图 3-41 所示。

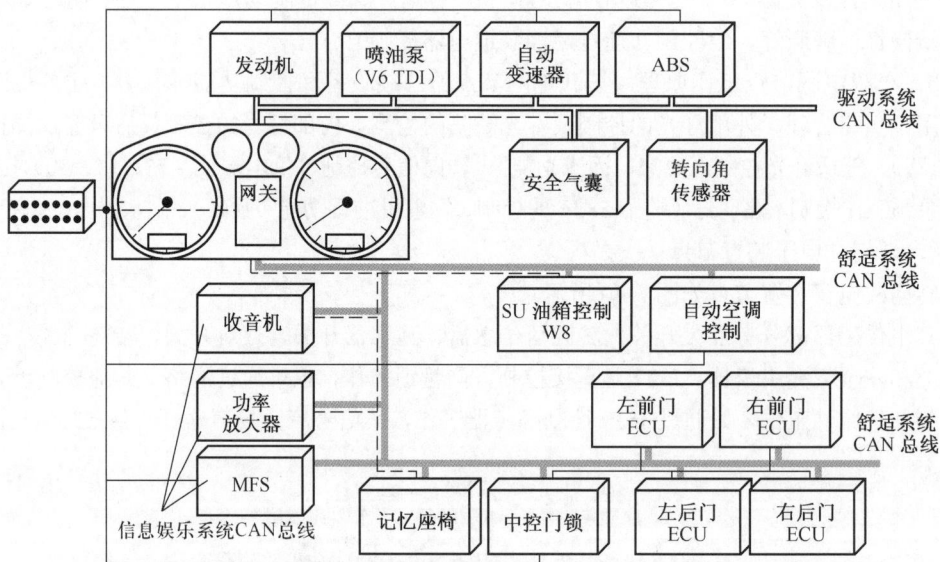

图 3-41　大众车系舒适系统 CAN 总线和信息娱乐系统 CAN 总线的关系

（2）网关的作用

① 诊断网关作用，在不改变数据的情况下，将驱动总线、舒适总线、信息娱乐总线以及仪表总线的诊断信息传递到诊断接口。

数据网关作用，使连接在不同的数据总线上的控制单元之间交换数据。

所有控制单元在网关上必须注册，才能够进行正常的通信。

② 睡眠和唤醒模式的监控。当舒适和信息娱乐总线处于空闲状态，网关监控到所有总线都有睡眠的要求时，控制单元发出睡眠命令，进入睡眠模式。

如果驱动总线仍处于信息传递过程中，舒适和信息娱乐总线是不允许进入睡眠模式的。当舒适总线处于信息传递过程中时，信息娱乐总线也不能进入睡眠模式。当某一个信息激活相应的总线后，控制单元会激活其他的总线。

9. 诊断系统 CAN 总线

诊断系统 CAN 总线（简称诊断总线）用于诊断仪器和相应控制单元之间的数据交换，它被用来代替原来的 K 线或者 L 线（废气处理控制器除外）。当车辆使用诊断系统 CAN 总线结构后，诊断仪器必须使用对应的新型诊断线，否则将无法读出相应的诊断信息。

诊断总线通过网关转接到相应的 CAN 总线上，然后连接相应的控制器进行数据交换，如图 3-42 所示。

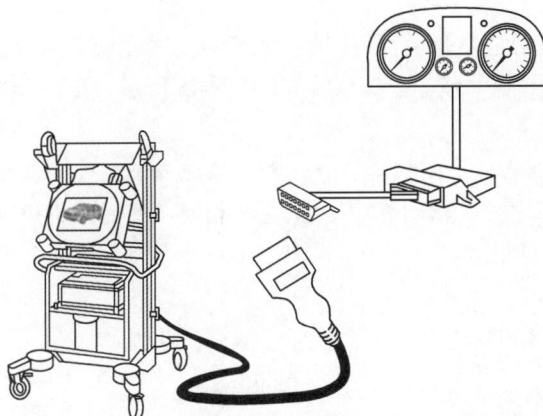

图 3-42　诊断总线通过网关连接各控制器

随着诊断总线的使用，大众集团已淘汰控制器上的 K 线，而采用 CAN 总线作为诊断仪器和控制器之间的信息连接线，我们称之为虚拟 K 线，如图 3-43 所示。

车上的诊断接口也有相应的改动，如图 3-44 所示。诊断接口端子含义如表 3-7 所示。新型诊断总线能够适用于旧型诊断接口。

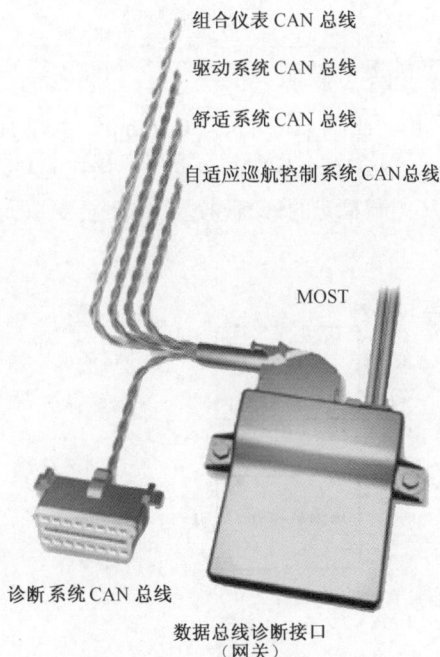

组合仪表 CAN 总线
驱动系统 CAN 总线
舒适系统 CAN 总线
自适应巡航控制系统 CAN总线

MOST

诊断系统 CAN 总线

数据总线诊断接口（网关）

图 3-43　诊断总线（虚拟 K 线）示意

图 3-44　诊断接口布置示意

表 3-7   诊断接口端子含义

针脚号	对应的线束	针脚号	对应的线束
1	15 号线	7	K 线
4	搭铁线	14	CAN-L 线
5	搭铁线	15	L 线
6	CAN-H 线	16	30 号线

注：除以上针脚外，其他针脚为各家汽车制造商自定义部分，专门提供给自家汽车制造商使用。

10．LIN 总线

大众汽车中的 LIN 总线是指所有的控制单元都在一个系统总成内，如发动机系统、自动变速器系统、空调系统等。图 3-45 所示为空调 LIN 系统。

LIN 系统有主控制器和子控制器之分，整个总成内的主控制器和子控制器、子控制器和子控制器间都由 LIN 总线相连，然后由主控制器通过 CAN 总线与外界相连。

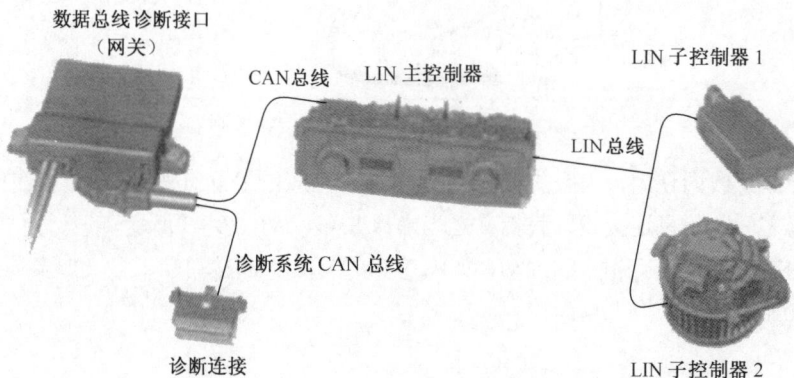

图 3-45　空调 LIN 系统

LIN 总线是 CAN 总线的子网，它只有一根数据传输线，线截面积为 $0.35mm^2$，且没有屏蔽措施。LIN 总线系统规定一个主控制单元最多可以连接 16 个从控制单元。连接在 CAN 总线上的控制单元执行 LIN 的主功能。所连接的 LIN 从控制单元的诊断通过 LIN 主控制单元进行，如图 3-46 所示。

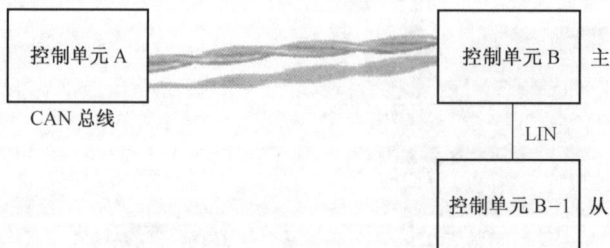

图 3-46　LIN 中主、从控制单元的关系

大众汽车上的 LIN 主、从控制单元：

● J519 车载电网控制单元（主控制单元）与 J400 刮水器电动机控制单元（从控制单元）；

- J519 车载电网控制单元（主控制单元）与 J397 雨量光线传感器（从控制单元）；
- J386 驾驶员侧车门控制单元（主控制单元）与 J388 左后车门控制单元（从控制单元）；
- J387 副驾驶员侧车门控制单元（主控制单元）与 J389 右后车门控制单元（从控制单元）；
- J527 转向柱电子装置控制单元（主控制单元）与 E221 多功能电子方向盘装置（从控制单元）。

（1）大众速腾空调控制系统

① 带有子反馈的空调装置 LIN 信息传递流程。

LIN 从控制单元向 LIN 总线反馈制冷剂温度信号和鼓风机实际转速信号，如图 3-47 所示。

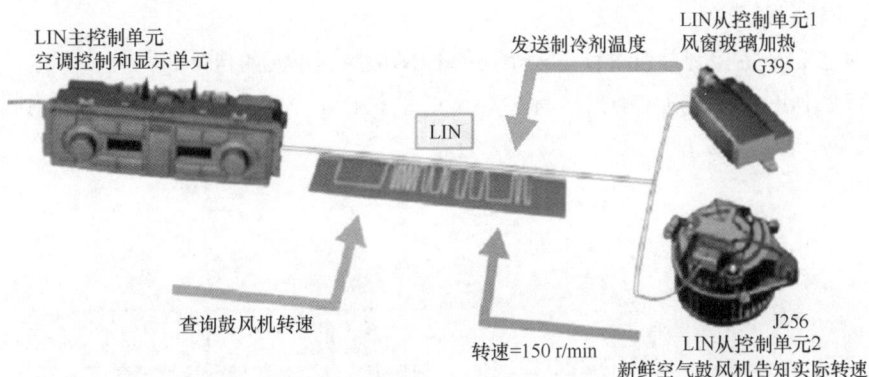

图 3-47　LIN 从控制单元向 LIN 总线反馈制冷剂温度信号和鼓风机实际转速信号

a. 空调装置在 LIN 总线系统上发送信息标题——查询制冷剂温度和鼓风机实际转速。

b. 传感器 G395 读取标题，检修转换，然后将当时的制冷剂温度值放到 LIN 总线上。

c. 制冷剂温度和鼓风机实际转速被空调装置识别。

带有 LIN 从控制单元回应的信息，LIN 从控制单元会根据识别码给这个回应提供信息。

② 带有主反馈的空调装置 LIN 信息传递流程。

LIN 主控制单元向 LIN 总线系统发送鼓风机转速信号，如图 3-48 所示。

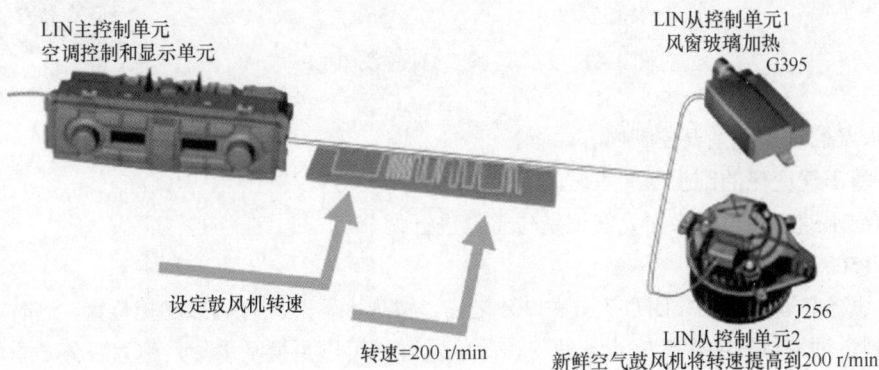

图 3-48　LIN 主控制单元向 LIN 总线系统发送鼓风机转速信号

a. 空调装置在 LIN 总线系统上发送信息标题——调节新鲜空气鼓风机的等级。

b. 空调装置发送所希望的鼓风机等级。

c. 新鲜空气鼓风机读取信息，相应地控制鼓风机。

带有 LIN 主控制单元命令的信息，LIN 主控制单元会提供回应。根据识别码的情况，相应的 LIN 从控制单元会使用这些数据（即带有主控制单元的信息）去执行各种功能。

（2）大众速腾刮水器控制系统

刮水器电动机 LIN 总线的主控制单元是车载电网控制单元 J519，J519 连接在 CAN 总线上，它执行 LIN 的主功能，网络结构如图 3-49 所示。J519 主要作用如下。

① 监控数据传递和数据传递的速率。J519 的软件内已经设定了一个周期，这个周期用于决定何时将哪些信息发送到 LIN 总线上以及发送多少次。

② J519 在 LIN 总线与 CAN 总线之间起"翻译"作用，它是 LIN 总线系统中唯一与 CAN 总线相连的控制单元。

③ 通过 LIN 主控制单元进行与之相连的 LIN 从控制单元的自诊断。

④ 带控制单元的直流电动机，通过 LIN 总线执行指令，此外制动复位装置隐藏在刮水器电动机舱盖内。

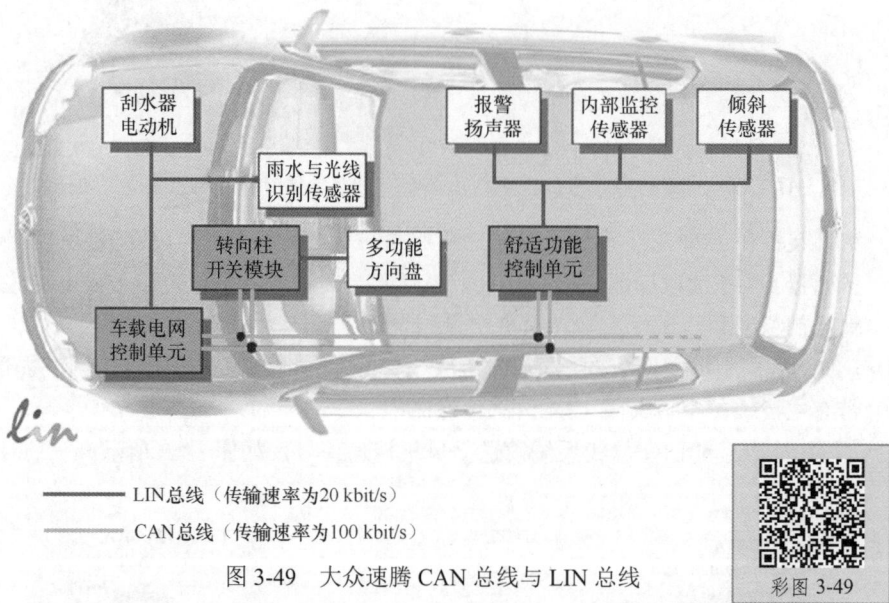

图 3-49 大众速腾 CAN 总线与 LIN 总线

刮水器控制系统主要控制内容如下。

① 随车速变化的刮水器间歇时间调节。

② 刮水速度通过雨水与光线识别传感器进行调节。

③ 150°的换向。

④ 服务冬季位置。关闭点火开关 20s 之内，将刮水器开关打到点动挡位置，这时刮水器将运动到最顶端位置并保持停止不动。在此位置时，可以更换刮水片，称为服务冬季位置。同时在冬季还可以将刮水臂抬起，防止结冰。重新打开点火开关后，如果再次拨动刮水器开关或车速大于 2 km/h，刮水器将自动回位。

⑤ 刮水器 APS 交替停留位置控制。

⑥ 发动机舱盖控制。在车辆停止时，打开发动机舱盖后，刮水器功能将被禁止。当发动机舱盖被打开，车速为 2～16 km/h 时，刮水器功能同样被禁止，但再次拨动刮水器开关后，刮水器功能将被激活。当车速大于 16 km/h 时，尽管发动机舱盖被打开，刮水器功能仍会保持工作状态，不受影响；直至车速低于 2 km/h 后，重新被禁止工作。当打开发动机舱盖后，刮水器功能将被禁止。

⑦ 预清洗控制。

11. 电源管理

驱动系统 CAN 总线通过 15 号线（点火开关）接通或关闭，在发动机运转时才需要电流。舒适系统 CAN 总线由 30 号线供电，即一直处于准备被驱动状态。

为了避免蓄电池过快放电，有必要进行电源管理。当控制单元之间没有信息交换时，舒适系统 CAN 总线进入睡眠模式（电流节约模式）。在睡眠模式下舒适系统 CAN 总线只取用很小的电流（几毫安），需要时可通过中央闭锁、无线远程操作等自动启动。

12. 内部故障管理

控制单元内部有错误计数器，一次发送失败计数加 8，一次接收错误计数加 1。当累计超过 127 时，控制器不再允许发送信息；当累计超过 255 时，控制器自动与总线脱离。但是，控制器发送信息时，若没有收到答复信号，控制器将重复发送，而接收错误将不计数，如图 3-50 所示。

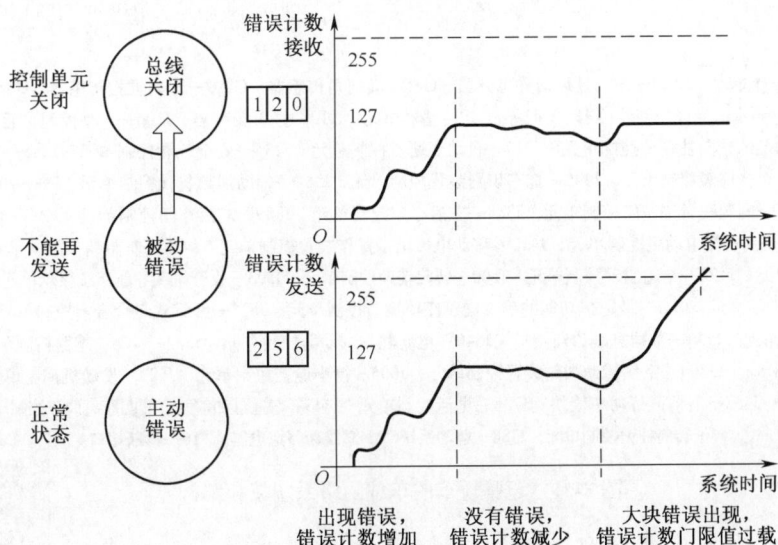

图 3-50 计数器的工作情况

3.2.2 大众迈腾轿车的车载网络系统

本节以大众迈腾轿车为例介绍大众车系车载网络系统。迈腾轿车的车载网络系统包括驱动系统 CAN 总线、舒适系统 CAN 总线、信息娱乐系统 CAN 总线、诊断系统 CAN 总线、组合仪表 CAN 总线，其拓扑结构如图 3-51 所示。

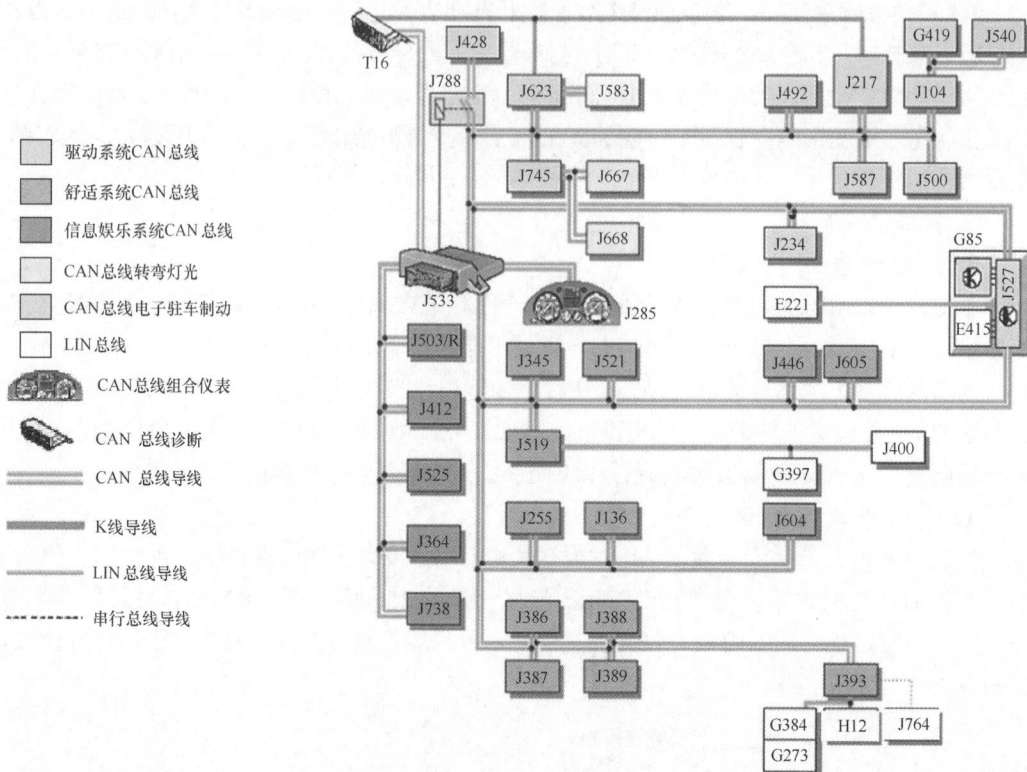

E221—方向盘操作单元　E415—进入及启动许可开关　G85—转向角传感器　G273—车内监控传感器　G384—车辆侧倾传感器　G397—雨水与光线识别传感器　G419—ESP传感器单元　H12—报警扬声器　J104—ABS控制单元　J136—座位调节和带记忆功能的转向柱调节控制单元　J217—自动变速器控制单元　J234—安全气囊控制单元　J255—全自动空调控制单元　J285—组合仪表控制单元　J345—拖车识别装置控制单元　J364—辅助加热装置控制单元　J386—驾驶员侧车门控制单元　J387—副驾驶员侧车门控制单元　J388—左后车门控制单元　J389—右后车门控制单元　J393—舒适系统中央控制单元　J400—刮水器电动机控制单元　J412—移动电话电子操作装置控制单元　J428—车距调节控制单元1　J446—驻车辅助控制单元　J492—全轮驱动控制单元　J500—转向辅助控制单元　J503—收音机和导航系统显示单元的控制单元　J519—车载电网控制单元　J521—带记忆功能的副驾驶员座椅调节控制单元　J525—数字式组合音响控制单元　J527—转向柱电子装置控制单元　J533—数据总线诊断接口　J540—电动驻车制动器控制单元　J583—NO_x传感器控制单元　J587—选挡杆传感器控制单元　J604—空气辅助加热装置控制单元　J605—行李舱盖控制单元　J623—发动机控制单元　J667—左前照灯功率模块　J668—右前照灯功率模块　J738—电话控制单元　J745—弯道灯和前照灯照明距离调节控制单元　J764—电子转向柱锁控制单元　J788—驱动系统CAN总线断路继电器　T16—诊断接口

图 3-51　迈腾轿车的车载网络系统拓扑结构

1．迈腾轿车车载网络系统

（1）驱动系统 CAN 总线

迈腾轿车驱动系统 CAN 总线网络控制包括：发动机控制、全轮驱动控制、自动变速器控制、ABS 控制、安全气囊控制、转向辅助控制、选挡杆传感器控制、前照灯控制、转向柱电子装置控制等。迈腾轿车驱动系统 CAN 总线控制单元在车上的位置如图 3-52 所示，网络拓扑结构如图 3-53 所示。

驱动系统 CAN 总线的数据传输速率是 500 kbit/s，传输通过 CAN-H 和 CAN-L 实现。为了保证数据安全传输，CAN 导线相互扭转连接。驱动系统 CAN 总线不

彩图 3-51

迈腾轿车车载
网络系统

能单线工作，若其中一根 CAN 导线发生故障，则无法传输数据。

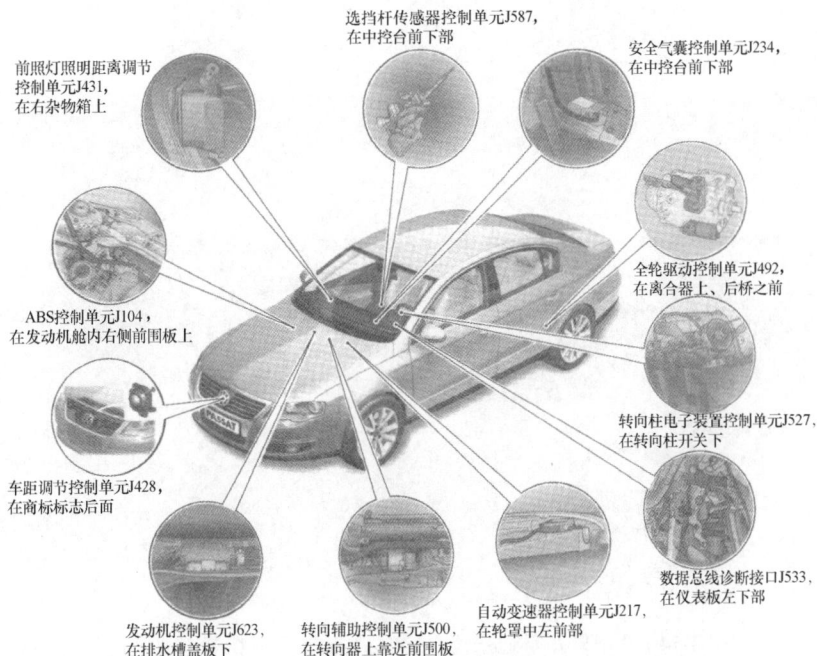

图 3-52 迈腾轿车驱动 CAN 总线控制单元在车上的位置

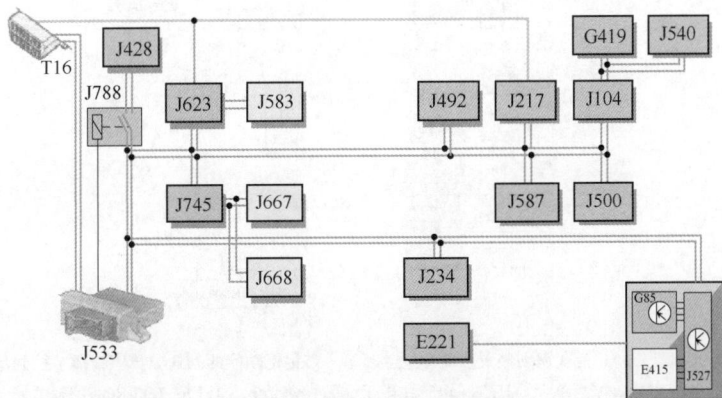

J623—发动机控制单元 J533—数据总线诊断接口 J492—全轮驱动控制单元 J217—自动变速器控制单元 J104—ABS 控制单元 J234—安全气囊控制单元 J500—转向辅助控制单元 J587—选挡杆传感器控制单元 J745—弯道灯和前照灯 照明距离调节控制单元 G85—转向角传感器 J527—转向柱电子装置控制单元 E415—进入及启动许可开关 J623—发 动机控制单元 J667—左侧前照灯功率模块 J668—右侧前照灯功率模块

注：其他未注模块的含义见图3-51。

图 3-53 迈腾轿车驱动 CAN 总线网络拓扑结构

（2）舒适系统 CAN 总线

迈腾轿车舒适系统 CAN 总线控制单元在车上的位置如图 3-54 所示，网络拓扑结构如图 3-55 所示。

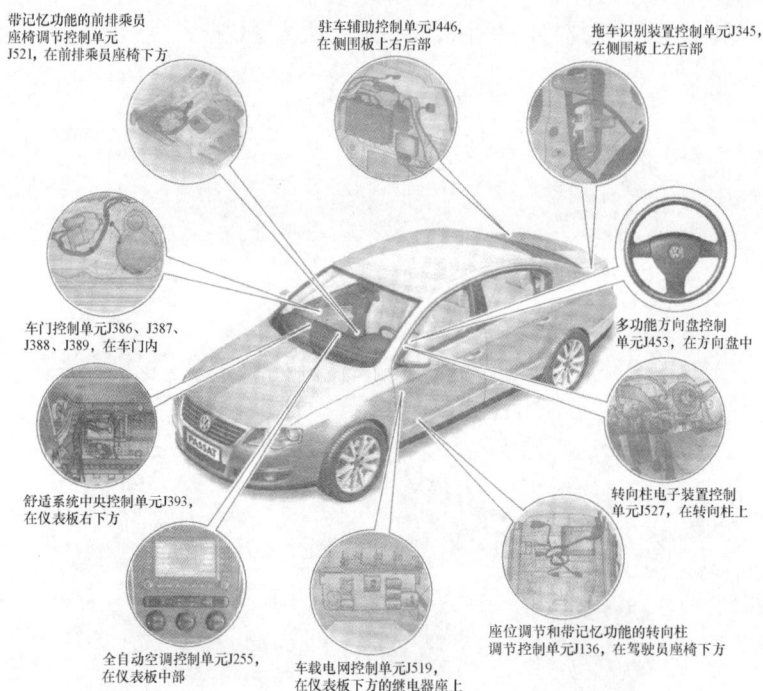

带记忆功能的前排乘员座椅调节控制单元J521，在前排乘员座椅下方

驻车辅助控制单元J446，在侧围板上右后部

拖车识别装置控制单元J345，在侧围板上左后部

车门控制单元J386、J387、J388、J389，在车门内

多功能方向盘控制单元J453，在方向盘中

舒适系统中央控制单元J393，在仪表板右下方

转向柱电子装置控制单元J527，在转向柱上

全自动空调控制单元J255，在仪表板中部

车载电网控制单元J519，在仪表板下方的继电器座上

座位调节和带记忆功能的转向柱调节控制单元J136，在驾驶员座椅下方

图 3-54　迈腾轿车舒适系统 CAN 总线控制单元在车上的位置

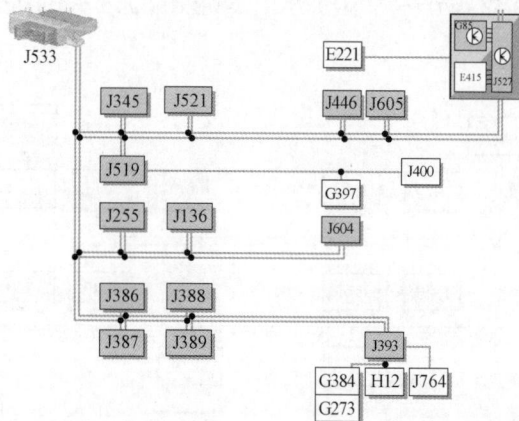

J533—数据总线诊断接口　J345—拖车识别装置控制单元　J521—带记忆功能的副驾驶员座椅调节控制单元　J446—驻车辅助控制单元　J605—行李舱盖控制单元　J527—转向柱电子装置控制单元　J519—车载电网控制单元　J400—刮水器电动机控制单元　J255—全自动空调控制单元　J136—座位调节和带记忆功能的转向柱调节控制单元　J604—空气辅助加热装置控制单元　J393—舒适系统中央控制单元　J386～J389—车门控制单元

注：其他未注模块的含义见图3-51。

图 3-55　迈腾轿车舒适系统 CAN 总线网络拓扑结构

舒适系统 CAN 总线的数据传输速率是 100 kbit/s，通过 CAN-H 和 CAN-L 进行传输。舒适系统 CAN 总线可以单线工作，其中一根 CAN 导线发生故障时数据传输可以继续进行。

（3）信息娱乐系统 CAN 总线

迈腾轿车信息娱乐系统 CAN 总线的控制单元包括收音机和导航系统显示单元的控制单元、移动电话电子操作装置控制单元、数字式组合音响控制单元、辅助加热装置控制单元和电话控制单元，在车上的位置如图 3-56 所示，网络拓扑结构如图 3-57 所示。

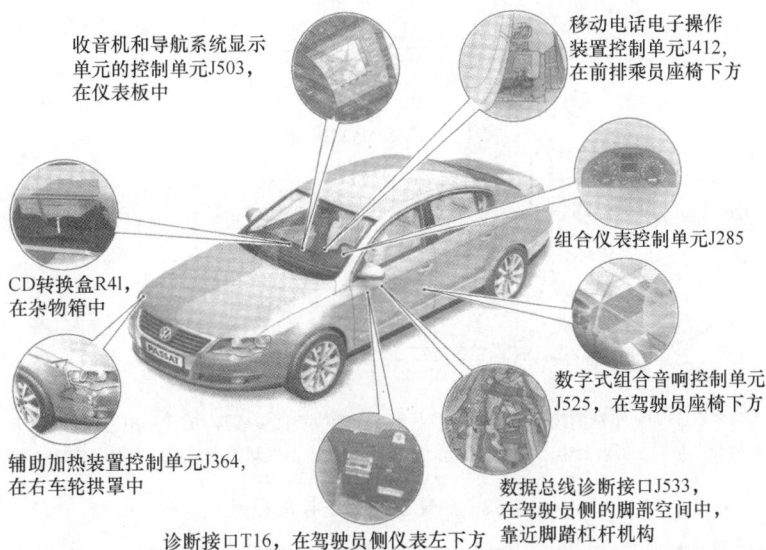

收音机和导航系统显示单元的控制单元J503，在仪表板中

移动电话电子操作装置控制单元J412，在前排乘员座椅下方

组合仪表控制单元J285

CD转换盒R41，在杂物箱中

数字式组合音响控制单元J525，在驾驶员座椅下方

辅助加热装置控制单元J364，在右车轮拱罩中

数据总线诊断接口J533，在驾驶员侧的脚部空间中，靠近脚踏杠杆机构

诊断接口T16，在驾驶员侧仪表左下方

图 3-56　迈腾轿车信息娱乐系统 CAN 总线控制单元在车上的位置

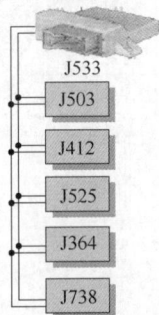

J533—数据总线诊断接口　J503—收音机和导航系统显示单元的控制单元　J412—移动电话电子操作装置控制单元
J525—数字式组合音响控制单元　J364—辅助加热装置控制单元　J738—电话控制单元

图 3-57　迈腾轿车信息娱乐系统 CAN 总线网络拓扑结构

信息娱乐系统 CAN 总线的数据传输速率是 100 kbit/s，通过 CAN-H 和 CAN-L 进行传输。信息娱乐系统 CAN 总线可以单线工作。

（4）LIN 总线系统

LIN 总线采用单线主、从控制器控制，如图 3-58 所示。主控制单元为舒适系统中央控制单元 J393，车内监控传感器 G273、车辆侧倾传感器 G384、报警扬声器 H12 通过主控制单元向总线系统发送传感器信号，同时通过主控制单元接收控制信号。雨水与光线识别传感器 G397、刮水器电动机控制单元 J400 通过车载电网控制单元 J519 供电。

迈腾 B8 舒适系统总线由舒适系统 CAN 总线和舒适系统 LIN 总线组成。从控制功能的角度来看，车身（舒适）系统的很多动作都存在某些相互关联性，只有对所有这些关联性做出非常周密的考虑，才能真正让乘客感到舒适和满意。LIN 的目标是为现有汽车网络（例如 CAN 总线）提供辅助功能，因此，LIN 总线是一种辅助的串行通信总线网络，多用于不需要 CAN 总线的带宽和多功能的场合。迈腾 B8 舒适系统 LIN 总线结构如图 3-59 所示。

迈腾 B8 车上各个 LIN 总线系统之间的数据交换由控制单元通过 CAN 总线实现。

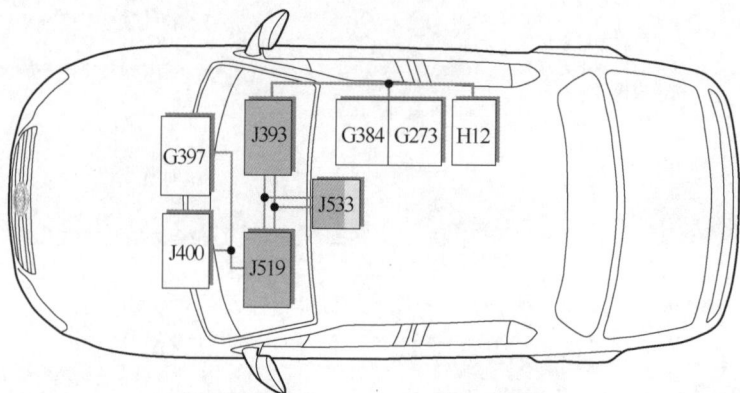

G273—车内监控传感器　G384—车辆侧倾传感器　G397—雨水与光线识别传感器　H12—报警扬声器　J393—舒适系统中央控制单元　J400—刮水器电动机控制单元　J519—车载电网控制单元　J533—数据总线诊断接口

图 3-58　LIN 总线系统控制单元

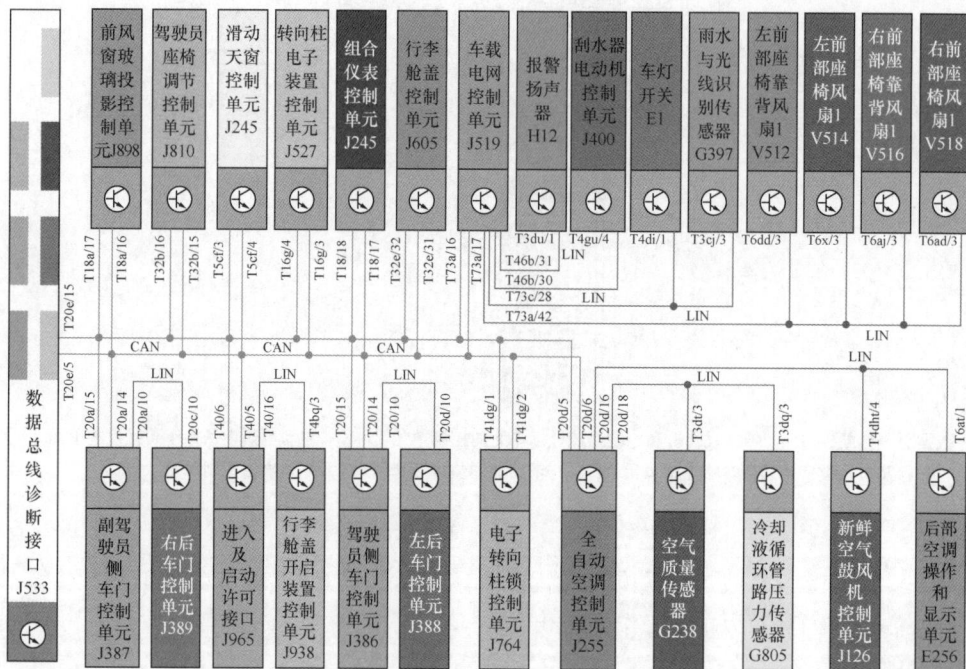

图 3-59　迈腾 B8 舒适系统 LIN 总线结构（图中紫色线束）

LIN 主控制单元连接在 CAN 总线上，它执行 LIN 的主功能。LIN 主控制单元作用可参见前文速腾车型。

（5）电动驻车制动器 CAN 总线

电动驻车制动器 CAN 总线的数据传输速率为 500 kbit/s，通过 CAN-H 和 CAN-L 进行传输。电动驻车制动器 CAN 总线不可单线工作，其中一根 CAN 导线发生故障时无法进行数据传输。电动驻车制动器 CAN 总线控制单元拓扑结构如图 3-60 所示。

（6）转向灯 CAN 总线

转向灯 CAN 总线的数据传输速率为 500 kbit/s，通过 CAN-H 和 CAN-L 进行传输。转向灯 CAN 总线不可单线工作，其控制单元拓扑结构如图 3-61 所示。

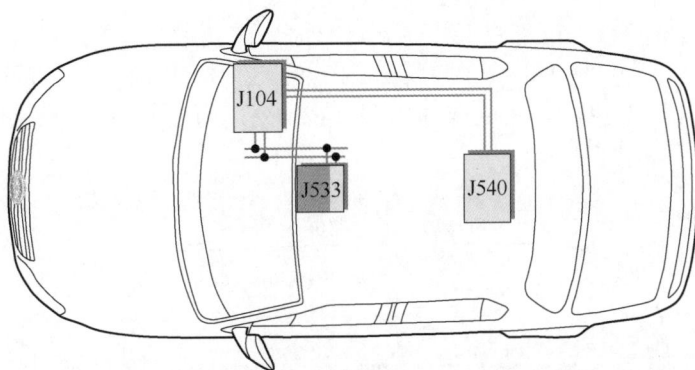

J104—ABS控制单元　　J533—数据总线诊断接口　　J540—电动驻车制动器控制单元

图 3-60　电动驻车制动器 CAN 总线控制单元拓扑结构

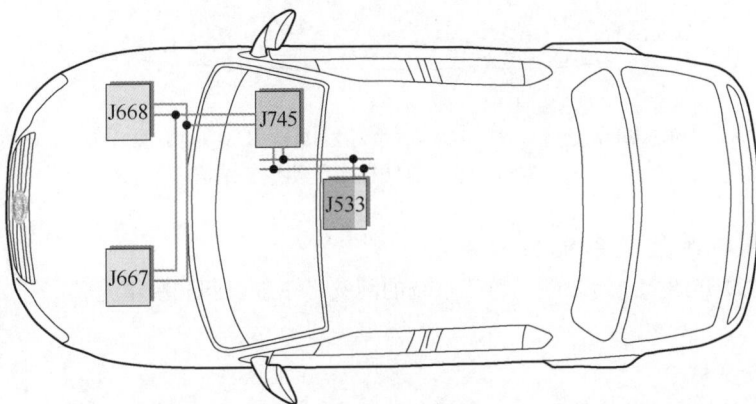

J533—数据总线诊断接口　　J667—左侧前照灯功率模块　　J668—右侧前照灯功率模块
J745—弯道灯和前照灯照明距离调节控制单元

图 3-61　转向灯 CAN 总线控制单元拓扑结构

（7）传感器 CAN 总线

传感器 CAN 总线的数据传输类似于转向灯 CAN 总线的数据传输，并且在发动机控制单元和 NO_x 传感器控制单元之间传输数据，其控制单元拓扑结构如图 3-62 所示。

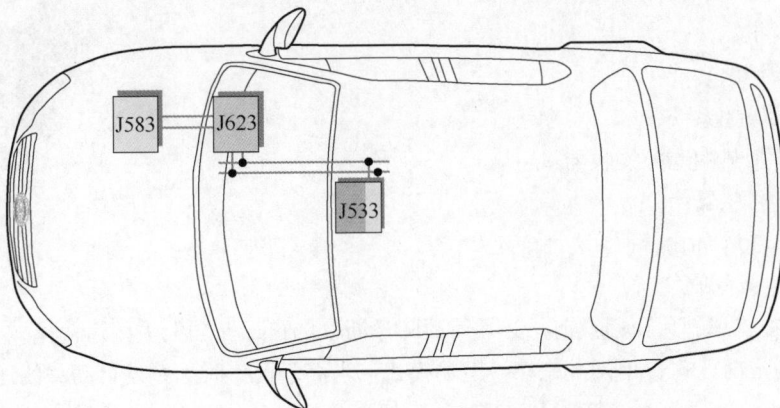

J533—数据总线诊断接口　　J583—NO_x传感器控制单元　　J623—发动机控制单元

图 3-62　传感器 CAN 总线控制单元拓扑结构

（8）串行总线

串行总线通过一个 9800 kbit/s 的单线连接在电子转向柱锁控制单元和舒适系统中央控制单元之间传输数据，其控制单元拓扑结构如图 3-63 所示。与使用 LIN 总线系统相比，使用串行总线系统提高了防盗保护性能。

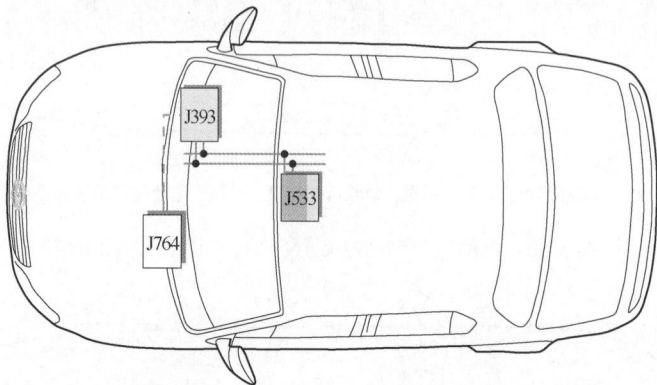

J533—数据总线诊断接口　J393—舒适系统中央控制单元　J764—电子转向柱锁控制单元

图 3-63　串行总线控制单元拓扑结构

2. 迈腾轿车总线系统控制单元

本部分主要介绍大众迈腾轿车总线系统的网关、车载电网控制单元和组合仪表控制单元等内容。

（1）网关

在总线上有大量的数据需要被传递，为使几条数据总线之间相互交换数据，数据总线诊断接口作为网关，将这些数据总线连接起来进行数据交换。迈腾轿车的网关（数据总线诊断接口 J533）安装在仪表板左下部、加速踏板上部，如图 3-64 所示。

迈腾轿车总线系统控制单元

网关具有主控制器功能，控制驱动总线的运输模式和舒适总线的睡眠和唤醒模式。

① 运输模式。在商品车运输到经销商处之前，为了防止蓄电池过多放电，应当使车辆的电能消耗降到最小。因此，在运输模式下，以下舒适系统和信息娱乐系统不工作：

- 收音机；
- 遥控钥匙功能；
- 内部监控系统；
- 驻车加热的遥控接收器；
- 倾斜传感器；
- 仅有 30 s 的内部照明灯激活；
- 防盗指示灯。

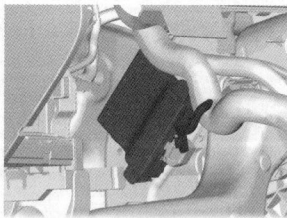

图 3-64　迈腾轿车的网关

经销商在将车销售给用户前，必须用故障诊断仪的自诊断功能关闭运输模式。在行驶里程低于 150 km 时，可以用网关来切换运输模式，当高于此值时，系统自动关闭运输模式。

② 睡眠和唤醒模式。当舒适总线和信息娱乐总线处于空闲状态，网关监控到所有的总线都有睡眠要求时，控制单元发出睡眠命令，进入睡眠模式。此时总线电压 CAN-L 为 12 V，CAN-H 为 0 V。

如果驱动总线仍处于信息传递过程中，舒适总线和信息娱乐总线是不允许进入睡眠模式的。当舒适总线处于信息传递过程中时，信息娱乐总线也不能进入睡眠模式。当某一个信息激活相应的总线后，控制单元会激活其他总线。

（2）车载电网控制单元

车载电网控制单元（J519）的功能是用电负载管理，其外形结构如图 3-65 所示，安装位置在驾驶员侧仪表板下、继电器座下。

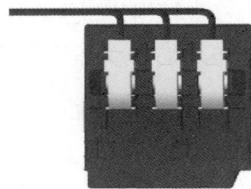

图 3-65　迈腾轿车的车载电网控制单元

车载电网控制单元的功能如下。

① 灯光控制。外部灯光控制包括前照灯、牌照灯、制动灯、尾灯控制，故障将通过白炽灯相应的指示灯或在组合仪表中以文本的形式显示出来。

a．回家（Coming Home）模式。汽车车门关闭以后，通过汽车上的照明装置照亮汽车周围的环境。

b．离家（Leaving Home）模式。如果用无线遥控器开锁，则在一定时间内通过汽车上的照明装置照亮汽车周围的环境。

② 刮水器控制。

a．将 CAN 总线信号从车载电网控制单元传输到刮水器电动机控制单元。

b．在挂入倒车挡时，后窗刮水器被激活（适用于部分车型）。

③ 负荷管理。

负荷管理的目的是确保蓄电池有足够的电能使发动机顺利启动和正常运转。控制单元根据以下的相关数据进行评估。

a．蓄电池电压。

b．发动机转速。

c．发电机的 DFM 信号。

在保证安全行驶的前提下，电压低于 11.8 V 时，将适当地关闭舒适系统的用电设备。负荷管理模式如表 3-8 所示。

表 3-8　　　　　　　　　　　　　　　负荷管理模式

管理模式 1	管理模式 2	管理模式 3
15 号线接通并且发电机处于工作状态	15 号线接通并且发电机处于停机状态	15 号线接通并且发电机处于停机状态
如果蓄电池的电压低于 12.7 V，则控制单元要求发动机的怠速提升，以下用电器将被关闭： • 座椅加热 • 后风窗加热 • 后视镜加热 • 方向盘加热 • 脚坑照明 • 门内把手照明 • 空调耗能降低或关闭 • 信息娱乐系统	如果蓄电池的电压低于 12.2 V，以下用电器或系统将被关闭： • 空调耗能降低或关闭 • 脚坑照明 • 门内把手照明 • 上/下车灯 • 离家功能 • 信息娱乐系统	如果蓄电池的电压低于 11.8 V，以下用电器或系统将被关闭： • 车内灯 • 脚坑照明 • 门内把手照明 • 上/下车灯 • 离家功能 • 信息娱乐系统

注：这 3 种管理模式的不同之处在于用电器被关闭的次序不同。如果关闭的条件取消，用电器将会被重新激活。当用电器因为电能管理的原因被关闭时，J519 存储相应的故障码。

④ 自动行车灯控制。

a．黄昏功能（见图 3-66）。如果灯开关 E1 处在"自动行车灯控制"上，则会通过雨水与光线识别传感器 G397 自动测量明亮度（例如在驶入隧道时），并且通过发送到车载电网控制单元 J519 的信号自动将行车灯打开。

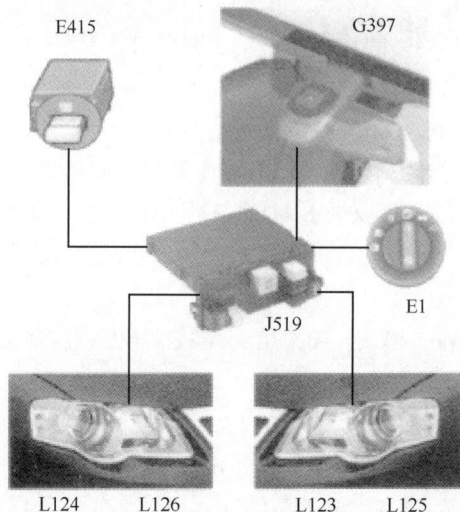

E1—灯开关　E415—进入及启动许可开关　G397—雨水与光线识别传感器　J519—车载电网控制单元　L123—左近光灯灯泡　L124—右近光灯灯泡　L125—左远光灯灯泡　L126—右远光灯灯泡

图 3-66　黄昏功能控制

b．高速公路功能（见图 3-67）。当车灯开关处在"自动行车灯控制"上时，如果汽车以超过 140 km/h 的速度行驶 10 s 以上，则高速公路功能打开行车灯；如果汽车以低于 65 km/h 的速度行驶 150 s 以上，则高速公路功能被关闭。

c．雨水功能（见图 3-68）。如果前刮水器被激活超过 5 s，并且车灯开关处在"自动行车灯控制"上，那么雨水功能打开行车灯；如果超过 255 s 没有进行刮水，则行车灯被关闭。

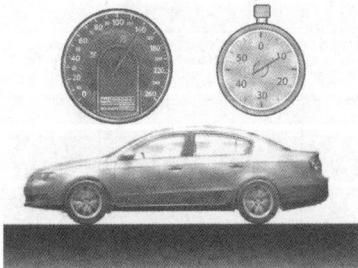

图 3-67　高速公路功能控制

图 3-68　雨水功能控制

（3）组合仪表控制单元

传感器的信号通过导线到达组合仪表控制单元（J285），组合仪表控制单元通过数据总线诊断接口（J533）和组合仪表 CAN 总线得到显示单元和不同控制单元指示灯的信息。组合仪表控制单元的信息传输如图 3-69 所示。

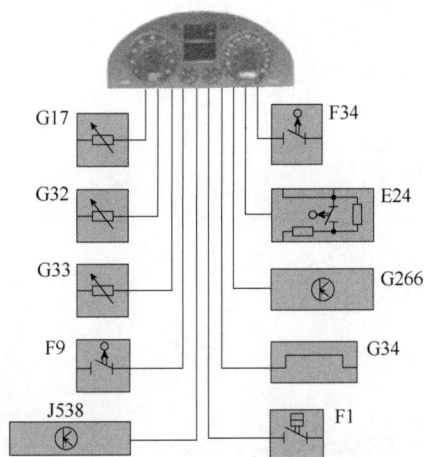

F1—机油压力开关　F9—手动驻车制动控制开关　F34—制动液液位警告信号触点　G17—车外温度传感器　G32—冷却液
不足显示传感器　G33—车窗玻璃清洗液位传感器　G34—制动摩擦片磨损传感器　G266—机油油位和机油温度传感器
E24—驾驶员侧安全带开关　J538—燃油泵控制单元

图 3-69　组合仪表控制单元的信息传输

3. 迈腾轿车防盗系统

（1）防盗系统功能

大众迈腾轿车防盗系统（WFS）的功能主要包括以下 3 方面。

① 将控制单元全部的防盗数据存入德国沃尔夫斯堡的中央数据库
FAZIT 中。

② WFS 内部集成了防盗系统的舒适系统中央控制单元与其他组件进行
通信。

③ 将各个控制单元之间的通信数据进行加密。

德国沃尔夫斯堡大众汽车的中央数据库 FAZIT（FAZIT 表示"车辆信息查询和中央识别
工具"）存有所有控制单元的防盗数据，该数据是集成在防盗系统中的。只有在线连接到 FAZIT
数据库，才能进行控制单元的匹配。

（2）数据交换

通过故障诊断仪的在线查询可以将数据安全、快速、可靠地传输到汽车中（见图 3-70）。
防盗系统组件不能通过 PIN 查询进行调试，所有的参与组件必须在线调试。所有包括补订的
汽车钥匙在出厂时便进行了特定汽车的预先编码，并且只可以为该汽车进行调试。

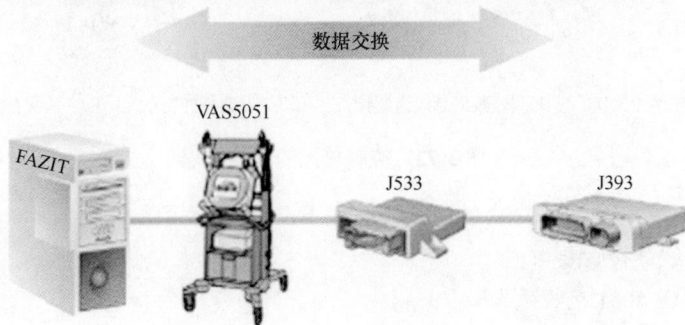

J393—舒适系统中央控制单元　J533—数据总线诊断接口　VAS5051—大众故障诊断仪

图 3-70　数据交换过程

（3）防盗系统组件

防盗系统组件的信息传递过程如图 3-71 所示。

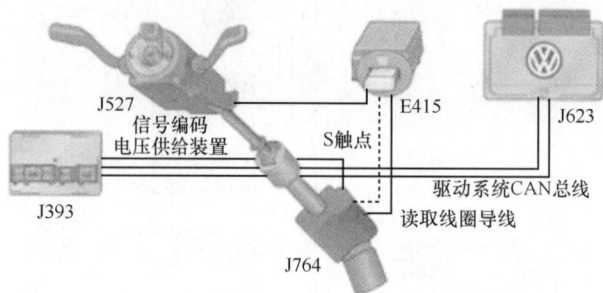

E415—进入及启动许可开关　J393—舒适系统中央控制单元　J527—转向柱电子装置控制单元　J623—发动机控制单元
J764—电子转向柱锁控制单元

图 3-71　防盗系统组件的信息传递过程

舒适系统中央控制单元集成了防盗系统功能，该控制单元必须在更换之后在线调试。

转向柱的锁止和开锁功能的释放是通过舒适系统中央控制单元中的防盗系统功能实现的，因此转向柱电子装置控制单元与舒适系统中央控制单元需要一起进行调试和更换。

在进入及启动许可开关中有用于读取汽车钥匙中发射机应答器的读取线圈。进入及启动许可开关在更换后不必调试。

发动机控制单元是防盗系统的一部分。为了使发动机持续运行，必须通过驱动系统 CAN 总线释放舒适系统中央控制单元。发动机控制单元必须在更换之后在线调试。

（4）更换控制单元

更换参与防盗系统功能的控制单元，必须通过与 FAZIT 数据库在线连接进行，如图 3-72 所示。

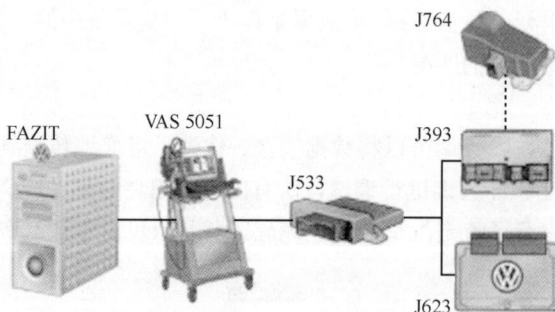

J393—舒适系统中央控制单元　J533—数据总线诊断接口　J623—发动机控制单元　J764—电子转向柱锁控制单元

图 3-72　控制单元的更换过程

舒适系统中央控制单元 J393 的更换步骤如下。

① 通过在线连接索要数据。

② 通过 VAS 5051 接收数据。

③ 将数据下载到控制单元。

④ 匹配控制单元。

⑤ 匹配汽车钥匙。

发动机控制单元 J623 的更换步骤如下。

① 通过在线连接索要数据。

② 通过 VAS 5051 接收数据。

③ 将数据下载到控制单元。

④ 在控制单元和 FAZIT 数据库之间进行数据交换。

⑤ 匹配汽车钥匙。

电子转向柱锁控制单元 J764 和舒适系统中央控制单元 J393 的更换步骤如下。

① 通过在线连接索要数据。

② 通过 VAS 5051 接收数据。

③ 将数据下载到控制单元。

④ 在控制单元和 FAZIT 数据库之间进行数据交换。

⑤ 匹配汽车钥匙。

| 3.3　典型案例分析 |

【故障诊断过程】

从前述故障可知，此时左后车门上的玻璃升降器开关可以控制左后车门玻璃升降器的上升和下降，由此说明左后车门控制单元的电源以及自身、左后车门玻璃升降器电动机及控制都没有问题。

对于以上现象，需结合以下车门玻璃升降器及门锁控制结构进行分析和诊断。其中，迈腾 B8 车门 LIN 总线波形如图 3-73 所示，迈腾 B8 车门玻璃升降器控制结构如图 3-74 所示，迈腾 B8 车门门锁控制结构如图 3-75 所示。

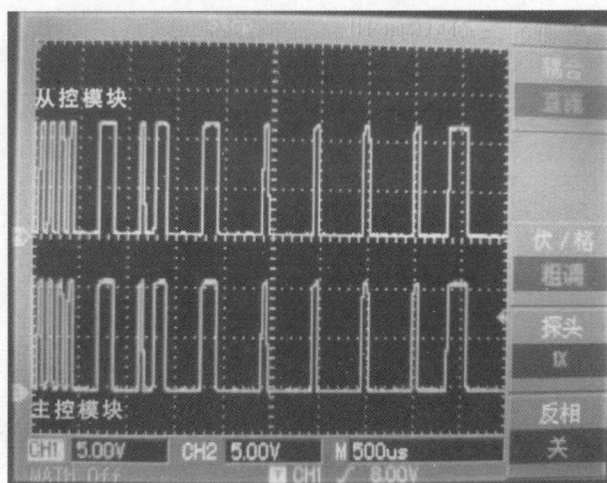

图 3-73　迈腾 B8 车门 LIN 总线波形

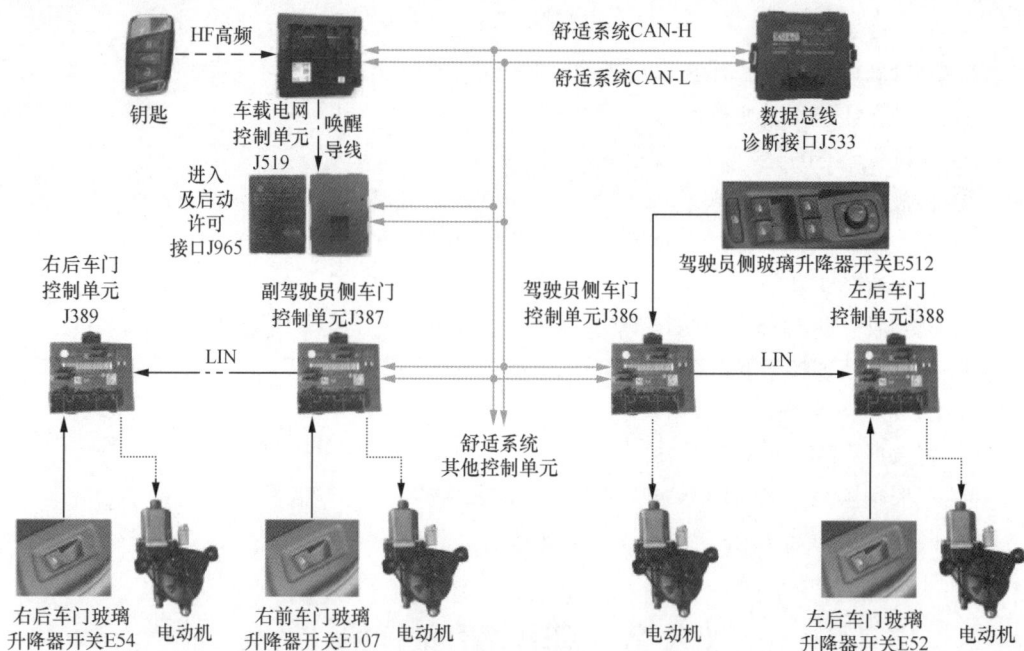

图 3-74　迈腾 B8 车门玻璃升降器控制结构

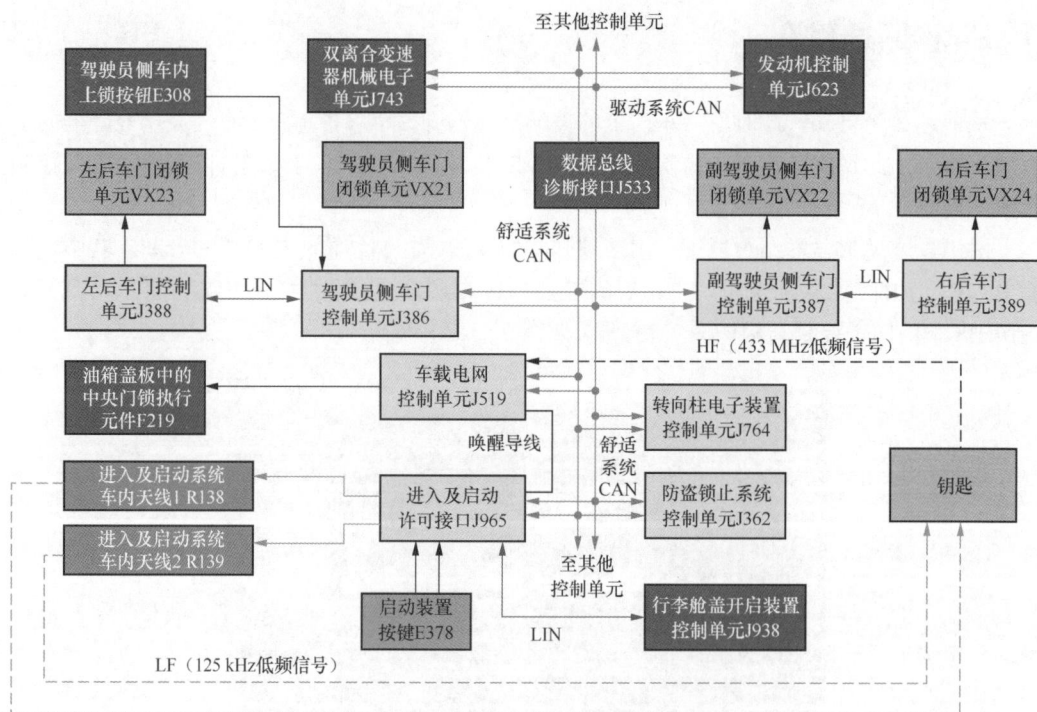

图 3-75　迈腾 B8 车门门锁控制结构

首先分析驾驶员侧开关对左后车门玻璃升降器的控制逻辑，如图 3-76 所示。当操作驾驶员侧玻璃升降器开关 E512 上的左后车门玻璃升降器开关 E711 时，不管向上拉动开关至一挡、二挡还是向下按动开关至一挡、二挡，开关都会将电源电压分压后作为信号输出，并输送给驾驶员侧车门

彩图 3-75

控制单元 J386。J386 将模拟信号转变成数字信号，通过 LIN 总线传送给左后车门控制单元 J388，J388 根据内部的程序控制左后车门玻璃升降器电动机的运行。

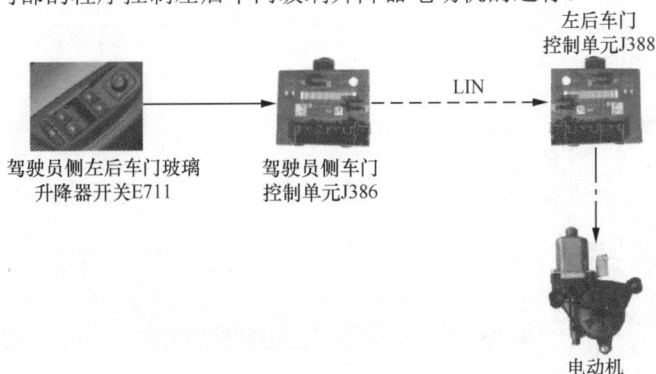

图 3-76 迈腾 B8 左后车门玻璃升降器的控制逻辑

门锁控制过程如下。

（1）车载电网控制单元 J519 通过舒适系统 CAN 总线向两个前车门控制单元 J386 和 J387 发送一个车门解锁/闭锁命令，前车门锁机构执行相对应的解锁/闭锁。

（2）两个前车门控制单元通过 LIN 总线向两个后车门控制单元发送一个车门解锁/闭锁命令，后车门锁机构执行相对应的解锁/闭锁。

（3）J519 直接向油箱盖板中的中央门锁执行元件 F219 发送油箱盖解锁/闭锁命令，F219 执行相对应的解锁/闭锁。

（4）进入及启动许可接口 J965 通过 LIN 总线向行李舱盖开启装置控制单元 J938 发送行李舱解锁/闭锁命令，J938 控制行李舱锁机构执行相应命令。

（5）J519 直接向外部所有转向灯输出信号，外部警告灯闪烁。

结合以上控制逻辑及当前现象分析，此时最大的可能原因为驾驶员侧车门控制单元与左后车门控制单元的通信出现异常，即 LIN 总线异常。因此，需要对 LIN 总线进行测量。

【故障排除】

结合 LIN 总线通信原理和左后车门控制单元电路原理（见图 3-77），使用示波器测量驾驶员侧车门控制单元与左后车门控制单元连接的 LIN 总线针脚波形。LIN 总线正常波形如图 3-73 所示，LIN 总线测量波形如图 3-78 所示。其中，主控模块为驾驶员侧车门控制单元，从控模块为左后车门控制单元。通过示波器测量出驾驶员侧车门控制单元 T20/10（主控模块）为图 3-78 中下方蓝色波形，测量出左后车门控制单元 T20b/20（从控模块）为图 3-78 中上方黄色波形。

从图 3-78 可知，此时从控模块波形正常。而主控模块既有正常数据波形（显性电压 0 V 左右），即图中方框标注位置；也有不正常数据波形（显性电压 6 V 左右），即图中圆形标注位置。

对迈腾 B8 LIN 总线电路简化结构（见图 3-79）进行分析。从图 3-79 中可以看出，当主控模块发送信息给从控模块时，从控模块内 VT1、VT2、VT3 不动作，主控模块控制 VT3 导通。R2 的电阻值 R_2 很大，此时不影响 LIN 总线线路上的电流和电压，LIN 总线线路上高电位被 VT3 拉低至 0.3 V 左右，呈现显性电平，数据波形正常。

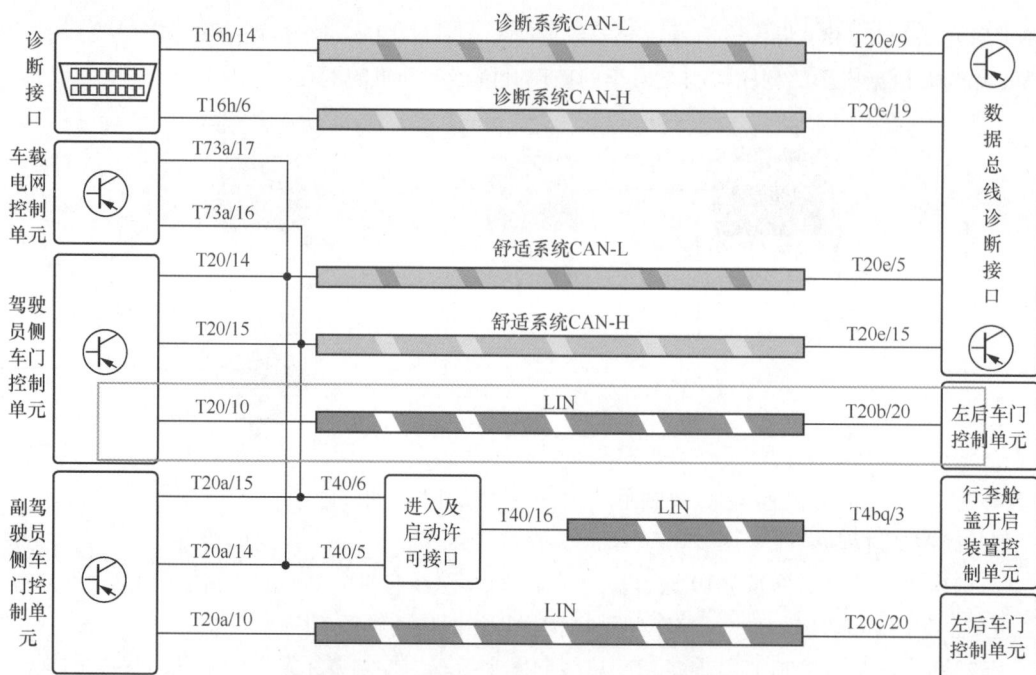

图 3-77　迈腾 B8 左后车门控制单元电路原理

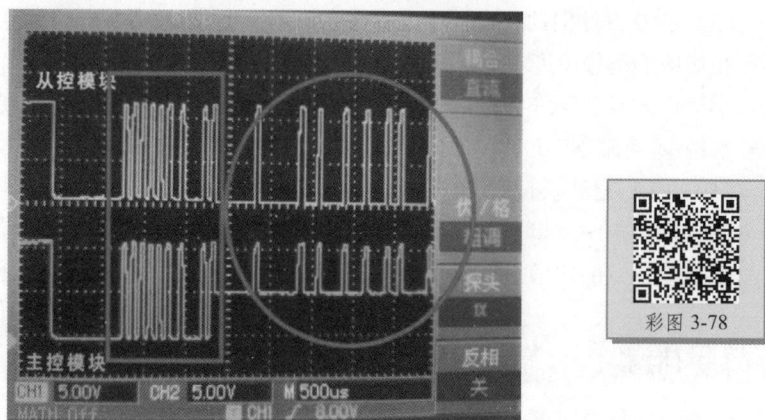

图 3-78　迈腾 B8 LIN 总线波形测量结果

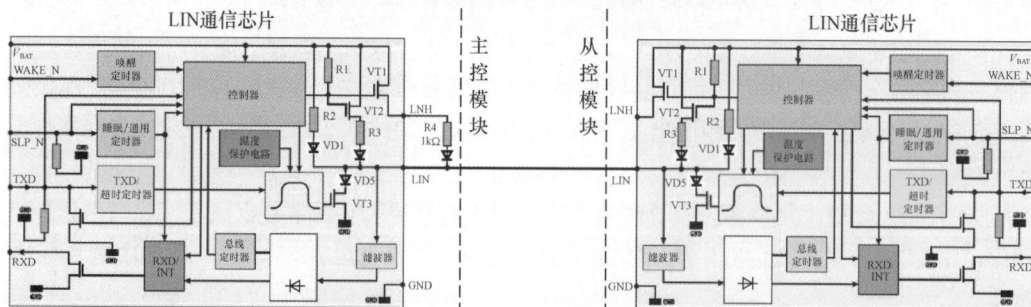

图 3-79　迈腾 B8 LIN 总线电路简化结构

　　当从控模块回复信息给主控模块时，由于主控模块内 VT1、VT2 一直导通，VT3 不动作，从控模块控制 VT1、VT2、VT3 导通。R_2 很大，此时不影响 LIN 总线线路上电流和电压，LIN

总线线路上高电位被 VT3 拉低至 0.3V 左右，呈现显性电平，数据波形正常。

此时在主控模块，显性电压为 6V 左右，说明线路间有虚接，其原因为 R4 和虚接电阻的分压作用，导致主控模块显性电压保持在 6V 左右，超出 LIN 总线显性电压 0.3 V 的范围，主控模块无法解析此信息。这会导致主控模块无法接收到从控模块反馈其状态和执行结果的信息，主控模块不间断发送数据，而从控模块不断地执行，但主控模块无法接收其反馈信息，形成错误循环。

【故障分析与总结】

在诊断过程中，首先要注意车辆的状态以及现象，其次根据现象以及状态分析其系统、部件之间的关联性，确认故障部位。在测量过程中，测量仪器的选择以及测量点的选择尤其重要。对于 LIN 总线测量，需要知道哪个模块为主控模块，哪个模块为从控模块，同时要对其电路结构及工作过程深刻掌握。这样才能在分析测量结果的过程中对电路工作后所对应的波形有全面的剖析和诊断。

|3.4　工作任务：大众车系车载网络系统检修|

3.4.1　实训内容与要求

实训内容：大众迈腾轿车车载网络系统的故障诊断与维修。

实训要求如下。

① 能够确认故障现象。

② 能够使用维修资料，正确选用工具。

③ 能够按照正确的步骤和方法完成车载网络系统故障诊断与维修。

④ 应在规定的时间内独立完成。

⑤ 在诊断与维修过程中应注意人身健康与安全。

3.4.2　实训条件

① 车间或模拟车间。

② 个人防护用品用具。

③ 汽车维修设备和工具。

④ 安全的工作环境和工作场所。

⑤ 装备车载网络系统的车辆。

⑥ 相关说明书、维修手册等资料。

⑦ 有关人身健康与安全的信息。

⑧ 提供各类维修知识和维修资料的网页。

3.4.3 实训步骤

实训步骤 1

1. 在教师提供的车辆上，使用双通道示波器采集大众汽车驱动系统 CAN 总线 CAN-H 和 CAN-L 的波形并记录。

说明：时间单位为（　　　）/Div，电压单位为（　　　）/Div，在图中标出 0 V 电压位置。

写出大众汽车驱动系统 CAN 总线的数据传输特点：

----

2. 在教师提供的车辆上，使用双通道示波器采集大众汽车舒适系统 CAN 总线 CAN-H 和 CAN-L 的波形并记录。

说明：时间单位为（　　　）/Div，电压单位为（　　　）/Div，在图中标出 0 V 电压位置。

写出大众汽车舒适系统 CAN 总线的数据传输特点：

_____

_____

_____

_____

3．在教师提供的车辆上，将驱动系统 CAN 总线的 CAN-H 或者 CAN-L 对地短路，同时使用双通道示波器采集驱动系统 CAN 总线的 CAN-H 和 CAN-L 的波形并记录。

说明：时间单位为（　　　）/Div，电压单位为（　　　）/Div，在图中标出 0 V 电压位置。

写出驱动系统 CAN 总线的 CAN-H 或者 CAN-L 对地短路时的数据传输特点（通过故障诊断仪查看故障诊断仪与驱动系统 CAN 总线的通信情况，以及相关的故障码和数据流）：

_____

_____

_____

_____

4．在教师提供的车辆上，通过查阅维修手册，在下面的空白处画出每种网络的拓扑结构，在实车上找到模块的位置并对其功能进行简单描述。

车型：_____

（1）是否采用了驱动系统 CAN 总线？　　　　　　　是☐　不是☐

画出驱动系统 CAN 总线网络拓扑结构：

在实车上找到模块的位置并简单描述其功能：

_____

（2）是否采用了舒适系统 CAN 总线？　　　　是❑　不是❑

画出舒适系统 CAN 总线网络拓扑结构：

在实车上找到模块的位置并简单描述其功能：

（3）是否采用了信息娱乐系统 CAN 总线？　　　是❑　不是❑

画出信息娱乐系统 CAN 总线网络拓扑结构：

在实车上找到模块的位置并简单描述其功能：

（4）是否采用了 LIN 总线？　　　　　　　　是❑　不是❑

画出 LIN 总线网络拓扑结构：

在实车上找到模块的位置并简单描述其功能：

（5）是否采用了电动驻车制动器 CAN 总线？　　　　　　是❑　不是❑

画出电动驻车制动器 CAN 总线网络拓扑结构：

在实车上找到模块的位置并简单描述其功能：

（6）是否采用了转向灯 CAN 总线？　　　　　　　　　　是❑　不是❑

画出转向灯 CAN 总线网络拓扑结构：

在实车上找到模块的位置并简单描述其功能：

（7）是否采用了串行总线？　　　　　　　　　　　　　　是❑　不是❑

画出串行总线网络拓扑结构：

在实车上找到模块的位置并简单描述其功能：

实训步骤 2

1．检查大众迈腾轿车的车载网络系统（已经设置车载网络系统故障），通过查询相关的维修资源，确认故障现象。

2．根据维修手册确定维修方案，正确选用维修设备。

3．使用故障诊断仪对车载网络系统进行诊断。

4．判断故障区域。

5．确认故障部件，提出维修方案。

6．完成维修并交车。最后填写下表。

车载网络系统故障诊断与维修表

车型	
车载网络系统类型	
行驶里程	
使用的设备和工具： -- -- -- --	
故障现象： -- -- -- --	

诊断和排除故障的步骤	
1．使用故障诊断仪的全车诊断功能，检查哪些模块不能通信并记录。 -- -- --	使用故障诊断仪检查 CAN 系统
根据诊断结果，参考网络拓扑结构，分析可能的故障原因。 -- -- --	故障码读取
2．使用故障诊断仪读取故障码并记录。 -- --	CAN 总线波形的检查

根据诊断结果，参考网络拓扑结构，分析可能的故障原因。

3．使用示波器对 CAN 总线波形进行检查并记录。

根据诊断结果，参考网络拓扑结构，分析可能的故障原因。

4．如果怀疑 CAN 总线故障，如何对线路进行检查？

根据线路电阻测量结果，参考网络拓扑结构，分析可能的故障原因。

5．如果怀疑 CAN 节点故障，如何进行检查？

根据诊断结果，参考网络拓扑结构，分析可能的故障原因。

|3.5　项目小结|

本项目对大众车系的车载网络系统进行了介绍，首先介绍了大众车系 CAN 总线系统的结构和工作原理，以及典型故障的判断方法；然后以迈腾轿车为例，介绍了车载网络系统的控制过程和故障诊断的方法。

1．大众车系 CAN 总线系统设定了 5 个不同的区域，分别是驱动系统、舒适系统、信息娱乐系统、仪表系统和诊断系统，它们的传输速率是不同的。

2．采用双绞线可以消除外界的干扰和对外界的干扰。

3．驱动总线和舒适/信息娱乐总线输出隐性电压和显性电压不同。

4．舒适/信息娱乐总线可以采用单线输出，执行元件可以工作但是有故障记忆，驱动总线不能以单线模式工作。

5．迈腾轿车总线网络系统包括驱动总线、舒适总线、信息娱乐总线、诊断总线和仪表总线等。

6．迈腾轿车驱动系统 CAN 总线的控制单元包括发动机控制单元、全轮驱动控制单元、自动变速器控制单元、ABS 控制单元、安全气囊控制单元、转向辅助控制单元、选挡杆传感器控制单元、前照灯控制单元、转向柱电子装置控制单元等。

7．迈腾轿车舒适系统 CAN 总线的控制单元包括车载电网控制单元、拖车控制单元、座椅记忆控制单元、驻车辅助控制单元、行李舱盖控制单元、转向柱电子装置控制单元、空调控制单元、辅助加热装置控制单元和车门控制单元等。

8．迈腾轿车信息娱乐系统 CAN 总线的控制单元包括收音机（导航控制单元）、电话准备系统控制单元、数字音箱控制单元和辅助加热控制单元等。

9．迈腾轿车 LIN 总线采用单主、多从控制器控制，车内监控传感器 G273、车辆侧倾传感器 G384 和报警扬声器 H12 通过主控制单元（舒适系统中央控制单元 J393）向总线系统发送传感器信号，同时通过主控制单元接收控制信号。

10．迈腾轿车网关（J533）具有主控制器功能，控制驱动总线的 15 号线运输模式与舒适总线的睡眠和唤醒模式。

11．迈腾轿车车载电网控制单元 J519 具有以下功能：灯光控制、刮水器控制、负荷管理、后风窗加热、端子控制和燃油泵预供油控制等。

｜3.6 知识训练｜

1．回答问题
（1）简述大众车系 CAN 总线系统的结构。
（2）简述驱动系统 CAN 总线和舒适系统 CAN 总线的区别。
（3）什么是单线模式？
（4）迈腾轿车的负荷管理是怎样进行的？
（5）迈腾轿车更换发动机控制单元时怎样进行防盗匹配？
（6）简述迈腾车型舒适系统中央控制单元 J393 的更换步骤。
（7）导致单一模块不能通信的故障原因有哪些？如何诊断？
（8）导致多个模块不能通信的故障原因有哪些？如何诊断？
（9）下述哪些是大众汽车的 CAN 总线系统？
① 驱动系统 CAN 总线　　　　　　　　　　　　　是□　不是□

② 舒适系统 CAN 总线   是☐ 不是☐

③ 信息娱乐系统 CAN 总线   是☐ 不是☐

④ 仪表系统 CAN 总线   是☐ 不是☐

⑤ 诊断系统 CAN 总线   是☐ 不是☐

⑥ 底盘系统 CAN 总线   是☐ 不是☐

⑦ 远程 CAN 总线   是☐ 不是☐

（10）下述哪些是迈腾车型车载电网控制单元 J519 的功能？

① 灯光控制   是☐ 不是☐

② 刮水器控制   是☐ 不是☐

③ 负荷管理   是☐ 不是☐

④ 自动行车灯控制   是☐ 不是☐

⑤ 高速公路功能   是☐ 不是☐

⑥ 雨水功能   是☐ 不是☐

（11）下述哪些是迈腾车型防盗系统的组件？

① 舒适系统中央控制单元 J393   是☐ 不是☐

② 进入及启动许可开关 E415   是☐ 不是☐

③ 转向柱电子装置控制单元 J527   是☐ 不是☐

④ 发动机控制单元 J623   是☐ 不是☐

⑤ 电子转向柱锁控制单元 J764   是☐ 不是☐

（12）通过波形判断以下舒适系统 CAN 总线的故障类型。

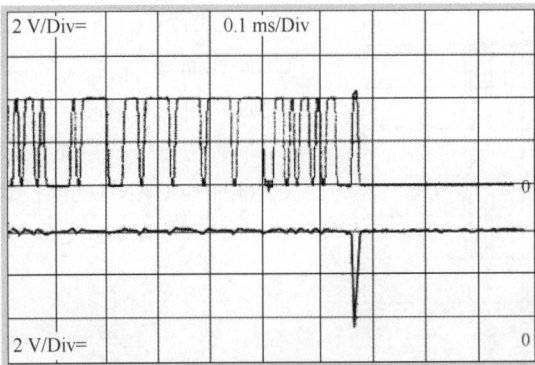

CAN-L 断路   ☐

CAN-H 断路   ☐

CAN-L 与正极短路   ☐

CAN-L 与搭铁线短路   ☐

CAN-H 与 CAN-L 短路   ☐

CAN-H 与 CAN-L 反接   ☐

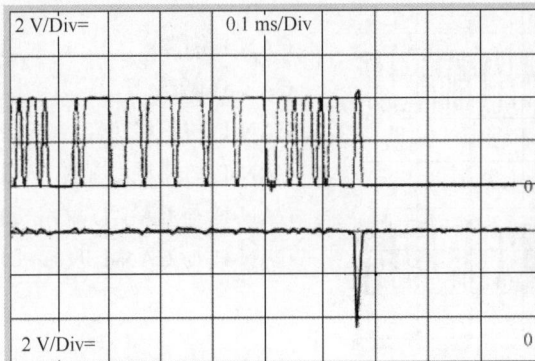

CAN-L 断路   ☐

CAN-H 断路   ☐

CAN-L 与正极短路   ☐

CAN-L 与搭铁线短路   ☐

CAN-H 与 CAN-L 短路   ☐

CAN-H 与 CAN-L 反接   ☐

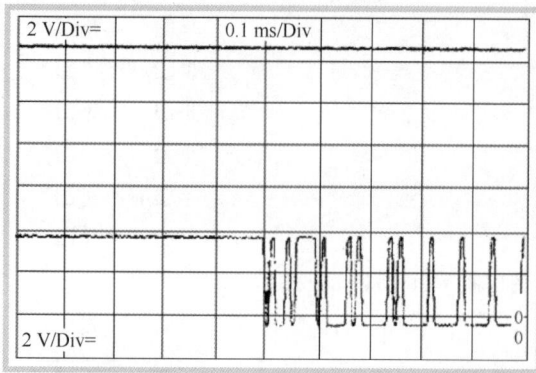

CAN-L 断路　　　　　　❑
CAN-H 断路　　　　　　❑
CAN-L 与正极短路　　　❑
CAN-L 与搭铁线短路　　❑
CAN-H 与 CAN-L 短路　❑
CAN-H 与 CAN-L 反接　❑

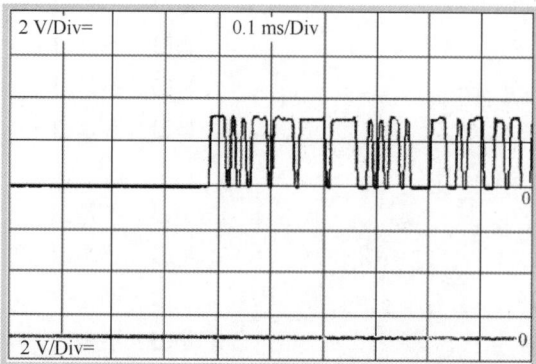

CAN-L 断路　　　　　　❑
CAN-H 断路　　　　　　❑
CAN-L 与正极短路　　　❑
CAN-L 与搭铁线短路　　❑
CAN-H 与 CAN-L 短路　❑
CAN-H 与 CAN-L 反接　❑

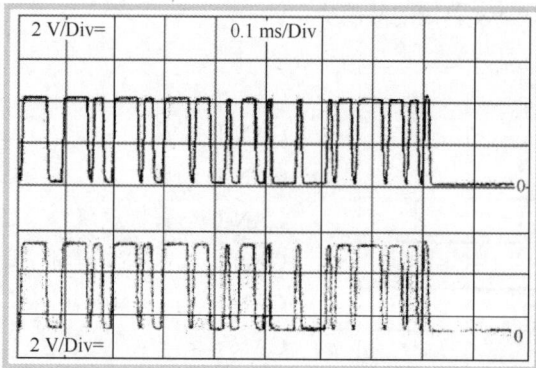

CAN-L 断路　　　　　　❑
CAN-H 断路　　　　　　❑
CAN-L 与正极短路　　　❑
CAN-L 与搭铁线短路　　❑
CAN-H 与 CAN-L 短路　❑
CAN-H 与 CAN-L 反接　❑

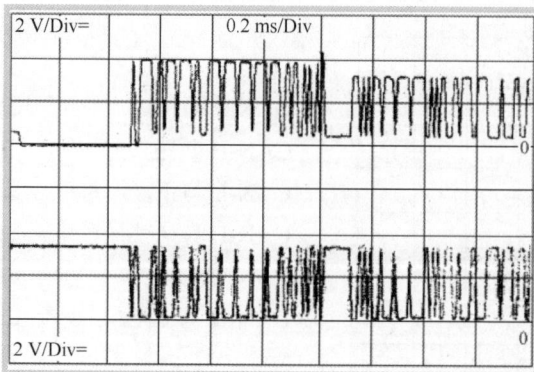

CAN-L 断路　　　　　　❑
CAN-H 断路　　　　　　❑
CAN-L 与正极短路　　　❑
CAN-L 与搭铁线短路　　❑
CAN-H 与 CAN-L 短路　❑
CAN-H 与 CAN-L 反接　❑

2．判断正误

（1）下列叙述内容与大众汽车的驱动系统 CAN 总线相关，请判断正误。

①（　　）驱动系统 CAN 总线由 15 号线激活。

②（　　）采用双线式数据总线。

③（　　）传输速率为 500 kbit/s，所以被称为高速 CAN 总线。

④（　　）通过 CAN 总线的 CAN-H 和 CAN-L 来进行数据交换。

⑤（　　）在总线空闲的时候，所有节点都可以发出报文。

（2）下列叙述内容与驱动系统 CAN 总线的数据传递相关，请判断正误。

①（　　）在隐性状态时，CAN-H 和 CAN-L 的电压均约为 2.5 V。

②（　　）在显性状态时，CAN-H 的电压升至约 3.5 V，CAN-L 的电压降至约 1.5 V。

③（　　）差动信号放大器用 CAN-H 上的电压减去 CAN-L 上的电压得到输出的电压，显性时电压差为 2 V，隐性时电压差为 0 V。

（3）下列叙述内容与大众汽车的舒适系统 CAN 总线相关，请判断正误。

①（　　）舒适系统 CAN 总线由 30 号线激活。

②（　　）采用双线式数据总线。

③（　　）传输速率为 100 kbit/s，所以被称为低速 CAN 总线。

④（　　）通过 CAN 总线的 CAN-H 和 CAN-L 来进行数据交换。

⑤（　　）舒适系统 CAN 总线的 CAN-H 和 CAN-L 不是通过电阻相连的，而是彼此独立作为电压源来工作。

⑥（　　）当其中一条 CAN 导线出现故障时，系统可以进入单线模式。

（4）下列叙述内容与舒适系统 CAN 总线的数据传递相关，请判断正误。

①（　　）在隐性状态时，CAN-H 的电压约为 0 V，CAN-L 的电压均约为 5 V。

②（　　）在显性状态时，CAN-H 的电压约为 3.6 V，CAN-L 的电压约为 1.4 V。

③（　　）在差动信号放大器内相减后，隐性电压差为-5 V，显性电压差为 2.2 V。

（5）下列叙述与大众汽车的诊断接口端子含义相关，请判断正误。

①（　　）1 号针脚为 15 号线。

②（　　）4 和 5 号针脚为搭铁线。

③（　　）6 和 14 号针脚分别为 CAN-H 和 CAN-L。

④（　　）7 号针脚为 K 线。

⑤（　　）15 号针脚为 L 线。

⑥（　　）16 号针脚为 30 号线。

（6）下列叙述内容与迈腾车型总线系统的睡眠和唤醒相关，请判断正误。

①（　　）当舒适总线和信息娱乐总线处于空闲状态，网关监控到所有的总线都有睡眠要求时，控制单元发出睡眠命令，进入睡眠模式。

②（　　）此时总线电压 CAN-H 为 12 V，CAN-L 为 0 V。

③（　　）如果驱动总线仍处于信息传递过程中，舒适总线和信息娱乐总线不允许进入睡眠模式。

④（　　）如果舒适总线处于信息传递过程中，信息娱乐总线不能进入睡眠模式。

⑤（　　）当某一个信息激活相应的总线后，控制单元会激活其他总线。

项目 4
奥迪车系车载网络系统检修

| 4.1 项目导入 |

【项目描述】

一辆奥迪 A6 轿车，操作遥控钥匙无法解锁或上锁右侧前后车门，右侧后视镜信号灯不亮；驾驶员侧玻璃升降器开关无法控制右侧前后车窗玻璃升降，后视镜开关无法控制右侧后视镜的调节与折叠，左侧前后车门无异常。

经初步使用故障诊断仪读取故障码，结果显示驾驶员侧车门控制单元 J386 无法与副驾驶员侧车门控制单元 J387 通信，与其他控制单元通信正常。怎样解决这个故障呢？

本项目以大家熟悉的车载网络系统为项目实体，介绍车载网络系统在奥迪车系中的使用。

【学习目标】

素质目标

通过对工匠精神的学习，培养稳中求进、精益求精、质量第一的工匠精神。

知识目标

认识奥迪车系车载网络系统。

技能目标

1. 能够使用仪器完成奥迪车系 CAN 总线系统检测；
2. 能够诊断与维修奥迪车系 CAN 总线系统典型故障。

【学习资源】

1. 奥迪车系 CAN、LIN 总线系统自学手册；
2. 奥迪车系维修手册；
3. 网络平台教学资源库课程资源。

|4.2　学习参考：奥迪车系的车载网络系统|

4.2.1　奥迪车系 CAN 总线系统组成

本节以奥迪 A6 轿车和奥迪 A4 轿车为例介绍典型的奥迪车系 CAN 总线系统组成。

1. 奥迪 A6 CAN 总线系统

典型的奥迪 A6 CAN 总线系统主要包括驱动系统 CAN 总线、舒适系统 CAN 总线、信息娱乐系统 CAN 总线、诊断系统 CAN 总线等，每个 CAN 子系统中都有很多控制单元，如图 4-1 所示。

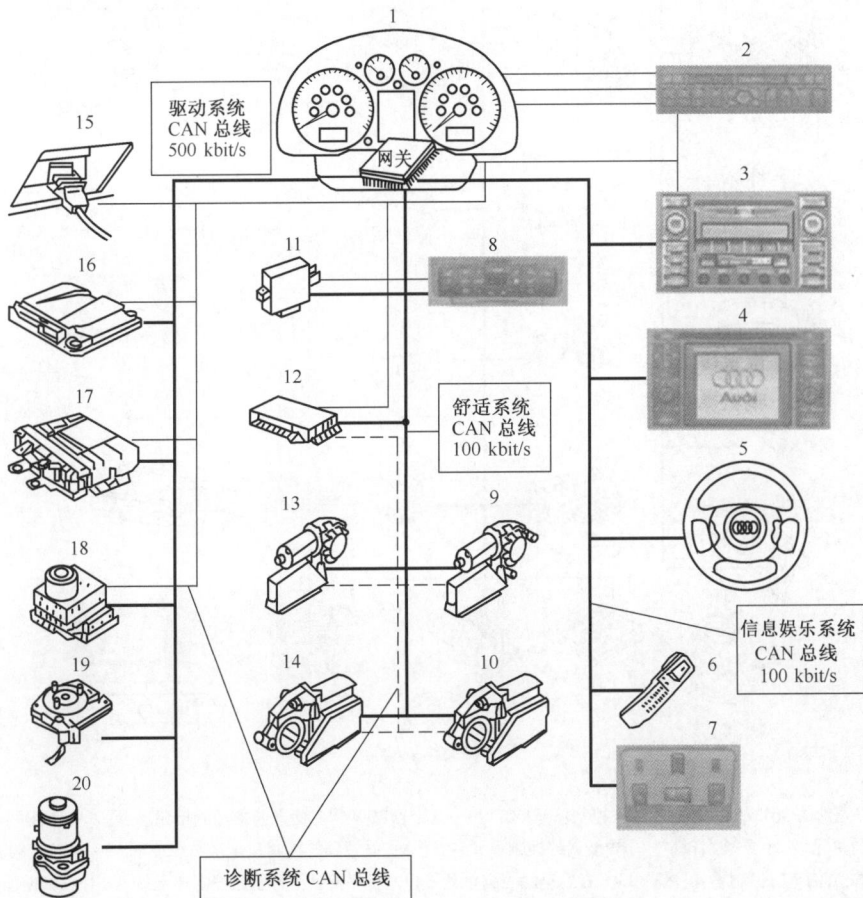

认识奥迪车系 CAN 总线系统

1—组合仪表控制单元J285　2—收音机　3—音响　4—电子导航控制和显示系统J402　5—多功能方向盘控制单元J453
6—移动电话电子操作装置控制单元J412　7—声音控制系统　8—前部空调操纵和显示单元E87　9—副驾驶员侧车门控制单元J387　10—右后车门控制单元J389　11—驻车辅助控制单元J446　12—舒适系统中央控制单元J393　13—驾驶员侧车门控制单元J386　14—左后车门控制单元J388　15—诊断系统　16—发动机控制单元J537　17—自动变速器控制单元J217
18—ABS控制单元J104　19—转向角传感器G85　20—转向辅助控制单元J500

图 4-1　奥迪 A6 CAN 总线系统组成

2．奥迪 A4 CAN 总线系统

典型的奥迪 A4 CAN 总线系统包括驱动系统 CAN 总线、舒适系统 CAN 总线、信息娱乐系统 CAN 总线、诊断系统 K 线和 L 线，如图 4-2 所示。奥迪 A4 控制单元位置如图 4-3（a）和图 4-3（b）所示。

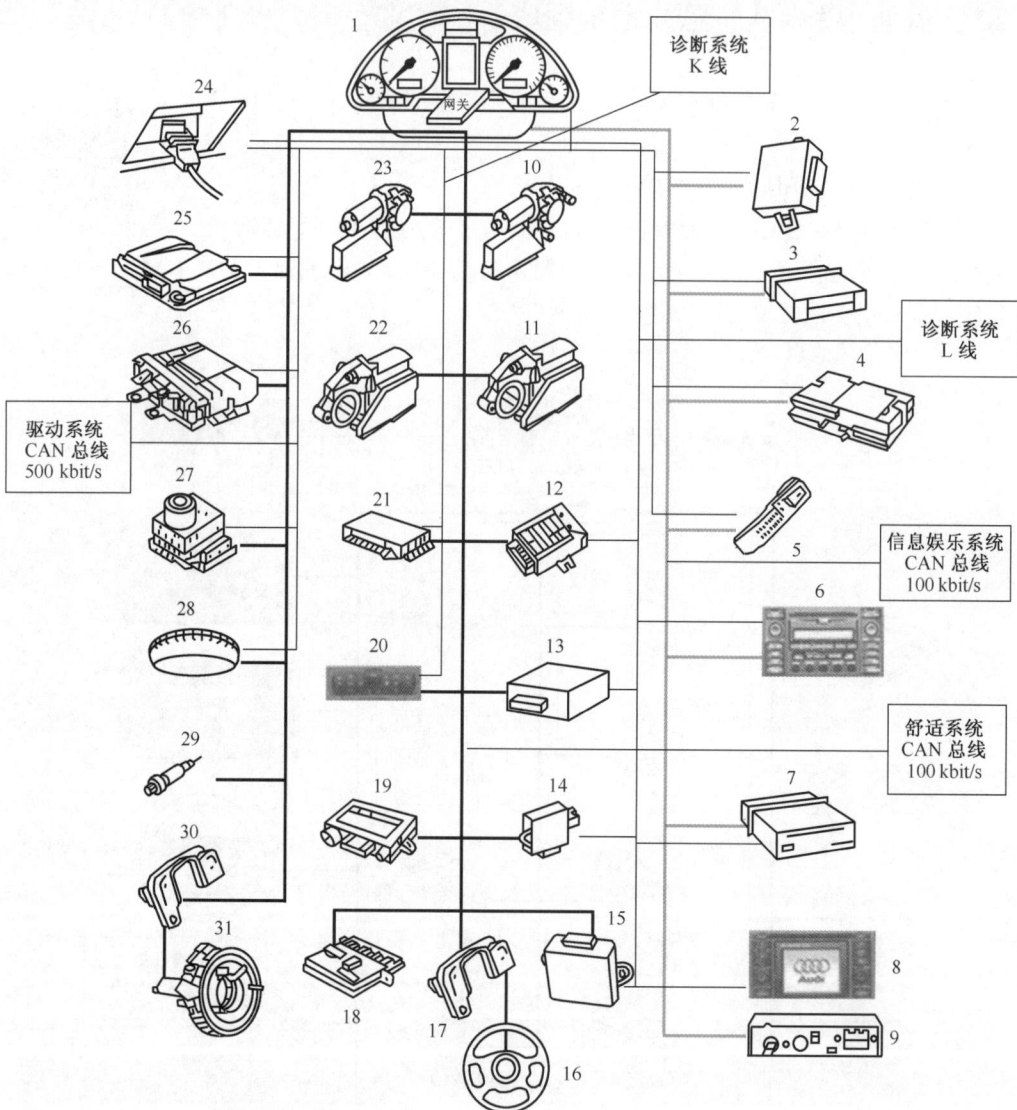

1—组合仪表控制单元J285　2—语音进入控制单元J507　3—读卡器R99　4—信息通信控制单元J499　5—移动电话电子操作装置控制单元J412　6—收音机　7—导航系统控制单元J401　8—电子导航控制和显示系统J402　9—导航接触界面R94　10—副驾驶员侧车门控制单元J387　11—右后车门控制单元J389　12—轮胎压力监控制单元J502　13—辅助加热装置控制单元J162　14—驻车辅助控制单元J446　15—座椅调节和带记忆功能的转向柱调节控制单元J136　16—多功能方向盘控制单元J453　17、30—转向柱电子装置控制单元J527　18—车载电网控制单元J519　19—拖车识别装置控制单元J345　20—前部空调操纵和显示单元E87　21—舒适系中央控制单元J393　22—左后车门控制单元J388　23—驾驶员侧车门控制单元J386　24—诊断系统　25—发动机控制单元J220　26—自动变速器控制单元J217　27—ABS控制单元J104　28—安全气囊控制单元J234　29—NO$_x$传感器控制单元　31—转向角传感器G85

图 4-2　奥迪 A4 CAN 总线系统组成

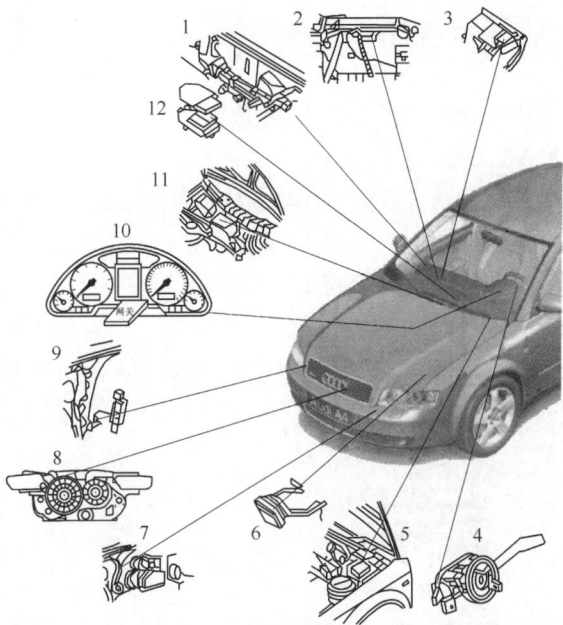

（a）奥迪A4前车身控制单元位置

1—信息通信控制单元J499　2—前照灯照程控制单元J431　3—读卡器R99　4—转向柱电子装置控制单元J527　5—发动机控制单元J220和自动变速器控制单元J217　6—ABS控制单元J104　7—左前气囊碰撞传感器G283　8—冷却风扇控制单元J293　9—右前气囊碰撞传感器G284　10—自动仪表控制单元J285　11—蓄电池　12—移动电话电子操作装置控制单元J412

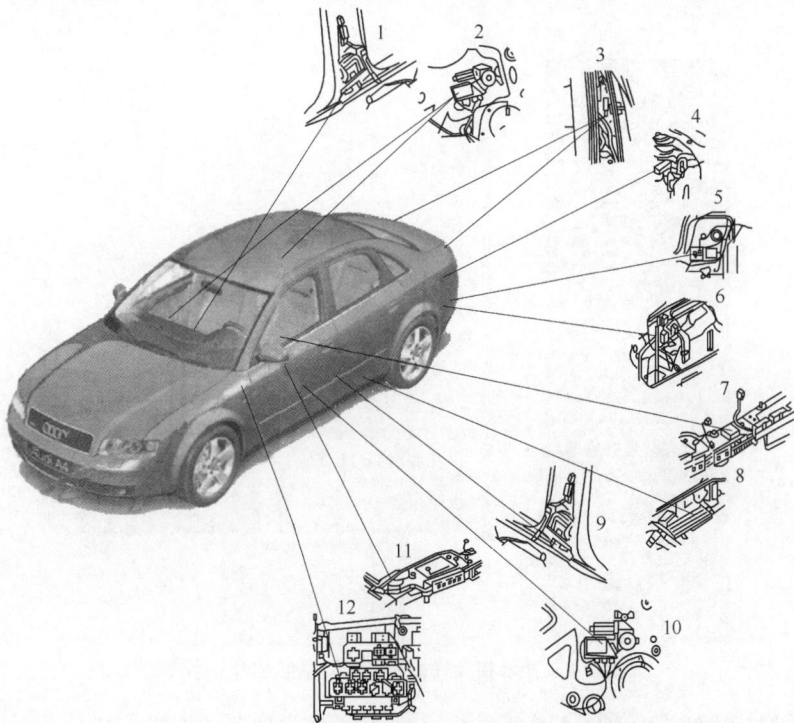

（b）奥迪A4后车身（及部分前车身）控制单元位置

1—右前侧气囊碰撞传感器G180　2—右前车门控制单元J387和右后车门控制单元J389　3—左后和右后碰撞传感器　4—拖车识别装置控制单元J345　5—驻车辅助控制单元J446　6—轮胎压力监控控制单元J502　7—安全气囊控制单元J234　8—舒适系统中央控制单元J393　9—左前侧气囊碰撞传感器G179　10—左前车门控制单元J386　11—ESP传感器　12—车载电网控制单元J519

图 4-3　奥迪 A4 控制单元位置

4.2.2 奥迪 CAN 总线系统拓扑结构

本节以 2010 款和 2017 款奥迪 A8 以及 2016 款奥迪 A4 为例介绍奥迪 CAN 总线系统。

1．2010 款奥迪 A8 CAN 总线系统

CAN 总线在控制单元之间传送数据，连接各控制单元形成一个整体系统。2010 款奥迪 A8 轿车安装的 CAN 控制系统有 4 个 CAN 子系统，包括显示和操作系统 CAN 总线、扩展 CAN 总线、驱动系统 CAN 总线和舒适系统 CAN 总线，其拓扑结构如图 4-4、图 4-5、图 4-7、图 4-8 所示。

2010 款奥迪 A8 只有一个 CAN 总线分离插头，位于行李舱右侧的电气模块及熔断器座和继电器座之间。

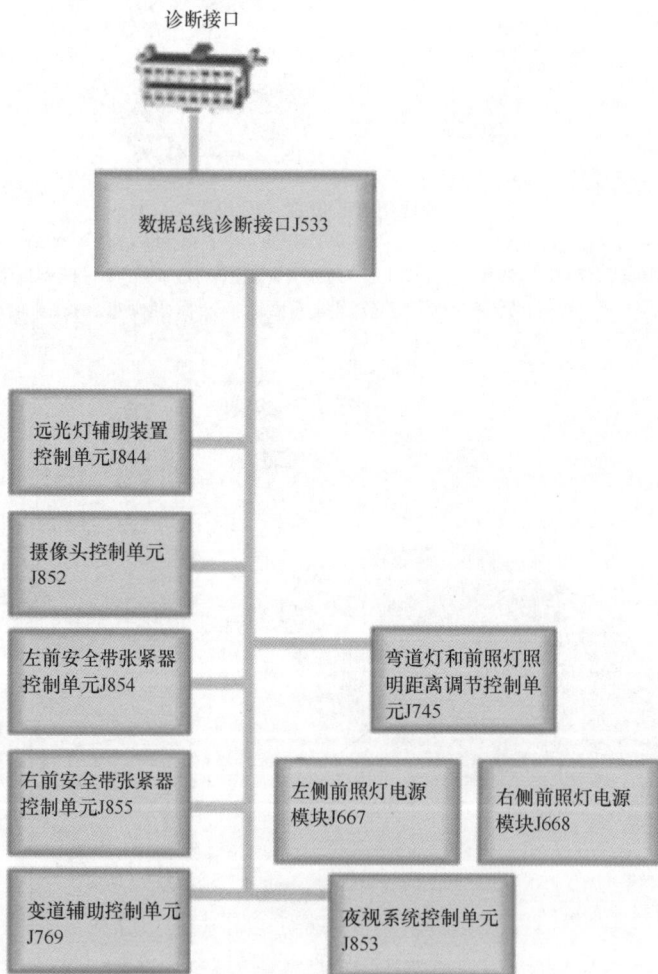

图 4-4　显示和操作系统 CAN 总线拓扑结构

CAN 总线分离插头中有 4 个总线系统的 CAN 总线接线器（见图 4-6）：

- PIN 1~8（舒适系统 CAN 总线的节点）；
- PIN 9~13（驱动系统 CAN 总线的节点）；
- PIN 14~18（显示和操作系统 CAN 总线的节点）；

● PIN 19～23（扩展 CAN 总线的节点）。

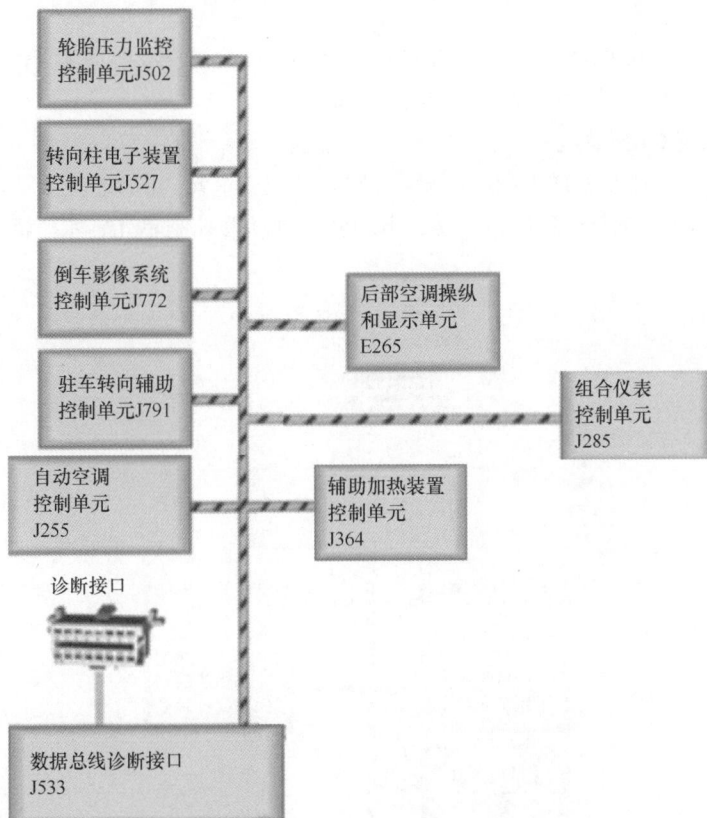

图 4-5　扩展 CAN 总线拓扑结构

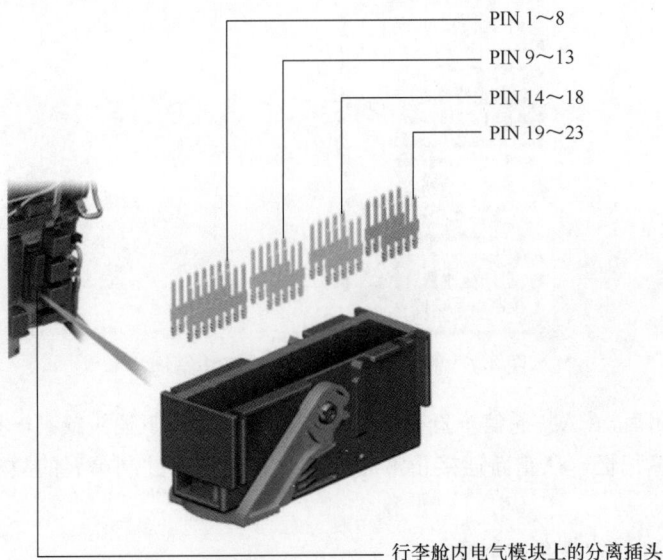

图 4-6　4 个总线系统的 CAN 总线接线器

从其他奥迪车型上我们已经知道，CAN 总线分离插头可以与 CAN 总线分离转接头 VAG1589/38 连接。

拔下分离转接头上的连接线后，可以分离 CAN 总线的各个接线桩。这样就可以在运行时在各个接线桩或整个 CAN 总线上进行测量。通过测量可以系统地分析 CAN 总线上的故障，找到故障原因。

因显示和操作系统 CAN 总线和扩展 CAN 总线节点相对较少，这里就不介绍了。下面主要介绍驱动系统 CAN 总线和舒适系统 CAN 总线。

（1）驱动系统 CAN 总线

如图 4-7 所示，驱动系统 CAN 总线连接发动机控制单元、自动变速器控制单元、主动转向系统控制单元、安全气囊控制单元、电动驻车制动器控制单元、水平高度调节系统控制单元等。

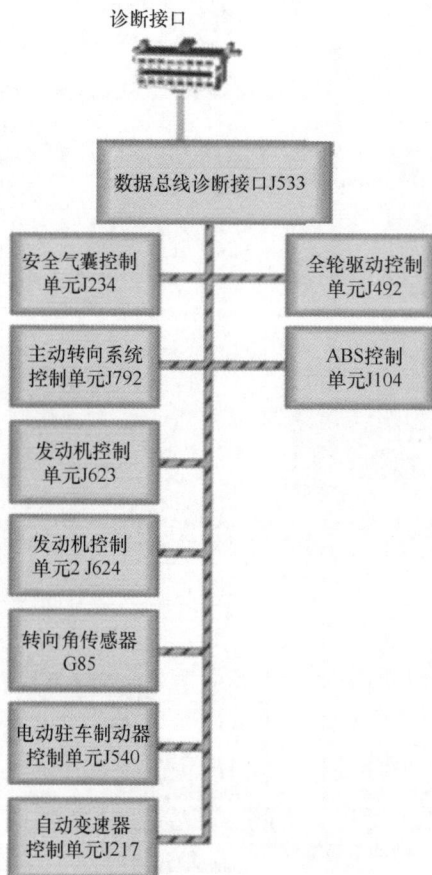

图 4-7　驱动系统 CAN 总线拓扑结构

点火开关关闭后，CAN 通信一直有效。通信断路（如拔下插头或某一控制单元供电断路）时会产生故障记忆，在重新连接正常后，必须删除所有控制单元的故障存储后才可以正常运行。

驱动系统 CAN 总线具有如下特点。

① 500 kbit/s 的传输速率。

② 级别 CAN/C。

③ 采用的双绞线：CAN-H 为橙色/黑色，CAN-L 为橙色/棕色。

④ 在一根线断路/短路时，所有功能都会停止。

（2）舒适系统 CAN 总线

如图 4-8 所示，舒适系统 CAN 总线连接车载电网控制单元、舒适系统中央控制单元、拖车识别装置控制单元、蓄电池能量管理单元、车门控制单元、电子转向柱锁控制单元、座位调节和带记忆功能的转向柱调节控制单元、行李舱盖控制单元，以及汽车定位系统控制单元等。

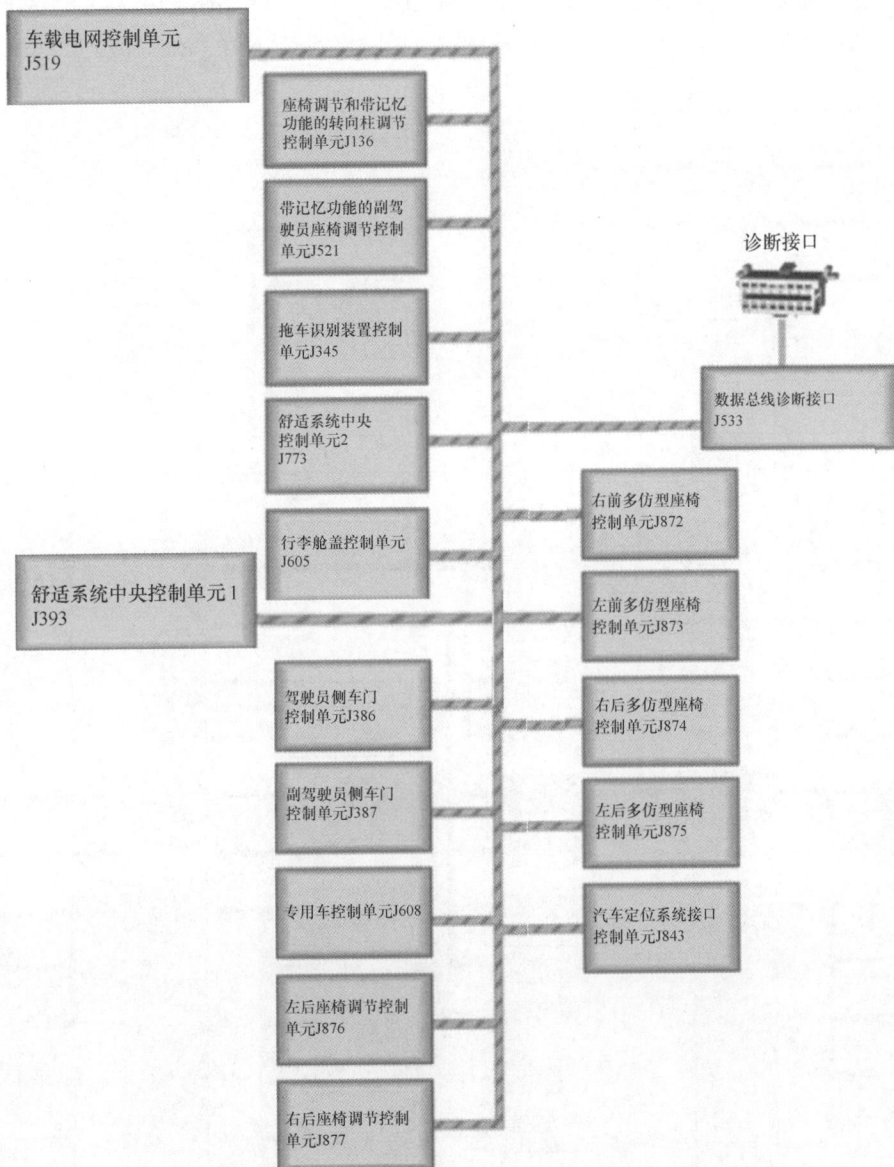

图 4-8　舒适系统 CAN 总线拓扑结构

点火开关关闭后，CAN 通信一直有效。通信断路（如拔下插头或某一控制单元供电断路）时会产生故障记忆，在重新连接正常后，必须删除所有控制单元的故障存储后才可以正常运行。

舒适系统 CAN 总线具有如下特点。

① 100 kbit/s 的传输速率。

② 级别 CAN/B。

③ 采用的双绞线：CAN-H 为橙色/绿色，CAN-L 为橙色/棕色。

2．2017 款奥迪 A8 CAN 总线系统

2017 款奥迪 A8 搭载了 48 V 轻混系统，安装的 CAN 控制系统有 8 个 CAN 子系统，包括舒适系统 CAN 总线 1、舒适系统 CAN 总线 2、扩展 CAN 总线、信息娱乐系统 CAN 总线、模块化信息娱乐系统 CAN 总线、诊断系统 CAN 总线、组合仪表 CAN 总线和驱动系统 CAN 总线等。其网络拓扑结构如图 4-9 所示，从图中可以看出各 CAN 子系统内部节点连接情况。

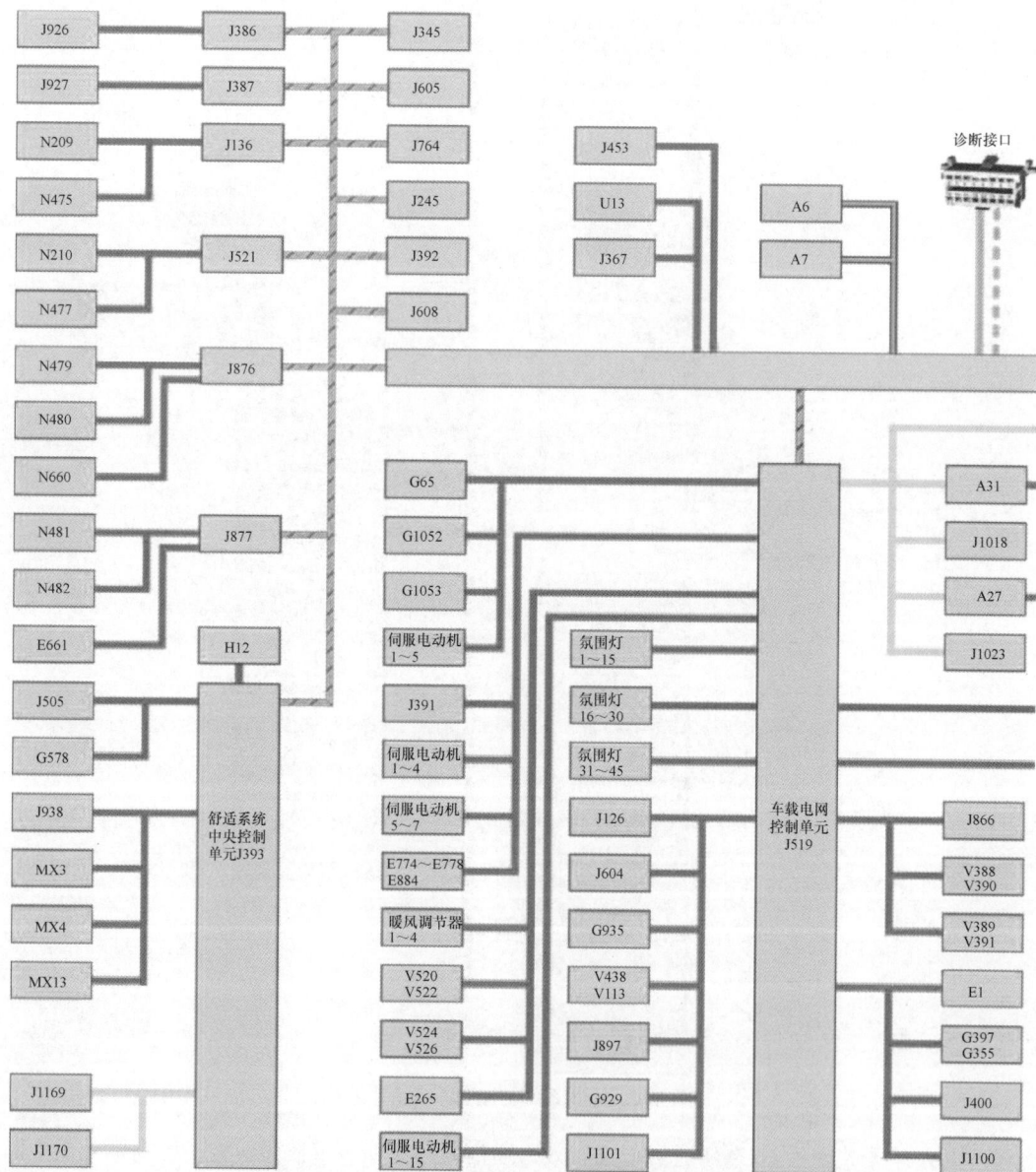

（a）2017款奥迪A8轻混网络拓扑结构l

图 4-9　2017 款奥迪 A8 轻混网络拓扑结构

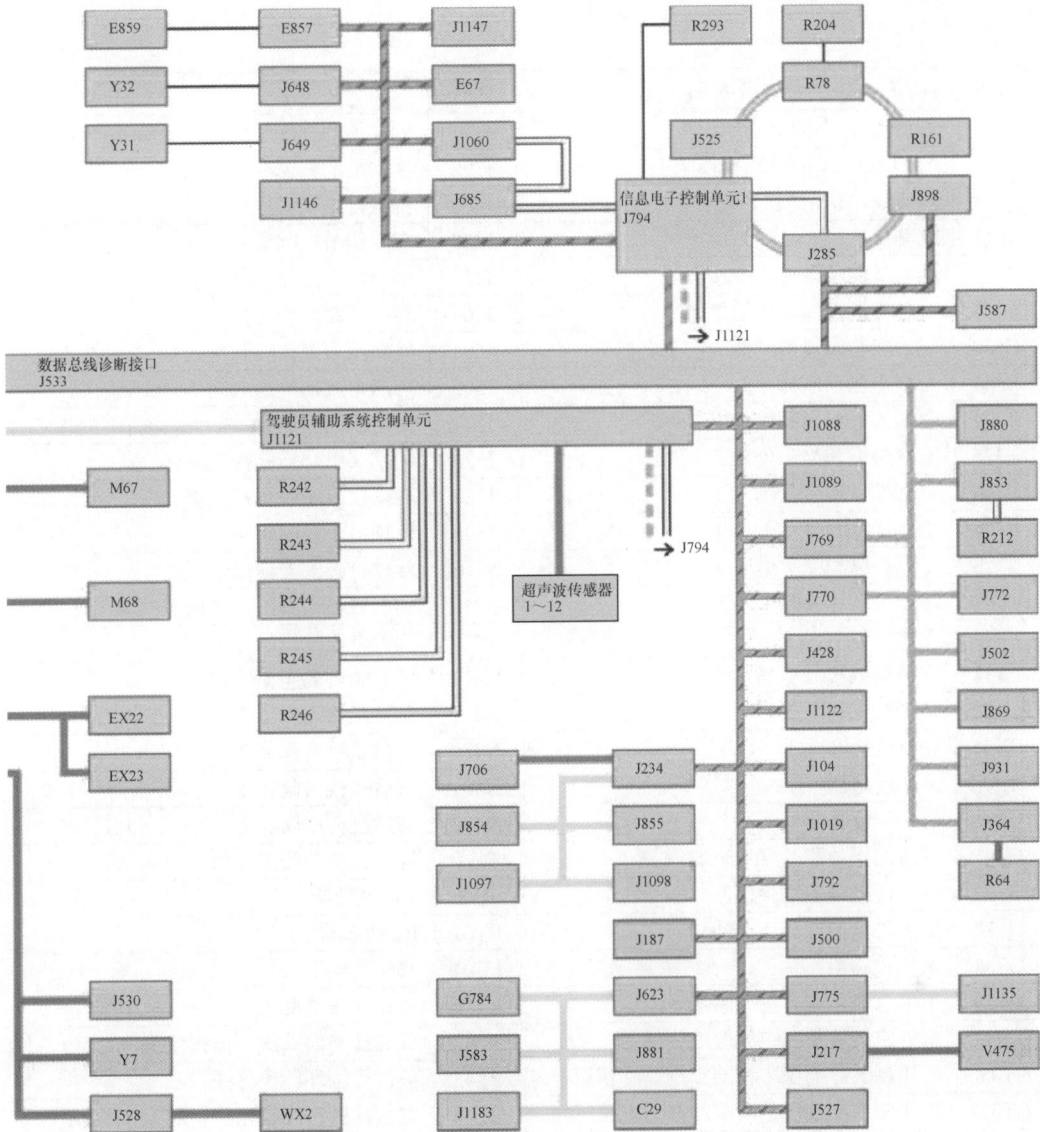

（b） 2017款奥迪A8轻混网络拓扑结构2

舒适系统CAN总线1		诊断系统CAN总线	
驱动系统CAN总线		FlexRay总线	
扩展CAN总线		模块化信息娱乐系统CAN总线	
信息娱乐系统CAN总线		LIN总线	
子总线系统		USB线	
MOST总线		以太网连接	
LVDS		舒适系统CAN总线2	
组合仪表CAN总线			

图 4-9 2017 款奥迪 A8 轻混网络拓扑结构（续）

图 4-9 中部分代号名称如表 4-1 所示。

表 4-1 2017 款奥迪 A8 48V 轻混网络拓扑图代号名称（部分）

代号	名称	代号	名称
A6	蓄电池，48 V	A7	变压器，48 V/12 V

代号	名称	代号	名称
A27	右侧 LED 前照灯功率模块 1	J391	后部新鲜空气鼓风机控制单元
A31	左侧 LED 前照灯功率模块 1	J392	后部滑动天窗控制单元
C29	启动发电两用机	J400	刮水器电动机控制单元
E1	灯开关	J428	车距调节控制单元 1
E67	驾驶员侧音量调节器	J453	多功能方向盘控制单元
E265	后部空调操纵和显示单元	J500	转向辅助控制单元
E660	左后多轮廓座椅开关	J502	轮胎压力监控控制单元
E661	右后多轮廓座椅开关	J505	前风窗玻璃加热控制单元
E774	空调操纵和显示单元 1	J521	带记忆功能的副驾驶员座椅调节控制单元
E775	空调操纵和显示单元 2	J525	数字式组合音响控制单元
E776	空调操纵和显示单元 3	J527	转向柱电子装置控制单元
E777	空调操纵和显示单元 4	J528	车顶电子控制单元
E778	空调操纵和显示单元 5	N209	驾驶员腰部支撑调节阀体
E857	辅助显示和操纵单元 1	N210	副驾驶员侧腰部支撑调节阀体
E859	无线操纵单元 1	N475	驾驶员座椅内阀体 1
E884	空调操纵和显示单元 6	N477	副驾驶员侧座椅内阀体 1
EX22	仪表板中间开关模块	N479	左后座椅内阀体 1
EX23	副仪表板开关 1	N480	左后座椅内阀体 2
G65	高压传感器	N481	右后座椅内阀体 1
G355	空气湿度传感器	N482	右后座椅内阀体 2
G395	制冷剂压力和温度传感器	R64	驻车加热无线接收器
G397	雨水与光线识别传感器	R78	TV-调谐器
G578	防盗警报传感器	R161	DVD-换碟机
G784	颗粒传感器	R204	TV-读卡器
G929	车内二氧化碳含量传感器	R212	夜视系统摄像头
G935	车外空气质量和空气湿度传感器	R242	驾驶员辅助系统正面摄像头
G1052	低压侧制冷剂压力和制冷剂温度传感器	R243	前部周围环境摄像头
G1053	高压侧制冷剂压力和制冷剂温度传感器	R244	左侧周围环境摄像头
H12	报警扬声器	R245	右侧周围环境摄像头
J104	ABS 控制单元	R246	后部周围环境摄像头
J126	新鲜空气鼓风机控制单元	R293	USB-集线器
J136	座位调节和带记忆功能的转向柱调节控制单元	J530	车库门开启控制单元
J187	差速锁控制单元	J583	NO$_x$ 传感器控制单元
J217	自动变速器控制单元	J587	选挡杆传感器控制单元
J234	安全气囊控制单元	J604	空气辅助加热装置控制单元
J245	滑动天窗控制单元	J605	行李舱盖控制单元
J285	组合仪表控制单元	J608	专用车控制单元
J345	拖车识别装置控制单元	J623	发动机控制单元
J364	辅助加热装置控制单元	J648	左后信息显示和操纵控制单元
J367	蓄电池监控控制单元	J649	右后信息显示和操纵控制单元
J386	驾驶员侧车门控制单元	J685	MMI-显示屏
J387	副驾驶员侧车门控制单元	J706	座椅占用识别控制单元

续表

代号	名称	代号	名称
J764	电子转向柱锁控制单元	J1121	驾驶员辅助系统控制单元
J769	变道辅助控制单元1	J1122	激光车距调节控制单元
J770	变道辅助控制单元2	J1135	水平调节压缩机电子装置
J772	倒车影像系统控制单元	J1146	移动终端充电器1
J775	底盘控制单元	J1147	移动终端充电器2
J792	主动转向系统控制单元	J1169	近场通信控制单元1
J853	夜视系统控制单元	J1170	近场通信控制单元2
J854	左前安全带张紧器控制单元	J1183	NO_x传感器控制单元3
J855	右前安全带张紧器控制单元	M67	左侧辅助远光灯灯泡
J866	电动可调转向柱电子装置控制单元	M68	右侧辅助远光灯灯泡
J869	车身传声控制单元	MX3	左侧尾灯
J876	左后座椅调节控制单元	MX4	右侧尾灯
J877	右后座椅调节控制单元	MX13	中间尾灯
J880	还原剂计量系统控制单元	U13	带插座的逆变器，12～230 V
J881	NO_x传感器控制单元2	V66	水平调节压缩机电动机
J897	空气改善系统控制单元	V113	循环空气翻板伺服电动机
J898	前风窗玻璃投影（抬头显示）控制单元	V388	驾驶员座椅靠背风扇
J926	左后车门控制单元	V389	副驾驶员侧座椅靠背风扇
J927	右后车门控制单元	V390	驾驶员座椅坐垫风扇
J931	总成悬置控制单元	V391	副驾驶员侧座椅坐垫风扇
J938	行李舱盖开启装置控制单元	V438	新鲜空气翻板伺服电动机
J1018	左侧车灯控制单元	V475	变速器机油辅助液压泵 1
J1019	后桥转向控制单元	V520	左后座椅靠背风扇1
J1023	右侧车灯控制单元	V522	左后座椅坐垫风扇1
J1060	下部触屏	V524	右后座椅靠背风扇1
J1088	左前物体识别雷达传感器控制单元	V526	右后座椅坐垫风扇1
J1089	右前物体识别雷达传感器控制单元	WX2	后部车内灯
J1097	左后安全带张紧器控制单元	Y7	自动防眩目车内后视镜
J1098	右后安全带张紧器控制单元	Y31	多媒体系统显示单元3
J1100	前风窗清洗泵控制单元	Y32	多媒体系统显示单元4
J1101	香氛系统控制单元		

3．2016 款奥迪 A4 CAN 总线系统

2016 款奥迪 A4 CAN 总线系统主要包括舒适系统 CAN 总线、扩展 CAN 总线、信息娱乐系统 CAN 总线、模块化信息娱乐系统 CAN 总线、诊断系统 CAN 总线和驱动系统 CAN 总

线等。

其拓扑结构如图 4-10 所示，展示了能连接在总线上的所有控制单元。

图 4-10 展示了 2016 款奥迪 A4 车上控制单元的通信路径，从图中可以看出各 CAN 子系统节点的联网情况。

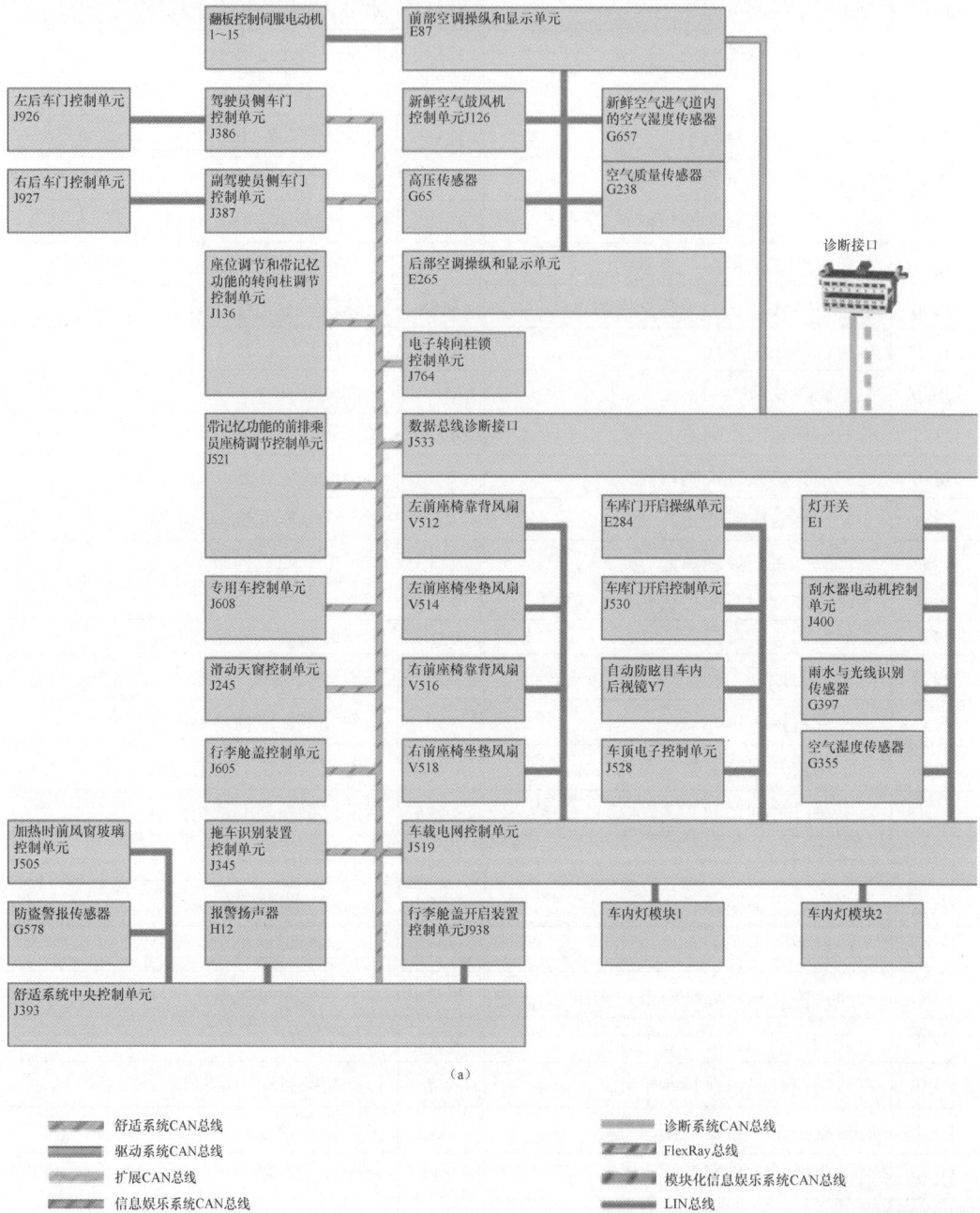

（a）

图 4-10 2016 款奥迪 A4 CAN 总线系统

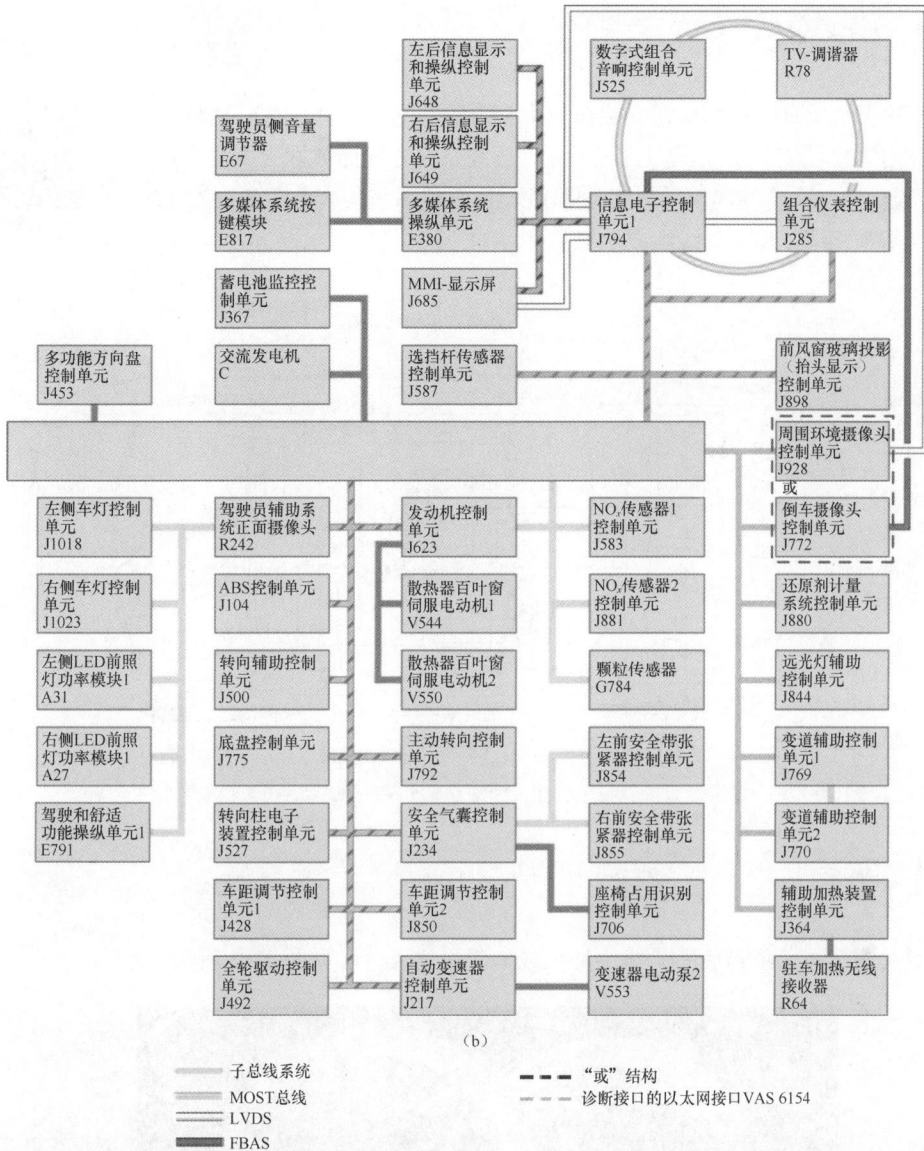

左后信息显示和操纵控制单元 J648

数字式组合音响控制单元 J525

TV-调谐器 R78

驾驶员侧音量调节器 E67

右后信息显示和操纵控制单元 J649

多媒体系统按键模块 E817

多媒体系统操纵单元 E380

信息电子控制单元1 J794

组合仪表控制单元 J285

蓄电池监控控制单元 J367

MMI-显示屏 J685

多功能方向盘控制单元 J453

交流发电机 C

选挡杆传感器控制单元 J587

前风窗玻璃投影（抬头显示）控制单元 J898

周围环境摄像头控制单元 J928 或 倒车摄像头控制单元 J772

左侧车灯控制单元 J1018

驾驶员辅助系统正面摄像头 R242

发动机控制单元 J623

NOₓ传感器1控制单元 J583

右侧车灯控制单元 J1023

ABS控制单元 J104

散热器百叶窗伺服电动机1 V544

NOₓ传感器2控制单元 J881

还原剂计量系统控制单元 J880

左侧LED前照灯功率模块1 A31

转向辅助控制单元 J500

散热器百叶窗伺服电动机2 V550

颗粒传感器 G784

远光灯辅助控制单元 J844

右侧LED前照灯功率模块1 A27

底盘控制单元 J775

主动转向控制单元 J792

左前安全带张紧器控制单元 J854

变道辅助控制单元1 J769

驾驶和舒适功能操纵单元1 E791

转向柱电子装置控制单元 J527

安全气囊控制单元 J234

右前安全带张紧器控制单元 J855

变道辅助控制单元2 J770

车距调节控制单元1 J428

车距调节控制单元2 J850

座椅占用识别控制单元 J706

辅助加热装置控制单元 J364

全轮驱动控制单元 J492

自动变速器控制单元 J217

变速器电动泵2 V553

驻车加热无线接收器 R64

(b)

子总线系统
MOST总线
LVDS
FBAS

"或"结构
诊断接口的以太网接口VAS 6154

奥迪A4上所使用的总线系统

总线系统	导线颜色	结构形式	数据传输速率	特性
驱动系统CAN总线		双线式总线系统	600 kbit/s	无法单线工作
舒适系统CAN总线		双线式总线系统	600 kbit/s	无法单线工作
扩展CAN总线		双线式总线系统	600 kbit/s	无法单线工作
信息娱乐系统CAN总线		双线式总线系统	600 kbit/s	无法单线工作
模块化信息娱乐系统CAN总线		双线式总线系统	600 kbit/s	无法单线工作
诊断系统CAN总线		双线式总线系统	600 kbit/s	无法单线工作
FlexRay总线		双线式总线系统	10 Mbit/s	无法单线工作
MOST总线		光纤总线系统	150 Mbit/s	环形结构：如果断路，就会导致整个系统失效
LIN总线		单线式总线系统	20 kbit/s	可以单线工作
子总线系统		双线式总线系统	600 kbit/s	无法单线工作
LVDS		双线式总线系统	约200 Mbit/s	无法单线工作
FBAS		单线式总线系统	约80 Mbit/s	可以单线工作

图 4-10　2016 款奥迪 A4 CAN 总线系统（续）

4.2.3　LIN总线

LIN表示所有的控制单元都装在一个有限的空间内（如车顶），所以它也被称为"局域子系统"。车上各个 LIN 总线系统之间的数据交换是由控制单元通过 CAN 总线实现的。奥迪车系 LIN 总线系统与大众迈腾 LIN 总线系统基本相同。LIN 总线组成示意如图4-11 所示。

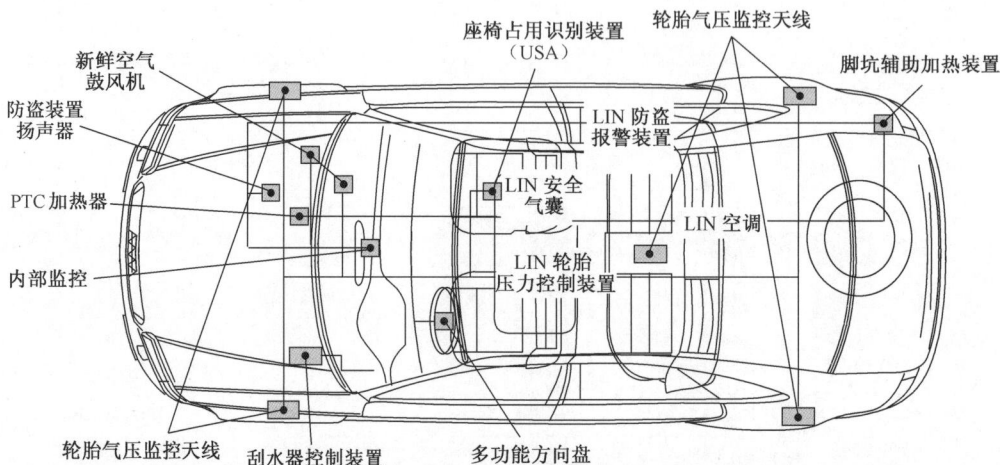

LIN总线

图 4-11　LIN总线组成示意

4.2.4　网关

网关安装在杂物箱后面的模块架上或集成在仪表内，如图4-12 所示。

图 4-12　网关的安装位置

网关是整车不同总线间、诊断仪器和与总线系统相连的控制单元间的接口。由于驱动总线、舒适总线和信息娱乐总线的传输速率不同，所以不能直接进行数据交换，而由连接在 CAN 总线上的控制单元实现数据交换。

作为诊断网关，在不改变数据的情况下，将驱动总线、舒适总线、信息娱乐总线的诊断信息传递到 K 线。作为数据网关，使连接在不同的数据总线上的控制单元能够交换数据，如图4-13 所示。网关的电路如图4-14 所示。

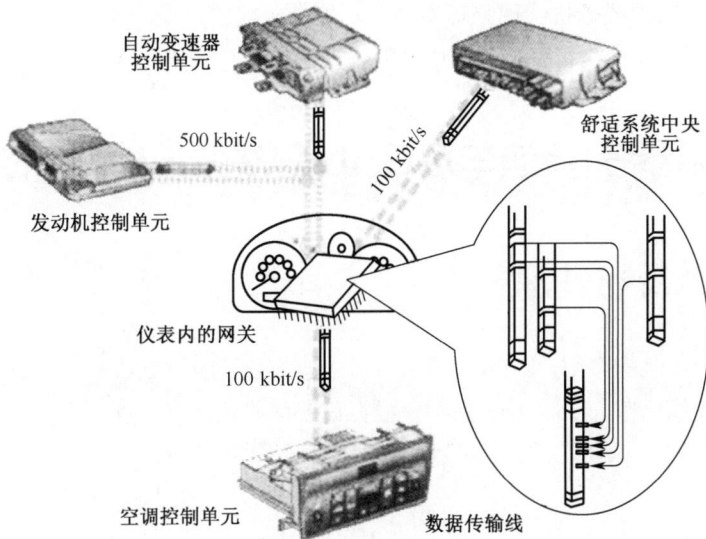

自动变速器
控制单元

500 kbit/s

100 kbit/s

舒适系统中央
控制单元

发动机控制单元

仪表内的网关

100 kbit/s

空调控制单元

数据传输线

图 4-13　网关的作用

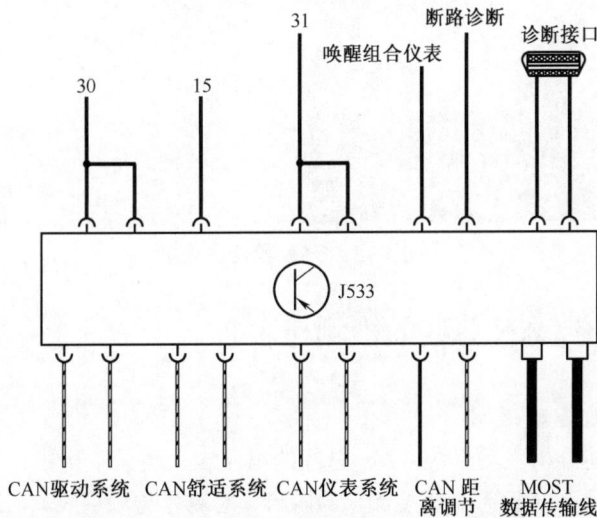

30　　　15　　　　　31　　　断路诊断　　诊断接口

唤醒组合仪表

J533

CAN驱动系统　CAN舒适系统　CAN仪表系统　CAN 距　MOST
离调节　数据传输线

图 4-14　网关的电路

4.2.5　网络管理工作模式

网络管理工作模式有睡眠和唤醒两种。在关闭点火开关后，保持必要的总线通信功能，通过关闭通信，进行静电流的限制，即睡眠模式；如车辆还处于锁车状态，在有需求的前提下启动通信，即唤醒模式。

由于功能分配，相应总线系统上的所有控制单元都参与到网络管理中。控制单元的睡眠状态是为了降低静电流消耗，由于功能分配，所有控制单元必须一起进入睡眠准备状态。正常情况下车辆关闭大约 15min，发出睡眠准备结束信号（睡眠指示字位），总线将进入睡眠模式（总线静止）。控制单元睡眠模式（停止模式）在车辆关闭 2 h 后主处理器不再供电。同时，由于功能分配，所有控制单元必须同时唤醒，总线唤醒功能是通过对总线指令或传感器的反应来实现的，通过对总线干扰实现强迫的唤醒功能是可能的。唤醒模式分为两种，即 CAN 总线唤醒（从总线静止中醒来）和控制单元唤醒（从停止模式中醒来）。

4.3 学习参考：奥迪车系 CAN 总线系统检测与故障诊断

4.3.1 CAN 总线系统检测

以奥迪 A6 轿车为例介绍，CAN 检测盒可以连接在仪表板左侧或者右侧的 CAN 中央接线插座，如图 4-15 所示。根据电路图确定针脚布置，正确连接测量仪（DSO、CAN 工具），可以对 CAN 总线系统进行检测。

CAN 总线系统检测

图 4-15　CAN 检测盒连接

4.3.2 驱动系统 CAN 总线的检测与诊断

1．表笔与线路的连接

使用 DSO 功能分析驱动系统 CAN 总线的电压应采用无干扰模式。如图 4-16 和图 4-17 所示，连接 DSO 检测仪器主机、检测盒与测量线。在通道 A 中，用红色的测量线连接 CAN-H，黑色的测量线搭铁；在通道 B 中，用红色的测量线连接 CAN-L，黑色的测量线搭铁。两条 CAN 总线分别通过一个通道进行测量。

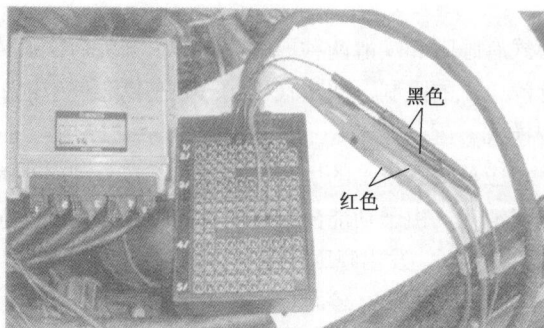

驱动系统 CAN 总线的检测与诊断

黑色

红色

图 4-16　两通道工作情况下 DSO 的连线

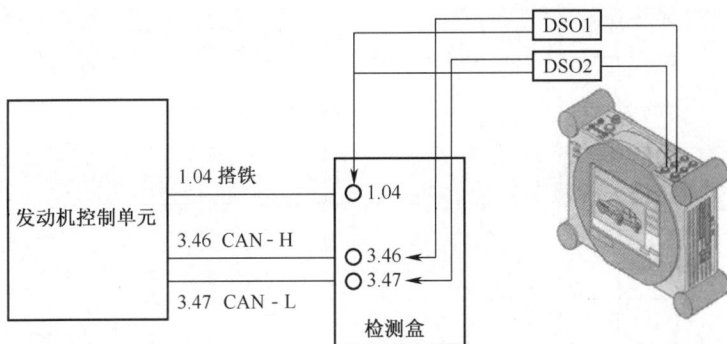

图 4-17　DSO 连线

2．DSO 的设置

DSO 的设置如图 4-18 所示。

测量时首先将 DSO 的通道 A 和通道 B 的零线坐标置于等高,图 4-18 中 3 为双通道的零线。调整两个通道的幅值均为 0.5 V/Div,时间单位值均为 0.02 ms/Div。不同的 DSO 在设置时应适当调整幅值和频率,直至 DSO 显示的波形被较好地利用,便于读取电压幅值和信号波形规律。

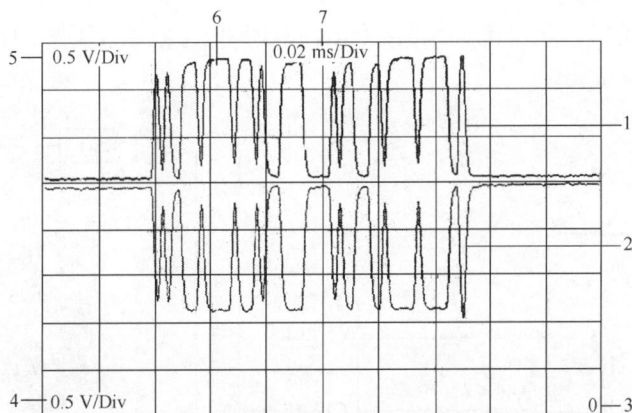

1—通道A测量CAN-H　2—通道B测量CAN-L　3—通道A和通道B的零线坐标置于等高(零线重合),在同一零线坐标下对电压值进行分析更为简便　4—通道B的电压单位值的设定。在0.5 V/Div的设定下,DSO的显示被较好地利用,便于读取电压值　5—通道A的电压单位值的设定　6—触发点的设定,它位于被测定信号的范围内。在CAN-H信号为2.5~3.5 V时,CAN-L信号为1.5~2.5 V　7—时间单位值应尽可能选择得小一些,最小的时间单位值为0.02 ms/Div

图 4-18　DSO 的设置

3．电压信号

CAN 总线的信息传送通过两个逻辑状态"0"(显性)和"1"(隐性)来实现。每一个逻辑状态对应一个相应的电压值,控制单元应用其电压差值获得数据,如图 4-19 所示。

其中的电压关系如表 4-1 所示。

> **说　明**
>
> CAN 总线仅有两种工作状态。在隐性电压时,两个电压值很接近;在显性电压时,两个电压差值约为 2.6 V,电压值大约有 100 mV 的小波动。利用两条线的电压差可以确认数据,当 CAN-H 的电压值上升时,相应 CAN-L 的电压值下降。

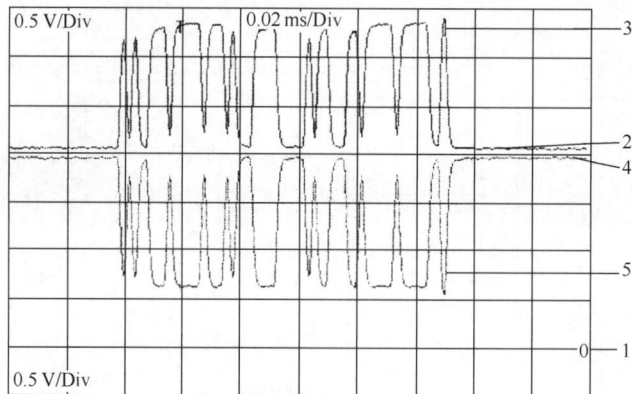

l—通道A和通道B的零线重合　2—CAN-H的隐性电压大约为2.6 V（逻辑"1"）　3—CAN-H的显性电压大约为3.8 V（逻辑"0"）　4—CAN-L的隐性电压大约为2.4 V（逻辑"1"）　5—CAN-L的显性电压大约为1.2 V（逻辑"0"）

图 4-19　电压信号分析

4. 使用 DSO 单通道测量驱动系统 CAN 总线数据

测量步骤如下。

（1）DSO 的单通道工作模式的线路连接

利用 DSO 的单通道可以对驱动系统 CAN 总线的电压差进行测量。DSO 单通道工作模式连线如图 4-20 所示。

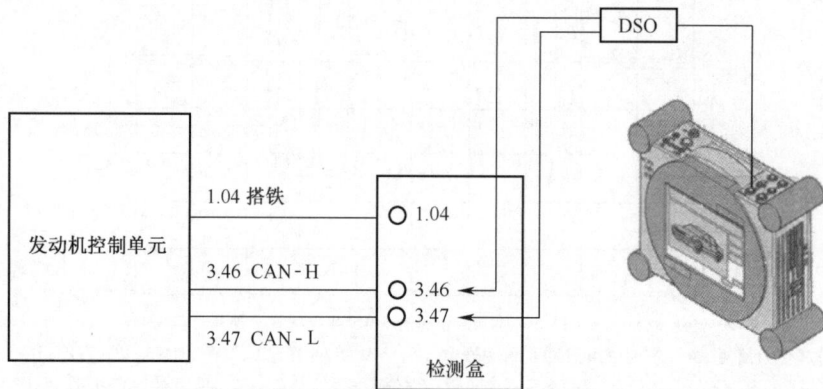

图 4-20　DSO 单通道工作模式连线

单通道工作模式主要用于快速查看总线是否为激活状态，双通道工作模式更易于诊断、分析。如在短路的故障形式下，利用单通道工作模式进行分析是不可行的；而在双通道工作模式下，CAN 总线的每一条线路都有电压显示，这更利于判定故障。

（2）DSO 的设置和波形分析

DSO 单通道工作模式下的数据分析如图 4-21 所示。

其中的电压关系如表 4-2 所示。

表 4-2　　　　　DSO 单通道工作模式下驱动系统 CAN 总线信号电压关系

电位	CAN-H 对地电压/V	CAN-L 对地电压/V	电压差/V
显性	约 3.8	约 1.2	约 2.6
隐性	约 2.6	约 2.4	约 0.2

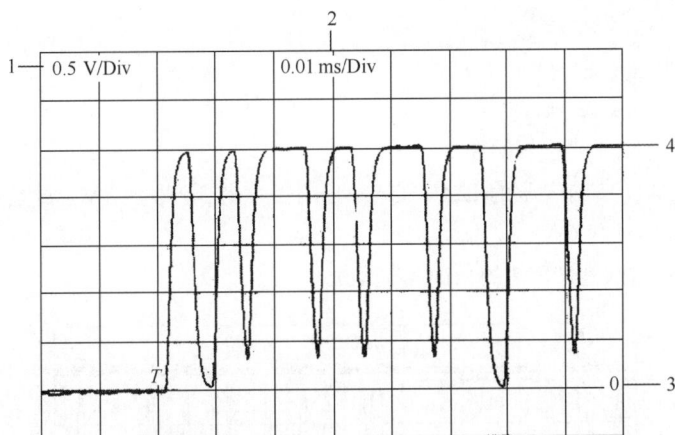

1—电压单位值设定为0.5V/Div 2—时间单位值设定为0.01 ms/Div 3—零线坐标，在单通道工作模式下进行测量，零线显示为隐性电压（逻辑"1"） 4—显性电压（逻辑"0"）

图 4-21 DSO 单通道工作模式下的数据分析

由于 DSO 不允许更小的时间单位（如 2 μs），在测量驱动系统 CAN 总线的电压信号时，在显示的图形上有时电压值没有达到零线坐标，这不是故障，而是因为在电压值达到零线坐标之前，下一个测量值已经通过 DSO 进行显示。

5. 驱动系统 CAN 总线的故障波形

当故障存储记录显示"驱动总线故障"时，用 DSO 进行检测可以确定故障点的位置以及故障引发的原因，如线路短路。在检测过程中，用通道 A 测量 CAN-H 的电压，用通道 B 测量 CAN-L 的电压，测得的故障波形及其分析如下。

（1）故障波形 1

故障波形 1 如图 4-22 所示。

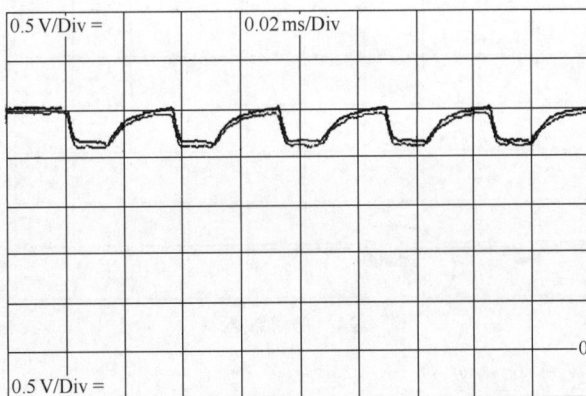

图 4-22 故障波形 1

故障描述：CAN-H 与 CAN-L 之间短路。

故障分析：电压为隐性电压值（大约 2.5 V）。

故障判断：通过依次插拔驱动系统 CAN 总线上的控制单元，可以判断是不是由控制单元引起的故障。如果不是由控制单元引起的故障，则为由 CAN-H 和 CAN-L 之间短路引起的故障。此时，将 CAN-H 和 CAN-L 从线节点处依次拔出。当故障线组被取下时，DSO 的图形恢复正常。

（2）故障波形2

故障波形2如图4-23所示。

故障描述：CAN-H对正极短路。

故障分析：CAN-H的电压为12 V，CAN-L的隐性电压约为12 V。这是由于在控制单元的收发器内的CAN-H和CAN-L的内部错接引起的。

该故障的判断方法与故障1的相同（下同）。

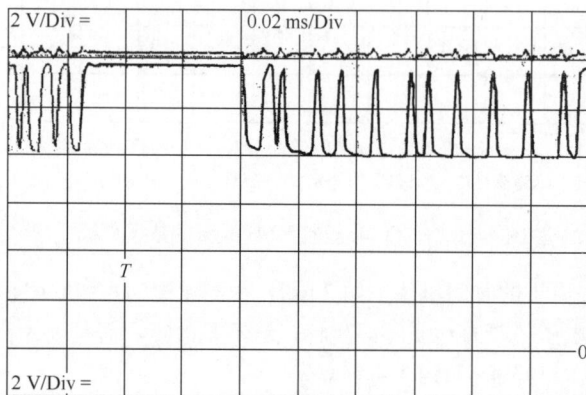

图4-23　故障波形2

（3）故障波形3

故障波形3如图4-24所示。

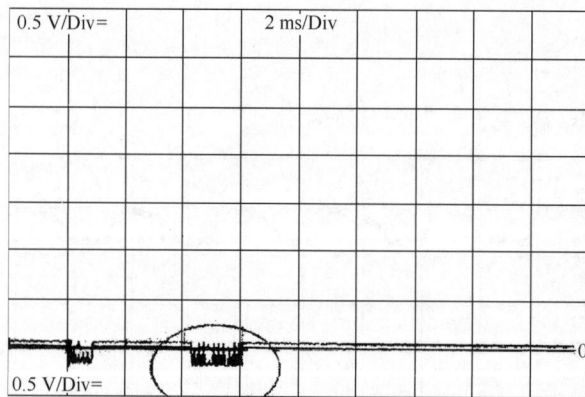

图4-24　故障波形3

故障描述：CAN-H对地短路。

故障分析：CAN-H的电压为0 V，CAN-L的电压也为0 V，但在CAN-L上还能够看到一小部分的电压变化。

（4）故障波形4

故障波形4如图4-25所示。

故障描述：CAN-L对地短路。

故障分析：CAN-L的电压大约为0 V，CAN-H的隐性电压也被降至0 V。

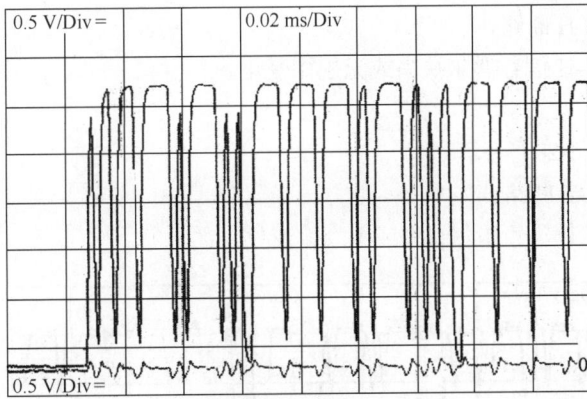

图 4-25　故障波形 4

（5）故障波形 5

故障波形 5 如图 4-26 所示。

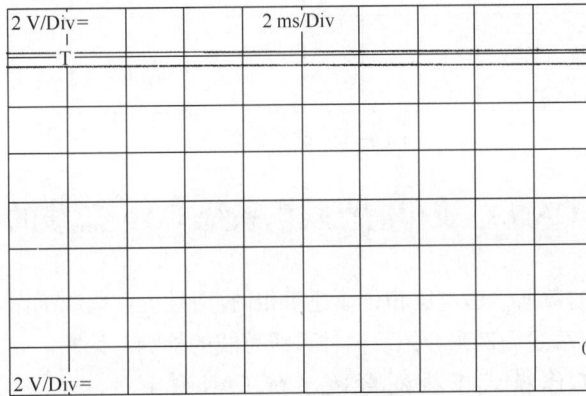

图 4-26　故障波形 5

故障描述：CAN-L 对正极短路。

故障分析：两条总线电压都大约为 12 V。

（6）故障波形 6

故障波形 6 如图 4-27 所示。

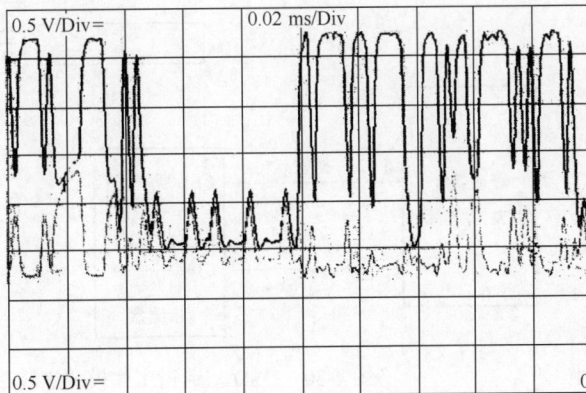

图 4-27　故障波形 6

故障描述：CAN-H 断路。

故障分析：CAN-H 信号偶尔缺失或无规律变化。

（7）故障波形 7

故障波形 7 如图 4-28 所示。

故障描述：CAN-L 断路。

故障分析：CAN-L 信号偶尔缺失或无规律变化。

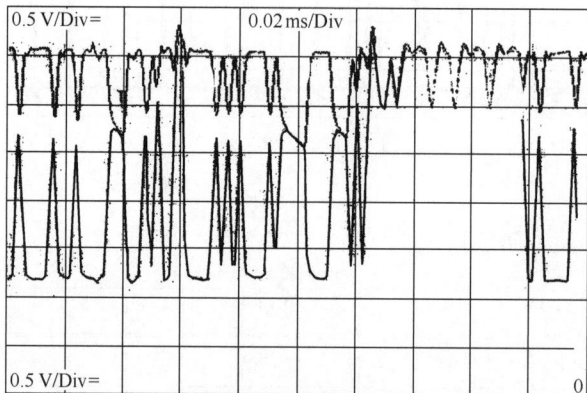

图 4-28 故障波形 7

4.3.3 舒适系统 CAN 总线和信息娱乐系统 CAN 总线的检测与诊断

这两种系统总线的数据传递电压和传输速率相同，而且可以单线工作。下面以舒适系统 CAN 总线为例来介绍这两种系统总线的检测与诊断。

1．在双通道工作模式下检测舒适系统 CAN 总线

由于需要单一的电压测量值，舒适系统 CAN 总线和信息娱乐系统 CAN 总线采用双通道测量是必要的，以便于判定"单线工作"故障。

DSO 可以对舒适系统 CAN 总线进行测量，双通道工作模式连线如图 4-29 和图 4-30 所示，两条 CAN 总线分别通过一个通道进行测量。例如，可以利用检测盒连接舒适系统中央控制单元。

舒适系统 CAN 总线和信息娱乐系统 CAN 总线的检测与诊断

图 4-29 DSO 双通道工作
模式连线 1

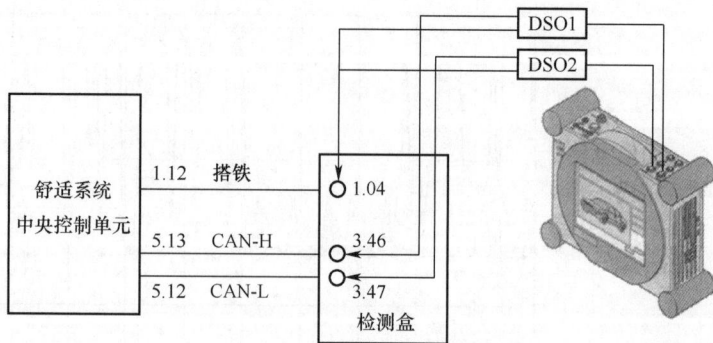

图 4-30 DSO 双通道工作模式连线 2

（1）DSO 的设置

DSO 的设置如图 4-31 所示。

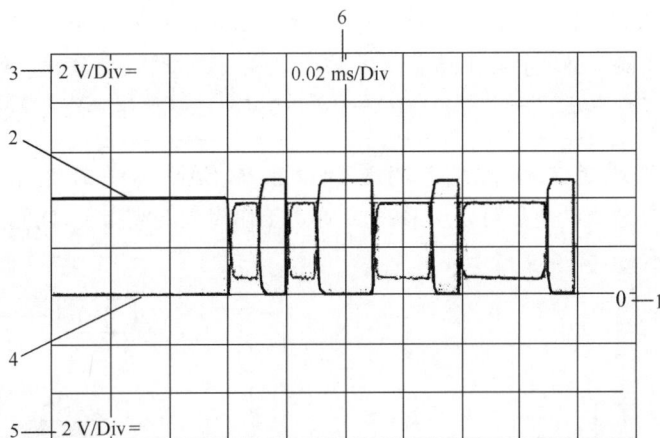

1—通道A和通道B的零线坐标等高，通道A的零线被通道B所掩盖，在读取数值时，可以将零线相互分开　2—通道A显示
CAN-H　3—通道A电压单位值设定为2 V/Div　4—通道B显示CAN-L　5—通道B电压单位值的设定与通道A的相同，这便于
电压的比较、分析　6—时间单位值设定为0.02 ms/Div，时间单位值应尽可能选取小一些，由于舒适系统CAN总线和信息娱
乐系统CAN总线的周期较长（10 μs），所以在DSO内可以显示1 bit

图 4-31　DSO 的设置

（2）电压信号分析

电压信号分析如图 4-32 所示。

其中的电压关系如表 4-3 所示。

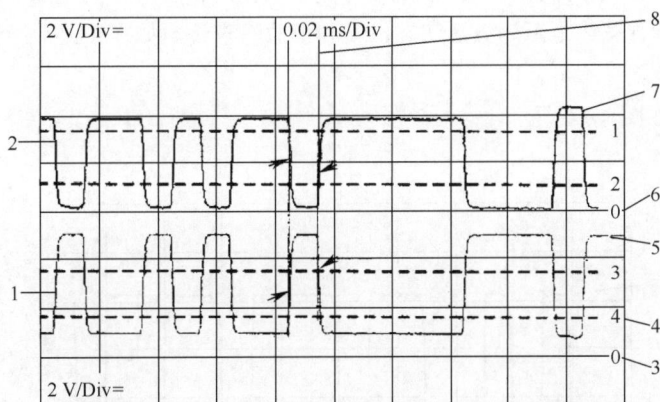

1—通道B的CAN-L显示　2—通道A的CAN-H显示　3—通道B的零线　4—CAN-L的显性电压向下没有达到零线坐标
5—CAN-L的隐性电压，在总线不工作的状态下，5 V的隐性电压切换到0 V　6—通道A的零线坐标和CAN-H的隐性电压
7—CAN-H的显性电压　8—1 bit的显示时间（10 μs）

图 4-32　电压信号分析

表 4-3　　　　　　　DSO 双通道工作模式下舒适系统 CAN 总线信号电压关系

电位	CAN-H 对地电压/V	CAN-L 对地电压/V	电压差/V
显性	4	1	3
隐性	0	5	−5

> **说　明**
>
> 电压必须达到最小的规定区域，如 CAN-H 的显性电压至少达到 3.6 V。如果未达到要求，控制单元将不能准确地判定电压是逻辑 "0" 还是 "1"，这将导致出现故障存储或者单线工作状态。在隐性电压，一个负值（0 V–5 V = –5 V）可以被精确地计算出来。

2．在 DSO 单通道工作模式下测量舒适系统 CAN 总线的电压信号

舒适系统 CAN 总线的电压可以用 DSO 单通道工作模式直接测量。DSO 单通道工作模式连线如图 4-33 所示。

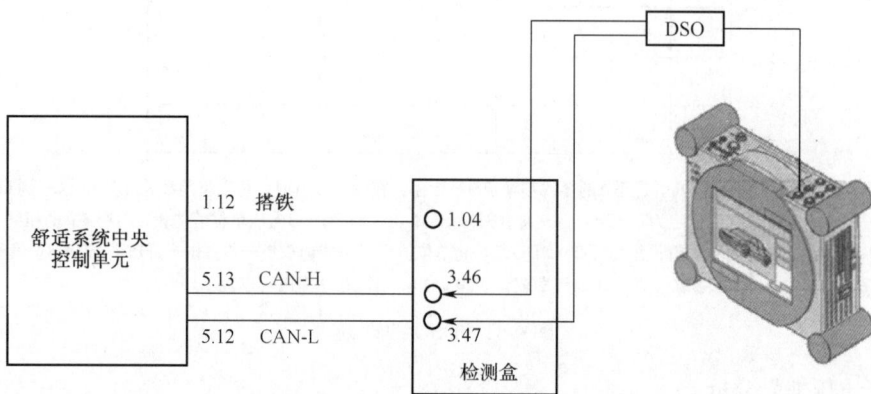

图 4-33　DSO 单通道工作模式连线

当用单通道的 DSO 对两个 CAN 总线信号进行测量时，显示数为电压差。单通道工作模式主要用于快速查看总线是否为激活状态，不利于故障查询。如在短路故障情况下，以单通道工作模式进行检测是不可行的。

DSO 的设置如图 4-34 所示。

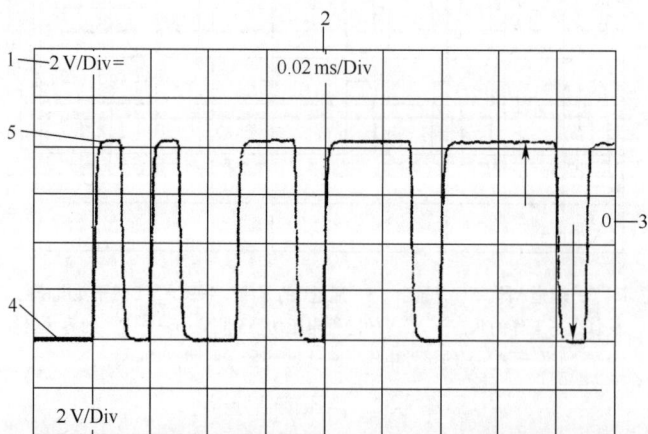

1—通道A的电压单位值设定为2 V/Div　2—时间单位值设定为0.02 ms/Div　3—通道A的零线，显性电压高于零线，隐性电压低于零线　4—隐性电压，对电压差测量隐性电压值为–5 V　5—显性电压，对电压差测量显性电压值为3 V

图 4-34　DSO 的设置

其中的电压关系如表 4-4 所示。

表 4-4　　　　　DSO 单通道工作模式下舒适系统 CAN 总线信号电压关系

电位	CAN-H 对地电压/V	CAN-L 对地电压/V	电压差/V
显性	4	1	3
隐性	0	5	−5

3. 舒适系统 CAN 总线的故障波形

当故障存储记录为"舒适总线故障"时，用 DSO 进行检测可以确定故障点的位置以及故障引发的原因，如线路短路。

当出现故障时，舒适系统 CAN 总线转入单线工作。这意味着，在故障存储记录中，若出现"舒适总线单线工作"故障，可以用 DSO 进行检测，以确定两条 CAN 总线中哪一条有故障。

在检测过程中，用通道 A 测量 CAN-H 的电压，用通道 B 测量 CAN-L 的电压，测得的故障波形及其分析如下。

（1）故障波形 1

故障波形 1 如图 4-35 所示。

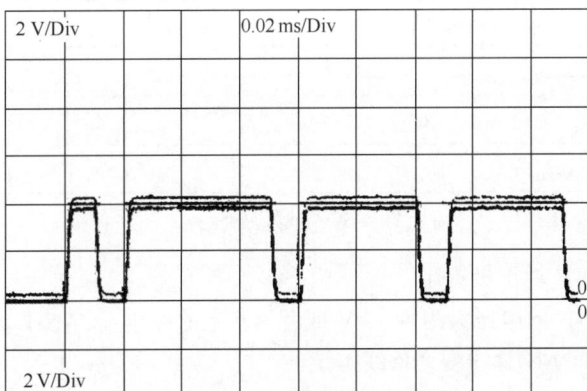

图 4-35　故障波形 1

故障描述：CAN-H 与 CAN-L 之间短路。

故障分析：图形中通道 A 和通道 B 的零线坐标重叠，可以看出 CAN-H 和 CAN-L 的电压信号相同。

CAN-H 与 CAN-L 之间短路，舒适系统 CAN 总线采用单线模式工作。这意味着，通信时仅为一条线路的电压信号起作用，控制单元利用该电压信号对地值确定传输数据。

（2）故障波形 2

故障波形 2 如图 4-36 所示。

故障描述：CAN-H 对地短路。

故障分析：CAN-H 的电压置于 0 V，CAN-L 的电压信号正常。在该故障情况下，舒适系统 CAN 总线变为单线工作。

（3）故障波形 3

故障波形 3 如图 4-37 所示。

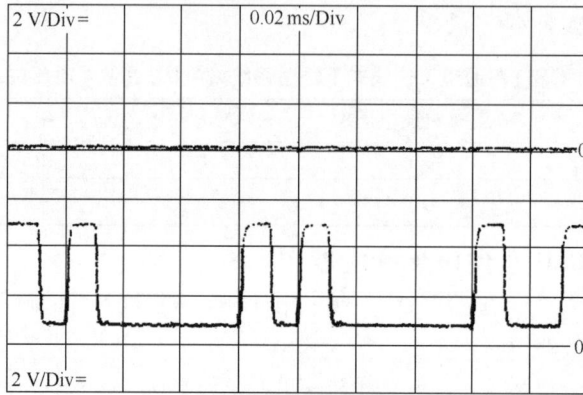

图 4-36　故障波形 2

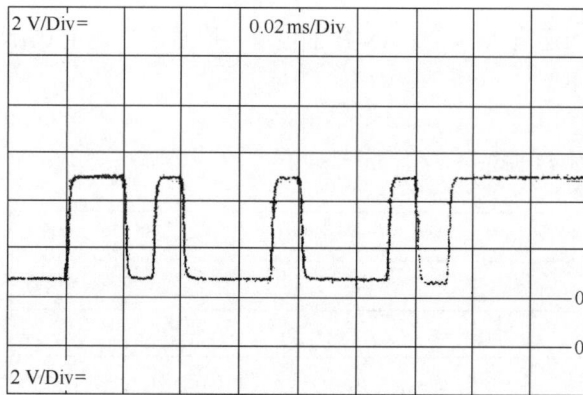

图 4-37　故障波形 3

故障描述：CAN-H 对正极短路。

故障分析：CAN-H 的电压大约为 12 V 或者为蓄电池电压，CAN-L 的电压正常。在该故障情况下，舒适系统 CAN 总线变为单线工作。

（4）故障波形 4

故障波形 4 如图 4-38 所示。

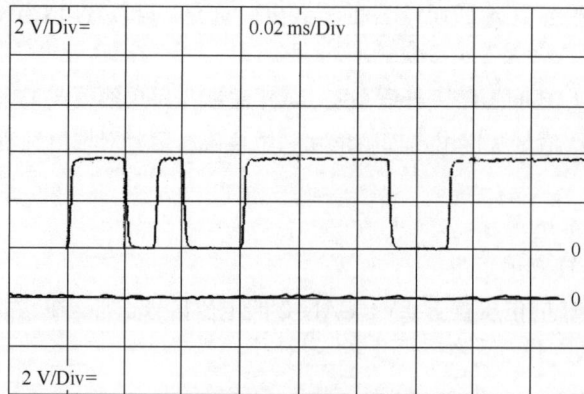

图 4-38　故障波形 4

故障描述：CAN-L 对地短路。

故障分析：CAN-L 的电压置于 0V，CAN-H 的电压正常。在该故障情况下，舒适系统 CAN 总线变为单线工作。

（5）故障波形 5

故障波形 5 如图 4-39 所示。

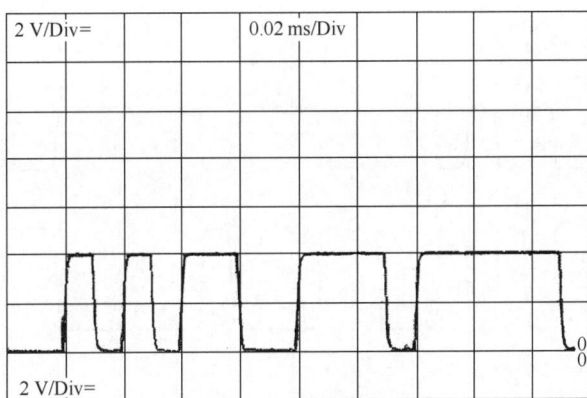

图 4-39　故障波形 5

故障描述：CAN-L 对正极短路。

故障分析：CAN-L 的电压大约为 12V 或者为蓄电池电压，CAN-H 的电压正常。在该故障情况下，舒适系统 CAN 总线变为单线工作。

（6）故障波形 6

故障波形 6 如图 4-40 所示。

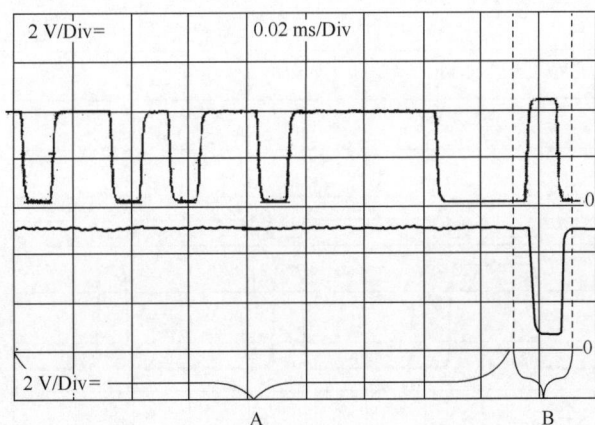

图 4-40　故障波形 6

故障描述：CAN-L 断路。

故障分析：CAN-H 的电压正常。在 CAN-L 上有 5 V 的隐性电压和 1 bit 长的 1 V 显性电压。如果一个信息内容被正确地接收，则控制单元发送这个显性电压。图 4-40 中 A 部分是信息的一部分，该信息被一个控制单元所发送，在 B 时间段接收到正确的信息内容，则接收控制单元用一个显性电压给予答复。在 B 时间段，由于收到正确的信息，则所有控制单元都同时发送一个显性电压，正因如此，在 B 时间段内的电压差要大一些。

前面介绍的短路都是没有电阻连接的直接线路短路，在实际中还会经常出现由于线束的破损导致的短路。破损的线束靠近搭铁线或者正极，经常还带有潮气，这将使该处产生连接电阻。图 4-41～图 4-45 所示的 DSO 图形为有连接电阻情况的短路。

（7）故障波形 7

故障波形 7 如图 4-41 所示。

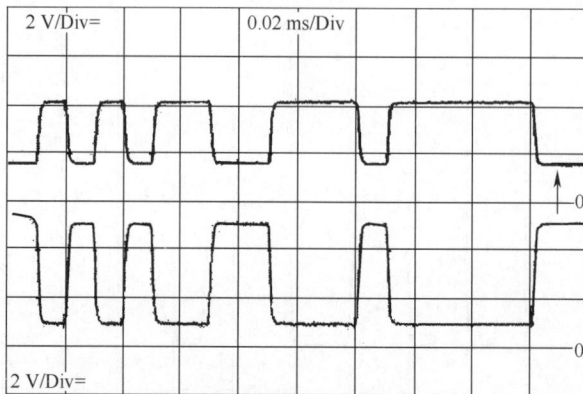

图 4-41　故障波形 7

故障描述：CAN-H 通过连接电阻对正极短路。

故障分析：CAN-H 的隐性电压拉向正极方向。CAN-H 的隐性电压大约为 1.8 V，正常时大约为 0V。该电压的变化是由连接电阻引起的，电阻越小，则隐性电压越大。在没有连接电阻的情况下，该电压应等于蓄电池电压。

（8）故障波形 8

故障波形 8 如图 4-42 所示。

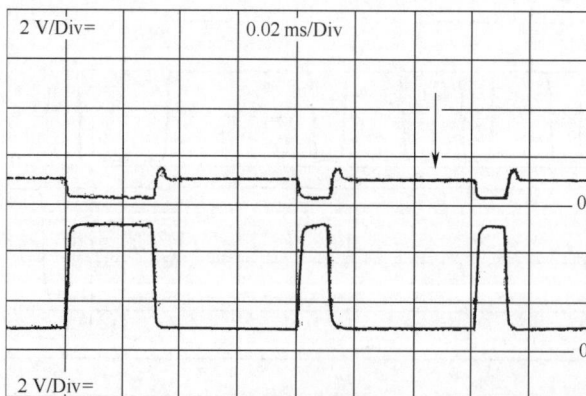

图 4-42　故障波形 8

故障描述：CAN-H 通过连接电阻对地短路。

故障分析：CAN-H 的显性电压移向搭铁方向。CAN-H 的显性电压大约为 1V，正常时大约为 4V。显性电压受连接电阻影响，电阻越小，则显性电压越小。在没有连接电阻的情况下，该电压为 0V。

（9）故障波形 9

故障波形 9 如图 4-43 所示。

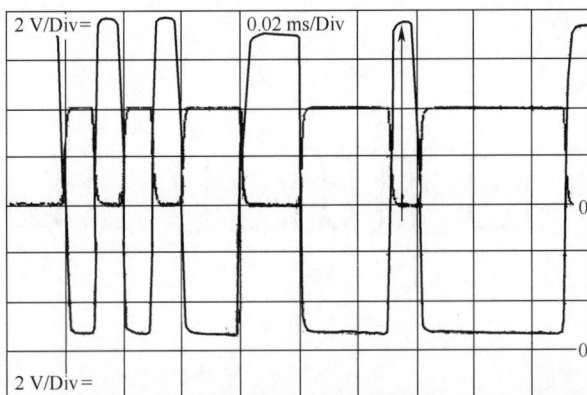

图 4-43 故障波形 9

故障描述：CAN-L 通过连接电阻对正极短路。

故障分析：CAN-L 的隐性电压拉向正极方向。从 DSO 图形上可以看出，CAN-L 的隐性电压大约为 13 V，正常时大约为 5 V。该电压的变化是由连接电阻引起的，电阻越小，则隐性电压越大。在没有连接电阻的情况下，该电压应等于蓄电池电压。

（10）故障波形 10

故障波形 10 如图 4-44 所示。

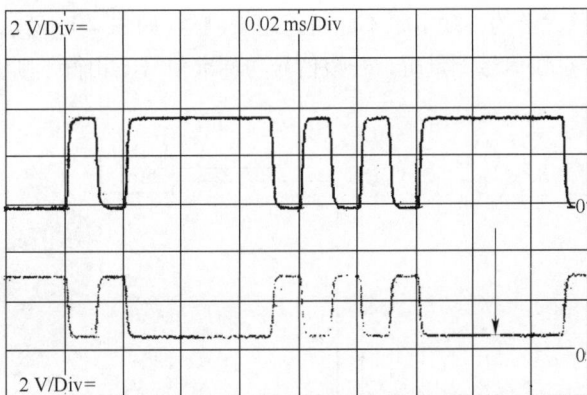

图 4-44 故障波形 10

故障描述：CAN-L 通过连接电阻对地短路。

故障分析：CAN-L 的隐性电压拉向 0 V 方向。CAN-L 的隐性电压大约为 3 V，正常时大约为 5 V。该电压的变化是由连接电阻引起的，电阻越小，则隐性电压越小。在没有连接电阻的情况下，该电压为 0 V。

（11）故障波形 11

故障波形 11 如图 4-45 所示。

故障描述：CAN-H 与 CAN-L 之间通过连接电阻短路。

故障分析：在短路的情况下，CAN-H 与 CAN-L 的隐性电压相互靠近。CAN-H 的隐性电压大约为 1 V，正常值为 0 V；CAN-L 的隐性电压大约为 4 V，正常值为 5 V。CAN-H 与 CAN-L 的显性电压正常。

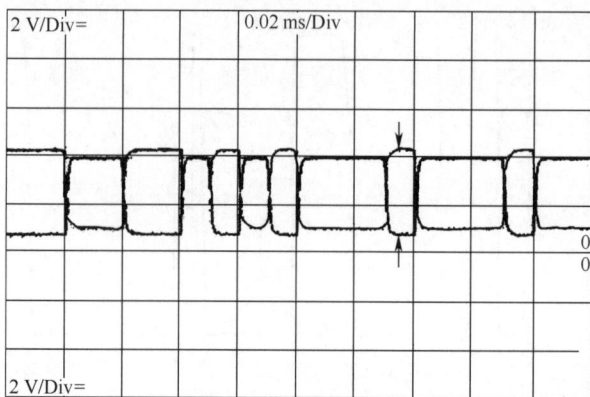

图 4-45　故障波形 11

4.3.4　终端电阻的检测与诊断

CAN 数据总线的终端电阻是为了阻止 CAN 总线信号在 CAN 总线上产生变化电压的反射。终端电阻装在系统的两个控制单元内。当终端电阻出现故障时，线路的反射影响会使控制单元的信号无效。在驱动系统 CAN 总线上的终端电阻可以用万用表进行测量，但是在舒适系统 CAN 总线和信息娱乐系统 CAN 总线上的终端电阻不能用万用表测量，如图 4-46 所示。当用 DSO 进行 CAN 总线信号测量时，若该信号与标准信号不相符，则说明终端电阻可能损坏。

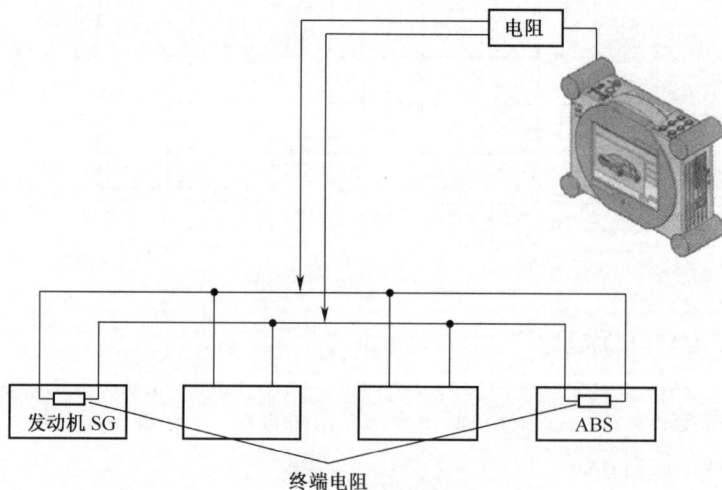

终端电阻的检测与诊断

图 4-46　终端电阻测量

1．终端电阻的测量步骤

具体步骤如下。

① 将蓄电池的电极线拔除。

② 等待大约 5 min，直到所有的电容器都充分放电。

③ 连接测量仪器并测量总电阻值。

④ 将一个带有终端电阻的控制单元的插头拔下。

⑤ 检测总电阻值是否发生变化。

⑥ 第一个控制单元（带有终端电阻）的插头连接好后，再将第二个控制单元的插头拔下。

⑦ 检测总电阻值是否发生变化。

⑧ 分析测量结果。

2．终端电阻的电阻值

在控制单元内安装的不是一个有固定电阻值的终端电阻，而是由很多个被测量的电阻组合在一起而形成的终端电阻。作为标准值或者试验值，两个终端电阻分别以 120 Ω为起始值。在奥迪车上还使用另一种终端电阻，即在带有泵喷嘴单元的 1.9TDI 车型上，发动机控制单元安装的是 66 Ω的终端电阻。

对总电阻值测量完毕后，还需要将一个带有终端电阻的控制单元的插头拔下，分别对两个单个电阻进行测量。若控制单元的插头被拔下后测量的电阻值发生了变化，则说明两个电阻值都正常。

操作程序也是很重要的，因为每一种车型的终端电阻的电阻值不同。例如，奥迪 A3 1.9TDI 车型的 ABS 控制单元出现了故障，电阻值显示为 66 Ω，这说明仅测量到了带有 66 Ω 电阻的发动机控制单元的电阻值。将该发动机控制单元的插头拔下后，电阻值变为无穷大，在这种情况下如果没有进行进一步的复核校验，就会以为该车辆是正常的，误将 66 Ω 认作两个 120 Ω电阻的总电阻值。

3．终端电阻的测量结果

① 以 2016 款奥迪 A4 （车型 8W）为例，测量其驱动系统 CAN 总线的总电阻值。

测量值：0.058 kΩ。

带有终端电阻的两个控制单元是相通的，测量的结果是每一个终端电阻的电阻值大约为 120 Ω，总电阻值为 60 Ω。通过该测量可以判断出连接电阻是正常的。

② 以 2016 款奥迪 A4（车型 8W）为例，测量其驱动系统 CAN 总线的单个电阻值。

测量值：0.108 kΩ。

在测出总电阻值后，将一个带有终端电阻的控制单元的插头拔下，若显示的电阻值发生变化，则可判断这是一个控制单元的终端电阻。若显示的电阻值没有发生变化，则说明系统中存在问题，故障可能是被拔下的控制单元的终端电阻损坏或者是 CAN 总线出现断路。若显示的电阻值变为无穷大，则说明连接中控制单元的终端电阻损坏，或者是到该控制单元的 CAN 总线出现故障。

4.3.5 测量数据块的读取

使用 DSO 检测 CAN 数据总线非常直观，但 DSO 不能显示总线的信息内容和处于通信状态下的所有控制单元，这时需要使用故障诊断仪读取测量数据块。

1．读取测量数据块中的 CAN 通信状态

进入数据总线诊断接口后，输入组号 125，读取测量数据块中的 CAN 通信状态。若 CAN 通信状态为 1，则表示正被执行自诊断的控制单元正从指定的控制单元接收数据。若 CAN 通信状态为 0，则表示正被执行自诊断的控制单元没有从指定的控制单元接收数据。

测量数据块的
读取

2．读取测量数据块的工作状态

使用故障诊断仪读取测量数据块的工作状态，确定 CAN 总线系统处于"单线工作"或者"双线工作"状态。

若显示为"单线工作"，则说明 CAN 的通信仅能通过一条 CAN 总线传送数据。在"单线工作"的显示区存在 3 种显示状态。

① 常显示"双线工作"（系统正常）。

② 常显示"单线工作"。

③ "单线工作"与"双线工作"交替显示。

在 CAN 总线所有系统置于单线工作情况下，显示始终为"单线工作"；在 CAN 总线局部系统置于单线工作情况下，则"单线工作"和"双线工作"交替显示，如图 4-47 所示。

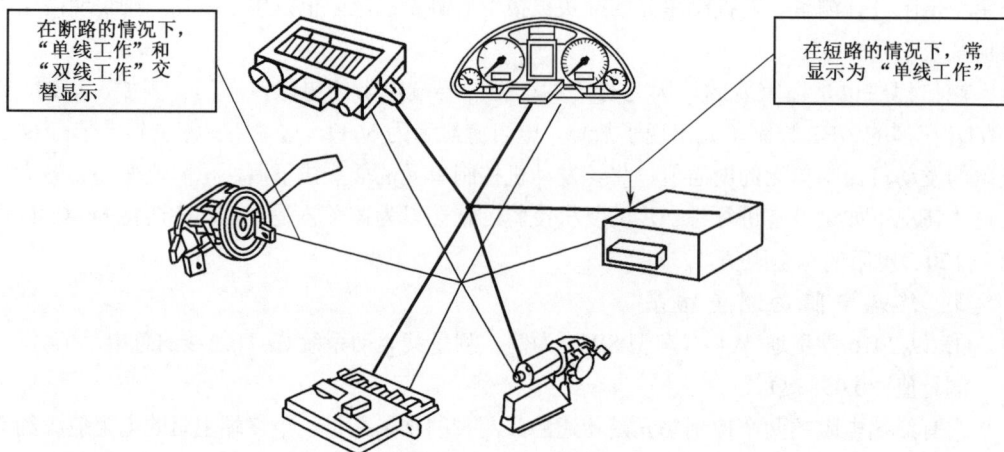

图 4-47　"单线工作"与"双线工作"显示示意

在以下情况下，常显示"单线工作"。

● CAN-H 与 CAN-L 之间短路。

● CAN-H 对正极短路。

● CAN-H 对地短路。

● CAN-L 对正极短路。

● CAN-L 对地短路。

在以下情况下，"单线工作"和"双线工作"交替显示。

● 连接到控制单元的 CAN-H 断路。

● 连接到控制单元的 CAN-L 断路。

说　明

在通过连接电阻的情况下出现的虚接故障，需要依赖于电阻值的大小来确定是否有"单线工作"显示。短路和断路两种故障形式可以通过常显示"单线工作"或"单线工作"与"双线工作"交替显示来确定，再根据 DSO 图形功能进一步判断为何种"单线工作"问题。

3．读取测量数据块通过 CAN 总线的输入信号

使用故障诊断仪读取测量数据块通过 CAN 总线的输入信号。例如，开关信息从一个控制单元经 CAN 总线发送，该信息被相应的控制单元通过读取测量数据块访问，如图 4-48 所示。

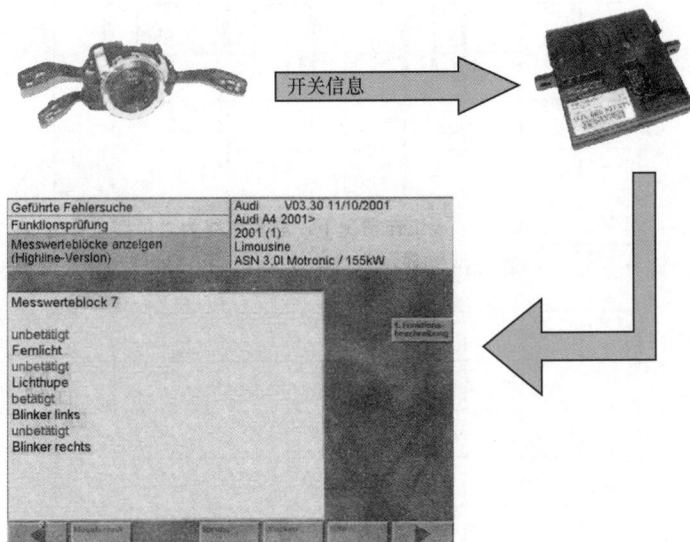

图 4-48　数据信息来自 CAN 总线

图 4-48 中测量数据块显示的是电器网络控制单元从另一个控制单元所获得的接收信息。在分配功能下，控制单元从其他控制单元获取该信息，并利用该信息执行一个局域内的控制单元功能。信息是否被正确接收可以从测量数据块中读取。读取测量数据块的优点是，利用它可以使所有来自开关的信息输入都被显示。

4.3.6　静态电流及检测

舒适系统 CAN 总线和信息娱乐系统 CAN 总线的睡眠和唤醒功能出现问题时，将会增大静态工作电流（静态模式下点火开关和车门处于关闭状态）。以下规则适合睡眠和唤醒模式。

静态电流及检测

● 在舒适系统 CAN 总线和信息娱乐系统 CAN 总线上所有控制单元共同处于唤醒状态。

● 在舒适系统 CAN 总线和信息娱乐系统 CAN 总线上所有控制单元共同处于睡眠状态。

这意味着，一个控制单元不准备进入睡眠模式，则其他的所有控制单元都保持唤醒状态，这将导致有更高的静态电流消耗。

如图 4-49 所示，CAN 总线处于激活状态。激活总线的静态电流约高达 0.394 A。

如图 4-50 所示，CAN 总线处于未激活状态。未激活总线的静态电流约为 0.087 A（该值不是额定值）。

通常情况下，过高的静态电流消耗是由一般性的电气故障，或是由 CAN 总线的睡眠/唤醒功能出现问题引起的。如果所有的控制单元都一起睡眠或唤醒，则无法使用自诊断仪器判断故障位置。

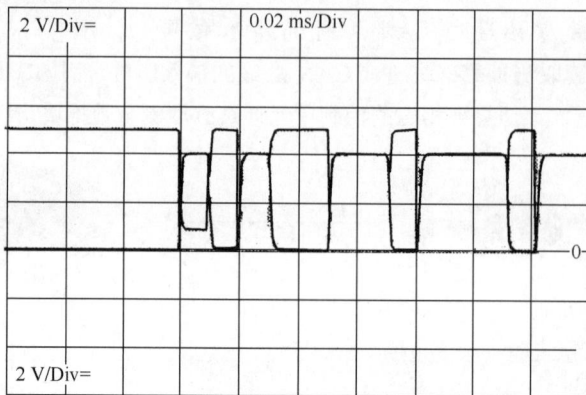

图 4-49　CAN 总线处于激活状态

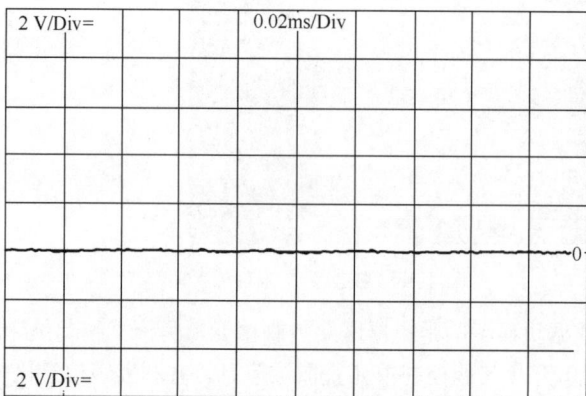

图 4-50　CAN 总线处于未激活状态

在检测、分析静态电流时可以按照以下步骤进行。

① 若电流过高，可用传统的办法（拔熔断丝）进行检查，判定故障是不是由电气线路内的故障所引起的。

② 如果不是，则可用 DSO 图形对 CAN 总线进行检测。此时车辆应处于闭锁状态，并注意观察 DSO 图形。

③ 如果总线未处于睡眠状态（总线继续为激活状态），应该查找产品信息资料。

④ 如果总线处于睡眠状态（总线不再为激活状态），则应注意静态电流。如果静态电流仍然高，则说明过高的静态电流消耗是由电气故障引起的；如果静态电流变为正常，则在总线处于睡眠状态时继续观察总线的情况，看是否在一定的时间下又处于唤醒状态，这时应注意查询有关唤醒方面的产品信息资料。

4.3.7　故障存储

1. 驱动系统 CAN 总线故障存储记录

驱动系统 CAN 总线可能发生的故障存储记录类型如表 4-5 所示。

故障存储

表 4-5　　　　　　　　　驱动系统 CAN 总线可能发生的故障存储记录类型

故障源	故障的存储记录类型	说　明
驱动数据总线	没有通信	● 控制单元不能接收数据 ● CAN 总线断路 ● 在驱动系统 CAN 总线上安装错误或者存在故障的控制单元 ● 一个控制单元出现 Time-out（功能信息故障时间大于 500ms） ● 控制单元的软件状态不匹配
驱动数据总线	失效	● 在故障存储记录中，当一个控制单元连续出现两次总线关闭状态时（既不发送 CAN 信息，也不接收 CAN 信息） ● 控制单元故障
驱动数据总线	硬件故障（该故障仅存在于发动机控制单元和自动变速器控制单元）	● 在故障存储记录中，当一个控制单元连续出现两次总线关闭状态时（既不发送 CAN 信息，也不接收 CAN 信息） ● 控制单元故障 ● 错误的控制单元 ● 发动机和变速器之间的线路断路或者短路 ● CAN 总线短路
驱动数据总线	缺少×××（如组合仪表）控制单元信息	● CAN 总线断路或者短路 ● 在拔下自动变速器控制单元插头的情况下打开点火开关 ● 控制单元错误或者有故障
驱动数据总线	不可靠信号	● 仅接收到一个控制单元信息内容的一部分 ● CAN 总线断路或者短路 ● 控制单元错误或者有故障 ● 一条信息出现 Time-out
驱动数据总线	软件状态监控	● 控制单元故障 ● CAN 总线断路 ● 在拔下自动变速器控制单元插头的情况下打开点火开关
舒适系统 CAN 总线	读取故障存储	在总线上至少有一个控制单元有一个故障记录
总线显示（提示:信息娱乐系统 CAN 总线）	读取故障存储	在总线上至少有一个控制单元有一个故障记录
驱动数据总线	读取来自某控制单元（如空调）的故障存储	在该控制单元上有故障

2．舒适系统 CAN 总线和信息娱乐系统 CAN 总线故障存储记录

舒适系统 CAN 总线和信息娱乐系统 CAN 总线可能发生的故障存储记录类型如表 4-6 所示。

表 4-6　　舒适系统 CAN 总线和信息娱乐系统 CAN 总线可能发生的故障存储记录类型

故障源	故障存储类型	说明
集团性-舒适总线或总线显示（如信息娱乐系统 CAN 总线）	故障	在故障存储记录中，当一个控制单元连续出现两次总线关闭状态时（既不发送 CAN 信息，也不接收 CAN 信息）
集团性-舒适总线或总线显示	没有通信（或者没有信号）	● 当没有接收信号记录持续 2 s 时 ● 为执行一项功能，从另一个控制单元获得信息，当所需时间超过 2 s 而未接收到时 ● 只接收到所需信息的一部分内容，这个故障类型为"不可靠信号" ● 一条信息出现 Time-out

续表

故障源	故障存储类型	说明
集团性-舒适总线或总线显示	单线工作	• CAN 总线单线工作超过 2 s • CAN 总线断路 • CAN 总线短路
集团性-舒适总线或总线显示（说明：带有 KWP2000 才具备该功能）	电路电气故障	• CAN 总线单线工作超过 2 s • 整体单线工作（断路） • 所有控制单元都处于单线工作状态
集团性-舒适总线或总线显示（说明：带有 KWP2000 才具备该功能）	断路	• 单线、断路状态（没有短路） • CAN 总线断路 • 一个控制单元处于单线工作状态
×××控制单元（如电器网络控制单元）	没有通信	• 为执行一项功能，从另一个控制单元获得信息，当所需时间超过 2 s 而未接收到时 • 该控制单元出现 Time-out
集团性-舒适总线或总线显示	没有通信	• 当至少 2 s 没有接收信号时 • 一个控制单元没有接收到另一个控制单元的网络管理信息
×××控制单元（如电器网络控制单元）	读取故障存储	• CAN 信息的发送控制单元，信息内容标明为故障信息，并有故障存储记录。每一个利用该信息的接收控制单元因此进入应急工作状态，在发送控制单元有警告提示 • 在控制单元内的故障存储
驱动总线	读取故障存储	在驱动系统CAN总线上的一个控制单元有故障记录

|4.4 典型案例分析|

【故障诊断过程】

在前述故障中，基于舒适系统总线的控制原理和实际工作情况，说明 J386（驾驶员侧车门控制单元）与 J533（数据总线诊断接口）、J519（车载电网控制单元）之间的通信正常。由于右侧车门所有功能完全失效，而右后车门的唤醒及多数功能均受控于右前车门。所以右前车门控制单元或其电路出现故障的概率较高，可能有 J387（副驾驶员侧车门控制单元）自身故障、J387 电源电路故障、J387 与舒适总线通信故障，暂时先不考虑其他故障。用故障诊断仪进行自诊断测试，诊断仪无法与 J387 通信，与其他控制单元通信正常，说明故障主要在 J387 及相关电路上。用万用表测量 J387 的供电与搭铁，测得 J387 的供电端子对地电压为+B，测得搭铁端子对地电压小于 0.1 V，说明 J387 供电无异常。用 DSO 测量 J387 CAN 线的波形，根据波形可知 CAN-H 与 CAN-L 互相影响，CAN-L 通信异常，但 CAN-H 基本正常，测试点到 J387 以及 J387 内总线未见异常、故障在测试点到总线节点之间的 CAN-L 上，故障为断路或电阻过大，节点到 TTVR（右前车门连接位置）线路异常。由于节点到 TTVR 之间的线束隐藏在车内，TTVR 插针不便于测量，基于测量方便，优先检查 TTVR 到 J387 的线路。检查

TTVR 插头，发现 CAN-L 断开。可能由于此车在交通事故后维修装配线束时或车门的开关磨损，使线路受到损伤，最终导致线束断开。连接断点后右前车门功能恢复正常。但操作驾驶员侧玻璃升降器开关 E512 上的 E54（右后车门玻璃升降器开关），右后车门玻璃升降器无法工作，操作中控门锁电动机也无法工作，故障诊断仪无法连接到右后车门控制单元 J389，这一切都说明 J389 功能失效。可能引起该故障的原因有 J389 供电与搭铁异常、J387 与 J389 之间 LIN 总线通信异常、J389 自身异常。由于通过 J389 处 LIN 总线的检测结果就可以判断 J389 的电源供给情况，因此优先考虑测试 LIN 总线信号。通过用 DSO 测量 J389 端 LIN 总线的通信，测试结果为 10 V 左右的直线，说明极有可能是 J389 一直处于睡眠状态，没有被系统激活，测试点到 J387 之间的 LIN 总线断路。在测试 J387 端 LIN 总线通信时，J387 端 LIN 总线信号正常，但 J389 端信号为 10 V 左右的直线，一条导线出现两个信号波形，说明此线路存在断路。故障可能范围缩小到 J387 到 TTVR 之间线路断路、J389 到 TTHR（左右车门连接位置）之间线路断路、TTVR 或 TTHR 的异常、TTVR 到 TTHR 之间线路断路。用万用表分段测量电阻，在测量 TTHR 中间连接位置时，发现连接位置未插好。

【故障排除】

通过故障现象的确认及故障诊断仪的诊断，再结合 CAN、LIN 总线的特点，分析故障可能的范围。经过反复测量、验证找到故障点，修复损坏点。舒适系统工作恢复正常，玻璃升降正常。

【故障分析与总结】

通过查阅奥迪 A6 维修手册，从其中的车窗电动机控制电路原理图上可以看出，驾驶员侧车门控制单元 J386 控制其他车门是通过其 CAN 总线的 CAN-H 和 CAN-L 两根线把信号传到控制单元 J387。而控制单元 J388（左后车门控制单元）、J389 是通过 LIN 总线通信的。此故障案例就是舒适系统中车窗模块之间的通信故障。舒适控制器是指为驾乘人员提供舒适性控制的装置，包括车内外照明控制、中央门锁、电动开窗机、智能刮水器、无钥匙系统及电动转向柱等。案例中的右侧车窗与门锁故障现象都是常见的电气故障，它们不仅有通信故障，还有各个控制开关、电动机、线路和模块的故障等。在奥迪 A6 的控制逻辑里，任何地方出现故障都将导致车上多个部件瘫痪。

|4.5　工作任务：奥迪车系车载网络系统检修|

4.5.1　实训内容与要求

实训内容：奥迪车系车载网络系统检修。
实训要求如下。
① 能够确认故障现象。

② 能够使用维修资料，正确选用工具。

③ 能够按照正确的步骤和方法完成车载网络系统故障诊断与维修。

④ 应在 80 min 内独立完成。

⑤ 在诊断与维修过程中应注意人身健康与安全。

4.5.2 实训条件

① 车间或模拟车间。

② 个人防护用品用具。

③ 汽车维修设备和工具。

④ 安全的工作环境和工作场所。

⑤ 装备车载网络系统的车辆。

⑥ 相关说明书、维修手册等资料。

⑦ 有关人身健康与安全的信息。

⑧ 提供各类维修知识和维修资料的网页。

4.5.3 实训步骤

1. 在教师提供的车辆上，使用双通道示波器采集奥迪汽车驱动系统 CAN 总线 CAN-H 和 CAN-L 的波形并记录。

说明：时间单位为（　　　）/Div，电压单位为（　　　）/Div，在图中标出 0 V 电压位置。

写出奥迪汽车驱动系统 CAN 总线的数据传输特点：

2．在教师提供的车辆上，使用双通道示波器采集奥迪汽车舒适系统 CAN 总线 CAN-H 和 CAN-L 的波形并记录。

说明：时间单位为（　　）/Div，电压单位为（　　）/Div，在图中标出 0 V 电压位置。

写出奥迪汽车舒适系统 CAN 总线的数据传输特点：

3．在教师提供的车辆上，将舒适系统 CAN 总线的 CAN-H 或者 CAN-L 对 12 V 电源短路，同时使用双通道示波器采集舒适系统 CAN 总线的 CAN-H 和 CAN-L 的波形并记录。

说明：时间单位为（　　）/Div，电压单位为（　　）/Div，在图中标出 0 V 电压位置。

写出舒适系统 CAN 总线的 CAN-H 或者 CAN-L 对 12 V 电源短路时的数据传输特点（通过故障诊断仪查看故障诊断仪与舒适系统 CAN 总线的通信情况，以及相关的故障码和数据流）：

----

4. 在教师提供的车辆上，对驱动系统 CAN 总线的终端电阻进行测量，并对测量结果进行分析。

车型：_____

终端电阻的测量步骤。

（1）将蓄电池的负极线拔除。

（2）等待大约 5 min，直到所有的电容器都充分放电。

（3）连接测量仪器并测量总电阻值。

电阻值为：_____

电阻值是否正常？　　　　　　　　　　　　　　　　是❑　　不是❑

如果电阻值不正常，下一步应如何检查？

（4）将一个带有终端电阻的控制单元的插头拔下。

电阻值为：_____

电阻值是否正常？　　　　　　　　　　　　　　　　是❑　　不是❑

如果电阻值不正常，下一步应如何检查？

（5）第一个控制单元（带有终端电阻）的插头连接好后，再将第二个控制单元的插头拔下。

电阻值为：_____

电阻值是否正常？　　　　　　　　　　　　　　　　是❑　　不是❑

如果电阻值不正常，下一步应如何检查？

----

5. 在教师提供的车辆上，通过查阅维修手册，在下面的空白处画出每种网络的拓扑结构，在实车上找到模块的位置并对其功能进行简单描述。

车型：_____

（1）是否采用了驱动系统 CAN 总线？　　　　　　　是❑　　不是❑

画出驱动系统 CAN 总线网络拓扑结构：

在实车上找到模块的位置并简单描述其功能：

_____

_____

_____

_____

_____

_____

（2）是否采用了舒适系统 CAN 总线？　　　　　　　是□　不是□

画出舒适系统 CAN 总线网络拓扑结构：

在实车上找到模块的位置并简单描述其功能：

_____

_____

_____

_____

_____

_____

（3）是否采用了信息娱乐系统 CAN 总线？　　　　　是□　不是□

画出信息娱乐系统 CAN 总线网络拓扑结构：

在实车上找到模块的位置并简单描述其功能：

_____

_____

_____

_____

_____

_____

（4）是否采用了 LIN 总线系统？ 　　　　　　　　　　是□　不是□

画出 LIN 总线系统网络拓扑结构：

　

在实车上找到模块的位置并简单描述其功能：

6．奥迪轿车车载网络系统的故障诊断与维修。

（1）检查奥迪轿车的车载网络系统（已经设置车载网络系统故障），通过查询相关的维修资源，确认故障现象。

（2）根据维修手册确定维修方案，正确选用维修设备。

（3）使用故障诊断仪对车载网络系统进行诊断。

（4）判断故障区域。

（5）确认故障部件，提出维修方案。

（6）完成维修并交车。最后填写下表。

车载网络系统故障诊断与维修表

车型	
车载网络系统类型	
行驶里程	
使用的设备和工具：	

故障现象：

诊断和排除故障的步骤。

1．使用故障诊断仪的全车诊断功能，检查哪些模块不能通信并记录。

根据诊断结果，参考网络拓扑结构，分析可能的故障原因。

2．使用故障诊断仪读取故障码并记录。

根据诊断结果，参考网络拓扑结构，分析可能的故障原因。

3．使用示波器对 CAN 总线波形进行检查并记录。

根据诊断结果，参考网络拓扑结构，分析可能的故障原因。

4．如果怀疑 CAN 总线有故障，如何对线路进行检查？

根据线路电阻测量结果，参考网络拓扑结构，分析可能的故障原因。

5．如果怀疑 CAN 节点本身有故障，如何进行检查？

根据诊断结果，参考网络拓扑结构，分析可能的故障原因。

|4.6 项目小结|

本项目从项目导入、学习参考、典型案例分析和工作任务等几个方面进行教学，重点介绍了奥迪车系 CAN 总线系统。通过典型案例分析和工作任务训练使学习者在学习理论知识的基础上，学会对 CAN 总线系统进行故障诊断及检测与维修，使其对汽车售后服务行业充满憧憬和期待。

|4.7 知识训练|

1．回答问题

（1）简述奥迪车系 CAN 总线系统的结构。

（2）简述 CAN 总线系统和 LIN 总线系统的区别。

（3）网关有什么作用？

（4）使用 DSO 双通道工作模式和单通道工作模式进行检测有什么区别？

（5）简述驱动系统 CAN 总线终端电阻的测量步骤。

（6）下列哪些控制单元属于奥迪汽车驱动系统 CAN 总线系统？

① 发动机控制单元　　　　　　　　　　　　　　　　是☐　不是☐

② 自动变速器控制单元　　　　　　　　　　　　　　是☐　不是☐

③ ABS 控制单元　　　　　　　　　　　　　　　　　是☐　不是☐

④ 安全气囊控制单元　　　　　　　　　　　　　　　是☐　不是☐

⑤ 电动驻车制动器控制单元　　　　　　　　　　　　是☐　不是☐

⑥ 全自动空调控制单元　　　　　　　　　　　　　　是☐　不是☐

⑦ 车门控制单元　　　　　　　　　　　　　　　　　是☐　不是☐

（7）下列哪些控制单元属于奥迪汽车舒适系统 CAN 系统？

① 驻车辅助控制单元　　　　　　　　　　　　　　　是☐　不是☐

② 蓄电池能量管理单元　　　　　　　　　　　　　　是☐　不是☐

③ 车门控制单元　　　　　　　　　　　　　　　　　是☐　不是☐

④ 电子转向柱锁控制单元　　　　　　　　　　　　　是☐　不是☐

⑤ 轮胎气压监控控制单元　　　　　　　　　　　　　是☐　不是☐

⑥ 发动机控制单元　　　　　　　　　　　　　　　　是☐　不是☐

⑦ 安全气囊控制单元　　　　　　　　　　　　　　　　是□　不是□

2．判断正误

（1）下列叙述内容与奥迪汽车的驱动系统 CAN 总线相关，请判断正误。

①（　　　） 500 kbit/s 的传输速率。

②（　　　） 采用双绞线：CAN-H 为橙色/黑色，CAN-L 为橙色/棕色。

③（　　　） 在一根线断路/短路时，所有功能都会停止。

（2）下列叙述内容与奥迪汽车的舒适系统 CAN 总线相关，请判断正误。

①（　　　） 100 kbit/s 的传输速率。

②（　　　） 采用双绞线：CAN-H 为橙色/绿色，CAN-L 为橙色/棕色。

③（　　　） 当其中一条 CAN 总线出现故障时，系统可以进入单线模式。

（3）下列叙述内容与奥迪汽车的 LIN 总线相关，请判断正误。

①（　　　） 最大传输速率为 19.2 kbit/s。

②（　　　） 单线，基本色为紫色+标识。

③（　　　） 使用主控制器的地址来进行诊断。

④（　　　） LIN 总线主控制单元连接在 CAN 数据总线上，各个 LIN 总线系统间的数据交换由主控制单元通过 CAN 数据总线实现。

⑤（　　　） 每个 LIN 总线中最多可以连接 16 个从控制器，从控制器主要是接收或传送与主控制器有关的数据。

（4）下列叙述内容与奥迪车型总线控制系统的睡眠和唤醒相关，请判断正误。

①（　　　） 网络管理工作模式有睡眠和唤醒两种。

②（　　　） 控制单元的睡眠状态是为了降低静态电流消耗。

③（　　　） 所有控制单元必须一起进入睡眠准备状态。

④（　　　） 唤醒模式分为两种，即 CAN 总线唤醒和控制单元唤醒。

（5）下列叙述内容与奥迪车型 CAN 总线终端电阻的检测与诊断相关，请判断正误。

①（　　　） CAN 数据总线的终端电阻是为了阻止 CAN 总线信号在 CAN 总线上产生变化电压的反射。

②（　　　） 当终端电阻出现故障时，线路的反射影响会使控制单元的信号无效。

③（　　　） 在驱动系统 CAN 总线上的终端电阻可以用万用表进行测量。

④（　　　）在舒适系统 CAN 和信息娱乐系统 CAN 总线上的终端电阻不能用万用表进行测量。

⑤（　　　） 在控制单元内安装的不是一个有固定阻值的终端电阻，而是由很多个被测量的电阻组合在一起而形成的终端电阻。

⑥（　　　） 作为标准值或者试验值，两个终端电阻分别以 120Ω 为起始值。

⑦（　　　） 在奥迪 1.9TDI 车型上，发动机控制单元安装的是 66Ω 的终端电阻。

⑧（　　　） 通过测量终端电阻可以判断 CAN 总线是否连接良好。

（6）下列叙述内容与奥迪车型 CAN 总线的检测与诊断相关，请判断正误。

①（　　　） 利用万用表测量的 CAN 总线电压为总线信号的平均电压。

②（　　　） 利用示波器可以准确地测量 CAN 总线的波形。

③（　　　） 在驱动系统 CAN 总线上的终端电阻可以用万用表进行测量，但是在舒适系统 CAN 和信息娱乐系统 CAN 总线上的终端电阻不能用万用表测量。

④（　　　） 可以通过测量终端电阻对总线是否断路进行判断。

⑤（　　　）通过读取测量数据块中的 CAN 通信状态可以判断 CAN 总线是否正常工作。

⑥（　　　）若测量数据块中 CAN 通信状态为 1，则表示正被执行自诊断的控制单元正从指定的控制单元接收数据。

⑦（　　　）若测量数据块中 CAN 通信状态为 0，则表示正被执行自诊断的控制单元没有从指定的控制单元接收数据。

⑧（　　　）使用 VAS5051 读取测量数据块的工作状态，确定 CAN 总线系统处于"单线工作"或者"双线工作"状态。

⑨（　　　）通常情况下，过高的静态电流消耗是由一般性的电气故障，或是由 CAN 总线的睡眠/唤醒功能出现问题引起的。

⑩（　　　）一般情况下，当 CAN 总线系统出现故障时，控制单元内部会有故障存储记录。

⑪（　　　）当怀疑某个控制单元故障导致 CAN 总线不能正常工作时，可以通过拔掉此控制单元的方法进行验证。

项目 5
丰田多路传输系统检修

| 5.1　项目导入 |

【项目描述】

　　一辆丰田锐志轿车行驶里程 30000 km，挂倒挡时，收音机（导航）屏幕显示"倒车影像系统当前不可用"，操作空调面板时收音机（导航）屏幕没有相关显示。

　　经初步使用故障诊断仪检测，显示以下故障：信息娱乐系统 CAN 总线处于单线模式、电路电器故障、信息娱乐系统 CAN 总线损坏和数字式组合音响控制单元无信号/通信。怎样解决这个故障呢？

　　本项目以丰田多路传输系统检修为项目实体，介绍车载网络系统在丰田车系中的使用。在丰田车系中常用的网络系统是 CAN 系统和 BEAN、AVC-LAN 系统，如何对其进行检测与维修以解决上述故障对维修人员来说是一个考验。

【学习目标】

素质目标

践行社会主义核心价值观，具有深厚的爱国情感，培养大国工匠精神。

知识目标

1. 认识丰田多路传输系统结构及组成；
2. 认识丰田锐志轿车多路传输系统。

技能目标

能够诊断与维修丰田多路传输系统。

【学习资源】

1. 丰田 CAN、BEAN、AVC-LAN 总线系统自学手册；
2. 丰田锐志轿车维修手册；
3. 网络平台教学资源库课程资源。

| 5.2　学习参考 |

5.2.1　丰田多路传输系统

本节主要介绍丰田多路传输系统的应用和组成。

1．丰田车系多路传输系统的应用

丰田车系多路传输（Multiplex Communication，MPX）系统使用了 3 种通信电路：CAN、BEAN 和 AVC-LAN。

（1）CAN、BEAN 和 AVC-LAN 总线

CAN 指符合 ISO 标准的串行通信网络。BEAN 是丰田汽车专用的双向通信网络。AVC-LAN（Audio Visual Communication-Local Area Network，音响视听局域网络）主要用于音频和视频设备中的通信。

丰田车系多路传输系统的应用

CAN 的传输速率比 BEAN 和 AVC-LAN 的要高，因此底盘控制系统采用 CAN 传输，以达到在提高传输速率的同时，保证高质量的数据传输的目的。CAN、BEAN 与 AVC-LAN 的对比如表 5-1 所示。

表 5-1　　　　　　　　　　CAN、BEAN 与 AVC-LAN 的对比

系统	协议	传输速率	通信线	驱动形式	数据长度/B
底盘控制系统	CAN（ISO 标准）	500 kbit/s（最大 1 Mbit/s）	双绞线	差分电压驱动	1～8（可变）
车身控制系统	BEAN（丰田标准）	最大 10 kbit/s	AV 单线	单线电压驱动	1～11（可变）
	AVC-LAN（丰田标准）	最大 17.8 kbit/s	双绞线	差分电压驱动	0～32（可变）

（2）网关和 CAN 通信网络

CAN、BEAN、AVC-LAN 通信协议不同。网关内置 CPU 从各总线接收数据，然后按照各通信协议把该数据变换后通过不同的总线发送出去。网关根据车辆的功能预先确定需要处理的数据。网关的结构如图 5-1 所示。

CAN 通信网络的组成如图 5-2 所示。多个 ECU 连接到通信线路上，总线主线路安装了终端电阻（120 Ω），可以由连接到网络的回线来决定差分电压。

（3）BEAN 系统

BEAN 是一种多总线车身电子局域网，由仪表板 BEAN 系统、转向柱 BEAN 系统和车门 BEAN 系统组成。仪表板 BEAN 系统如图 5-3 所示。仪表板 BEAN 系统 ECU 的功能如表 5-2 所示。

表 5-2　　　　　　　　　　仪表板 BEAN 系统 ECU 的功能

ECU	主要功能	ECU	主要功能
AFS ECU	根据转向和车速自动改变近光灯照射方向	空调 ECU	控制加热器和空调系统以及车窗除雾气系统
仪表 ECU	控制仪表和计量系统	网关 ECU	在 CAN 通信系统和各车载多路传输系统之间传播数据

注：AFS 是指智能自适应前照灯系统（Adaptive Front-lighting System）。

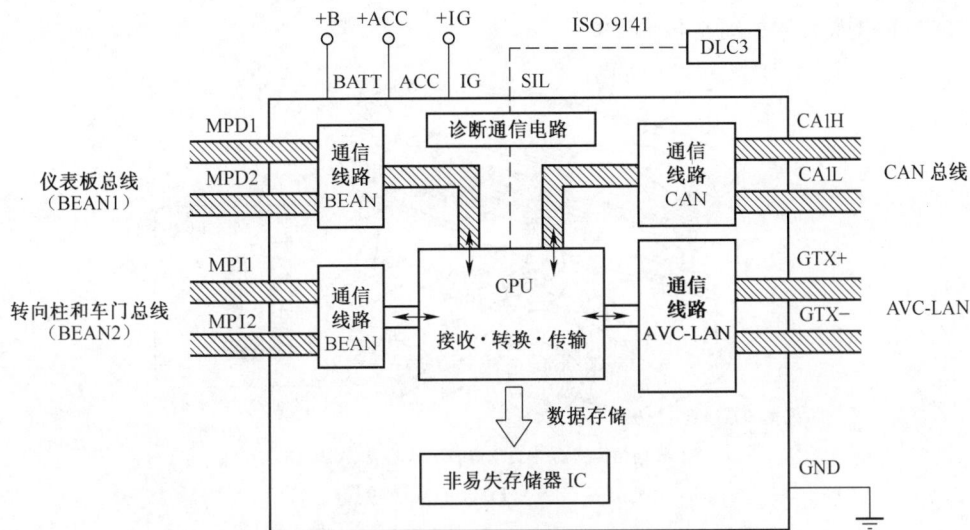

图 5-1　网关的结构

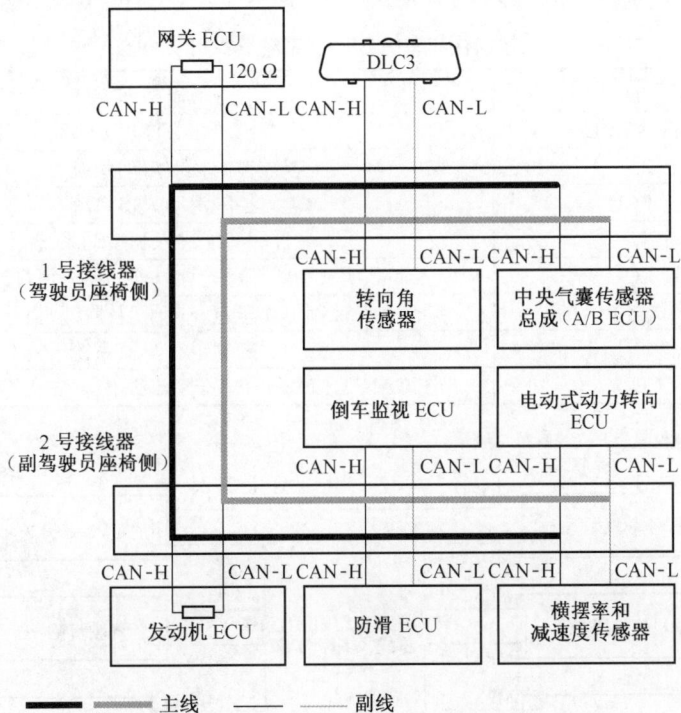

主线　　　　副线

图 5-2　CAN 通信网络的组成

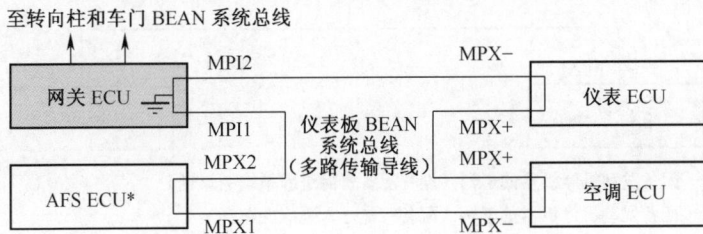

*—装配了 AFS 的车辆

图 5-3　仪表板 BEAN 系统

ECU 的安装位置如图 5-4 所示。

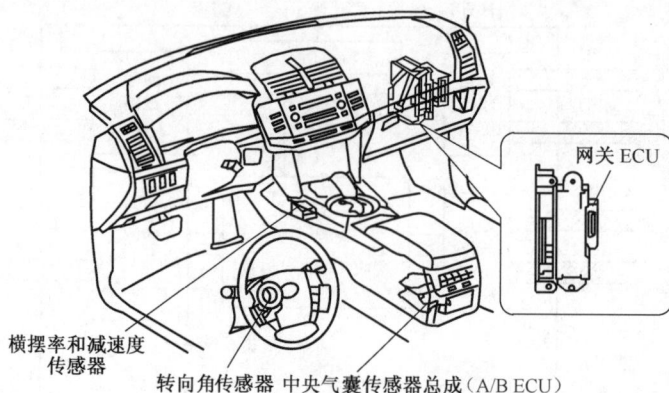

图 5-4　网关 ECU 的安装位置

转向柱和车门 BEAN 系统 ECU 的功能如表 5-3 所示。转向柱和车门 BEAN 系统电路如图 5-5 所示。转向柱和车门 BEAN 系统 ECU 位置如图 5-6 和图 5-7 所示。

表 5-3　　　　　转向柱和车门 BEAN 系统 ECU 的功能

ECU	主要功能
发动机停机器 ECU	控制防盗（停机）系统
电源 ECU	控制按键启动系统
滑动天窗 ECU	控制滑动天窗系统
认证 ECU	控制智能进入和启动系统
前控制器 ECU	控制照明（前照灯近光灯以外的前车用灯）和扬声器
驾驶员侧接线盒 ECU	控制电动车窗、电子门锁、防盗系统
MPX 总开关	控制电动车窗系统
网关 ECU	在 CAN 通信系统和各车载多路传输系统之间传输数据

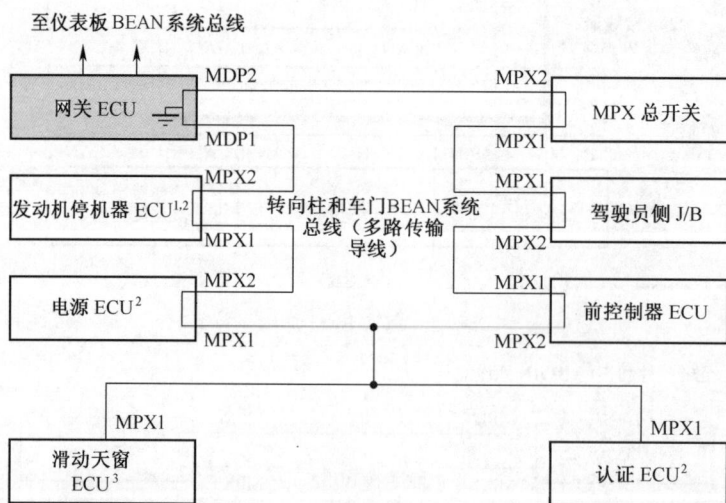

1 — 配备发动机停机器的车辆（没有配备智能进入系统的车辆）

2 — 配备发动机停机器的车辆（配备智能进入系统的车辆）

3 — 配备滑动天窗的车辆

图 5-5　转向柱和车门 BEAN 系统电路

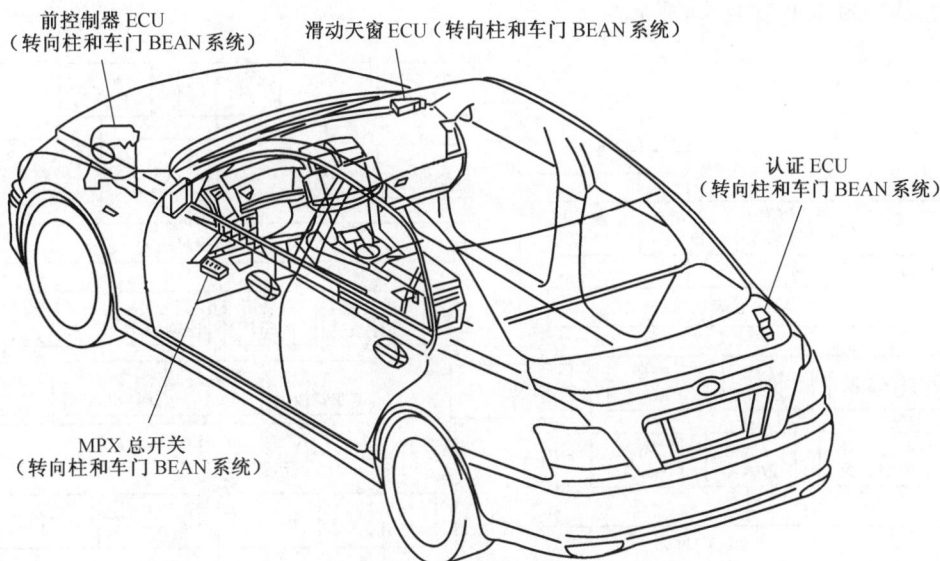

图 5-6　转向柱和车门 BEAN 系统 ECU 位置 1

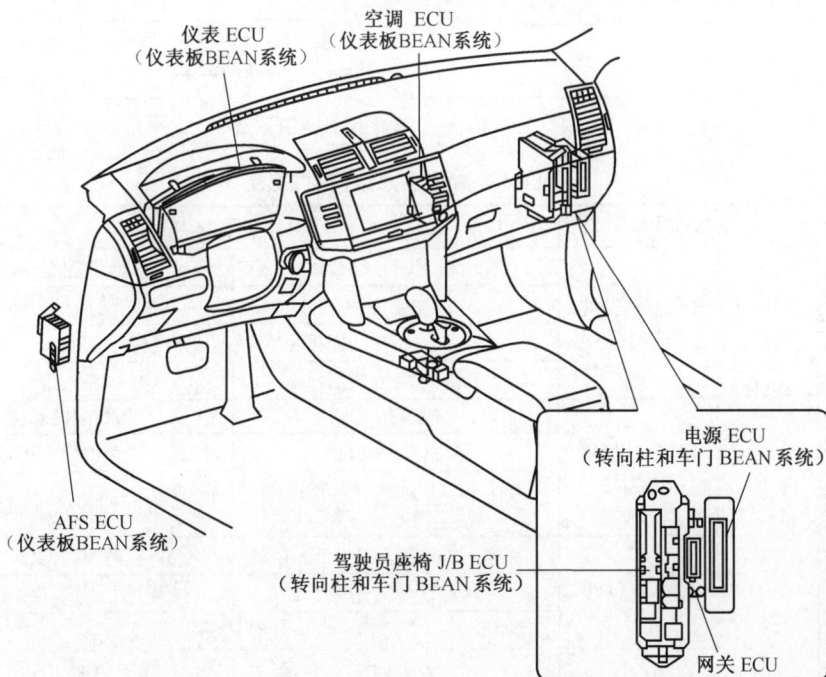

图 5-7　转向柱和车门 BEAN 系统 ECU 位置 2

2.丰田车系多路传输系统的组成

下面以雷克萨斯 LS430 轿车多路传输系统和雷克萨斯 RX330 轿车多路传输系统为例介绍丰田汽车多路传输系统的组成。

（1）雷克萨斯 LS430 轿车多路传输系统

雷克萨斯 LS430 轿车全车控制单元以网关 ECV 为中心，设置了几个总线系统，包括仪表板总线、门控总线、转向柱总线、Back-up 总线（控制转向信号灯、尾灯、制动灯和后雾灯）和 AVC-LAN。LS430 轿车车身网络通信系统如图 5-8 所示，LS430 轿

丰田车系多路传输系统的组成

车各总线控制 ECU 如表 5-4 所示。

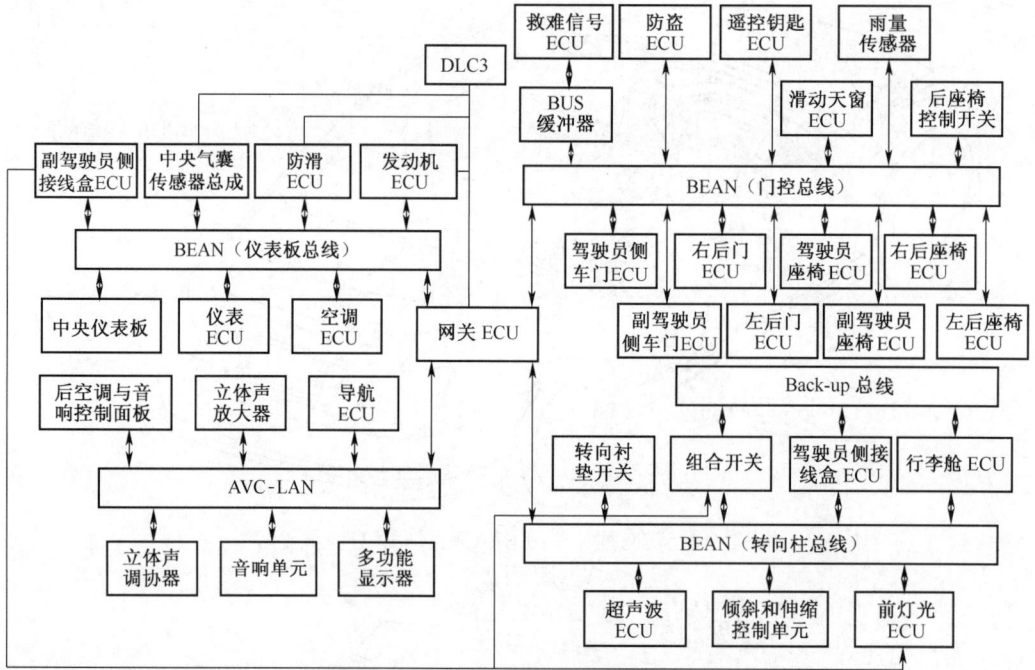

图 5-8 LS430 轿车车身网络通信系统

表 5-4   LS430 轿车各总线控制 ECU

总线类型		ECU	
网关 ECU	CAN	J/C 1 号带终端电阻	发动机 ECU（ECM）	安全带控制 ECU
			减振器 ECU	制动控制 ECU
			横摆率和减速度传感器	
			转向角传感器	DLC3
		J/C 2 号带终端电阻	EPS ECU	VGRS ECU
			距离控制 ECU	全轮驱动 ECU
			摄像 ECU/倒车指示监视器 ECU	间隙警告 ECU
	BEAN	仪表板总线	仪表 ECU	空调 ECU
			集成开关面板	轮胎压力监控 ECU
			中央气囊传感器总成	
		转向柱总线	车身 ECU	驾驶员侧 J/B ECU
			行李舱 J/B ECU	前照灯转弯自动调整系统 ECU
			驾驶员座椅 ECU	方向盘位置调整 ECU
			前端控制器	组合开关
		门控总线	车门 ECU	
			认证 ECU	电源控制 ECU
			天窗 ECU	电动车窗控制开关
			雨量传感器	
	AVC-LAN		导航 ECU	多功能显示器	音响单元

丰田整车网络系统包含两个 CAN 接头，用来从主总线线路和辅总线线路连接各传感器和控制单元，如图 5-9 所示。

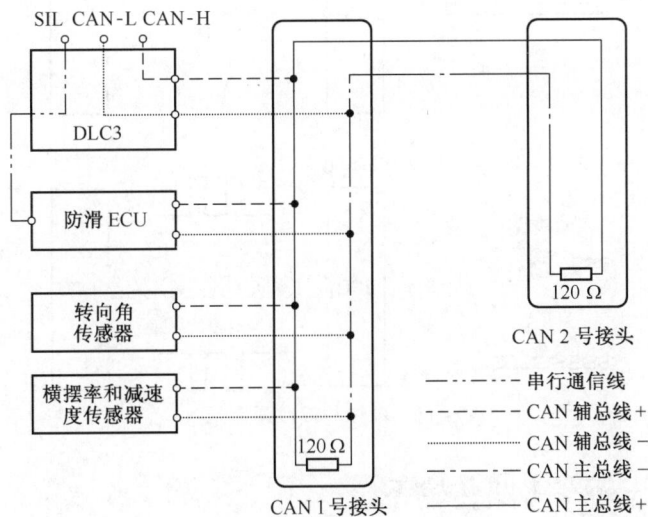

图 5-9　CAN 接头电路

（2）雷克萨斯 RX330 轿车多路传输系统

雷克萨斯 RX330 轿车的 CAN 线路连接了防滑 ECU、转向角传感器、横摆率和减速度传感器以及 DLC3（3 号诊断连接器），安装位置如图 5-10 所示。DLC3 也是通过 CAN-H 和 CAN-L 传输故障信息的，故障诊断仪通过 DLC3 可以检测 CAN 通信的故障码。

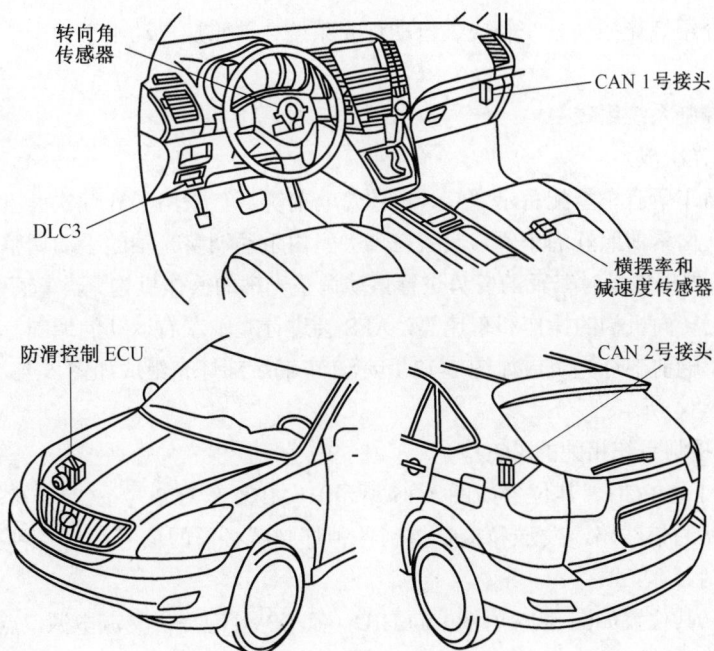

图 5-10　CAN 元件安装位置

BEAN 通信采用单线传输，CAN 和 AVC-LAN 通信采用双绞线传输，如图 5-11 所示。

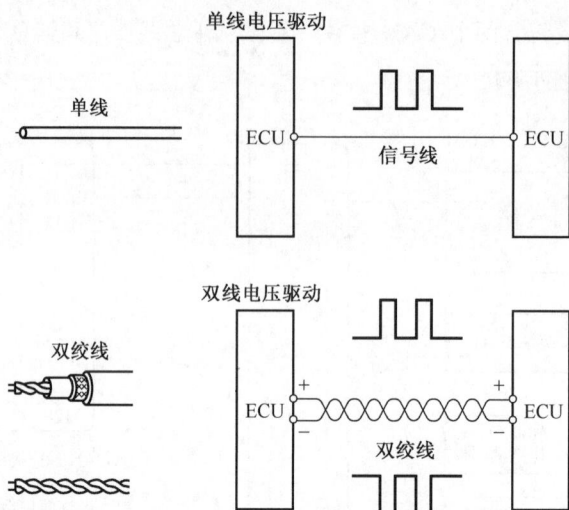

图 5-11　单线与双线通信示意

5.2.2　丰田锐志轿车多路传输系统

下面通过介绍丰田锐志轿车的网络控制系统功能来说明丰田轿车的多路传输系统的功能和工作方式。

丰田锐志轿车多路传输系统包括灯光控制系统、电动车窗系统、电动天窗系统、组合仪表与显示系统、音响和视频系统、电子门锁系统、智能进入和启动系统、防盗系统、巡航系统、电动式动力转向机构、自动空调系统、安全气囊系统等。下面进行介绍。

1．灯光控制系统

本节主要介绍灯光控制系统组成、自动灯光系统、前照灯自动水平调节系统和 AFS。

（1）灯光控制系统组成

① 车辆灯光组成。

丰田锐志轿车所有车型配备示宽灯、前照灯、前雾灯，采用了 6 灯式卤素前照灯以及氙气前照灯。装有卤素前照灯的车辆，具备在驾驶室内手动调整光轴的手动调整功能。在一些车型中，还配备根据停车时车辆的姿势进行自动调整光轴的操作机构。若车辆姿势在 3s 之内保持不变，根据转向机构的操作和车速等，AFS 会进行光轴左右运动的调制，在夜间具有优越的可视性。车辆前部灯光组成如图 5-12 所示。车辆后部灯光组成如图 5-13 所示。内部灯安装位置如图 5-14 所示。

② 与灯光控制系统相关的 ECU。

MPX 车身 1 号 ECU（其位置如图 5-15 所示）、MPX 车身 2 号 ECU（其位置如图 5-16 所示）使用多路通信线路，发送和接收控制各种灯光所必需的信号，对各种指示灯的点亮和熄灭进行控制。

灯光 ECU（其位置如图 5-17 所示）向 HID（氙气）灯泡提供交流电源，点亮 HID 灯泡。交流电源频率在几百赫兹以上，可以保证灯光不出现闪烁现象，同时为了使车载收音机不受到干扰，采取了电磁屏蔽措施。灯光 ECU 可产生约 22000 V 的高电压，可以瞬间并稳定地点

灯光控制系统

亮 HID 灯泡。另外，由于该 ECU 会产生高电压，所以不但要采取各种失效保护功能，还要考虑在热度、湿度和振动等条件下的稳定性。

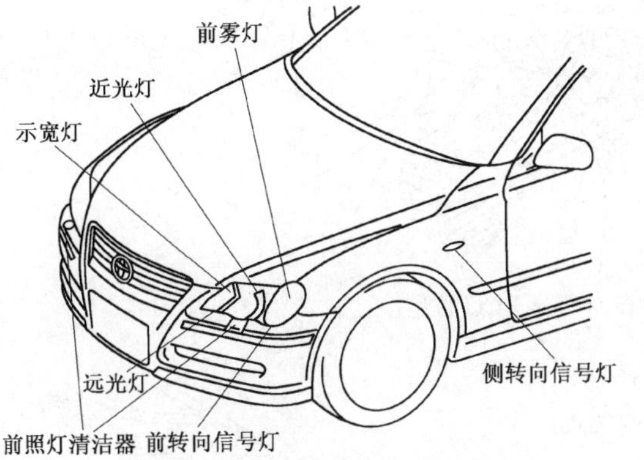

图 5-12　车辆前部灯光组成

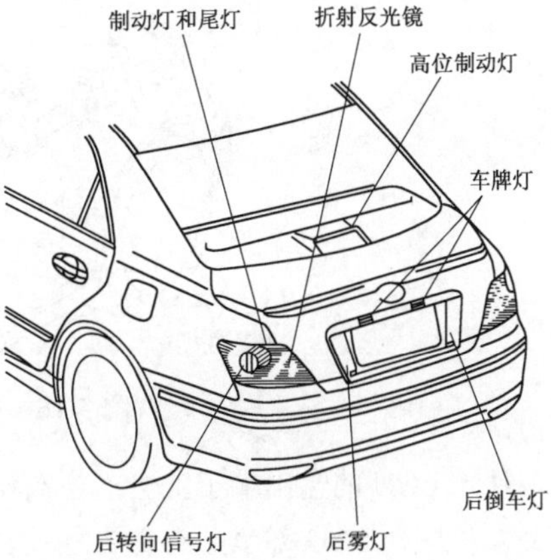

图 5-13　车辆后部灯光组成

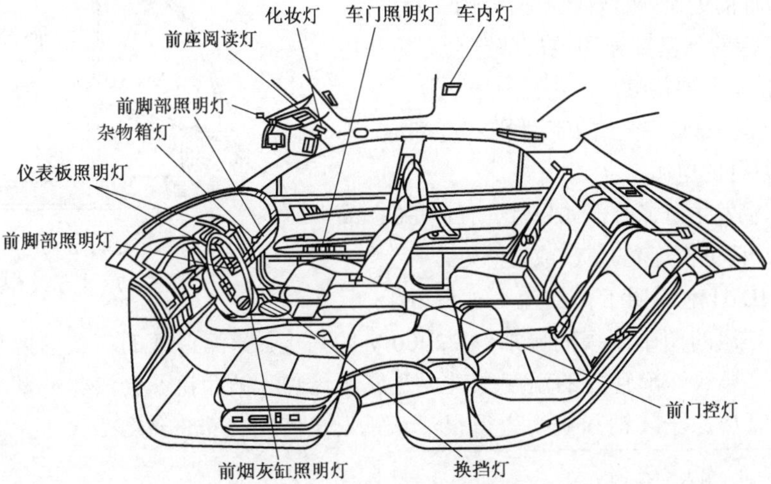

图 5-14　内部灯安装位置

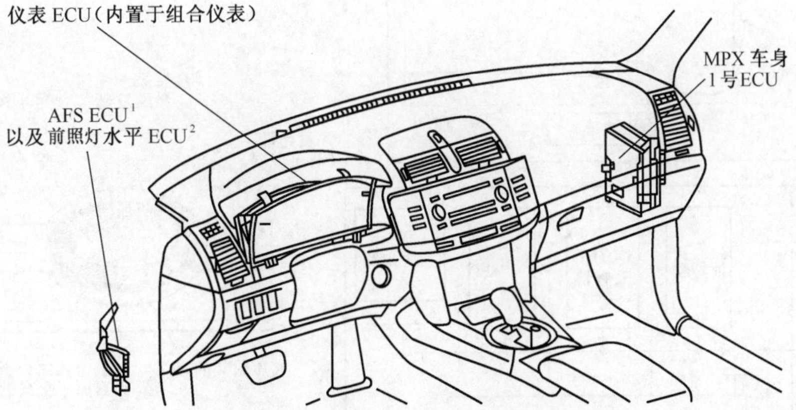

1—配备智能AFS的车型　2—没有配备智能AFS的车型

图 5-15　MPX 车身 1 号 ECU 位置

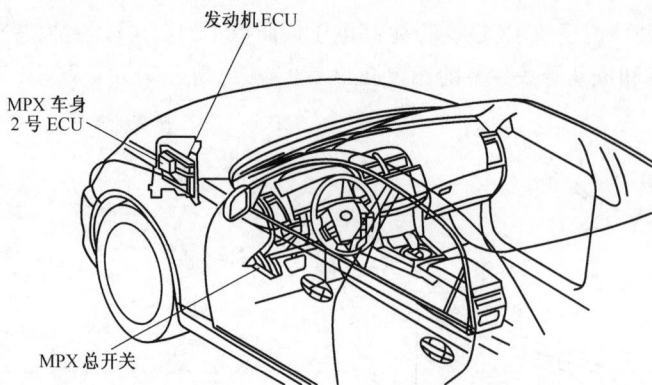

图 5-16　MPX 车身 2 号 ECU 位置

灯光 ECU 的输出端子上会产生高电压，在前照灯上方及灯光 ECU 部位贴有警告标签，标签包括如下内容。

a. 前照灯的更换一定要在丰田经销商处进行。

b. 在灯泡的玻璃部分和电极部分会产生高电压，很危险，请不要接触。

c. 一定要在安装完全结束后才能点亮灯泡，不能使用车辆以外的电源。

d. 当车辆发生碰撞时，如果灯光控制 ECU 或前照灯损伤，请更换灯光 ECU 或前照灯。

控制 HID 灯泡照明工作的流程如图 5-18 所

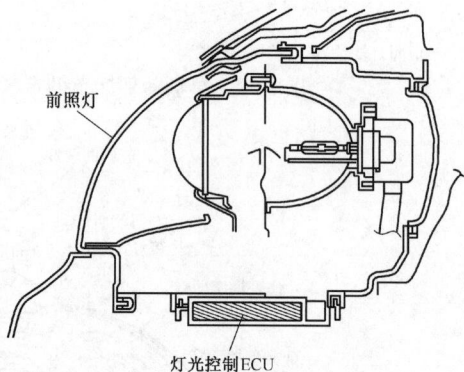

图 5-17　灯光 ECU 位置

示。在 HID 灯泡的两个电极间施加约 22000 V 的高电压，弧形管的氙气前照灯会电解产生电弧放电，导致弧形管内的温度上升，金属碘化物（钠和钪）会汽化分解成金属原子和碘原子，金属原子（钠和钪）变得很活跃，发出特定光谱的光线。

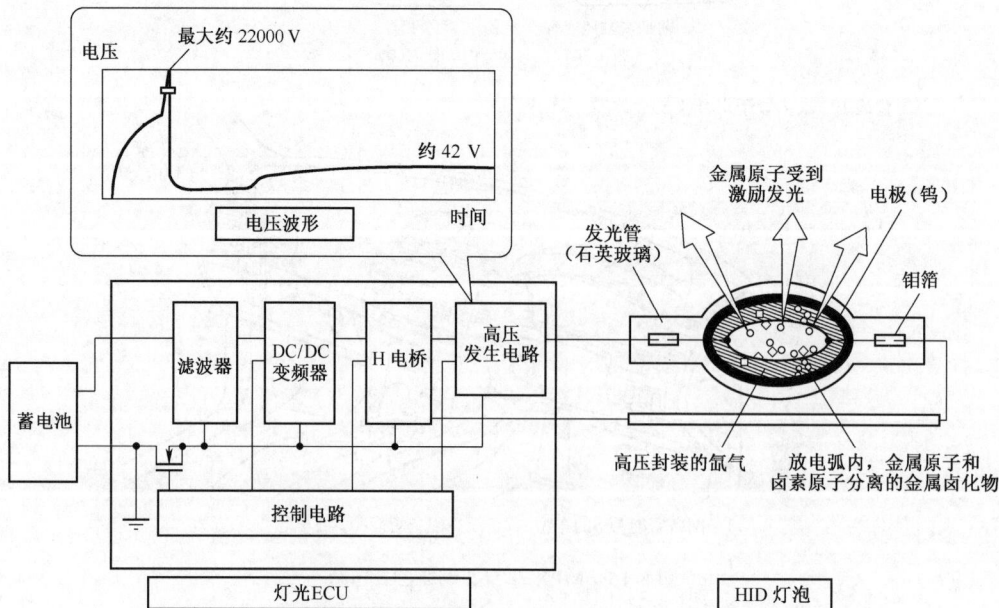

图 5-18　控制 HID 灯泡照明工作的流程

③ 灯光控制系统电路。

灯光控制系统车外灯电路如图 5-19 所示。灯光控制系统车内照明电路如图 5-20 所示。

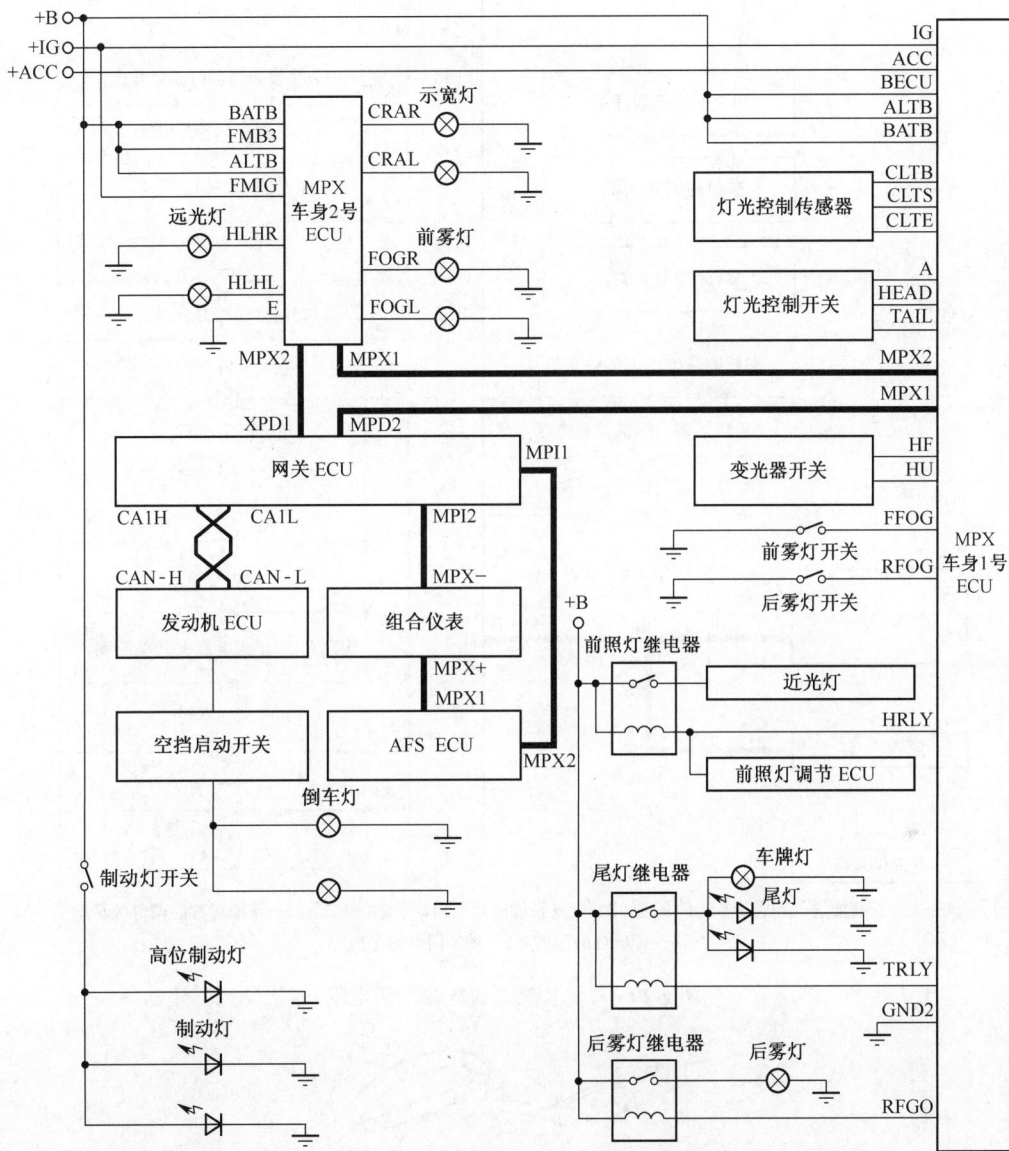

图 5-19　灯光控制系统车外灯电路

（2）自动灯光系统

在打开点火开关以后，将灯光控制开关置于 AUTO 位置，丰田车系自动灯光系统会自动检测周围环境的亮暗程度，若光线过暗，便会自动地点亮尾灯以及前照灯。

车辆周围环境区域的亮度由灯光控制传感器来检测，检测到的信号以频率的形式被输出到 MPX 车身 1 号 ECU。灯光控制传感器位于仪表板上方前除霜器的中部，如图 5-21 所示。

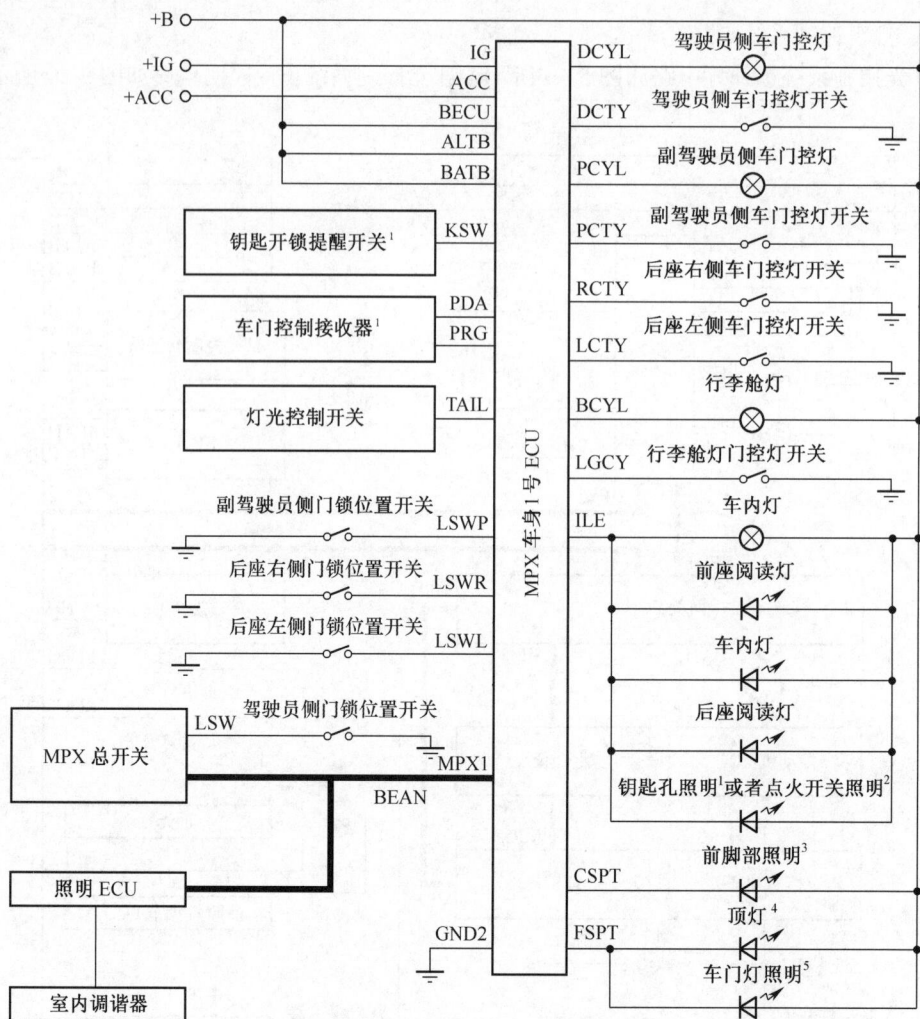

图 5-20 灯光控制系统车内照明电路

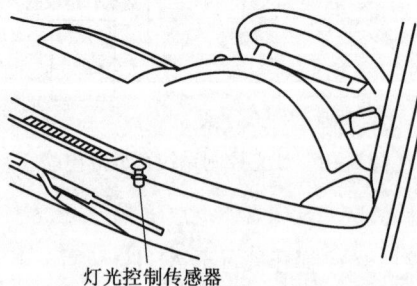

图 5-21 灯光控制传感器位置

MPX 车身 1 号 ECU 安装在驾驶员侧的仪表板内部，控制系统的电路内置于 ECU 内。在灯光控制系统控制下，如果在前照灯熄灭后又马上再次点亮前照灯，该系统会延长灯光熄灭时间，以阻止前照灯瞬间打开。

　　自动灯光控制主要由 MPX 车身 1 号 ECU 实现，示宽灯的点亮是通过和双向车身多路传输系统连接的 MPX 车身 2 号 ECU 之间的收发信号来控制的。自动灯光系统控制电路如图 5-22 所示。

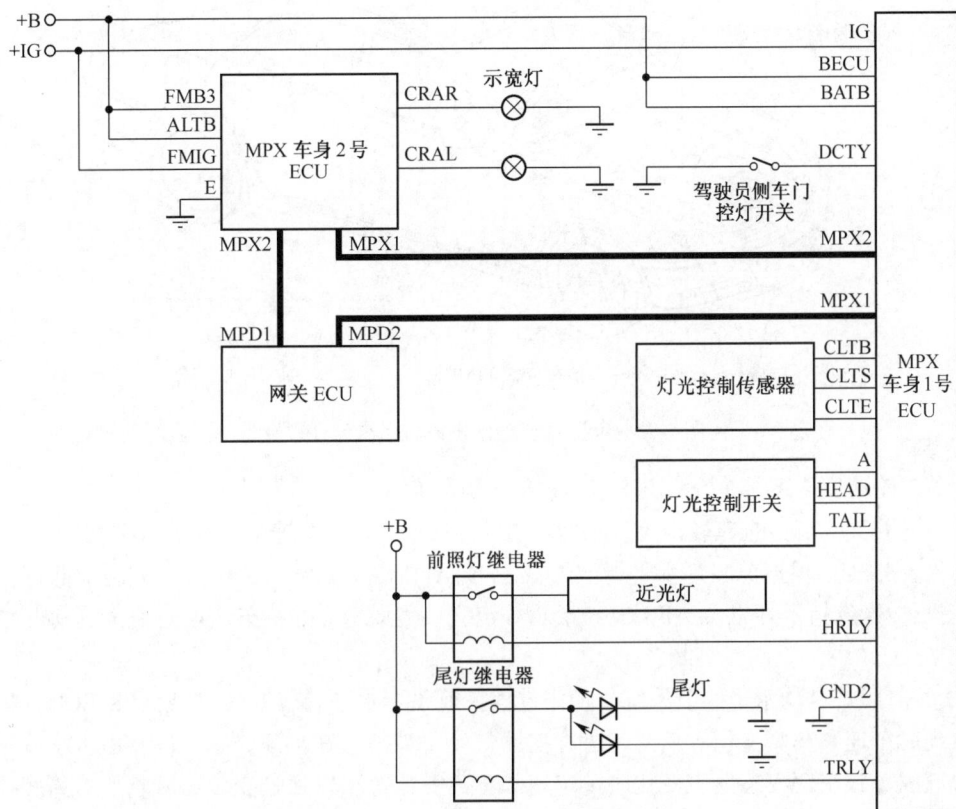

图 5-22　自动灯光系统控制电路

　　此外，自动灯光系统还设置有进车照明功能。进车照明系统和车内照明控制电路集成在 MPX 车身 1 号 ECU 内。

　　（3）前照灯自动水平调节系统

　　① 前照灯自动水平调节系统组成。前照灯自动水平调节系统由前照灯水平调节 ECU（或 AFS ECU）、高度控制传感器和前照灯水平调节执行器等组成。其元件位置如图 5-23 所示。

　　前照灯水平调节 ECU：具有自动水平调节功能，能够根据接收到的高度控制传感器、仪表 ECU 或者防滑 ECU 发出的信号，判断车辆姿势和状态，以控制前照灯水平调节执行器。若检测到系统异常，对于未配置智能 AFS 的车辆，点亮组合仪表内的指示灯；对于配置了智能 AFS 的车辆，则组合仪表内的 AFS OFF 指示灯将闪烁。

　　高度控制传感器：检测出车辆的高度，向前照灯水平调节 ECU（或 AFS ECU）输出车高变化信号。

　　前照灯水平调节执行器：通过从前照灯水平调节 ECU（或 AFS ECU）发出的控制信号，上下方向调节近光灯。

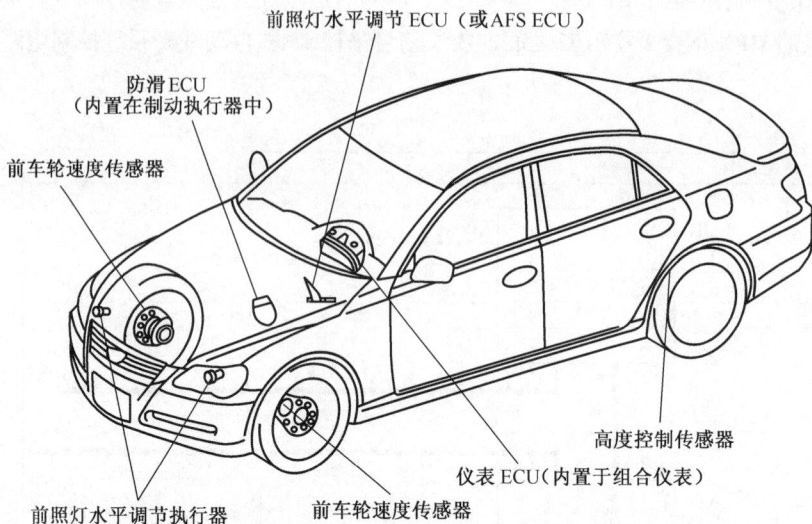

图 5-23　前照灯自动水平调节系统元件位置

前车轮速度传感器：检测出车速，输出到防滑 ECU。

防滑 ECU：输入前车轮速度传感器发出的 2 级信号，把车速信号输出到仪表 ECU。

仪表 ECU：根据前照灯水平调节 ECU（或 AFS ECU）发出的信号，控制前照灯自动调整操作/警告指示灯以及 AFS OFF 指示灯点亮或者熄灭，并将车速信号输出到前照灯水平调节 ECU 中。

② 前照灯自动水平调节系统的工作过程。前照灯水平调节 ECU（或 AFS ECU）根据接收到的车速和车高变化等信号，进行前照灯水平调节。在加速、减速以及由于承载了货物等原因导致车辆姿态发生变化时，车速和车高变化等可以通过安装在后悬架的高度控制传感器检测出来。根据车辆姿态的变化，通过驱动安装在前照灯上的前照灯水平调节执行器，利用静态控制调整停车状态下的光轴，利用动态控制使得在行驶过程中前照灯的光轴自动地保持上下一定的角度。

利用前照灯水平调节 ECU（或 AFS ECU）接收到的车轮速度信号和由高度控制传感器输出的车高信号，可以求出车辆姿态的倾斜角的变化量，根据该变化量驱动前照灯水平调节执行器，从而控制前照灯的光轴。

前照灯自动水平调节系统的控制电路如图 5-24 所示。

（4）智能 AFS

智能 AFS 可以根据转向操作和车速自动改变近光灯左右方向的光轴，并且可以自动水平调节上下方向的光轴，所以能够满足各种行驶条件，获得最适合的前照灯照明光线。智能 AFS 采用 AFS ECU 以及旋转执行器和水平执行器。

当车速大于 10 km/h、转向操作角度大于 7.5° 时，系统可向转弯内侧改变近光灯的光轴，左侧最大达到 15°，右侧最大达到 5°，对弯道前方进行照明。

AFS ECU 将从前车轮速度传感器接收到的车速信号输出给防滑 ECU（内置在制动执行器中），把从转向角传感器接收到的转向角度信号也输入其中，此外，还可接收来自双向车身多路传输系统的前照灯 ON/OFF 信号、挡位信号，进行水平执行器的控制。

① 智能 AFS 组成。智能 AFS 的组成如图 5-25 所示。

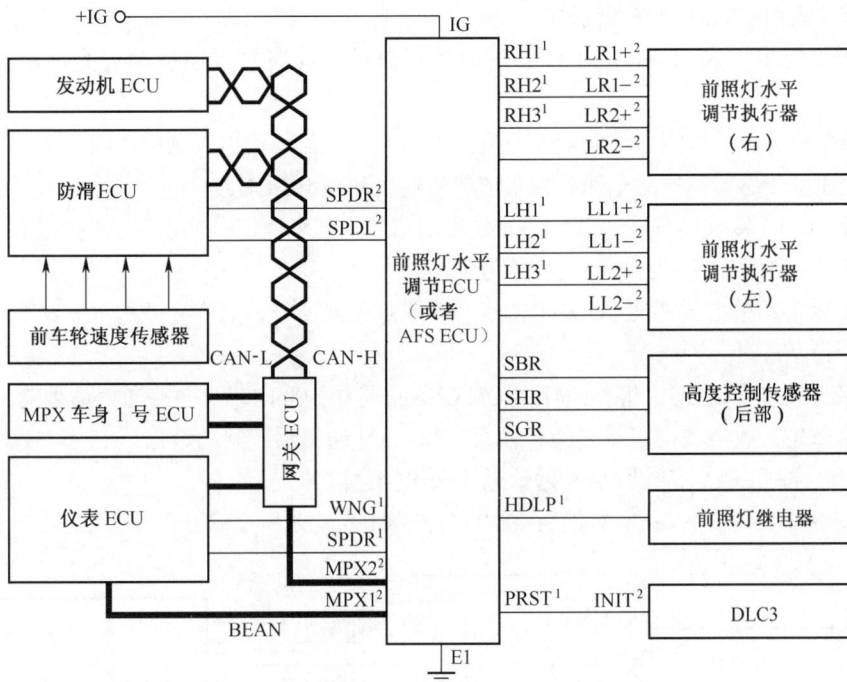

1—连接前照灯水平调节ECU　2—连接AFS ECU
图 5-24　前照灯自动水平调节系统的控制电路

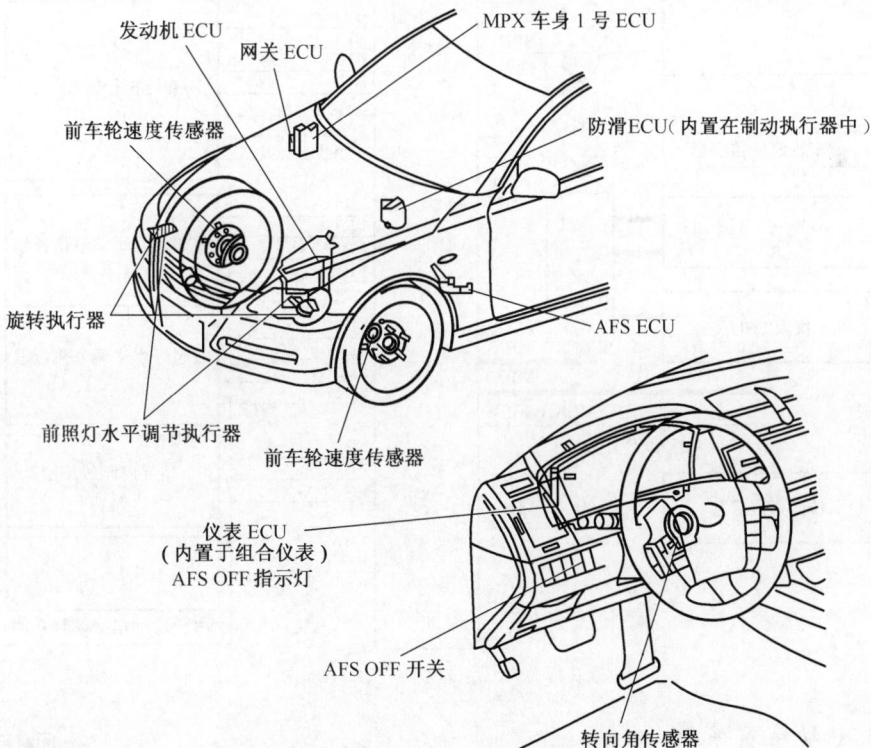

图 5-25　智能 AFS 的组成

AFS ECU：根据接收到的转向操作角度、车速信号等，判断行驶状态以及转弯半径，利用旋转执行器，控制近光灯左右方向的光轴。按下 AFS OFF 开关后，禁止智能 AFS 的控制，点亮组合仪表内的 AFS OFF 指示灯。

旋转执行器：利用 AFS ECU 发出的控制信号，向左右方向驱动近光灯，控制其光轴的方向。

转向角传感器：检测出转向操作角度，把转向角度信号输出到 AFS ECU 中。

车轮速度传感器：检测车速，将车速信号输出到防滑 ECU。

防滑 ECU：接收前车轮速度传感器发出的信号，把车速信号输出到 AFS ECU；将转向角度修正信号作为双向车身多路通信信号输出。

仪表 ECU：根据 AFS ECU 发出的点亮（或熄灭）信号，点亮（或熄灭）组合仪表内的 AFS OFF 指示灯。

MPX 车身 1 号 ECU：将前照灯的 ON/OFF 信号作为双向车身多路通信信号输出。

网关 ECU：收发双向车身多路传输系统和 CAN 通信系统间的数据。

发动机控制 ECU：通过 CAN 通信系统输出挡位信号。

② 智能 AFS 电路控制。智能 AFS 电路控制如图 5-26 所示。

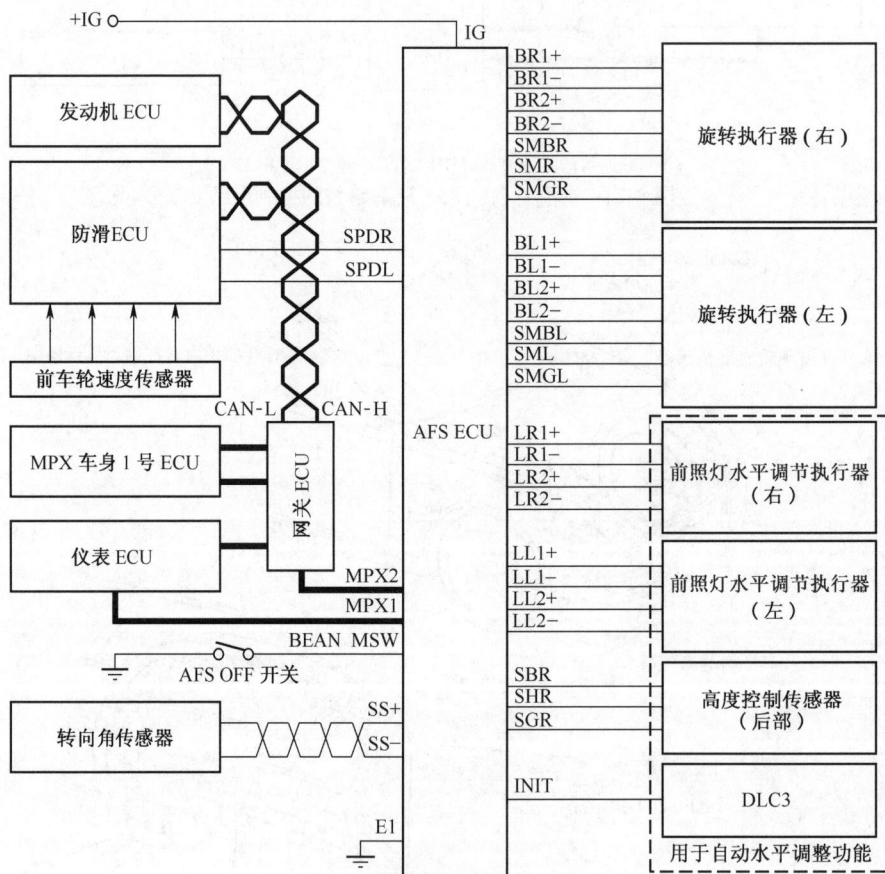

图 5-26　智能 AFS 电路控制

2．电动车窗系统

丰田锐志轿车所有车门玻璃均具有防夹功能和点火钥匙断开操作功能。防夹功能不仅在自动上升操作时起作用，在手动上升操作时也起作用。

所有车门玻璃的遥控均是利用嵌入式 MPX 车身 1 号 ECU 的车身多路

电动车窗系统

传输系统来进行的。电动车窗系统通过脉冲传感器（霍尔 IC）来检测车门玻璃的位置和移动方向，在实施检查、调整之后，应进行初始化操作。

（1）电动车窗系统的组成部件

电动车窗系统元件位置如图 5-27 所示。电动车窗系统主要组成部件的功能如表 5-5 所示。

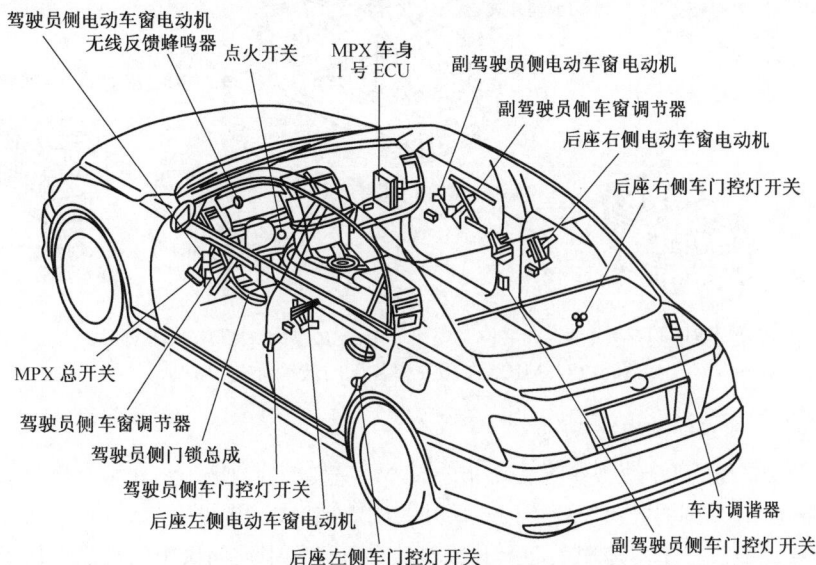

图 5-27　电动车窗系统元件位置

表 5-5　　　　　　　　　　　　　电动车窗系统主要组成部件的功能

组成部件	主要功能
车窗调节器	通过各电动车窗电动机控制车门玻璃的上升和下降
电动车窗电动机	通过正转、反转驱动各车窗调节器
MPX 总开关	<ul><li>进行电动车窗系统的主控</li><li>通过内置调节器，驱动驾驶员侧电动车窗电动机</li><li>将各车门玻璃的电动车窗遥控信号通过双向车身多路传输系统发送到 MPX 车身 1 号 ECU</li><li>检测车窗锁定开关的状态信号，并将其发送到 MPX 车身 1 号 ECU</li><li>从驾驶员侧接线盒 ECU 接收无线电动车窗控制信号</li><li>判断驾驶员侧车门玻璃是否夹物</li></ul>
MPX 车身 1 号 ECU	<ul><li>将钥匙开锁提醒开关、驾驶员侧车门控灯开关等信号通过双向车身多路传输系统发送到 MPX 总开关</li><li>接收从智能接收器发出的信号，通过双向车身多路传输系统把无线电动车窗信号发送到 MPX 总开关</li></ul>
MPX 副驾驶员侧、后座右侧、后座左侧车门玻璃开关	<ul><li>通过内置继电器，驱动各电动车窗电动机</li><li>判断各车门玻璃是否夹物</li></ul>
点火开关	检测点火开关的状态（IG ON 或 IG OFF），输出到 MPX 总开关
各车门控灯开关	<ul><li>检测各车门的开闭状态（ON 或 OFF），并传输到驾驶员侧接线盒 ECU</li><li>点火钥匙断开操作判定</li></ul>
驾驶员侧门锁总成	检测内置的门锁控制开关（钥匙联动），以及驾驶员侧门锁开关的状态（闭锁时为 OFF，开锁时为 ON），并输出到 MPX 总开关
车内调谐器	接收、判断从智能钥匙发出的电波（识别码），如果识别为本车码，便把各种操作信号发送到认证 ECU 中
钥匙	向车内调谐器发送电波（识别码）

MPX 总开关和各车门玻璃开关组成如图 5-28 所示。

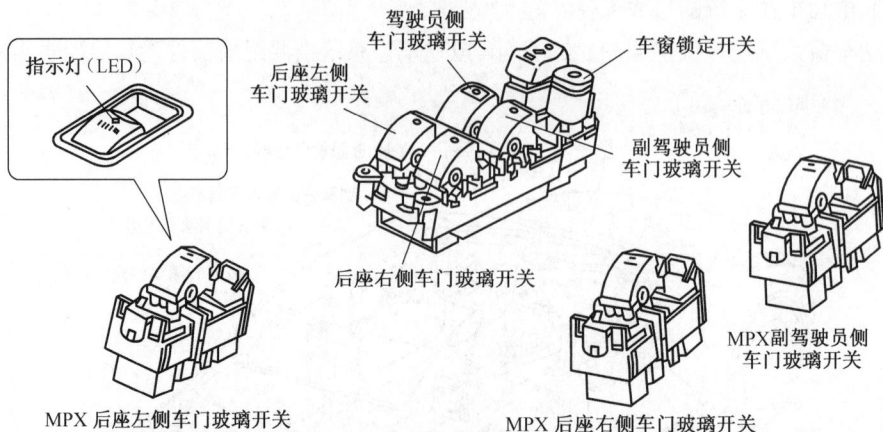

图 5-28　MPX 总开关和各车门玻璃开关组成

（2）电动车窗系统的电路控制

电动车窗系统的电路控制如图 5-29 所示。MPX 后座椅右侧、后座椅左侧车门玻璃开关的内部电路和 MPX 副驾驶员座椅车门玻璃开关的内部电路相同。

① 防夹功能。在车门玻璃手动上升或自动上升过程中，如果车门玻璃夹住了异物，就会自动下降约 50 mm（或者停留 1 s）。万一防夹功能的误操作使车门玻璃不能完全关闭，通过对该车门玻璃开关持续 10 s 的自动上升操作，就可以取消防夹功能的操作。

② 手动上升与下降功能。打开点火开关，将驾驶员侧车门玻璃开关或者其他各车门玻璃开关置于上升，通过内置的 CPU 向手动上升一方输入 ON，就可使上升继电器置于 ON。这时下降继电器会形成搭铁电路，电流流经 BDR 端子→上升继电器→DUP 端子→电动车窗电动机→DDN 端子→下降继电器→搭铁线，各座椅电动车窗电动机便会转向各自的上升方。若 CPU 检测出开关状态为 OFF，就将这里的上升继电器置于 OFF，停止电动车窗电动机的工作。

手动下降功能电路分析和上升功能类似。

③ 通过 MPX 总开关进行自动操作。打开点火开关，通过对各车门玻璃开关进行上升（或下降）操作，内置的 CPU 输入上升开关 ON 信号以及自动开关 ON 信号，通过双向车身多路传输系统，将其作为该开关的遥控上升（或下降）信号发送到 MPX 车身 1 号 ECU。

MPX 车身 1 号 ECU 把"遥控自动上升（或下降）"信号传送到各车门玻璃开关，通过各车门玻璃开关，将电动车窗电动机转动到全闭（或全开）位置。

④ 与发射器联动的车门玻璃上升和下降功能。MPX 总开关通过双向车身多路传输系统，接收从驾驶员侧接线盒 ECU 发出的无线电动车窗上升（或下降）工作指示信号，把内置的上升继电器（或下降继电器）设置为 ON，通过双向车身多路传输系统将各车门无线电动车窗上升（或下降）操作指示信号发送到 MPX 车身 1 号 ECU 中，使驾驶员侧电动车窗上升（或下降）。如果 MPX 车身 1 号 ECU 接收了副驾驶员侧/后座右侧/后座左侧车门的无线电动车窗上升（或下降）操作指示信号，就能把这些信号作为单向多路通信的数据发送给各车门玻璃开关，和手动操作一样，使各电动车窗上升（或下降）。

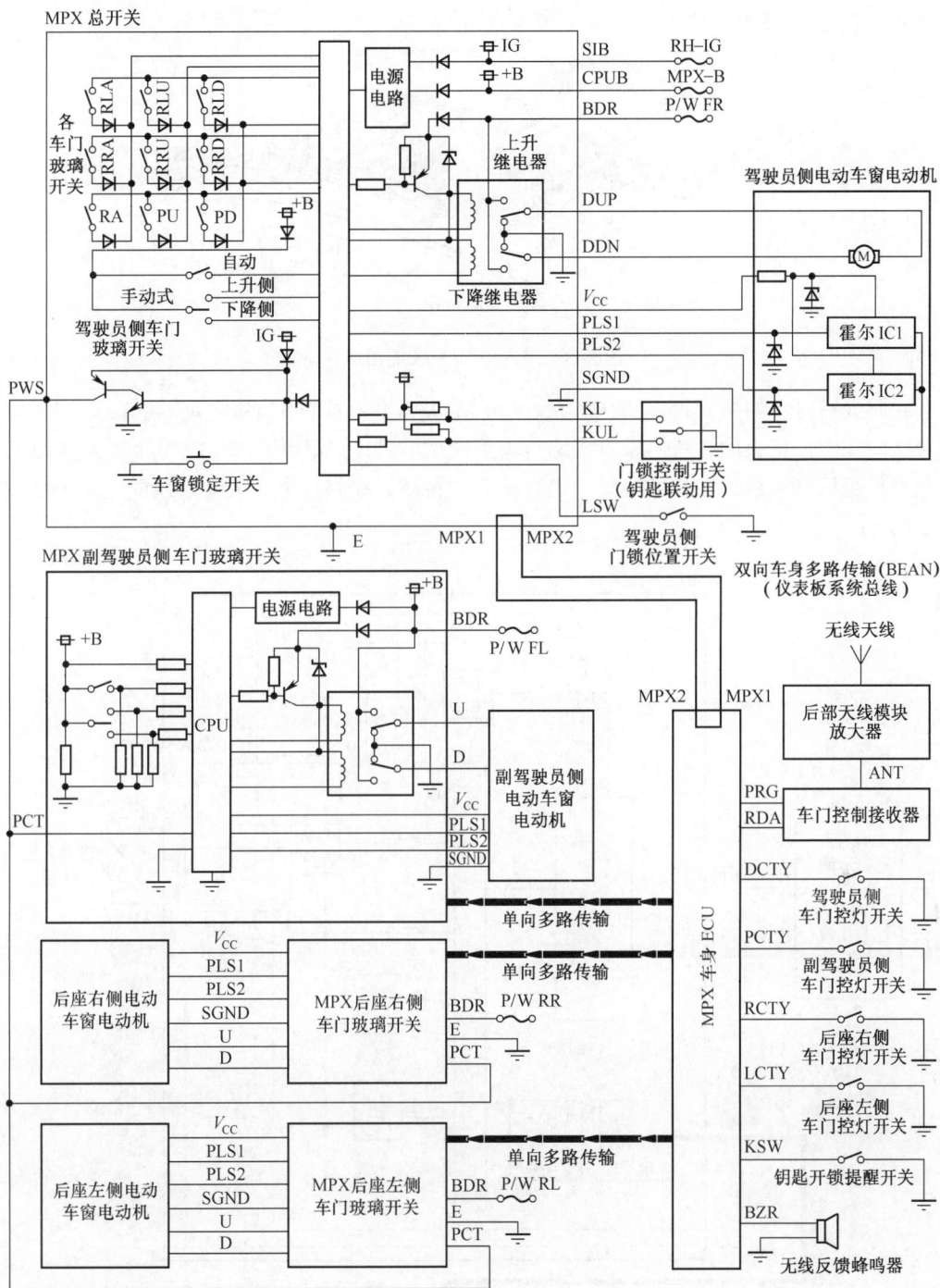

图 5-29 电动车窗系统的电路控制

3. 电动天窗系统

电动天窗系统的组成如图 5-30 所示。

电动天窗系统

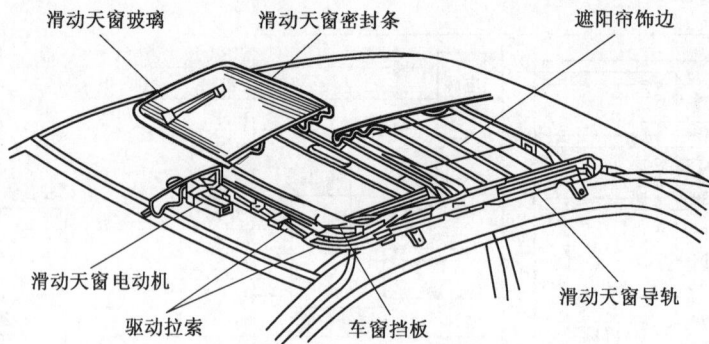

图 5-30　电动天窗系统的组成

　　控制天窗时，如果 MPX 总开关接收来自 MPX 车身 1 号 ECU 的滑动天窗开启（关闭）信号 2.5 s 以上，就会通过双向车身多路传输系统把信号传给滑动天窗 ECU，滑动天窗 ECU 接收到信号后将接通适当的继电器，进行开启（关闭）控制。电动天窗系统的电路控制如图 5-31 所示。

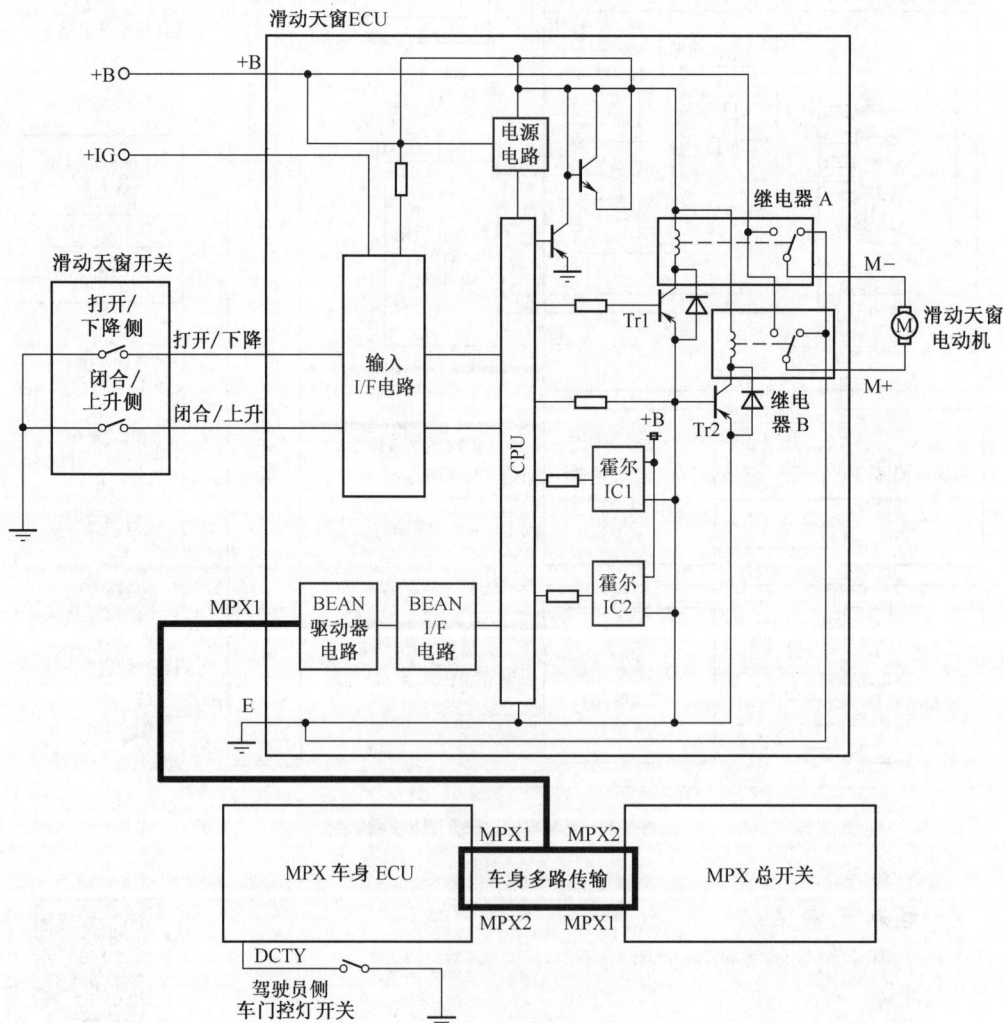

图 5-31　电动天窗系统的电路控制

4．组合仪表与显示系统

组合仪表与显示系统通过内置的仪表 ECU 接收并输入来自其他 ECU、传感器以及开关的信号，显示有关当前车辆状态的各种信息。组合仪表及各控制单元位置如图 5-32 所示。

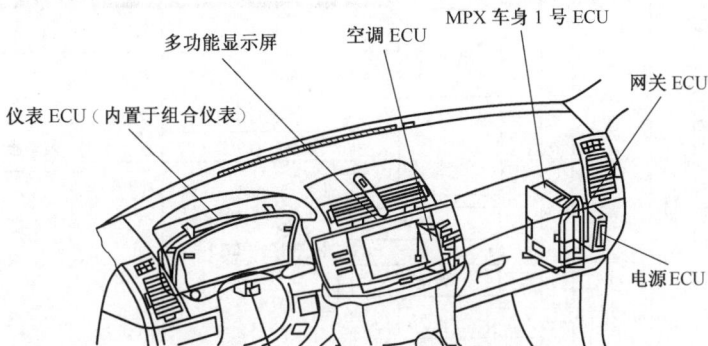

组合仪表与显示系统

图 5-32　组合仪表及各控制单元位置

仪表与操作/警告指示灯在组合仪表上的布置如图 5-33 所示。组合仪表中设有车速表、转速表、燃油表、冷却液温度表，其中车速表从防滑 ECU 接收信号，冷却液温度表从发动机 ECU 接收信号。指示灯装置中防盗操作指示灯、车门微开警告指示灯、远光操作指示灯、前后雾灯操作指示灯、尾灯操作指示灯、转向操作指示灯由 MPX 车身 1 号 ECU 通过多路传输系统提供信号。

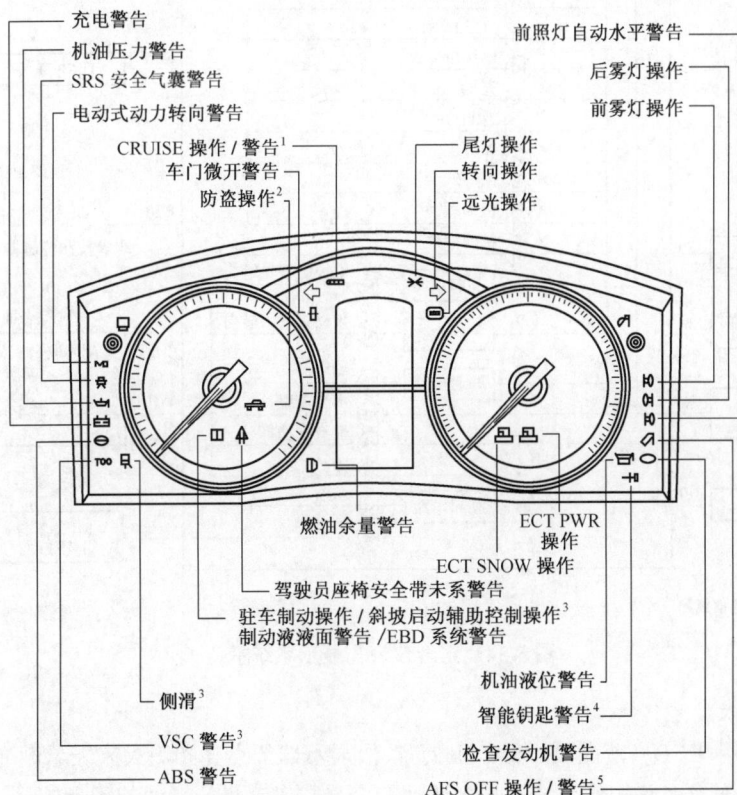

1—配备巡航控制系统的车型　2—配备防盗系统的车型　3—配备VSC的车型　4—配备智能进入和启动系统的车型
5—配备智能AFS的车型

图 5-33　仪表与操作/警告指示灯在组合仪表上的布置

另外，组合仪表还设置有多功能显示器和多功能蜂鸣器。组合仪表与显示系统示意如图 5-34 所示。

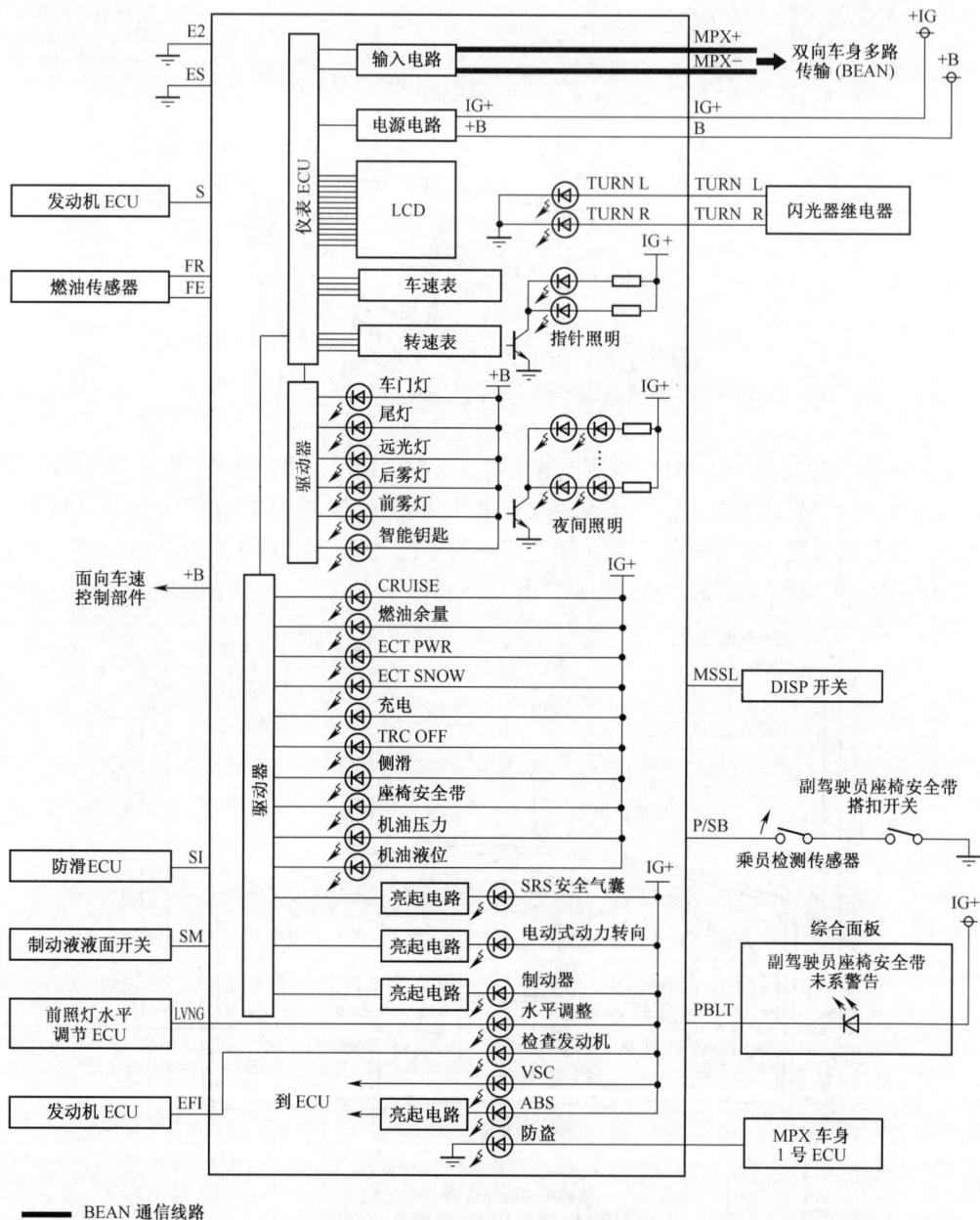

图 5-34　组合仪表与显示系统示意

（1）燃油表

燃油表采用 LCD（液晶显示器）上的 7 段显示器的点亮和熄灭来表示燃油余量。仪表 ECU 通过双向车身多路传输系统接收到燃油箱余量与发动机的燃油使用量信号（燃油喷射量数据），计算出比较精确的燃油余量数据（可消除在坡道行驶或转弯时燃油液面的波动影响），驱动 LCD 显示燃油余量。当燃油余量减少到 12 L 时，仪表 ECU 使组合仪表内的燃油余量警告指示灯亮起。燃油表电路控制如图 5-35 所示。

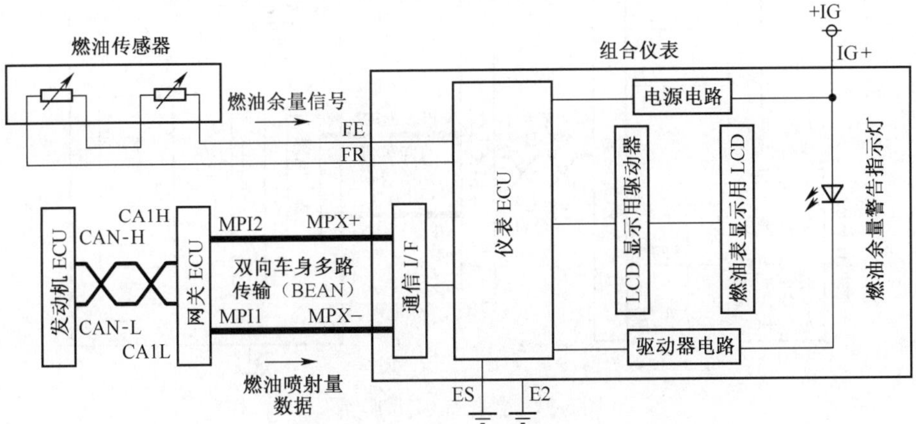

图 5-35 燃油表电路控制

（2）冷却液温度表

冷却液温度表用 LCD 上的 7 段显示器的点亮和熄灭来表示发动机冷却液温度。发动机 ECU 接收到冷却液温度传感器检测出的电阻变化，并将冷却液温度信号作为 CAN 通信信号发送到网关 ECU；仪表 ECU 通过双向车身多路传输系统，接收从网关 ECU 发现的冷却液温度信号，并驱动冷却液温度表显示用 LCD 显示发动机冷却液温度。冷却液温度表控制电路如图 5-36 所示。

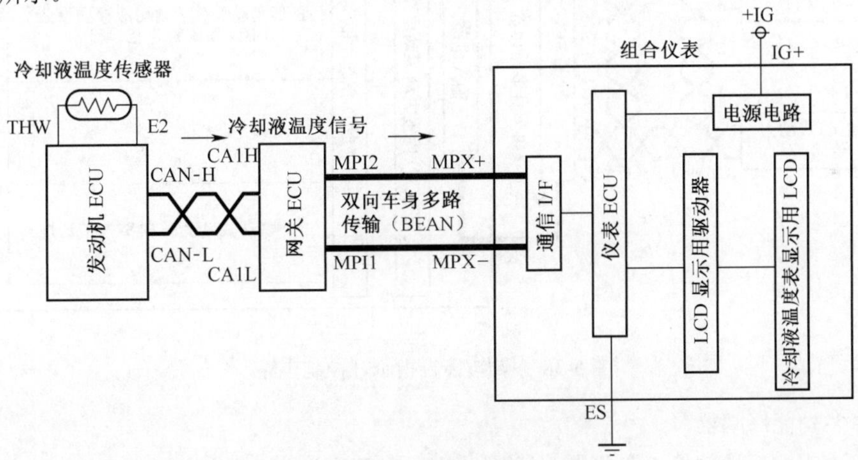

图 5-36 冷却液温度表控制电路

（3）挡位显示

发动机 ECU 接收空挡启动开关发出的挡位信号，并作为 CAN 信号发送到网关 ECU；仪表 ECU 通过双向车身多路传输系统从网关 ECU 接收信号；挡位指示器通过 LCD 显示当前挡位和 S 模式。挡位显示控制电路如图 5-37 所示。

（4）操作/警告指示灯

如果组合仪表和某些 ECU 之间的连接出现通信故障，有源电路控制组合仪表点亮相应系统的操作/警告指示灯。有源电路设置在 SRS 安全气囊、ABS、制动器、电动式动力转向、4WD 的指示灯内，在组合仪表和各系统之间发生连接器、线束开路等接线异常或通信异常时，控制仪表亮起该系统的操作/警告指示灯。操作/警告指示灯控制电路如图 5-38 所示。

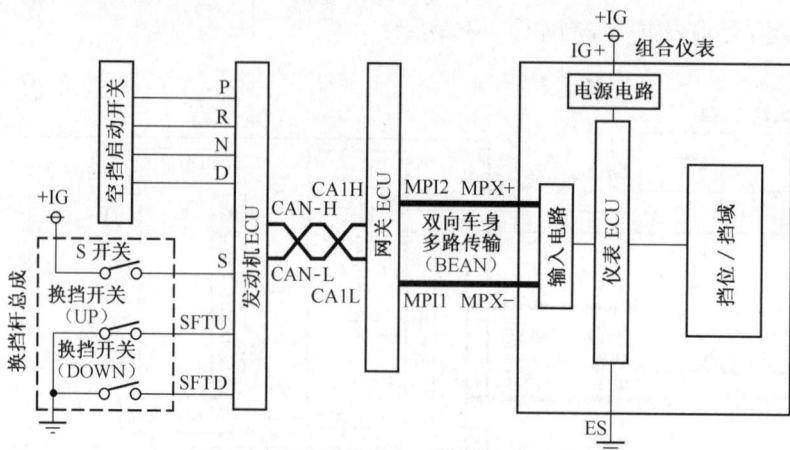

图 5-37　挡位显示控制电路

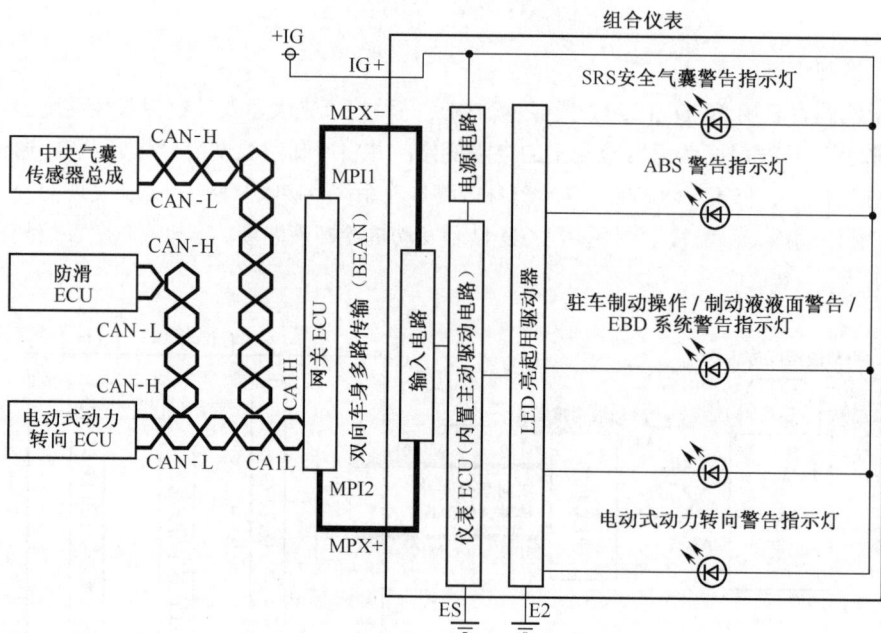

图 5-38　操作/警告指示灯控制电路

（5）多功能蜂鸣器

忘记拔钥匙、挂倒挡、车门未关行驶、滑动天窗开启、座椅安全带未系等各种警告发生时，内置于组合仪表内的多功能蜂鸣器会鸣响。多功能蜂鸣器的电路控制如图 5-39 所示。

钥匙提醒警告：当点火开关处于 IG OFF 状态时，如果仪表 ECU 通过双向车身多路传输系统从 MPX 车身 1 号 ECU 接收了钥匙提醒警告信号，多功能蜂鸣器就会鸣响。仪表 ECU 通过双向车身多路传输系统从发动机 ECU 接收到减挡拒绝信号时，多功能蜂鸣器也会鸣响。

车门未关行驶警告：仪表 ECU 在点火开关打开的状态下，通过双向车身多路传输系统从 MPX 车身 1 号 ECU 接收各车门控灯开关和行李舱门状态，并从防滑 ECU 接收车速信号，当车门未关行驶时，使多功能蜂鸣器鸣响。

滑动天窗开启警告：仪表 ECU 在点火开关关闭的状态下，通过双向车身多路传输系统从滑动天窗 ECU 接收到滑动天窗开启警告信号，使多功能蜂鸣器鸣响。

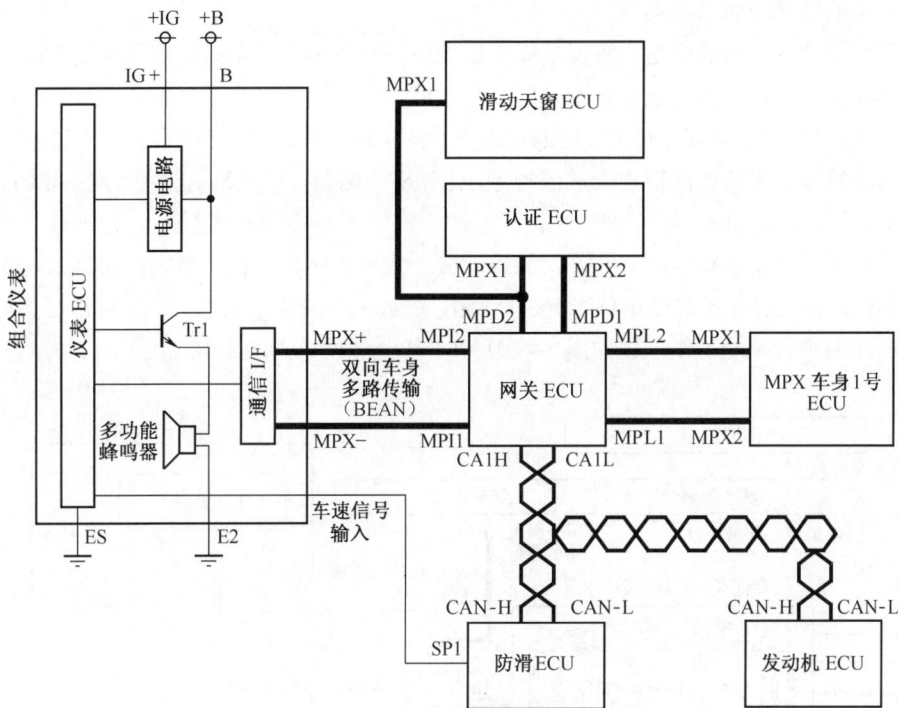

图 5-39　多功能蜂鸣器的电路控制

　　智能警告：如果仪表 ECU 通过双向车身多路传输系统从认证 ECU 接收到智能警告信号，就会使多功能蜂鸣器鸣响。

　　座椅安全带未系警告：仪表 ECU 在点火开关打开时，通过双向车身多路传输系统检测到驾驶员座椅安全带搭扣开关打开或者副驾驶员座椅安全带搭扣开关打开（副驾驶员座椅有乘客时），且车速在 25 km/h 以上时，会使多功能蜂鸣器鸣响。座椅安全带未系警告蜂鸣器电路控制如图 5-40 所示。

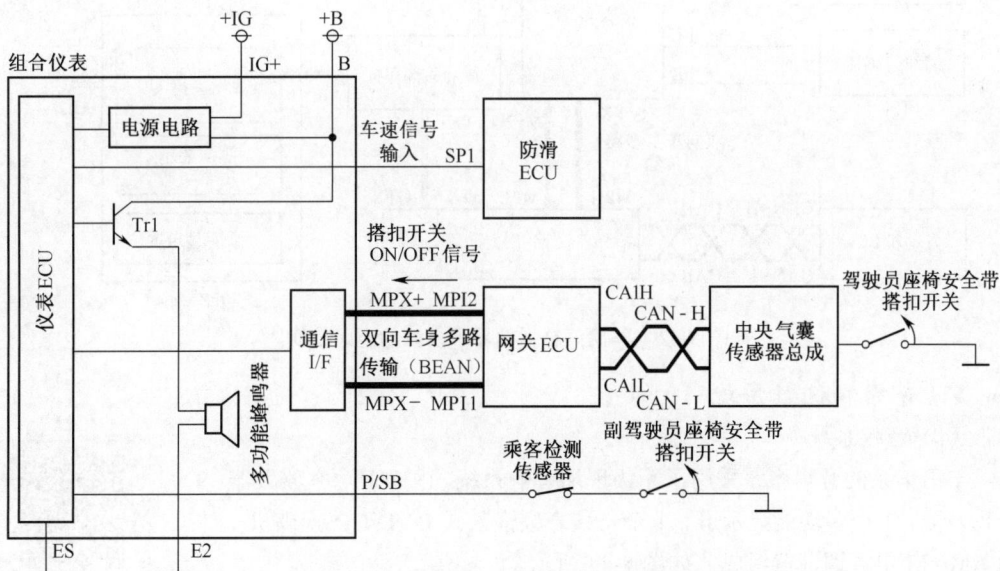

图 5-40　座椅安全带未系警告蜂鸣器电路控制

（6）车辆信息画面显示系统

所谓车辆信息画面显示是指根据从组合仪表得到的各种信息，通过安装在仪表板中央上部的多功能显示屏显示油耗或行驶距离等信息。

仪表 ECU 接收从防滑 ECU 发出的车速信号，根据从发动机 ECU 发出的燃油喷射量数据和燃油传感器发出的燃油箱内余量信号等，计算出油耗和行驶距离等数据。网关 ECU 通过AVC-LAN 向显示器 ECU 发送这些数据，显示屏 ECU 接收到这些数据后，根据开关操作信号，驱动画面显示用驱动器，并在多功能显示屏上显示油耗和行驶信息。油耗显示（除了瞬间油耗）和行驶信息显示数据由仪表 ECU 存储，在点火开关关闭状态下，也可记忆数据。车辆信息画面显示系统的工作过程如图 5-41 所示，其电路控制如图 5-42 所示。

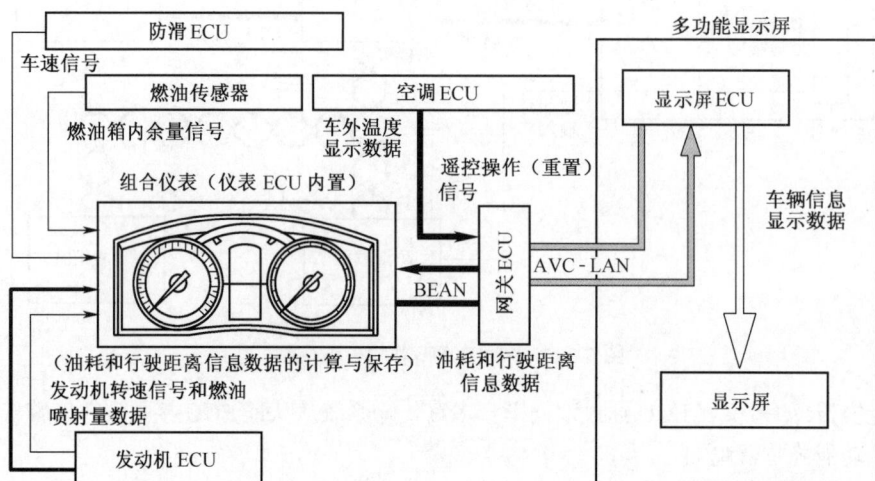

图 5-41　车辆信息画面显示系统的工作过程

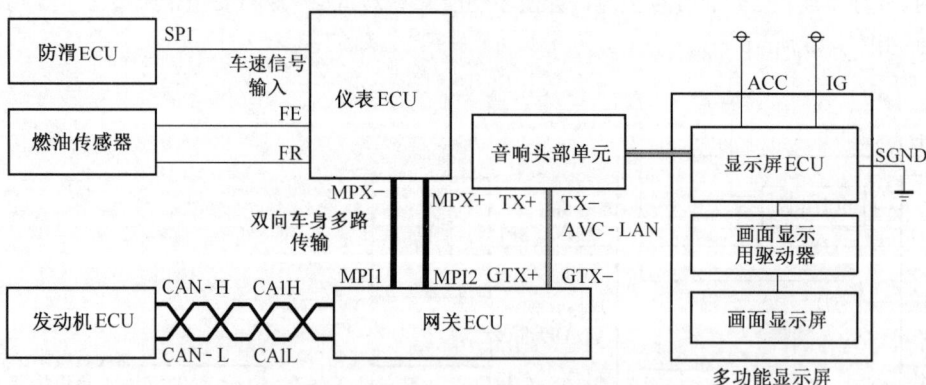

图 5-42　车辆信息画面显示系统的电路控制

5．音响和视频系统

（1）音响系统

丰田车系的音响系统采用了超级现场音响系统，由 1 个功率放大器、9个扬声器、1 个多功能显示屏、1 个与仪表板嵌入式 DVD/CD 换碟机一体的 AM/FM 电子调谐器组成，如图 5-43 所示。

音响和视频系统

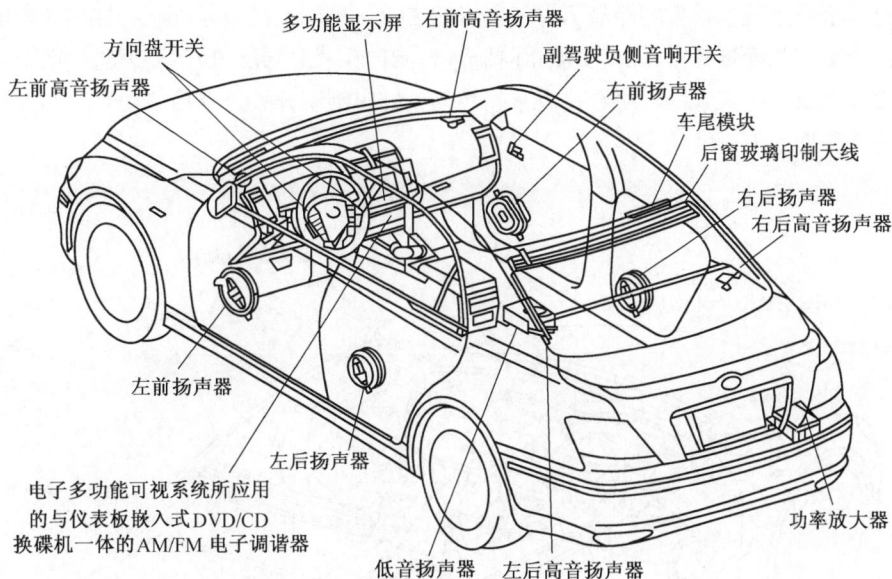

图 5-43　音响系统组成

音响系统设有极其便利的方向盘开关，不用将手离开方向盘即可对音响进行各项操作。在副驾驶员侧门内把手部位安装有操作方便的副驾驶员侧音响开关，乘客可以通过该开关对音响进行各项操作。天线采用后窗玻璃印制天线。音响系统控制电路如图 5-44 所示。

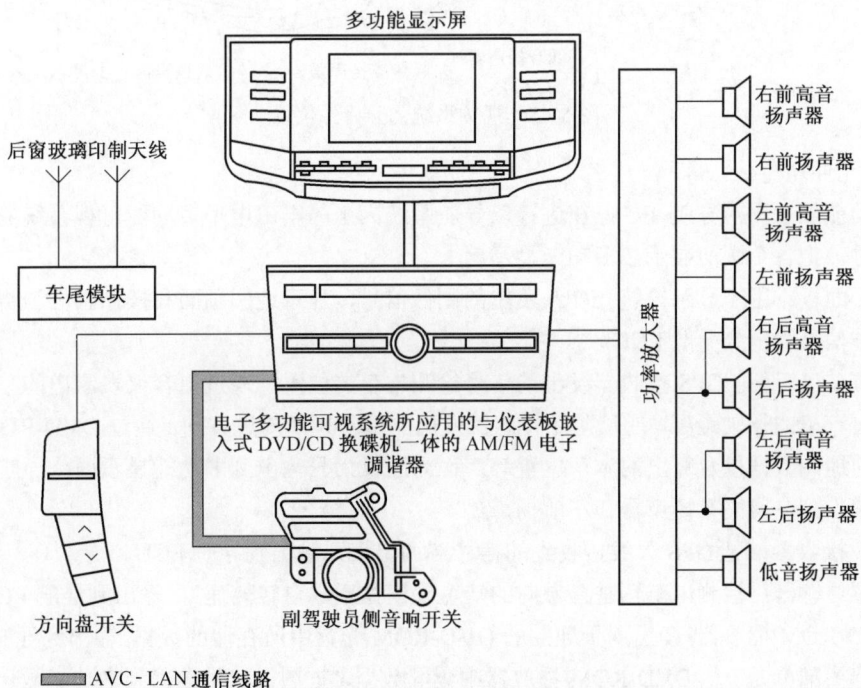

图 5-44　音响系统控制电路

（2）视频系统

视频系统采用了丰田电子多功能可视系统，在多功能显示屏上显示导航、音频、空调等各种信息。视频系统包括多功能显示屏（同导航 ECU 一体化）、显示面板、GPS（全球定位系统）接收器、陀螺传感器、DVD-ROM 播放器、音响头部单元、功率放大器、用于地图的DVD-ROM 光盘、集成天线、组合仪表、扬声器、驻车制动开关、空挡启动开关等元件。部分元件位置如图 5-45 所示。

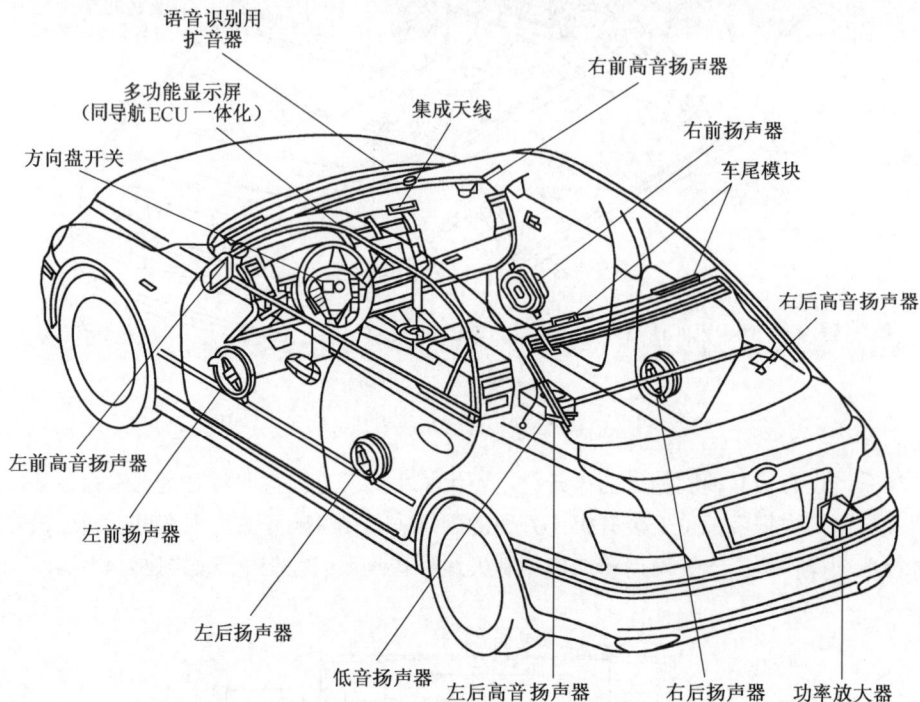

图 5-45　视频系统部分元件位置

① 元件功能。

多功能显示屏：导航 ECU 在进行以导航系统为主的丰田电子多功能可视系统的各种控制的同时，把各个画面显示在多功能显示屏上。

显示面板：用于显示导航 ECU 发出的图像信号，显示地图画面和操作画面。将输入的各种操作信号输出到导航 ECU。

导航 ECU 通过 GPS 接收器发出的信号检测本车的位置，通过组合仪表测出的车速信号可以算出汽车的行驶距离，通过陀螺传感器发出的信号判断前进方向；通过 DVD-ROM 播放器读出的地图数据以及算出的本车位置等，作为图像信号输出到多功能显示屏；导航提示语音信号输出到左前高音扬声器和左前扬声器。

GPS 接收器：把 GPS 天线接收到的信号解调出来，输出到导航 ECU。

陀螺传感器：检测出车辆垂直方向的转速（横摆率、自转转速），输出到导航 ECU。

DVD-ROM 播放器：读出用于地图的 DVD-ROM 光盘中所存储的数据，输出到导航 ECU。

音响头部单元：从 DVD-ROM 播放器中读取数据，把图像信号输出到多功能显示屏，将音频信号输出到功率放大器。

功率放大器：把音响等音频信号输出到扬声器，读取 DVD-ROM 播放器的音频数据，通过内置的解码器，独立输出。

用于地图的 DVD-ROM 光盘：在多功能显示屏下部的 DVD-ROM 播放器中安装有一张

用于记录地图信息、介绍语音、目的地搜索等数据的光盘。

集成天线：接收从高度约为 20000 km 的地球轨道上所设置的 GPS 卫星随时发出的轨道信号和发出时刻的信息，输出到 GPS 接收器。

组合仪表：把车速信号输出到多功能显示屏。

扬声器：输出导航提示语音以及音响和声音。

驻车制动开关：把驻车制动 ON 信号输出到多功能显示屏。

空挡启动开关：把挡位信号输出到多功能显示屏。

② 电路控制。

视频系统电路控制如图 5-46 所示。

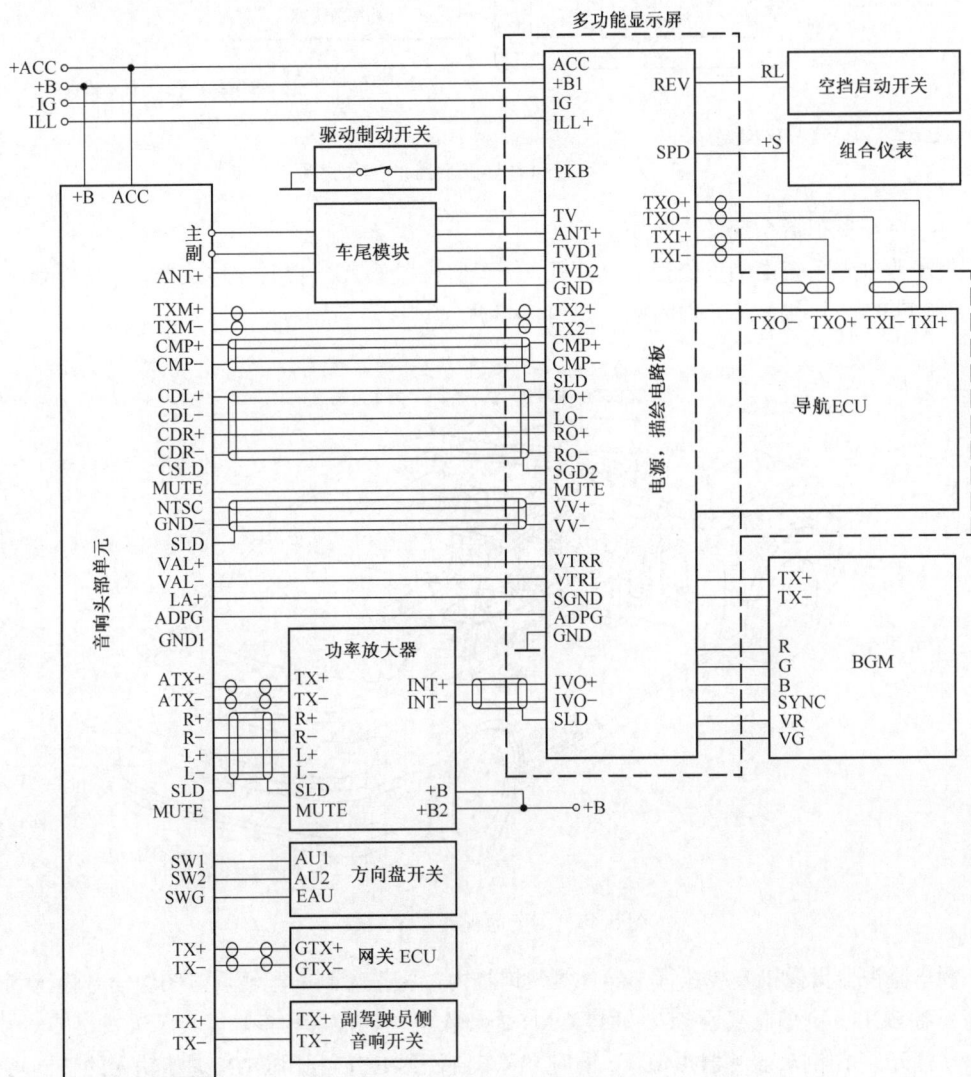

图 5-46　视频系统电路控制

（3）可视语音导航系统

通过 GPS 语音导航，可以对本车的位置进行定位，在地图上显示将到达目的地的提示路线信息以及提示语音。可视语音导航系统的工作过程如图 5-47 所示。

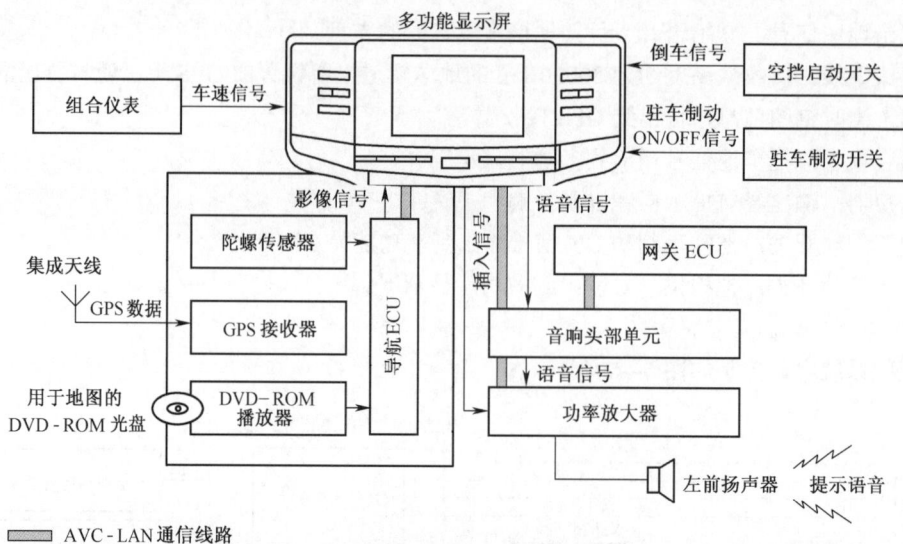

图 5-47　可视语音导航系统的工作过程

（4）倒车监视器系统

倒车监视器系统由倒车监视器摄像机、倒车监视器 ECU、转向角传感器、多功能显示屏
（同导航 ECU 一体化）等元件组成，如图 5-48 所示。

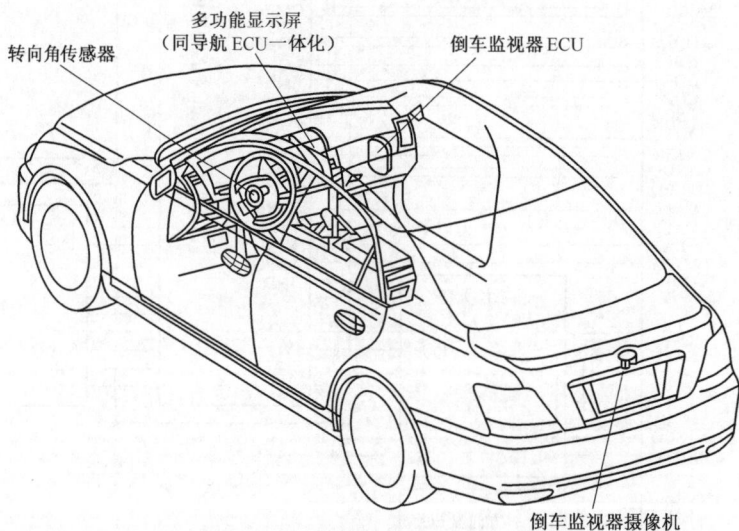

图 5-48　倒车监视器系统组成

倒车监视器摄像机安装在行李舱外侧装饰物内，将拍摄到的车辆后方图像信号输出到倒
车监视器 ECU。倒车监视器 ECU 通过 CAN 通信收集车辆信息和多功能显示屏发出的信号，
并自动打开/关闭倒车监视器摄像机。同时，倒车监视器 ECU 利用 CAN 通信输入的转向角传
感器等接收的车辆状态参数进行推算、预计，得出各导向路线信息，并将该信息传入多功能
显示屏。倒车监视器系统功能如图 5-49 所示。

（5）蓝牙电话

蓝牙是由蓝牙技术联盟（Bluetooth Special Interest Group）所推进的标准化技术，该技术
使用 2.4 GHz 频带的省电无线通信系统。在丰田汽车的多功能显示屏中内置蓝牙单元，在使

用带蓝牙功能的手机的情况下，可以不必在免提设备的手机框中放入手机，就能使用免提电话。蓝牙电话工作过程如图 5-50 所示。

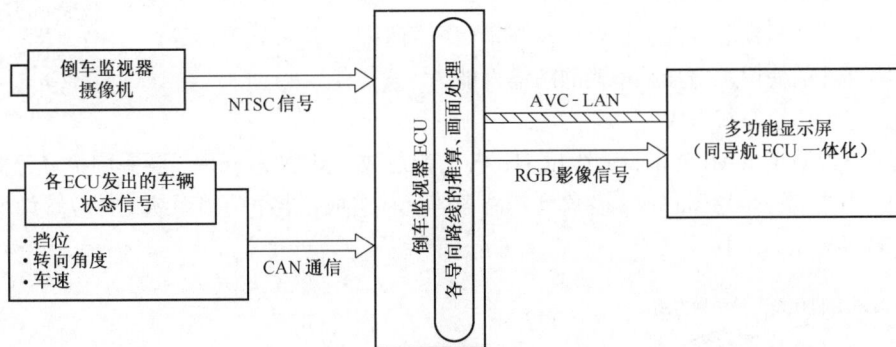

图 5-49　倒车监视器系统功能

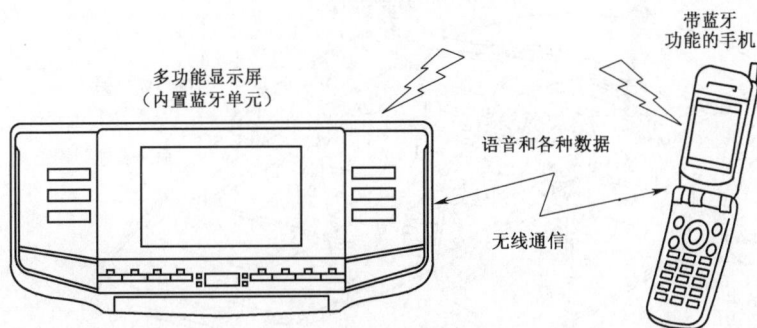

图 5-50　蓝牙电话工作过程

对于带蓝牙功能的手机，不用直接操作手机，就能使用电话功能；不用连接手机，就可以免提通话，在发送或者接收信息后，可以通过语音识别扩音器和车载扬声器进行通话。蓝牙电话通信系统元件位置如图 5-51 所示。

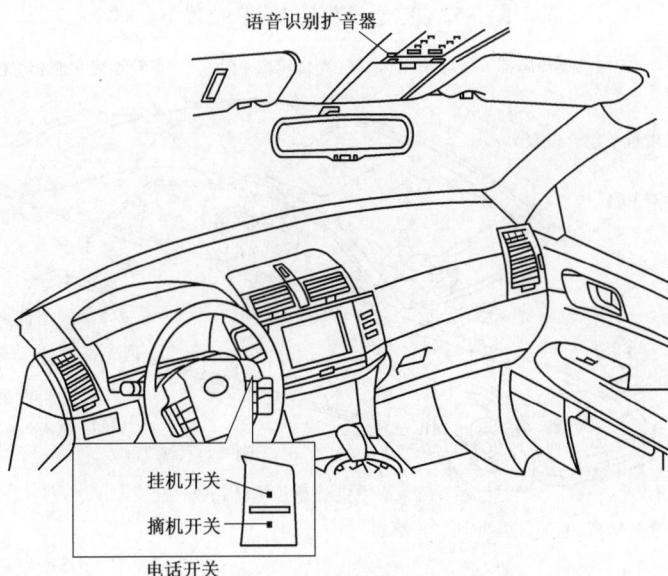

图 5-51　蓝牙电话通信系统元件位置

6．电子门锁系统

电子门锁系统具有车门联动锁上（开锁）功能、防止钥匙锁入车内的功能和碰撞时车门开锁的功能。门锁采用了保护器一体式外壳，驾驶员座位车门钥匙筒和门锁总成直接耦合以及与车门内侧手柄的拉索式连接等，减少了零部件的使用，增强了车辆的防盗性能。

（1）电子门锁系统组成

电子门锁系统由 MPX 车身 1 号 ECU、各门锁总成、MPX 总开关、各车门控灯开关、网关 ECU、中央气囊传感器总成、各气囊传感器等元件组成。电子门锁系统元件位置如图 5-52 和图 5-53 所示。

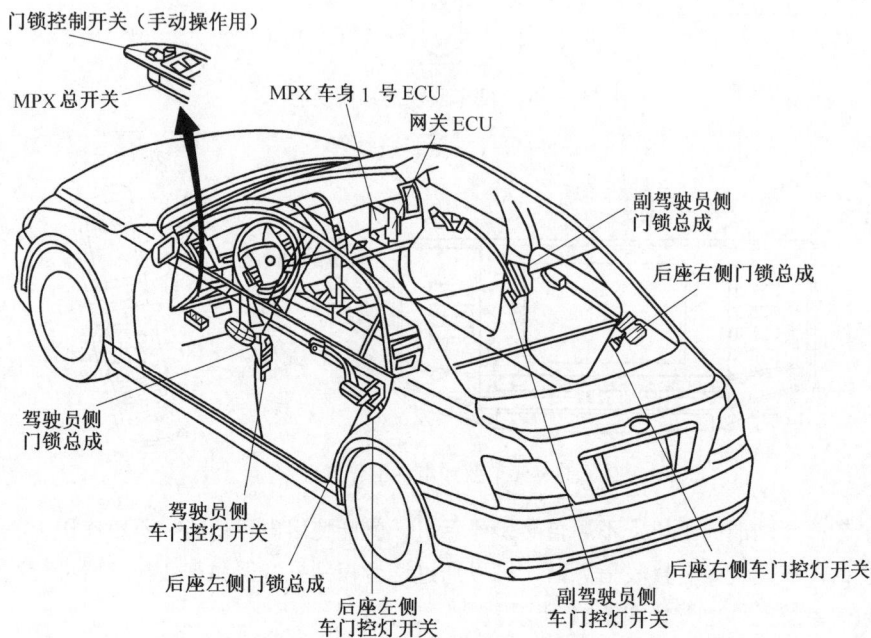

图 5-52　电子门锁系统元件位置 1

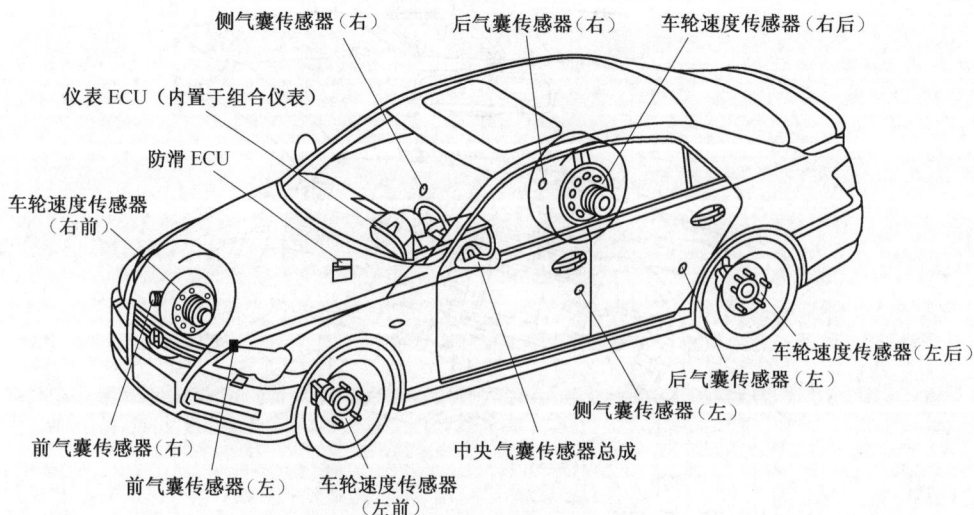

图 5-53　电子门锁系统元件位置 2

（2）电子门锁系统元件功能

MPX 车身 1 号 ECU：使用各种开关、车轮速度传感器、碰撞检测传感器、双向车身多路传输系统的数据等检测汽车状态，并根据内置继电器驱动所有门锁电动机。

各门锁总成：通过内置的门锁电动机的正转或反转，对各车门分别上锁或开锁。通过内置的门锁位置开关，分别检测车门的上锁或开锁状态（上锁为 OFF，开锁为 ON），检测出内置的门锁控制开关状态，将上锁或开锁的要求信号输出到 MPX 总开关（仅限驾驶员侧）。

MPX 总开关：检测出各门锁控制开关和驾驶员侧门锁位置开关的状态，通过双向车身多路传输系统发送到 MPX 车身 1 号 ECU。

各车门控灯开关：检测出各车门的开闭状态（车门开为 ON，车门关为 OFF），输出到 MPX 车身 1 号 ECU（用于钥匙锁入防止功能等）。

网关 ECU：作为各通信网络的连接点，中转通信数据。

中央气囊传感器总成：将各气囊传感器发出的信号以及使用内置的碰撞检测传感器检测车辆受到的碰撞传到 MPX 车身 1 号 ECU（用于碰撞感应车门上锁/解除功能）。

各气囊传感器：检测到碰撞，并将其传输到中央气囊传感器总成（用于碰撞感应车门上锁/解除功能）。

（3）电子门锁系统电路控制

电子门锁系统电路控制如图 5-54 所示。下面从手动上锁（开锁）操作、车门联动上锁（开锁）操作、防止钥匙锁入车内操作和碰撞时车门开锁操作 4 个方面来说明电子门锁系统的电路控制功能。

① 手动上锁（开锁）操作。

如果将 MPX 总开关的门锁控制开关（手动操作用）设置为上锁（开锁），MPX 总开关发出的驾驶员侧手动上锁（开锁）开关信号就会由双向车身多路传输系统传输到驾驶员侧 J/B ECU，驾驶员侧 J/B ECU 打开上锁（开锁）继电器，驱动各门锁电动机，对各车门上锁（开锁）。

② 车门联动上锁（开锁）操作。

如果将机械式钥匙插入驾驶员侧车门钥匙筒，进行上锁（开锁）操作，门锁控制开关（钥匙联动用）就在上锁（开锁）时打开，MPX 总开关发出的驾驶员侧车门钥匙联动上锁（开锁）开关信号就会由双向车身多路传输系统输出到驾驶员侧 J/B ECU，和手动上锁（开锁）操作相同，对各车门上锁（开锁）。

③ 防止钥匙锁入车内操作。

在钥匙开锁提醒开关以及驾驶员侧车门控灯开关 ON 的信号输入驾驶员侧 J/B ECU 的状态下，如果将驾驶员侧车门上锁按钮切换到上锁一侧，MPX 总开关就会检测到驾驶员侧上锁位置开关的 OFF 状态。接收此信号的驾驶员侧 J/B ECU 就会打开开锁继电器，分别驱动门锁电动机，对车门开锁。

④ 碰撞时车门开锁操作。

根据从中央气囊传感器总成接收到的碰撞检测信号，驾驶员侧 J/B ECU 对所有车门开锁。当点火开关处于 ON 时或者从 ON 到 OFF 的 4s 内，如果车辆受到的撞击力超过了规定值，中央气囊传感器总成检测到该碰撞信号后，将它输出到驾驶员侧 J/B ECU，在经过碰撞感应开锁延迟时间（约 10s）后，就会打开开锁继电器，对车门开锁。开锁操作完成后，驾驶员侧 J/B ECU 禁止输入所有车门上锁信号，除非将点火开关从 OFF 置于 ON，车速从约 15 km/h

提高到 20 km/h，并持续 5 s 以上，或者把点火开关从 ON 置于 OFF，通过门锁控制开关（手动操作用）进行上锁操作。

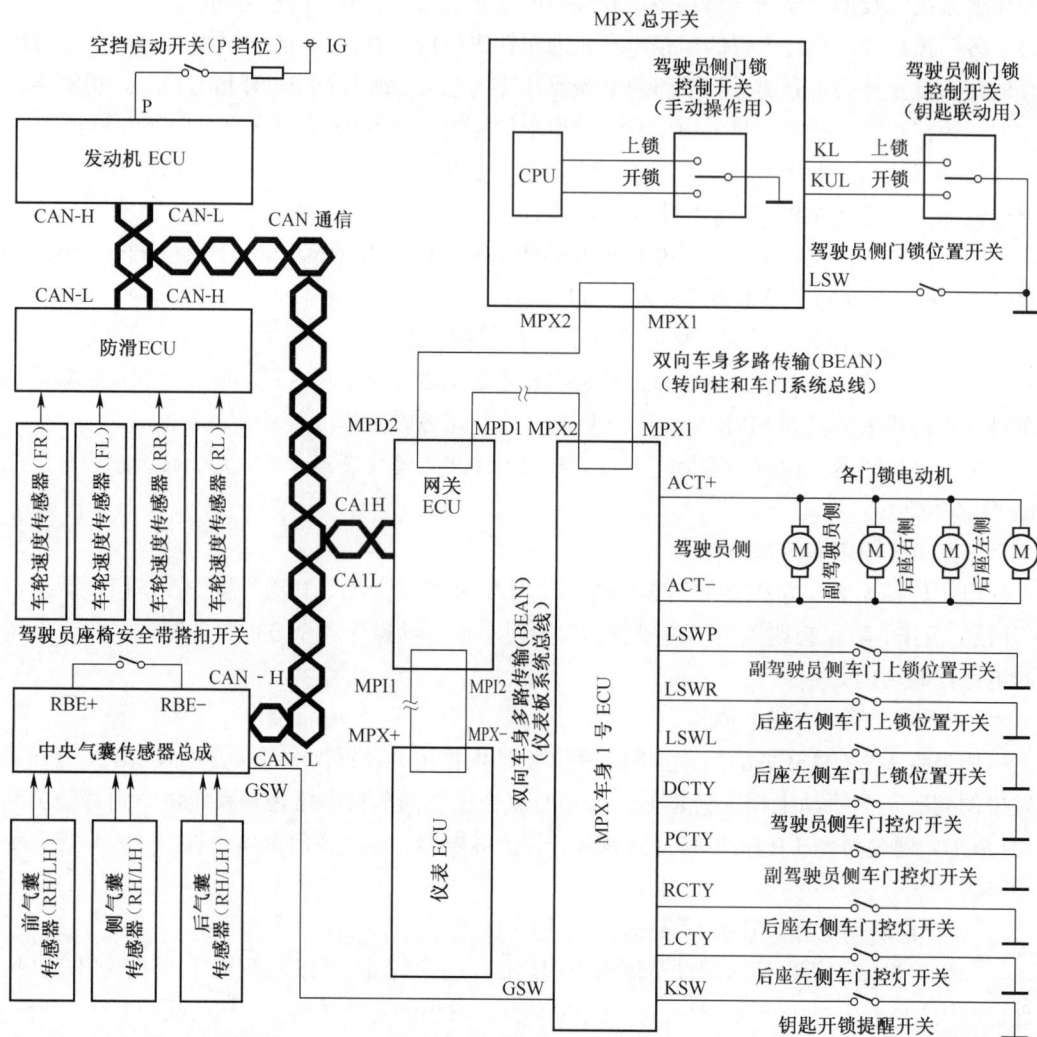

图 5-54　电子门锁系统电路控制

7. 智能进入和启动系统

（1）智能进入和启动系统功能

智能进入和启动系统根据从智能钥匙和车辆的无线通信得到的电子 ID 代码认证结果进行控制，不必手动操作钥匙。其功能包括如下几点。

① 智能车门开锁。握住左前或右前车门外侧手柄，可对车门开锁。

② 智能行李舱开启。如果按下行李舱开启开关（车外），行李舱就会自动打开。

③ 智能车门上锁。如果按下上锁开关，就会对车门上锁。

④ 智能电动车窗关闭。如果持续按住上锁开关，电动车窗就会自动关闭。

⑤ 智能点火。如果按下点火开关，就会启动或停止发动机。

⑥ 警告功能。防止发动机运行过程中智能钥匙被其他乘客带出车外等情况的发生。

（2）智能进入和启动系统组成

智能进入和启动系统组成部件包括车门外侧手柄（内置天线，即车外发射器）、行李舱外天线、车内前后天线和行李舱内天线（即车内发射器）、认证 ECU、车内调谐器、行李舱内接收器、MPX 车身 1 号 ECU（驾驶员侧 J/B ECU）、各车门锁总成、MPX 总开关、行李舱开启开关和闪光器继电器等。智能进入和启动系统组成如图 5-55 所示。

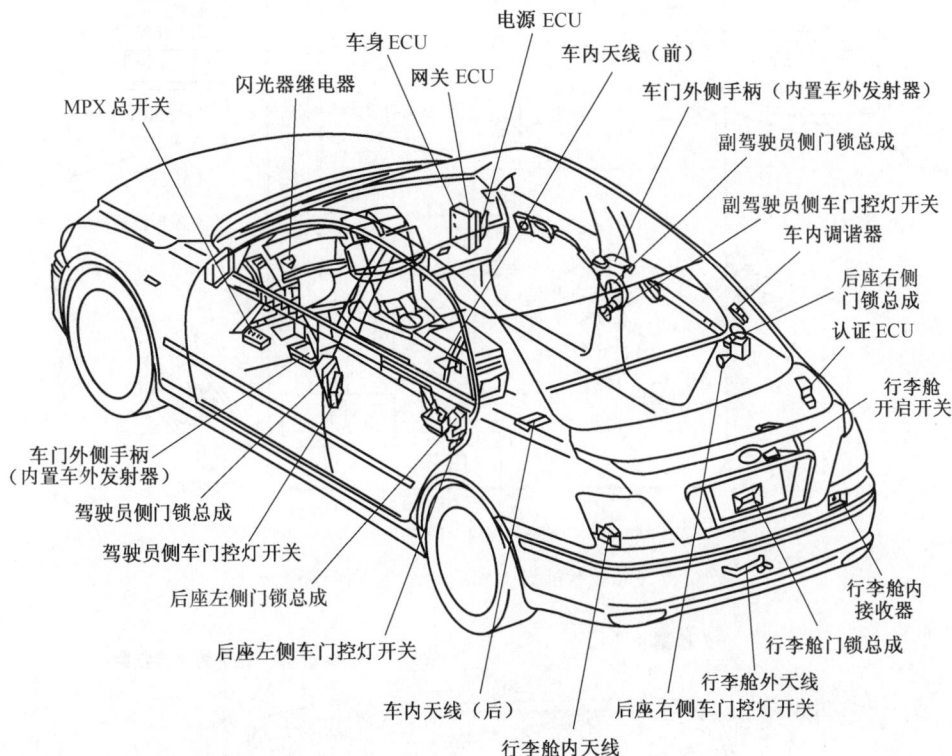

图 5-55　智能进入和启动系统组成

（3）智能进入和启动系统工作过程

智能进入和启动系统工作过程如图 5-56 所示，根据智能钥匙和车辆的双向车身多路传输系统所发出的车内外 ID 代码认证结果等，认证 ECU、车身 ECU、电源 ECU 等对智能进入和启动系统进行控制。

认证 ECU 为了实现"智能钥匙的 ID 代码认证"和"智能钥匙位置确认"功能，通过车内或车外、行李舱内或行李舱外发射器发送要求信号，形成智能钥匙的检测区域。如果从智能钥匙接收到要求的信号中收到含应答代码的 ID 代码，就会进行分辨和认证，然后将相应功能的操作指示信号发送到各 ECU。

通过车外和行李舱外发射器形成的车外检测区域，是在停车状态（点火开关 OFF，车门上锁）时，通过每 0.25 s 定期发送的要求信号形成的。该区域位于距离左前或右前车门外侧手柄及后保险杠中间部位 0.7～1.0 m 处，在此区域能够感应到智能钥匙（钥匙携带者）的接近。

行李舱开启时，行李舱开启开关打开，通过行李舱内天线，形成行李舱内检测区域。在驾驶员侧车门打开和关闭时，踩下制动踏板，点火开关处于 IG 状态，转向锁止开关打开，形成车内检测区域，可以检测到智能钥匙（钥匙携带者）在车内。行李舱外天线的检测区域是在关闭行李舱或按下行李舱开启开关（车外）时形成的。发射器的检测区域如图 5-57 所示。

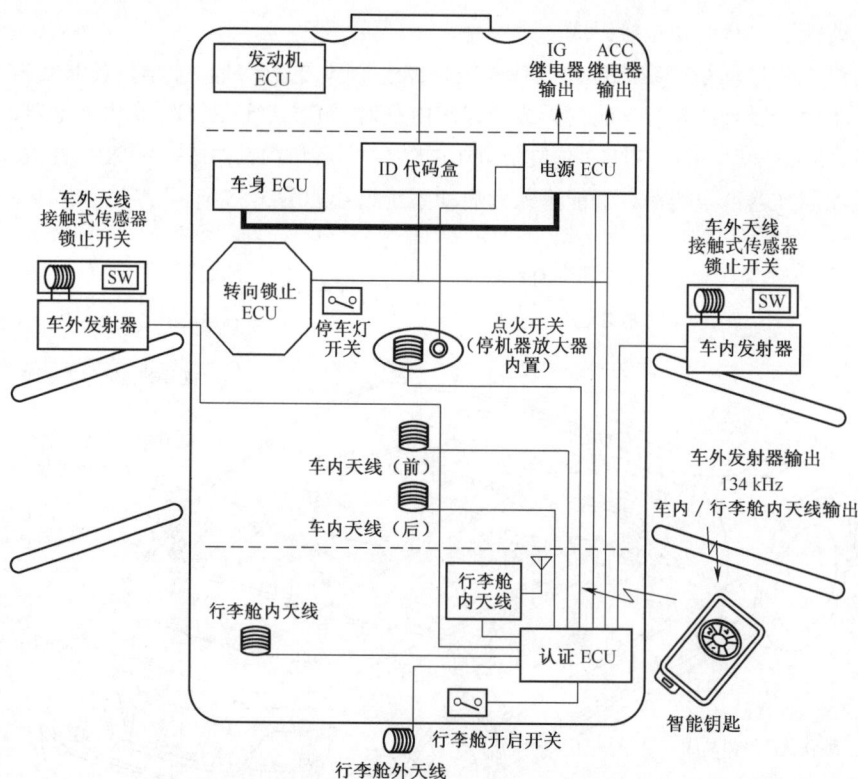

图 5-56　智能进入和启动系统工作过程

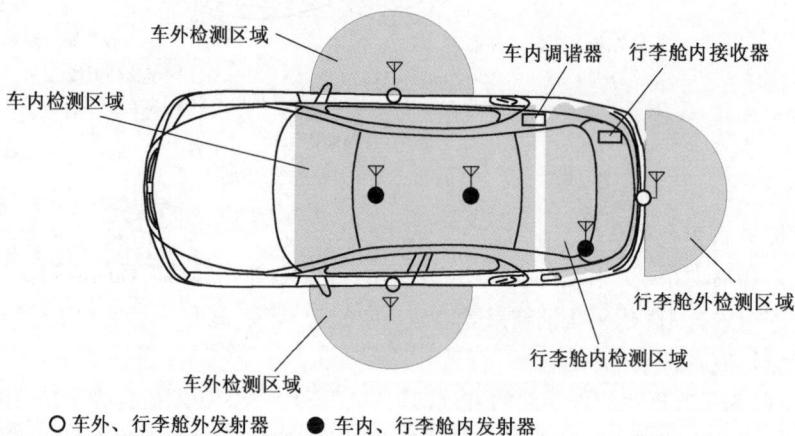

○车外、行李舱外发射器　　●车内、行李舱内发射器

图 5-57　发射器的检测区域

（4）智能车门开锁功能

如果智能钥匙（钥匙携带者）进入车外检测区域，认证
ECU 就会分辨并认证通过车内调谐器收到的钥匙 ID 代码。
如果认证成功，认证 ECU 就会通过车外发射器启动车门外侧
手柄内的接触式传感器（见图 5-58），使车辆处于车门开锁
待机状态。

在车门开锁待机状态，如果通过接触式传感器检测到车
门外侧手柄的接触，认证 ECU 就会接收接触式传感器 ON 信

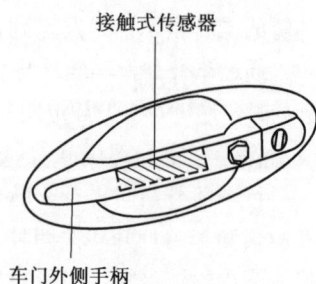

图 5-58　接触式传感器

号。随后认证 ECU 通过双向车身多路传输系统向驾驶员侧 J/B ECU 发送车门开锁控制信号。

接收了车门开锁控制信号，驾驶员侧 J/B ECU 对车门开锁（车门上锁位置开关为 ON）。

说　明

① 从车门开锁待机状态到接触式传感器有信号输入，每 3 s 执行车外认证，认证成功后将再次等待接触式传感器的输入。另外，若 10 min 以上没有信号输入，便成为停止认证的待机状态，通过无线遥控功能（除了行李舱开启功能）和车门上锁位置开关 ON 信号产生的上锁操作和车门钥匙联动上锁或开锁的各种信号，可解除待机状态。

② 驾驶员侧 J/B ECU 接收到车门上锁位置开关 ON 信号，确认车门开锁后，进行反馈输出。另外，若 30 s 内车门没有打开（车门控制开关为 ON）时，就会对所有车门输出车门上锁信号并对车门上锁。

如果在车外检测区域携带智能钥匙，并握住左前或右前车门外侧手柄（触及手柄的背后），就会对所有车门开锁。所有车门开锁后，作为反馈，危险警告灯再次闪烁。如果携带智能钥匙进入车内检测区域，车内灯（车内灯开关在 DOOR 位置）和点火开关照明灯就会分别亮起。

（5）智能行李舱开启功能

按下行李舱开启开关（见图 5-59），如果认证 ECU 收到行李舱开关信号，就会输出请求信号，并通过行李舱内天线、车内天线，在行李舱内外以及车内形成检测区域。然后，对车内调谐器和车内接收器收到的 ID 代码进行判别和认证。如果行李舱外认证成功，车内和行李舱内认证失败，就会通过双向车身多路传输系统使行李舱开启，输出请求信号，并发送到车身 ECU。如果驾驶员侧 J/B ECU 收到行李舱开启的要求信号，就会驱动行李舱开启电动机，从而打开行李舱。

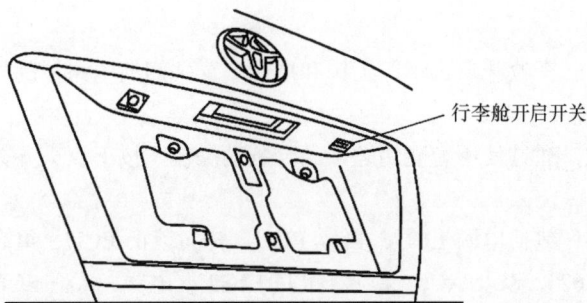

图 5-59　行李舱开启开关

说　明

行李舱外认证有离行李舱非常近的（0～30 cm）地点和比较远的地点按下开启开关两种模式，分别通过车内调谐器和行李舱内接收器接收智能钥匙的 ID 代码信号。另外，行李舱内认证会检测智能钥匙的锁入情况，如果按下行李舱开启开关，将通过行李舱内认证再次检测智能钥匙，认证成功就会打开行李舱。

（6）智能车门上锁功能

在点火开关处于 OFF、所有车门控制开关处于 OFF 以及驾驶员侧门锁控制开关处于 OFF 的状态下，如果按下车门的上锁开关（见图 5-60），认证 ECU 就会接收到车门上锁开关信号，此时车外发射器和车内天线（前/后）在车内外形成检测区域，认证 ECU 判别并认证通过车内调谐器接收的智能钥匙的 ID 代码。

如果认证 ECU 检测到车外认证成功、车内和行李舱内认证失败，确认智能钥匙在车外，就会通过双向车身多路传输系统向车身 ECU 发送车门上锁请求信号。如果车身 ECU 接收到此信号，就会对所有车门上锁。所有车门上锁后，作为反馈，危险警告灯闪烁一次。

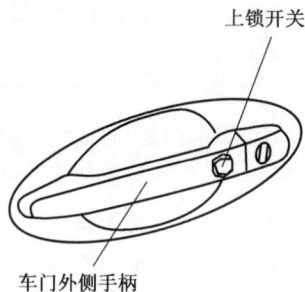

图 5-60　上锁开关

说　明

① 如果将智能钥匙忘在车内，当按下车门上锁开关时，"忘记钥匙"的警告功能（无线反馈蜂鸣器在 2 s 内鸣响）就会启动。另外，即使车外认证成功、车内认证失败，在任一车门控灯开关打开的时候，如果判断为车门微开，也会启动警告功能。

② 如果驾驶员侧 J/B ECU 接收到车门上锁位置开关 OFF 信号，就会进行反馈输出。当上锁后，从驾驶员侧车门上锁，到为了智能车门开锁而进行车外认证为止，设置了大约 3 s 的待机时间。

（7）智能电动车窗关闭功能

智能车门上锁完成后，如果持续按住上锁开关 3 s 以上，智能电动车窗就会开始关闭操作。智能电动车窗关闭操作是一种仅在持续按住上锁开关时才会启动的手动操作，一旦手离开上锁开关，就会停止操作。

智能车门开锁、行李舱开启、车门上锁和电动车窗关闭的电路控制如图 5-61 所示。

（8）智能点火功能

在车内检测区域，通过使用智能钥匙，结合制动操作，按下点火开关，就可以切换点火开关内的电源位置。

智能点火系统部件包括电源 ECU、挡位 ECU、转向锁止 ECU、组合仪表、点火开关、制动灯开关（见图 5-62），以及 ACC 继电器和 IG1/IG2 继电器、认证 ECU、发动机 ECU、ID 代码盒等。

各部件功能如下。

① 电源 ECU 用于驱动 ACC 继电器和 IG1/IG2 继电器，将发动机启动信号发送到发动机 ECU，接收各种开关信号和通信信号。

② 认证 ECU 接收智能钥匙的 ID 代码信号及车辆注册 ID 认证，将 ID 代码认证结果发送到电源 ECU 和发动机 ECU。

③ 挡位 ECU 检测到挡位为 P 挡的状态时，将挡位信号发送到电源 ECU。

④ 发动机 ECU 从 ID 代码盒接收防盗解除命令。

⑤ 转向锁止 ECU 通过 ID 代码盒确认，通过认证后，发出解除转向锁止信号，并在确

认转向锁止被解除后，将锁止解除信号发送给认证 ECU 以及电源 ECU。

⑥ 组合仪表跟随认证 ECU 的操作指示信号一起发出警告（智能警告指示灯亮或仪表内多功能蜂鸣器鸣响），将车速信号发送到电源 ECU。

⑦ 当制动灯开关检测到制动器踩下（ON）时，将信号发送到电源 ECU。

⑧ ACC、IG1/IG2 继电器通过电源 ECU 的控制，进行 ON/OFF 操作，并向各系统供电。

在车内检测区域内使用智能钥匙（或在智能钥匙的电池电量耗尽时，将智能钥匙的装饰部位插向点火开关），按下点火开关，电源位置就会从 OFF→ACC→IG ON→OFF 反复改变。

如果在挡位位于 P 或 N 挡并踩下制动踏板时，按下点火开关，发动机就会启动。

在车辆停止，挡位位于 P 挡且发动机运行时，按下点火开关，电源位置就会变为 OFF。此时，防盗指示灯以 0.2 s 亮、1.8 s 灭（2 s 为一个周期）的规律保持闪烁，表示已设置为停机状态。

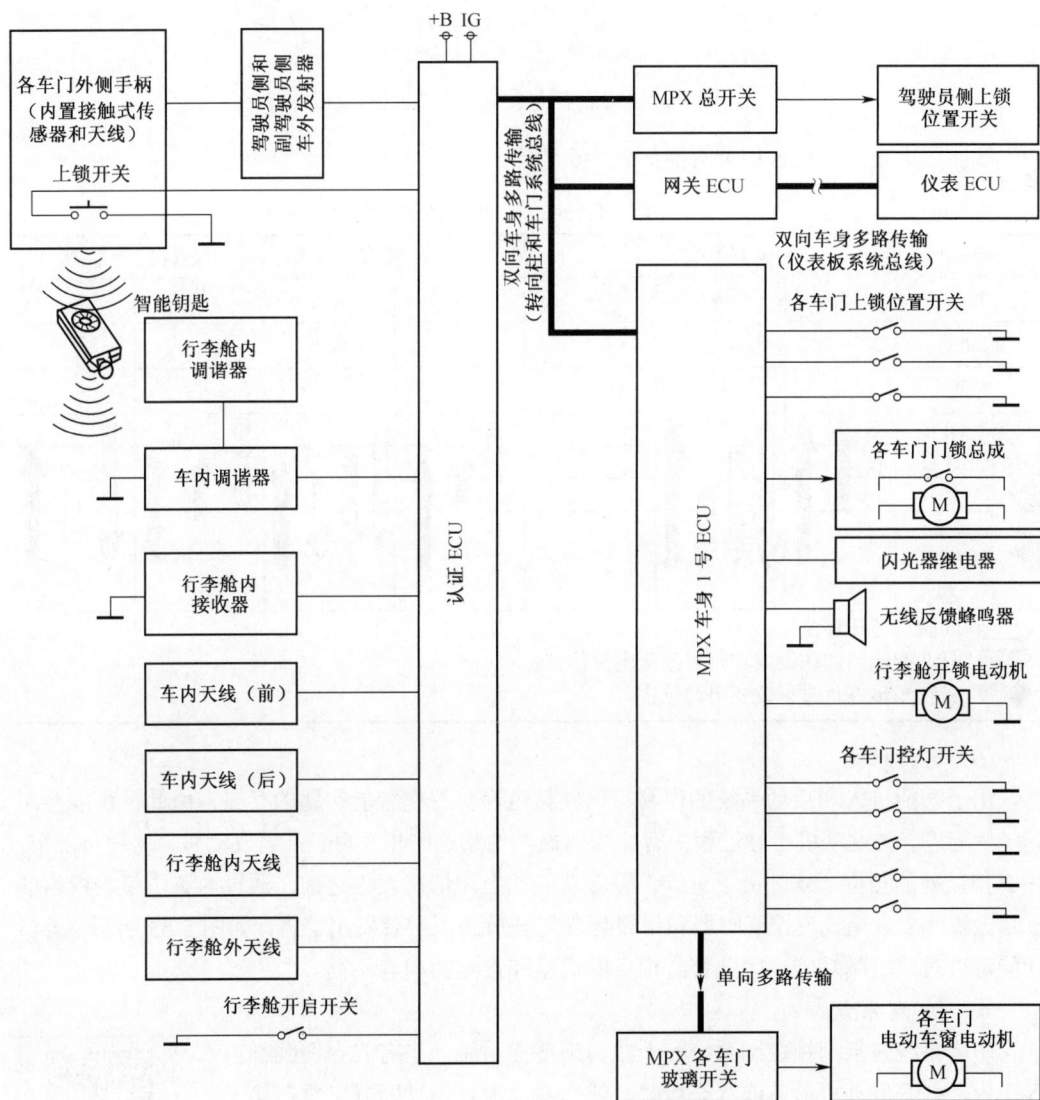

图 5-61 智能车门开锁、行李舱开启、车门上锁和电动车窗关闭的电路控制

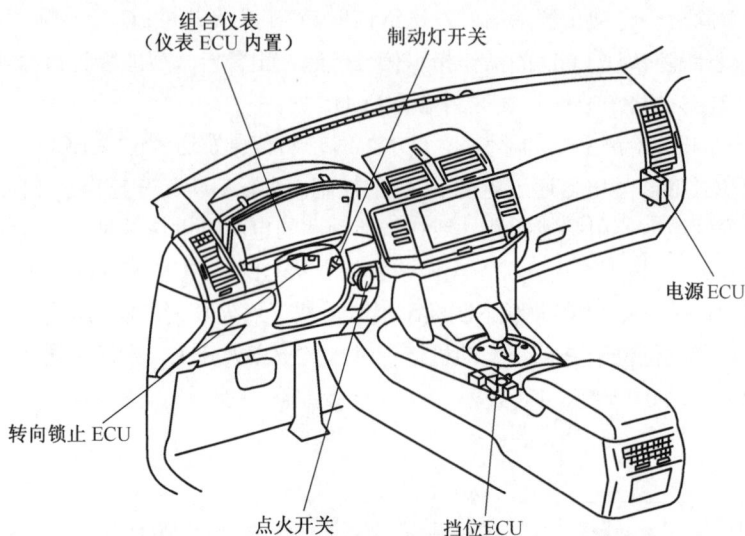

图 5-62　智能点火系统部分部件位置

智能点火电源变化各挡位对照如表 5-6 所示。

表 5-6　　　　　　　　　　　　　智能点火电源变化各挡位对照

挡位	P 挡位			N 挡位		P、N 挡位以外	
点火开关	按	按	—	按	按	按	按
制动器	—	踩下	—	—	踩下	—	踩下
时间	—	—	1h 后	—	—	—	—
电源位置 OFF / ACC / IG / 启动发动机							

⇦ 随时、可迁移；
⇦ 只在智能钥匙认证成功时可改变电源位置；
⇦ 只在车辆停止时可改变电源位置

（9）警告功能

由于智能进入和启动系统的便利，驾驶员也许会忽视智能钥匙的存在，由此，可能会引起一些问题，如发动机运行过程中智能钥匙被其他乘客带出车外；开着发动机，驾驶员下车；在 P 挡以外的挡位，驾驶员下车等。警告功能在上述情况发生之前，通过内置于仪表板内的多功能蜂鸣器、无线反馈蜂鸣器和报警灯向驾驶员和同乘者发出警告。如图 5-63 所示，警告功能可以对应定制功能，因此警告项目的调整和设定的内容不同。

8．防盗系统

防盗系统包括门锁控制系统和无线门锁遥控系统。当有人企图强行进入车内、打开发动机舱盖或行李舱时，或当蓄电池端子被断开又重新接上时，防盗系统启动。防盗系统由车身 ECU 进行控制。防盗系统工作时，其警告方式如表 5-7 所示。防盗系统电路控制如图 5-64 所示。

防盗系统

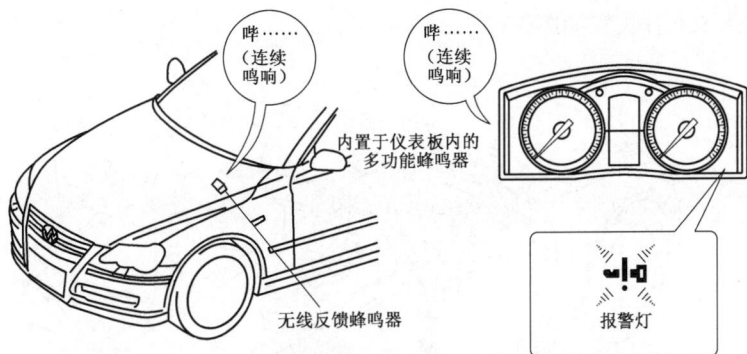

图 5-63　警告功能示意

表 5-7　　　　　　　　　　　防盗系统工作时的警告方式

设备	警告方式	警告时间
前照灯	闪烁	
尾灯	闪烁	
危急警告灯	闪烁	
车内灯	闪烁	27.5 s
扬声器	发出间隔 0.4 s 的警告音	
防盗扬声器	发出间隔 0.4 s 的警告音	
车门锁止电动机	锁止	

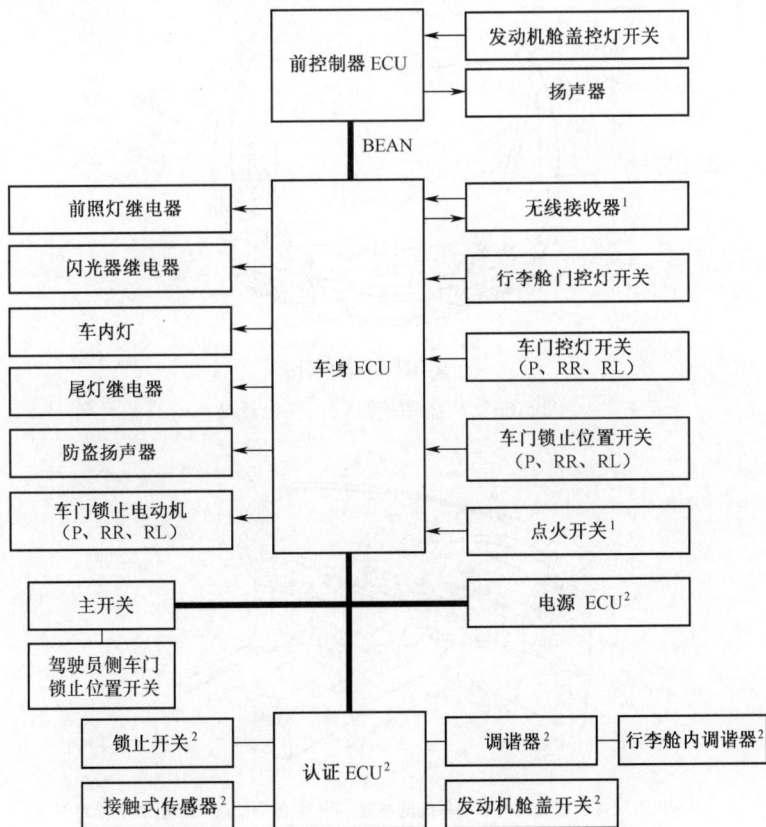

1—没有配备智能进入和启动系统的车型　2—配备智能进入和启动系统的车型

图 5-64　防盗系统电路控制

防盗系统组成元件位置如图5-65～图5-67所示。

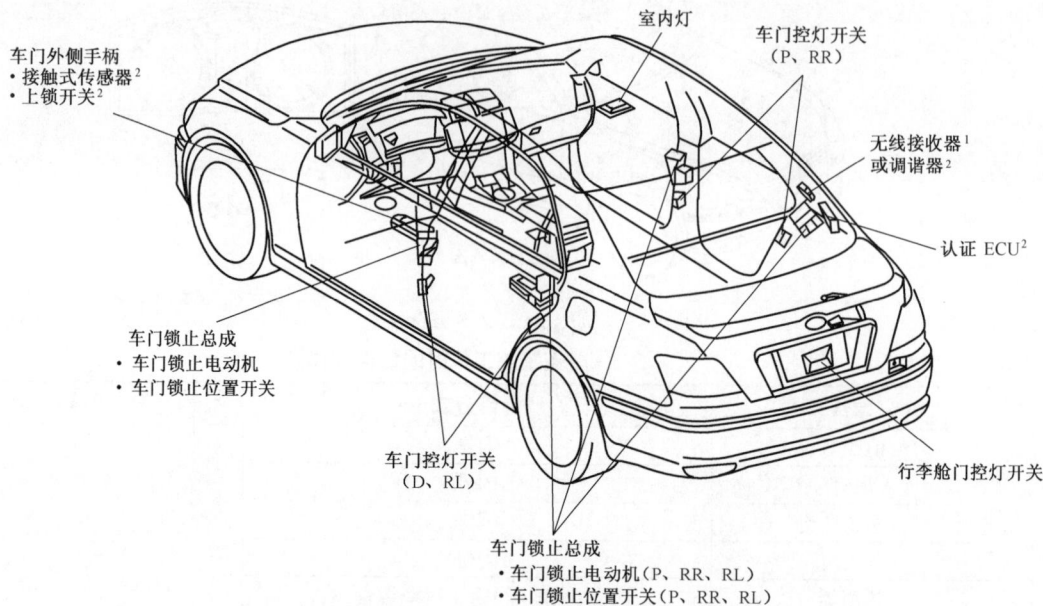

图 5-65　防盗系统组成元件位置 1

1—没有配备智能进入和启动系统的车型　2—配备智能进入和启动系统的车型

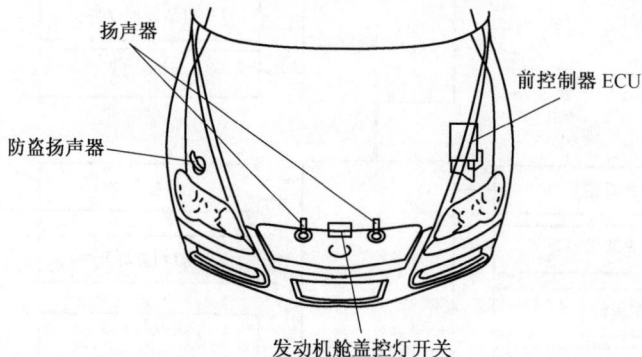

图 5-66　防盗系统组成元件位置 2

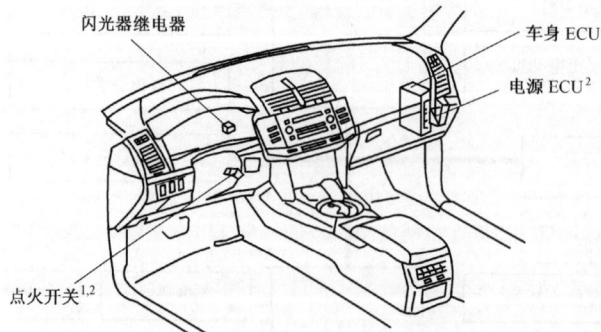

1—没有配备智能进入和启动系统的车型　2—配备智能进入和启动系统的车型

图 5-67　防盗系统组成元件位置 3

9．巡航系统

巡航控制开关集成了主开关和操作开关，安装在方向盘右侧，以确保使用方便。通过发动机 ECU，巡航控制开关对巡航系统的所有功能进行控制。发动机 ECU 可提供以下功能：减速控制、加速控制、取消、计算车速、电动机输出控制、超速挡控制等。

巡航控制系统的主电源 ON/OFF、系统的异常均通过组合仪表上 CRUISE 启动警告灯来表示，可以用组合仪表内的 CRUISE 启动警告灯进行系统故障诊断。巡航系统电路控制如图 5-68 所示。

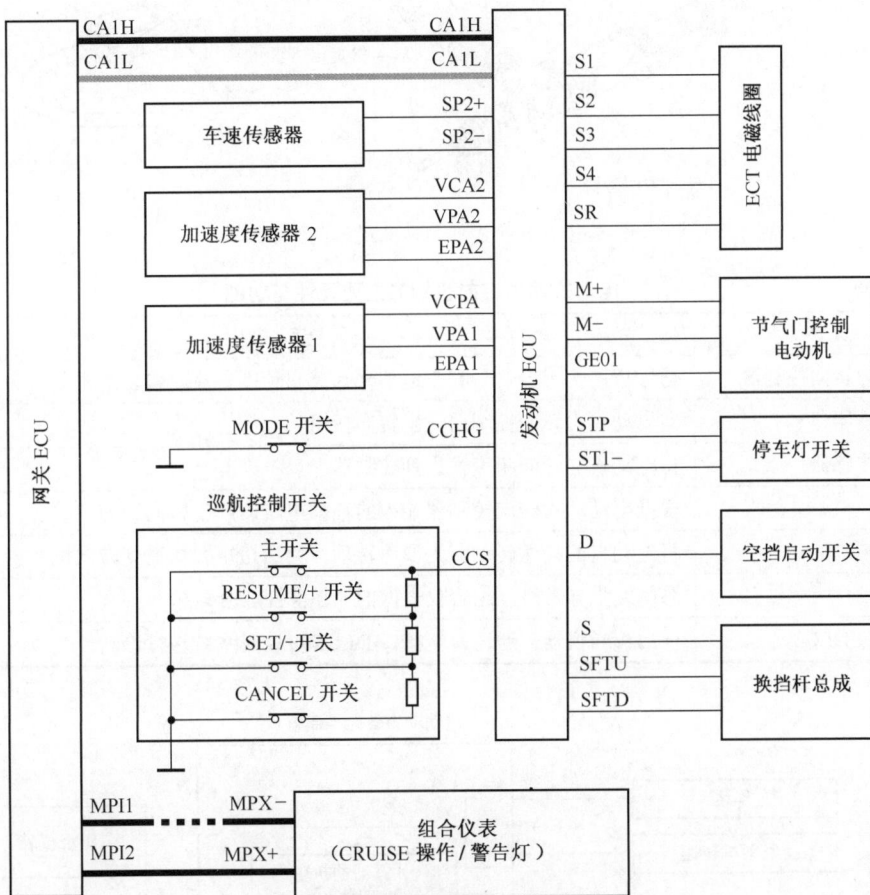

图 5-68　巡航系统电路控制

10．电动式动力转向机构

丰田锐志车型采用了齿条辅助型电动式动力转向系统，通过安装在转向机构外壳的电动机以及减速机构的工作，使转动方向盘时产生辅助扭矩，从而减轻转向机构的工作负荷。电动式动力转向机构的组成如图 5-69 所示，其主要元件与功能如表 5-8 所示。电动式动力转向系统工作过程如图 5-70 所示。

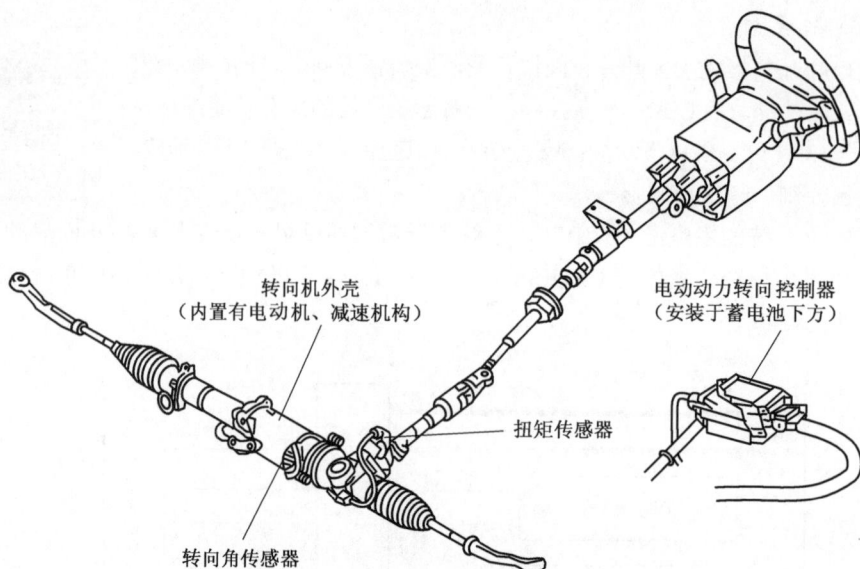

图 5-69　电动式动力转向机构的组成

表 5-8　　　　　　　　　　　　电动式动力转向机构的主要元件与功能

元件	功能
电动动力转向控制器	通过扭矩传感器信号和车速信号计算出辅助电流，输出给电动机
扭矩传感器	向电动动力转向控制器输出转向扭矩
转向角传感器	将电动机的转向角度输出到控制器
电动机	根据电动动力转向控制器输入的辅助电流，产生转向助力
减速机构	将电动机的高速转动转为低速转动，增加扭矩并传送到转向机
组合仪表	系统发生异常时，组合仪表内的 P/S 警告灯会亮起
诊断接口 DLC3	使用诊断仪器，通过诊断接口 DLC3 可以对系统进行诊断

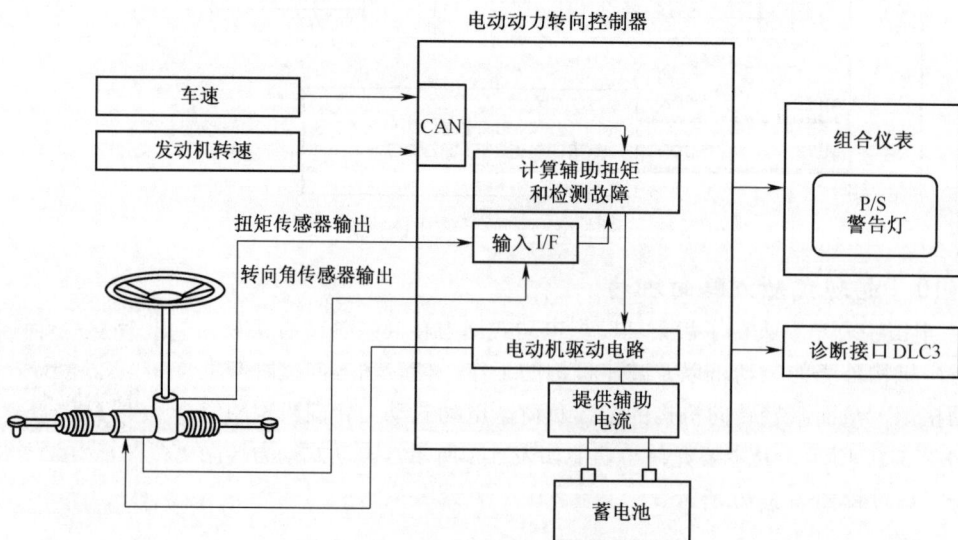

图 5-70　电动式动力转向系统工作过程

11. 自动空调系统

控制空调系统的空调 ECU，连接在仪表板系统总线上，用专线输入各种传感器和开关的信号，用各通信线路接收来自发动机 ECU、仪表 ECU 等空调控制所必需的信号，根据车辆状况对空调进行控制。此外，空调 ECU 还用各个通信网络将与空调相关的信号从空调 ECU 输出到其他的 ECU。多路传输电路控制如图 5-71 所示。

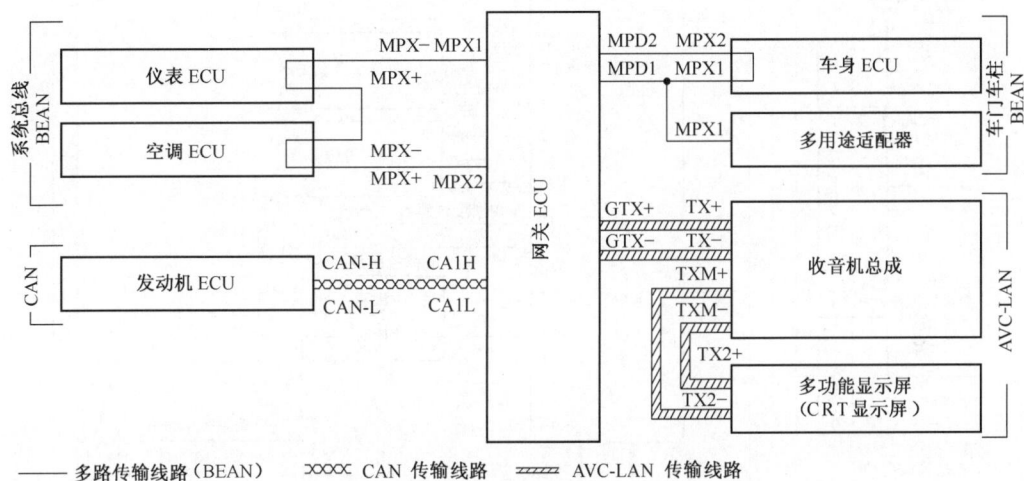

图 5-71　多路传输电路控制

空调 ECU 安装在副驾驶员侧仪表板内、鼓风机单元侧面，如图 5-72 所示，它可以对空调进行全自动控制。自动空调系统控制电路如图 5-73 所示。

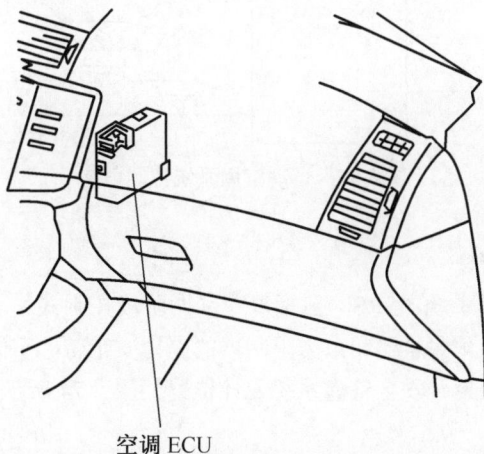

空调 ECU

图 5-72　空调 ECU 安装位置

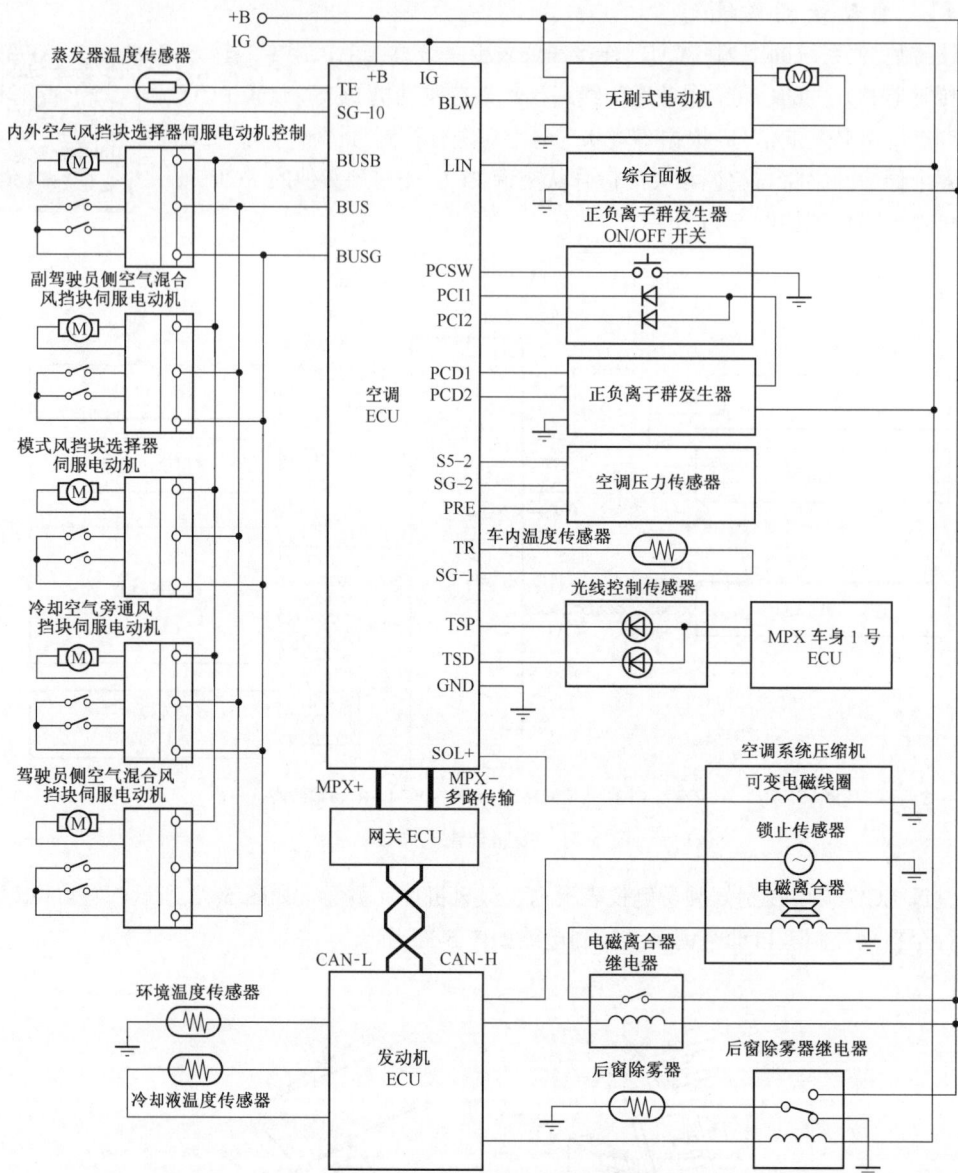

图 5-73　自动空调系统控制电路

12. 安全气囊系统

丰田车系的安全气囊系统（SRS）包括双程（两阶段控制式）驾驶员侧和副驾驶员侧气囊、带预张紧器和束力限制器的座椅安全带、帘式头部气囊以及驾驶员侧膝式气囊。安全气囊系统元件位置如图 5-74 所示。

（1）系统工作

根据来自前气囊传感器和中央气囊传感器的信号，系统进行驾驶员侧和副驾驶员侧气囊、预张紧器和驾驶员侧膝式气囊的点火判断。前气囊和中央气囊的工作过程如图 5-75 所示。

系统也根据侧气囊传感器、中央气囊传感器的信号进行侧气囊和帘式头部气囊的点火判断。侧气囊和帘式头部气囊的工作过程如图 5-76 所示。

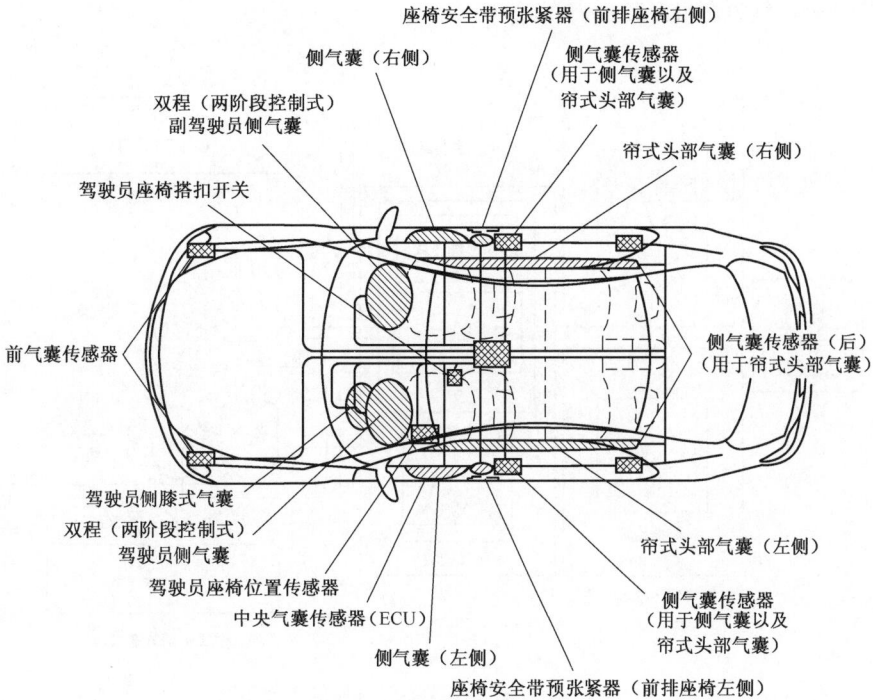

座椅安全带预张紧器（前排座椅右侧）

侧气囊（右侧）

侧气囊传感器（用于侧气囊以及帘式头部气囊）

双程（两阶段控制式）副驾驶员侧气囊

驾驶员座椅搭扣开关

帘式头部气囊（右侧）

前气囊传感器

侧气囊传感器（后）（用于帘式头部气囊）

驾驶员侧膝式气囊

双程（两阶段控制式）驾驶员侧气囊

驾驶员座椅位置传感器

中央气囊传感器（ECU）

侧气囊（左侧）

帘式头部气囊（左侧）

侧气囊传感器（用于侧气囊以及帘式头部气囊）

座椅安全带预张紧器（前排座椅左侧）

图 5-74　安全气囊系统元件位置

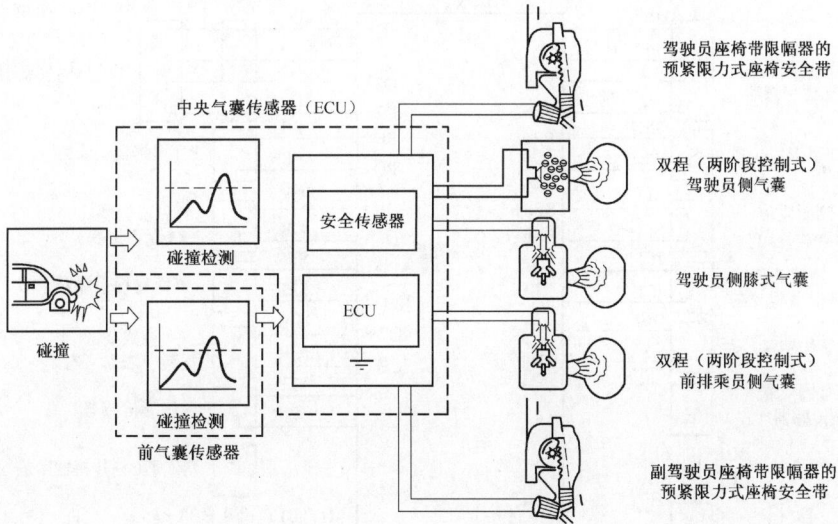

中央气囊传感器（ECU）

安全传感器

ECU

碰撞检测

碰撞检测

前气囊传感器

碰撞

驾驶员座椅带限幅器的预紧限力式座椅安全带

双程（两阶段控制式）驾驶员侧气囊

驾驶员侧膝式气囊

双程（两阶段控制式）前排乘员侧气囊

副驾驶员座椅带限幅器的预紧限力式座椅安全带

图 5-75　前气囊和中央气囊的工作过程

（2）电路控制

安全气囊系统电路控制如图 5-77 所示。

（3）系统诊断

当点火开关转到 IG ON 时，气囊警告灯大约亮起 6 s，系统自动进行初级检查；该期间为点火禁止状态，系统同时会对中央气囊传感器的运行进行诊断。如果在初级检查中检测出异常状况，在点火开关 ON 位置 6 s 后，气囊警告灯也不会熄灭。气囊展开后，不管有无故障，在初级检查后中央气囊传感器都会使气囊警告灯保持点亮。初级检查完成后，气囊警告灯熄灭，系统又恢复到可以点火的状态。诊断电路会随时检查系统是否存在异常，如果检查中检测出故障，气囊警告灯就会点亮。

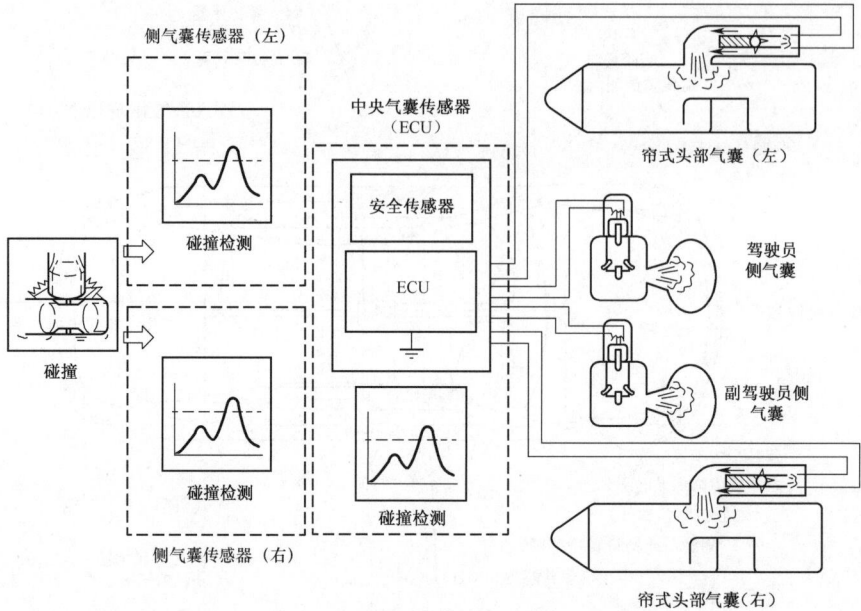

图 5-76　侧气囊和帘式头部气囊的工作过程

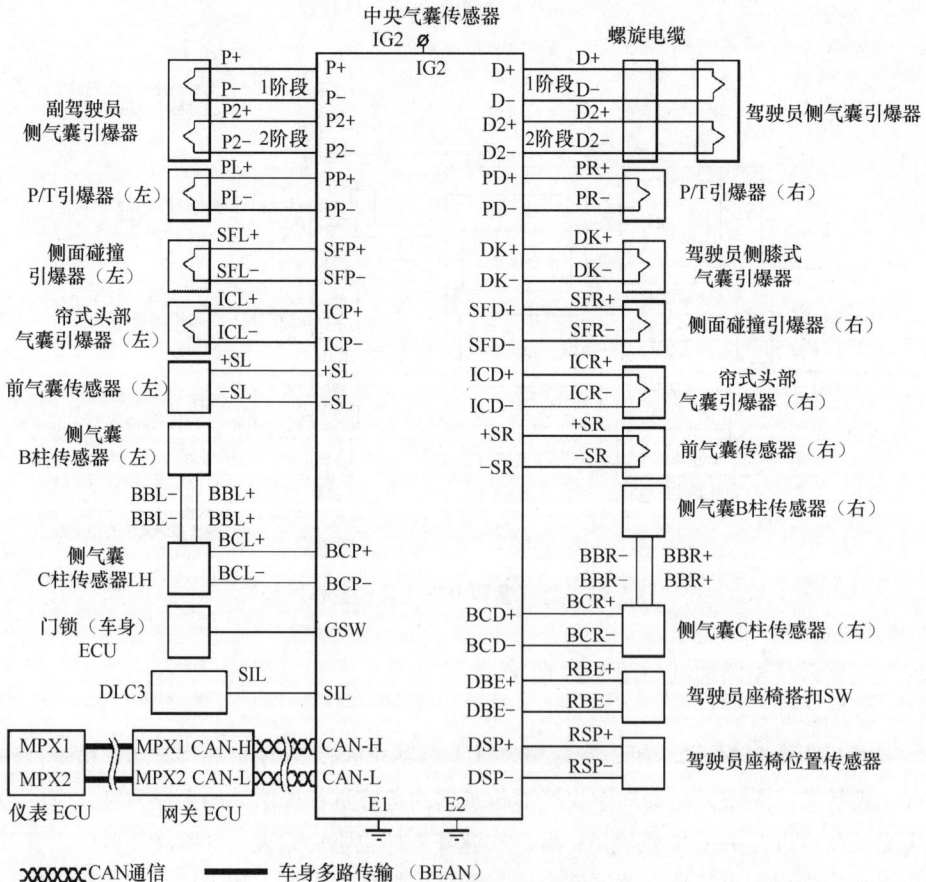

图 5-77　安全气囊系统电路控制

5.2.3　丰田多路传输系统故障诊断

1．故障诊断流程

丰田多路传输系统的故障诊断流程如图 5-78 所示。

故障诊断流程

2．DLC3 诊断连接器

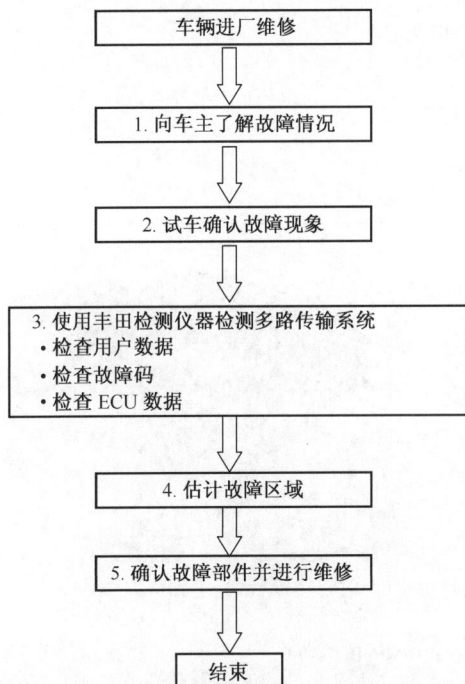

如图 5-79 所示，将诊断工具（智能测试仪 II）连接到车辆上的 DLC3（即 3 号诊断连接器）上，可以经由网关 ECU 和各种多路传输通信线路连通各 ECU。由此，可以输出故障诊断代码（即故障码），进行数据监控（ECU 数据确认等）、主动测试（执行器的动作测试）、定制功能的设定（改变控制程序的设定）等。由于采用了 CAN 通信系统，DLC3 的端子排列有了一定改变，其端子排列如图 5-80 所示。

DLC3 诊断连接器

图 5-78　丰田多路传输系统的故障诊断流程

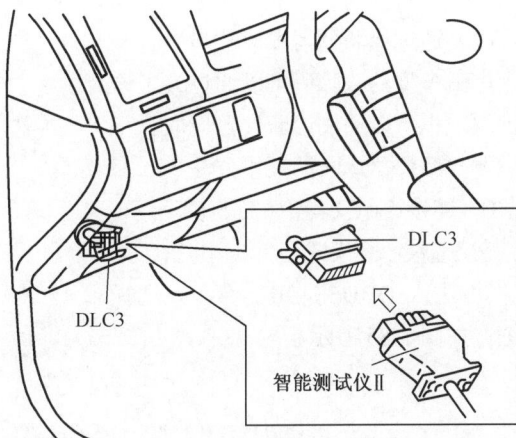

图 5-79　DLC3 诊断连接器位置

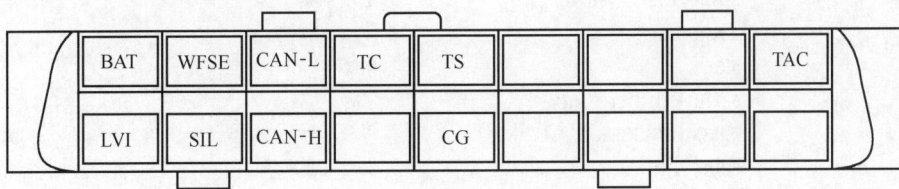

图 5-80　DLC3 的端子排列

3．故障码的读取

（1）通过人工跨接读取故障码

① 使用短路跨接线 SST（见图 5-81），跨接 DLC3 诊断连接器的 TC 和 CG 端子，如图 5-82 所示。

② 通过开门警告灯闪烁读取故障码。警告灯闪烁情况如图 5-83 所示。

故障码的读取

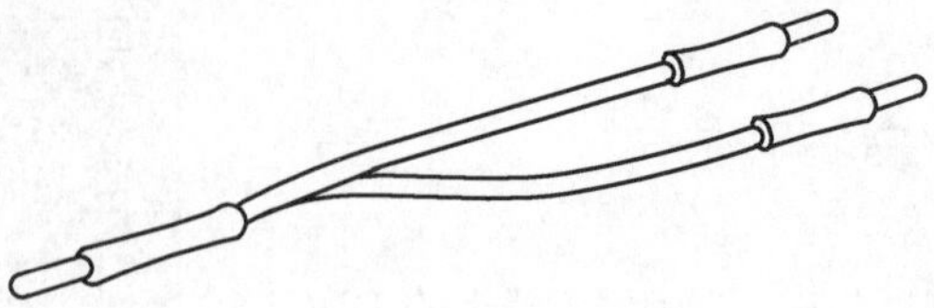

图 5-81　短路跨接线 SST

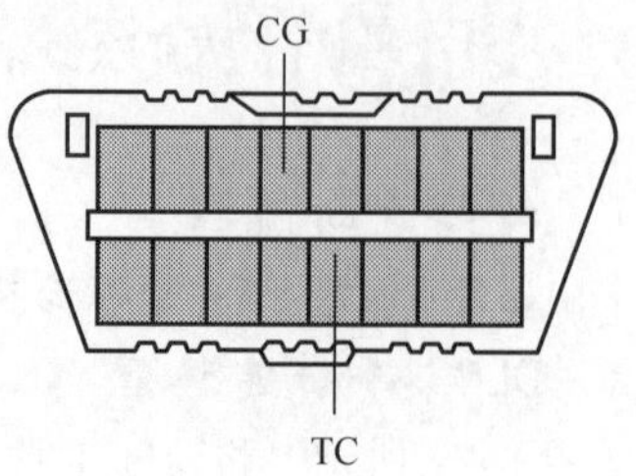

图 5-82　诊断座端子跨接

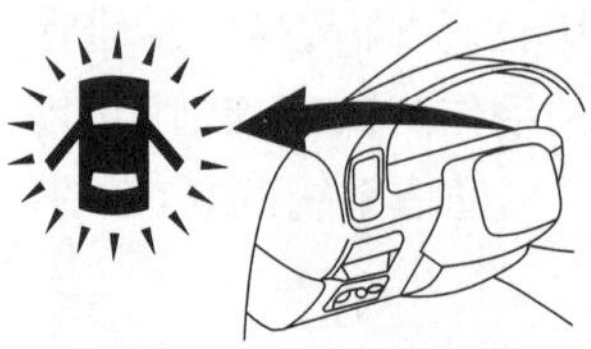

图 5-83　警告灯闪烁情况

注　意

● 具体故障码需要查询维修资料。

● 有些车型不能使用人工诊断读取，需要使用诊断仪器读取。

（2）通过诊断仪器读取故障码

丰田车型的故障码可以通过人工诊断读取，也可以通过诊断仪器读取。下面主要介绍仪器诊断的操作方法。

① 连接诊断仪器，如图 5-84 所示。

② 进入诊断模式。

③ 进入 OBD/M-OBD 菜单，选择网关，如图 5-85 所示。

图 5-84　诊断仪器的连接

OBD/M‑OBD MENU	OBD/M-OBD 菜单
1.CODES（ALL）	1. 故障码
2.ENGINE AND ECT	2. 发动机和变速器
3.AIR SUSPENSION	3. 空气悬架
4.ABS/VSC	4. 防抱死制动
5.CCS	5. 巡航系统
6.AIR CONDITIONER	6. 空调系统
7.IMMOBILISER	7. 防盗系统
8.SRS AIRBAG	8. 安全气囊系统
➡ 9. GATEWAY	➡ 9.网关

图 5-85　在 OBD/M-OBD 菜单中选择网关

④ 检查故障码。故障码说明如表 5-9 所示。

说　明

只有网关 ECU 正常的情况下，才能够完成系统故障码的读取。

表 5-9 故障码说明

故障码	说明	故障码	说明
B1211	门控 ECU 没有连接，通信中断	B1214	通信线路故障
B1261	发动机 ECU 没有连接，通信中断	B1215	通信线路故障

4. 使用仪器对各系统设定

通过把诊断工具连接到 DLC3 上，可根据车主习惯，改写内置在各 ECU 的可读写存储器的设定值来调节各种功能。各 ECU 设定值的修改如表 5-10 所示。

表 5-10 各 ECU 设定值的修改

ECU	设定内容	设定值（第一项为初始值）
空调 ECU	取消 FOOT/DEF 模式	可联动，无联动
	设定空调操作开关的蜂鸣器声音	有此功能，无此功能
	设定进气口自动模式，车内温度的初始化设定	有此功能，无此功能
	设定压缩机的自动模式，压缩机自动联动	可联动，无联动
	设定压缩机、进气口 DEF 联动控制	可联动，无联动
	设定压缩机外部可变容量控制，压缩机变容量控制	有此功能，无此功能
	调整车外温度显示值单位为℃	0，+1，+2，+3，−1，−2，−3
	调节预设温度变化值单位为℃	0，+1，+2，−1，−2
	设定冷气出风口模式（自动模式、FACE 模式、脚部出风口设定）	有此功能，无此功能
	DEF 风量增大控制	有此功能，无此功能
	正负离子发生器取消自动	自动，取消自动（手动）
仪表 ECU	调整钥匙提醒蜂鸣器音量	大，中/小
	调整钥匙提醒蜂鸣器鸣响周期，单位为 s	0.6，0.9，1.2
驾驶员侧接线盒 ECU	设定无线反馈功能（危急警告灯）	有此功能，无此功能
	设定行李舱开启器，通过发射器操作	有此功能，无此功能
	设定无线遥控主要功能	有此功能，无此功能
	设定蜂鸣器功能	有此功能，无此功能
	设定车门微开警告功能	有此警告，无此警告
	设定开锁时车内照明灯亮起的控制	亮，不亮
	设定进车照明系统控制	有此功能，无此功能
	调整进车照明系统的亮起时间，单位为 s	15，7.5，30
	点火钥匙转到 IG OFF 时，设定车内照明灯亮起的控制，车顶灯亮起的时间	有此功能，无此功能
	设定车顶大型照明灯亮起的控制	有此功能，无此功能
	休息时设定车顶大型照明灯亮起（照明度）的控制	0~100%
	照明控制传感器感应度的调整（%）	0，−10，−20，+20，+40
	选择尾灯亮起的延迟时间	标准，长
	显示屏调光的敏感度的调整	0，−2，−1，+1，+2
	显示屏调光标准的敏感度（调光取消）的调整	0，−2，−1，+1，+2

使用仪器对各系统设定

续表

ECU	设定内容	设定值（第一项为初始值）
MPX 总开关	设定车门钥匙联动的电动车窗上升功能	有此功能，无此功能
	设定车门钥匙联动的电动车窗下降功能	有此功能，无此功能
	设定发射器联动的电动车窗上升功能	有此功能，无此功能
	设定发射器联动的电动车窗下降功能	有此功能，无此功能
	设定智能钥匙联动的电动车窗上升功能	有此功能，无此功能
	设定防夹保护门限值切换功能	90N，100N，120N
滑动天窗 ECU	设定车门钥匙联动滑动天窗开启功能	有此功能，无此功能
	设定车门钥匙联动滑动天窗关闭功能	有此功能，无此功能
	设定发射器联动滑动天窗开启功能	有此功能，无此功能
	设定发射器联动滑动天窗关闭功能	有此功能，无此功能
	选择车门钥匙联动滑动天窗的操作，车门钥匙联动操作方向	滑动，倾斜
	选择发射器联动滑动天窗的操作，无线遥控器联动操作方向	滑动，倾斜
认证 ECU	防盗调整点火操作条件（钥匙检测范围）	前后座椅，前排座椅
	设定行李舱开启器的功能	有此功能，无此功能
	设定电动车窗上升功能	有此功能，无此功能
	设定将钥匙忘记在行李舱内的警告功能	有此功能，无此功能
	调整车外请求信号的定期发送间隔，单位为 s	0.3，0.15，0.45，0.6
	调整驻车待机状态的待机时间，单位为 s	2.5，0.5，1.5，5.0
	设定并调整点火开关忘记关闭的警告时间，单位为 s	2，1，0
	设定钥匙电池电量余量的警告功能	有此功能，无此功能
	设定点火操作时，在钥匙区域外的警告功能	有此功能，无此功能
	钥匙拔出警告的无线蜂鸣器鸣响次数的调整以及设定，蜂鸣器鸣响的次数	3，5，7，0
	设定在 P 挡时驾驶员将钥匙带出车外的警告功能	有此功能，无此功能
	设定不在 P 挡时驾驶员将钥匙带出车外的警告功能	有此功能，无此功能
	设定车上其他乘客将钥匙带出车外的警告功能	有此功能，无此功能
	设定将钥匙忘记在车内的警告功能，设定钥匙提醒蜂鸣器提醒的次数	2，1，0

5. 通信线路诊断思路

（1）通过 DLC3 进行诊断

如果 CAN 通信系统通信中断，并且输出多个故障码，可以通过将诊断仪器连接到 DLC3 来读取系统故障码。DLC3 端子中设有 CAN-H 和 CAN-L 端子，用来诊断 CAN 系统。通过测量通信线路端子之间的电阻可以确定通信线路是否短路或断路。通过测量 CAN-H 或 CAN-L 端子和 BAT 或 CG 之间的电阻，可以确定通信线路与电源和搭铁之间是否短路。诊断座端子排列如图 5-86 所示。根据所测电阻值可判断通信线路是否有故障。通信线路间电阻规范及通信线路与电源间电阻规范分别如表 5-11 和表 5-12 所示。

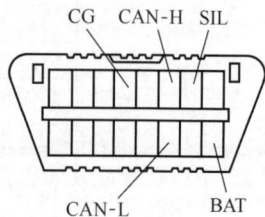

通信线路诊断思路

图 5-86 诊断座端子排列

表 5-11　　　　　　　　　　　　　　　　　　通信线路间电阻规范

CAN-H 和 CAN-L 之间电阻值/Ω	通信线路情况
54～67	正常
＞67	通信线路开路
＜54	通信线路短路

表 5-12　　　　　　　　　　　　　　　　　　通信线路与电源间电阻规范

检查端子	电阻值	数据分析
CAN-H 与 BAT	≥1 kΩ	如无故障码则通信线路正常
	＜1 kΩ	通信线路与电源、搭铁之间有短路情况发生
CAN-L 与 BAT	≥1 kΩ	如无故障码则通信线路正常
	＜1 kΩ	通信线路与电源、搭铁之间有短路情况发生
CAN-H 与 CG	≥1 kΩ	如无故障码则通信线路正常
	＜1 kΩ	通信线路与电源、搭铁之间有短路情况发生
CAN-L 与 CG	≥1 kΩ	如无故障码则通信线路正常
	＜1 kΩ	通信线路与电源、搭铁之间有短路情况发生

如图 5-87 所示，当 CAN 通信线路中间断路时，不允许使用普通导线跨接，否则会失去双绞线的传输特点，传输数据会出现故障。

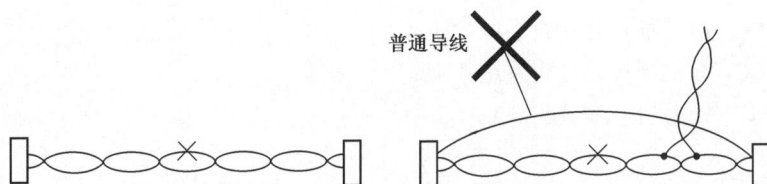

图 5-87　不允许使用普通导线跨接 CAN 通信线路

多路传输通信线是一个链环结构，如果其中的一个点出现断路，如图 5-88 所示，通信可以变更路径，并且无故障码显示。如果线路中出现两个断路点，如图 5-89 所示，就会发生通信故障，并会显示"ECU 没有连接，通信中断"。

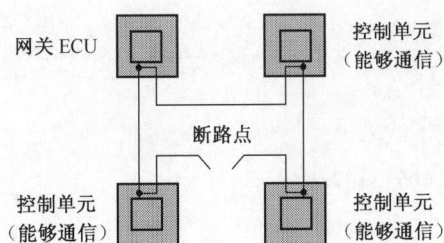

图 5-88　通信线路故障 1

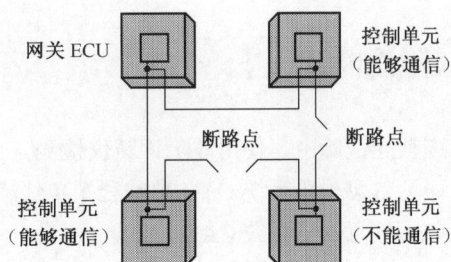

图 5-89　通信线路故障 2

（2）对发动机 ECU 进行诊断

当发生通信故障时，为确定是网关 ECU 与诊断仪器之间通信故障还是网关 ECU 故障，可以通过对发动机 ECU 进行诊断来判断，如图 5-90 所示。

（3）短路故障的查找

当通信线路发生短路时，如果线路与电源之间短路，则整个通信线路的电压都是 12 V；

如果线路与搭铁之间发生短路，则整个通信线路的电压都是 0 V。因此为了找到短路点，必须一个接一个地把控制单元的插头拔掉，这是找到故障点最有效、最简单的方法。以图 5-91 所示的电路为例，短路故障的诊断程序如下。

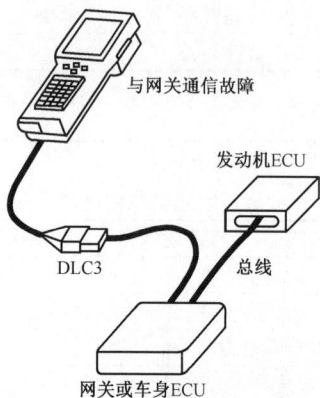

图 5-90　对发动机 ECU 进行诊断

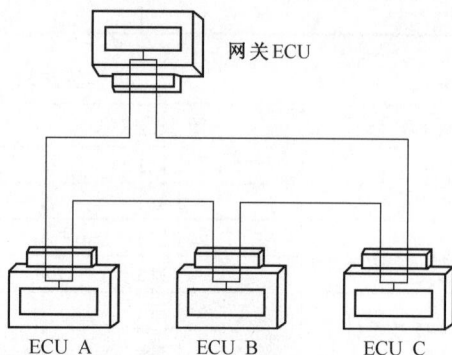

图 5-91　短路故障诊断示例

① 拔下 ECU A 的插头并检查系统故障码。

② 拔下 ECU B 的插头并检查系统故障码。

③ 连接 ECU A 的插头并检查系统故障码。

④ 拔下 ECU C 的插头并检查系统故障码。

⑤ 连接 ECU B 的插头并检查系统故障码。

⑥ 检查每个线束的电源与搭铁点。

注　意

使用诊断仪器的数据流功能和动作测试功能查找故障是非常有效的方法。

|5.3　典型案例分析|

【故障诊断过程】

在前述故障中，使用故障诊断仪检测，显示以下故障码。

（1）信息娱乐系统 CAN 总线处于单线模式，电路电器故障。

（2）信息娱乐系统 CAN 总线，损坏。

（3）数字式组合音响控制单元，无信号/通信。

（4）导航系统也有信息娱乐系统 CAN 总线损坏的故障存储。

根据故障码和数据流可以看出此车故障出现在 CAN 总线上，很可能是信息娱乐系统 CAN 总线短路、断路或控制单元损坏。

查看相关电路图可以看出，信息娱乐系统 CAN 总线上有收音机及导航系统控制单元、倒车影像控制单元和数字式组合音响控制单元。

分别断开收音机及导航系统控制单元、倒车影像控制单元和数字式组合音响控制单元，读取数据流，均无任何改变，依旧是单线，试车挂倒挡时仍显示"倒车影像系统当前不可用"的提示。到这一步，我们基本排除了控制单元本身的故障。

接着我们用示波器采集信息娱乐系统 CAN 总线的波形，如图 5-92 所示。通过观察波形我们发现 CAN-H 波形正常，但 CAN-L 波形异常，是典型的对地短路的表现。至此，可以确定信息娱乐系统 CAN-L 有搭铁故障。

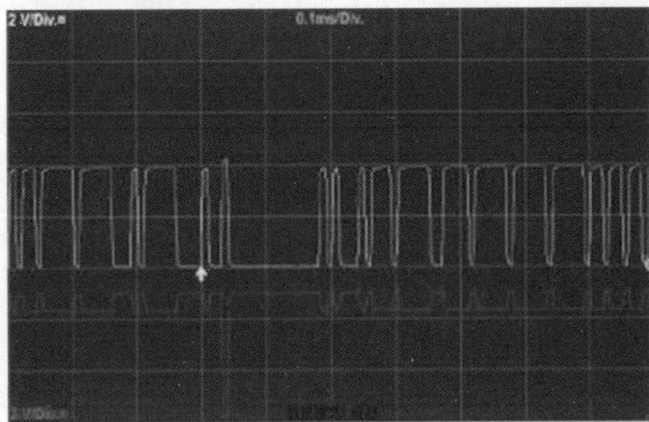

图 5-92　信息娱乐系统 CAN 总线波形（CAN-L 波形异常）

【故障排除】

（1）仔细检查信息娱乐系统 CAN 总线及其各控制单元数据总线，发现有一只水管卡子（应是暖风水箱的）与数字式组合音响控制单元线束有触碰，将其拨开发现数据传输线线皮已经磨破。

（2）将数据传输线按大众 CAN 总线维修规范处理好，测试波形，波形恢复正常。将所有故障码清除后试车，车辆恢复正常，故障排除。

【故障分析与总结】

在这个故障里，因信息娱乐系统 CAN-L 搭铁短路，致使信息娱乐系统 CAN 总线单线模式运行，检测时就出现了"信息娱乐系统 CAN 总线处于单线模式，电路电器故障"的故障码。但单线模式对 CAN 总线信号传送有一定影响，所以也就同时检测出了"数据总线损坏""数字式组合音响控制单元无信号/通信"等故障码，也导致收音机（导航）屏幕出现了"倒车影像系统当前不可用"的提示。

|5.4　工作任务：丰田多路传输系统检修|

5.4.1　实训内容与要求

实训内容：丰田多路传输系统检修。

实训要求如下。

① 能够确认故障现象。

② 能够使用维修资料，正确选用工具。

③ 能够按照正确的步骤和方法完成丰田多路传输系统故障诊断与维修。

④ 应在 80 min 内独立完成。

⑤ 在诊断与维修过程中应注意人身健康与安全。

5.4.2　实训条件

① 车间或模拟车间。

② 个人防护用品用具。

③ 汽车维修设备和工具。

④ 安全的工作环境和工作场所。

⑤ 有关人身健康与安全的信息。

⑥ 提供各类维修知识和维修资料的网页。

5.4.3　实训步骤

1. 在教师提供的车辆上，使用双通道示波器采集丰田汽车 CAN 总线 CAN-H 和 CAN-L 的波形并记录。

说明：时间单位为（　　　）/Div，电压单位为（　　　）/ Div，在图中标出 0 V 电压位置。

写出丰田汽车 CAN 总线的数据传输特点：

_____

_____

_____

_____

_____

2．在教师提供的车辆上，使用示波器采集丰田汽车 BEAN 总线的波形并记录。

说明：时间单位为（　　　）/Div，电压单位为（　　　）/Div，在图中标出 0 V 电压位置。

写出丰田汽车 BEAN 总线的数据传输特点：

_____

_____

_____

_____

3．在教师提供的车辆上，使用示波器采集丰田汽车 AVC-LAN 总线的波形并记录。

说明：时间单位为（　　　）/Div，电压单位为（　　　）/Div，在图中标出 0 V 电压位置。

写出丰田汽车 AVC-LAN 总线的数据传输特点：

_____

_____

_____

_____

_____

4. 在教师提供的车辆上，对 CAN 总线的终端电阻进行测量，并对测量结果进行分析。

车型：_____

终端电阻的测量步骤。

（1）将蓄电池的负极线拔除。

（2）等待大约 5 min，直到所有的电容器都充分放电。

（3）连接测量仪器并测量总电阻值。

电阻值为：_____

电阻值是否正常？　　　　　　　　　　　　　　　　是❑　不是❑

如果电阻值不正常，下一步应如何检查？

_____

_____

_____

（4）将一个带有终端电阻的控制单元的插头拔下。

电阻值为：_____

电阻值是否正常？　　　　　　　　　　　　　　　　是❑　不是❑

如果电阻值不正常，下一步应如何检查？

_____

_____

_____

（5）第一个控制单元（带有终端电阻）的插头连接好后，再将第二个控制单元的插头拔下来。

电阻值为：_____

电阻值是否正常？　　　　　　　　　　　　　　　　是❑　不是❑

如果电阻值不正常，下一步应如何检查？

_____

_____

_____

5. 在教师提供的车辆上，通过查阅维修手册，在下面的空白处画出每种网络的拓扑结构，在实车上找到模块的位置并对其功能进行简单描述。

车型：_____

（1）是否采用了 CAN 总线？　　　　　　　　　　　是❑　不是❑

画出 CAN 总线网络拓扑结构：

在实车上找到模块的位置并简单描述其功能：

_____

_____

_____

_____

_____

（2）是否采用了 BEAN 总线？　　　　　　　　　是□　不是□

画出 BEAN 总线网络拓扑结构：

在实车上找到模块的位置并简单描述其功能：

_____

_____

_____

_____

_____

（3）是否采用了 AVC-LAN 总线？　　　　　　　是□　不是□

画出 AVC-LAN 总线网络拓扑结构：

在实车上找到模块的位置并简单描述其功能：

_____

_____

_____

_____

_____

6．丰田多路传输系统的故障诊断与维修

（1）检查丰田轿车的多路传输系统（已经设置多路传输系统故障），通过查询相关的维修资源，确认故障现象。

（2）根据维修手册确定维修方案，正确选用维修设备。

（3）使用故障诊断仪对车载网络系统进行诊断。

（4）判断故障区域。

（5）确认故障部件，提出维修方案。

（6）完成维修并交车。最后填写下表。

多路传输系统故障诊断与维修表

车型	
车载网络系统类型	
行驶里程	

使用的设备和工具：

故障现象：

诊断和排除故障的步骤。

① 使用故障诊断仪的全车诊断功能，检查哪些模块不能通信并记录。

根据诊断结果，参考网络拓扑结构，分析可能的故障原因。

----

② 使用故障诊断仪读取故障码并记录。

根据诊断结果，参考网络拓扑结构，分析可能的故障原因。

----

③ 使用示波器对 CAN 总线波形进行检查并记录。

根据诊断结果，参考网络拓扑结构，分析可能的故障原因。

----

④ 如果怀疑 CAN 总线故障，如何对线路进行检查？（测量 CAN-H 和 CAN-L 之间的电阻值以及对电源和搭铁的电阻，测量线路的通断。）

根据线路电阻测量结果，参考网络拓扑结构，分析可能的故障原因。

----

⑤ 如果怀疑 CAN 节点本身故障，如何进行检查？（拔下控制单元插头后观察故障是否恢复正常。）

根据诊断结果，参考网络拓扑结构，分析可能的故障原因。

|5.5　项目小结|

　　本项目从项目导入、学习参考、典型案例分析和工作任务等几个方面进行教学，重点介绍了丰田多路传输系统、丰田锐志轿车多路传输系统以及丰田多路传输系统的故障诊断，通过典型案例分析和工作任务训练使学习者在学习理论知识的基础上学会对丰田多路传输系统各类型总线故障的检测、诊断与维修。

|5.6 知识训练|

1．回答问题

（1）丰田多路传输系统使用了哪些通信电路？

（2）简述雷克萨斯 LS430 轿车多路传输系统的组成。

（3）简述雷克萨斯 RX330 轿车多路传输系统的组成。

（4）丰田锐志多路传输系统包括哪些系统？

（5）请描述丰田多路传输系统的故障诊断流程。

（6）下列车载网络系统是否属于丰田汽车采用的车载网络系统？

① CAN   是☐   不是☐

② BEAN   是☐   不是☐

③ AVC-LAN   是☐   不是☐

④ VAN   是☐   不是☐

⑤ FlexRay   是☐   不是☐

2．判断正误

（1）下列叙述与丰田汽车的车载网络系统相关，请判断正误。

①（   ）BEAN（车身电子局域网络）是丰田汽车专用的双向通信网络。

②（   ）AVC-LAN（音响视听局域网络）主要用于音频和视频设备中的通信网络。

③（   ）CAN 的传输速率比 BEAN 和 AVC-LAN 的高，因此底盘控制系统采用 CAN 传输。

④（   ）丰田整车网络系统包含两个 CAN 接头，用来从主总线线路和辅总线线路连接各传感器和控制单元。

⑤（   ）BEAN 通信采用单线传输，CAN 和 AVC-LAN 通信采用双绞线传输。

（2）下列叙述与丰田锐志轿车的灯光控制系统相关，请判断正误。

①（   ）MPX 车身 1 号 ECU、MPX 车身 2 号 ECU 使用多路传输线路对各种指示灯的点亮和熄灭进行控制。

②（   ）前照灯自动水平调整系统由前照灯水平调节 ECU（或 AFS ECU）、高度控制传感器和前照灯水平调节执行器等构成。

③（   ）智能 AFS 可以根据转向操作和车速自动改变近光灯左右方向的光轴，并且可以自动水平调节上下方向的光轴。

（3）下列叙述与丰田锐志轿车的电动车窗和电动天窗系统相关，请判断正误。

①（   ）丰田锐志轿车所有座位车门玻璃均具有防夹功能和点火钥匙断开操作功能。

②（   ）车门玻璃防夹功能不仅在自动上升操作时起作用，在手动上升操作时也起作用。

③（   ）滑动天窗 ECU 接收到信号后将接通继电器，进行开启或关闭控制。

（4）下列叙述与丰田锐志轿车的组合仪表和显示系统相关，请判断正误。

①（   ）组合仪表与显示系统通过内置的仪表 ECU 接收并输入来自其他 ECU、传感器以及开关的信号，显示有关当前车辆状态的各种信息。

②（   ）发动机 ECU 接收挡位开关发出的挡位信号，并作为 CAN 信号发送到网关 ECU，

仪表 ECU 通过双向车身多路传输系统从网关 ECU 接收信号,挡位指示器通过 LCD 显示当前挡位。

③（　　） 如果组合仪表和某些 ECU 之间的连接出现通信故障,有源电路控制组合仪表点亮相应系统的警告指示灯。

（5）下列叙述与丰田车型的 DLC3 诊断连接器相关,请判断正误。

①（　　） 将诊断工具连接到车辆上的 DLC3 上,可以经由网关 ECU 和各种多路传输通信线路连通各 ECU。

②（　　） 通过 DLC3 和诊断工具,可以输出故障诊断代码。

③（　　） 通过 DLC3 和诊断工具,可以进行数据监控以及主动测试等。

（6）下列叙述与丰田车型的通信线路诊断思路相关,请判断正误。

①（　　） 如果 CAN 通信系统通信中断,并且输出多个故障码,可以通过将诊断仪器连接到 DLC3 来读取系统故障码。

②（　　） DLC3 端子中设有 CAN-H 和 CAN-L 端子,用来诊断 CAN 系统。

③（　　） 通过测量通信线路端子之间的电阻可以确定通信线路是否短路或断路。

④（　　） 通过测量 CAN-H、CAN-L 端子和 BAT 或 CG 之间的电阻,可以确定通信线路与电源或搭铁之间是否短路。

⑤（　　） 如果通信线路与蓄电池电源之间短路,则整个通信线路都是高电位。

⑥（　　） 如果通信线路与搭铁之间短路,则整个通信线路都是 0 V。

⑦（　　） 为了找到故障点,可以通过拔下控制单元插头的方法进行试验,如果拔掉控制单元插头后系统恢复正常,则此控制单元存在故障。

（7）下列叙述与丰田车型的通信线路电阻测量相关,请判断。

序号	测量的电阻值	通信线路情况
1	CAN-H 和 CAN-L 之间电阻值为 54～67 kΩ	正常❑ 通信线路断路❑ 通信线路短路❑
2	CAN-H 和 CAN-L 之间电阻值大于 67 kΩ	正常❑ 通信线路断路❑ 通信线路短路❑
3	CAN-H 和 CAN-L 之间电阻值小于 54 kΩ	正常❑ 通信线路断路❑ 通信线路短路❑
4	CAN-H 与电源之间电阻值大于等于 1 kΩ	如无故障码则通信线路正常❑ 通信线路与电源短路❑ 通信线路与搭铁短路❑
5	CAN-H 与电源之间电阻值小于 1 kΩ	如无故障码则通信线路正常❑ 通信线路与电源短路❑ 通信线路与搭铁短路❑
6	CAN-L 与搭铁之间电阻值大于等于 1 kΩ	如无故障码则通信线路正常❑ 通信线路与电源短路❑ 通信线路与搭铁短路❑
7	CAN-L 与搭铁之间电阻值小于 1 kΩ	如无故障码则通信线路正常❑ 通信线路与电源短路❑ 通信线路与搭铁短路❑

项目 6
电动汽车车载网络系统检修

|6.1 项目导入|

【项目描述】

　　一辆吉利帝豪 EV450 纯电动汽车无法上电，经初步使用故障诊断仪无法与该车 P-CAN 系统进行通信。怎样解决这个故障呢？

　　本项目以大家熟悉的车载网络系统为项目实体，介绍车载网络系统在电动汽车中的使用。在电动汽车中常用的车载网络系统是 CAN 系统和 LIN 系统，如何对其进行检测与维修以解决上述故障对维修人员来说是一个考验。

【学习目标】

素质目标
　　采用探讨法和理实一体化的方法学习理论知识和进行实践操作，培养追求科学、严谨的精神。

知识目标
1. 认识电动汽车 CAN 总线系统；
2. 认识吉利帝豪 EV450 纯电动汽车的车载网络系统。

技能目标
1. 能够使用仪器完成电动汽车诊断；
2. 能够诊断与维修电动汽车车载网络系统典型故障。

【学习资源】

1. 电动汽车 CAN 总线系统自学手册；
2. 吉利帝豪 EV450 纯电动汽车维修手册；
3. 网络平台教学资源库课程资源。

|6.2　学习参考|

本节主要介绍电动汽车 CAN 总线和 LIN 总线以及吉利帝豪 EV450 纯电动汽车整车网络系统。

6.2.1　电动汽车 CAN 总线

德国博世公司在 20 世纪 80 年代推出了串行通信 CAN，使得汽车上的控制系统和检测系统之间的数据通信和资源共享问题得到非常有效的解决。CAN 发展至今，也衍生出众多更加规范、互用性更强的通信协议，其在传统动力汽车中越来越普及和"低配"。它的同步性以及实时性等众多优点也使得 CAN 总线技术在电动汽车中继续被推崇和使用。

我们知道 CAN 总线采用多主站、分布式控制工作方式，也可以说是模块化式的，各个模块可以独立工作，这样就可以避免各个模块通信时相互干扰。网络总线上的任何一个节点在任何时候都可以向其他节点发送报文，通信非常灵活。任意发送时难免出现多个节点同时发送报文的情况，为此 CAN 协议中对节点发送的报文规定了不同优先权，拥有最高优先权的报文最先被发送，优先权低的就会主动退出发送，从而保证了通信顺畅和实时性。

1. 电动汽车 CAN 的组成和功能

电动汽车结构复杂，相比传统内燃机汽车，增加了电力驱动模块、电池模块等辅助设备。涉及的电动汽车 CAN 主要包括整车控制单元、电机控制单元、电池控制单元、车载充电控制单元、辅助电器控制单元、显示控制单元、全自动空调控制单元、制动控制单元等。其中，整车控制单元是整个控制网络的核心，负责全局传感器参数的收集、执行器工况的获取以及控制策略的广播等任务，如图 6-1 所示。

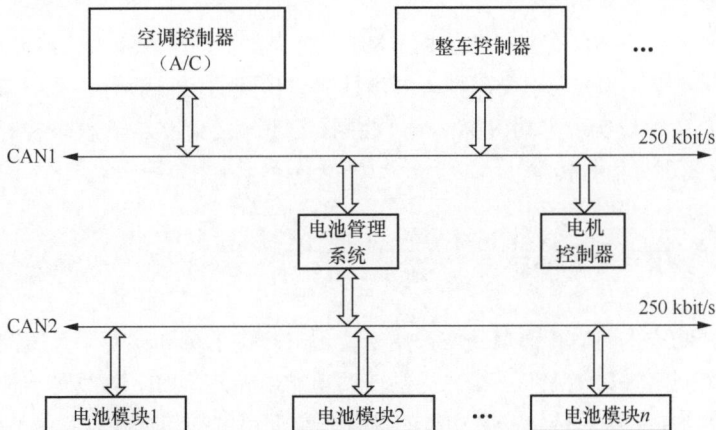

图 6-1　典型电动汽车 CAN 系统

在电动汽车上 CAN 总线的主要功能如下。

（1）各个控制单元之间的信息通信和交换。

（2）电动汽车整车驱动、转矩、功率的控制。

（3）电动汽车故障自检与安全控制。

（4）电动汽车行驶过程中姿态控制。

（5）LIN 总线与 CAN 总线间的通信与控制。

2．各个 ECU 间的通信

电动汽车主要的单元包括整车控制器（VCU）、电池管理系统（BMS），整车控制器通过 CAN 总线与 BMS、电机控制器、车载充电机、电子换挡器等连接。

电机控制器通过 CAN 总线与整车控制器完成通信，通过 CAN 总线传输电机转速、转矩、功率、冷却液温度、电压、电流、工作模式等参数，同时也接收整车控制器发送的各种控制命令。

电动汽车主要是通过给电池充电来获取能量的，所以对充电系统的控制就显得比较重要。

充电系统通过 CAN 总线传输桩体的电压、电流、频率、充电时长、电量等参数给到 BMS 和整车控制器。

BMS 由电池管理模块、充电机、均衡器、监视器和数据采集单元组成。其中 BMS 是数据和分析中心，数据采集单元将通过 CAN 总线采集到的电池数据传递给 BMS，BMS 利用 CAN 总线对充电机和均衡器进行控制，最后监视器通过 CAN 总线获取要显示的数据和信息。

踩制动踏板、踩加速踏板等动作在驾驶员操作时通过 CAN 总线通信传递给整车控制器，同时也传输到电机控制器从而控制加减速等动作。这两个动作来回切换也是动能与电能的转换，当驾驶员松开加速踏板或踩下制动踏板时，电动汽车会将动能转换成电能存储在电池组中。这也就是我们平常听到的"能量回馈"，有能量回馈功能也是电动汽车绿色环保的原因之一。

故障诊断系统负责检测汽车的各类故障，通过 CAN 总线将电机损坏、线路老化、动力不足等信息传输给整车控制器，然后整车控制器根据收到的报文信息发出控制命令，从而保证电动汽车的安全性和舒适性。

在整套控制系统中不仅有 CAN 总线，还有 LIN 总线。LIN 总线主要特征是一个主节点、多个从节点，相互交互信号。对实时性与同步性要求稍低的控制单元采用 LIN 总线性价比较高。因此通过 LIN 协议实现电动门窗、车灯控制、舒适性控制、组合仪表控制，再通过网关转换与 CAN 总线进行信号传输。

6.2.2　电动汽车 LIN 总线

LIN 是一种低成本的串行通信网络，用来实现汽车中的分布式电子系统控制。LIN 的目标是为现有汽车网络（如 CAN 总线）提供辅助功能，因此，LIN 总线是一种辅助的总线网络。在不需要 CAN 总线的带宽及多功能的场合（空调系统和门窗控制系统）使用 LIN 总线可以大大节省成本。典型电动汽车 LIN 系统如图 6-2 所示。

LIN 总线所控制的控制单元一般都分布在距离较近的空间，传输数据是单线，数据传输线最长可以达到 40 m。在主节点内配置 1 kΩ 电阻端接 12 V 供电，在从节点内配置 30 kΩ 电阻端接 12 V 供电。各节点通过电池正极端接电阻向总线供电，每个节点都可以通过内部发送器拉低总线电压。

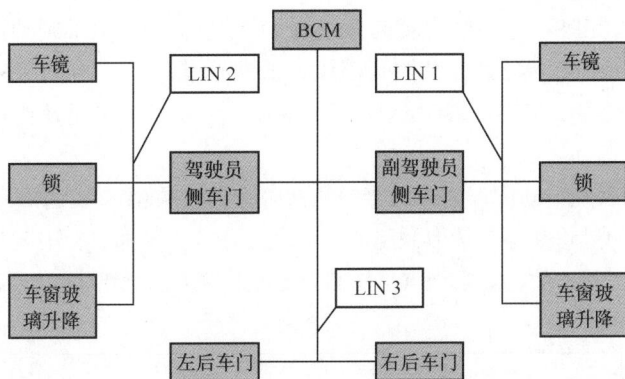

图 6-2　典型电动汽车 LIN 系统

　　LIN 主控制单元连接在 CAN 总线上，监控数据传输过程和数据传输速率，发送信息标题，决定何时将哪些信息发送到 LIN 总线上以及发送多少次，在 LIN 总线系统的 LIN 控制单元与 CAN 总线直接起"翻译"作用，能够进行 LIN 主控制单元及与之相连的 LIN 从控制单元的自诊断。

　　在 LIN 总线系统内，LIN 从控制单元的通信受到 LIN 主控制单元的完全控制，只有在 LIN 主控制单元发出命令的情况下，LIN 从控制单元才能通过 LIN 总线进行传输。单个控制单元、传感器、执行元件都相当于 LIN 从控制单元，传感器是信号输入装置，传感器内集成一个电控装置，它对测量值进行分析，分析后的数值是作为数字信号通过 LIN 总线进行传输的。有的传感器或者执行元件只用 LIN 主控制单元插口上的一个端子，就可以实现信息传输，也就是单线传输。

　　LIN 执行元件都是智能的电子部件或机电部件，它们通过 LIN 主控制单元的 LIN 数字信号接收任务。LIN 主控制单元通过集成的传感器来获取执行元件实际的工作状态，然后把规定状态和实际状态进行对比，并发出相应的控制指令。LIN 主控制单元发出控制指令后，传感器和执行元件才能做出反应。LIN 从控制单元等待主控制单元的指令，根据需要与主控制单元进行通信。如果要结束睡眠模式，LIN 从控制单元可自行发送唤醒信号。LIN 主控制单元安装在 LIN 总线系统设备上。

6.2.3　吉利帝豪 EV450 纯电动汽车整车网络系统

　　吉利帝豪 EV450 纯电动汽车上使用了 3 种数据通信方式：CAN、K-LINE、K-LINE（诊断）。该汽车有 2 路 CAN 通信总线，即驱动系统 P-CAN 和车身系统 V-CAN。2 路 CAN 通信总线相互独立，互不干涉。该汽车上空调系统和门窗控制系统等均采用了 LIN 总线控制。

1.吉利帝豪 EV450 纯电动汽车 P-CAN 与 V-CAN 的结构

　　吉利帝豪 EV450 纯电动汽车 P-CAN 系统中以 BMS 与电机控制器为两个终端，分别有两个 120 Ω 的电阻。系统上有以下几个控制单元：电机控制器、减速器控制器、车载充电机、电子换挡器、远程控制器、VCU、BMS 及诊断接口。这些控制单元及传输总线构成该车的 P-CAN 系统。

　　吉利帝豪 EV450 纯电动汽车 V-CAN 系统中以 ESC（电子稳定控制系统）与 BCM（车身控制模块）为两个终端，分别有两个 120 Ω 的电阻。系统上有以下几个控制单元：ESC、组合仪表控制单元、EPS（电动助力转向系统）、远程控制器、电子制动模块、空调控制面板、信息娱乐主机、360°全景影像控制模块、低速预警系统、电动座椅控制器、安全气囊模块、转向角传感器、VCU、BCM 及诊断接口。这些控制单元及传输总线构成该车的V-CAN 系统。

吉利帝豪 EV450 纯电动汽车的诊断接口与故障诊断仪采用 K 线通信。当 2 路 CAN 总线出现故障时，都能通过诊断接口读取故障码，因此 2 路 CAN 总线都与诊断接口相连。该车的远程控制器也与 2 路 CAN 总线（P-CAN 和 V-CAN）相连，如图 6-3 所示。

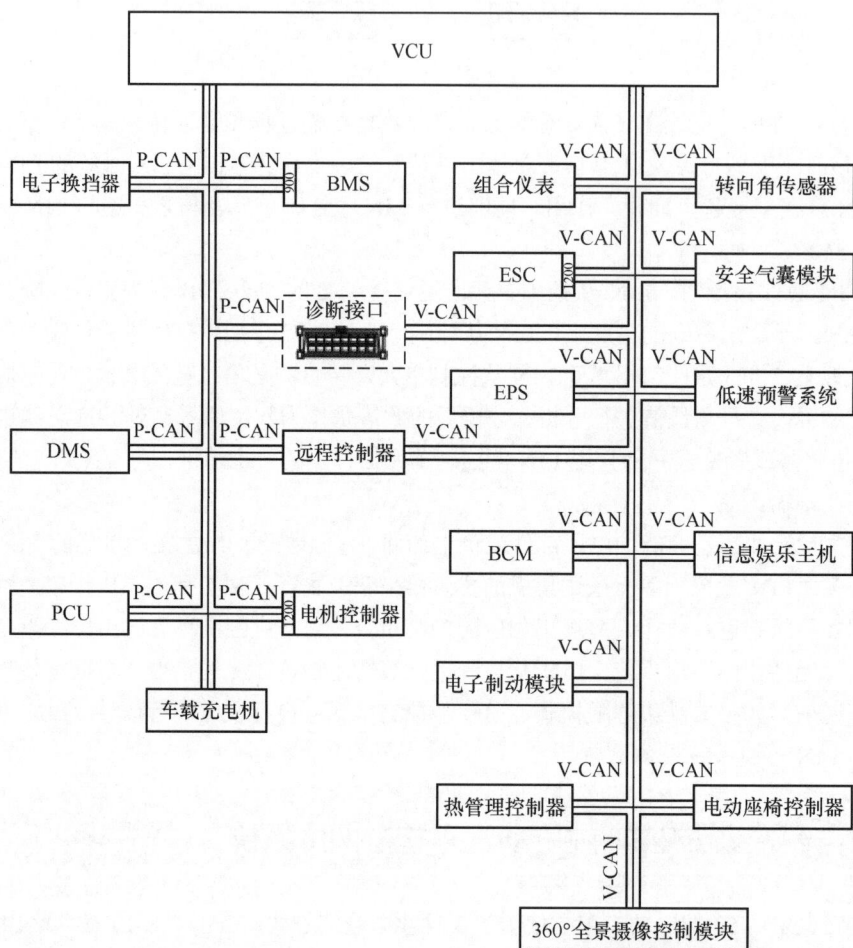

图 6-3　吉利帝豪 EV450 纯电动汽车整车控制系统网络的结构

P-CAN 与 V-CAN 是相互独立的网络系统，它们互不干涉。当系统中的某个模块或者电路出现故障（短路故障）时，只会影响该模块所在的网络系统，对另外一个网络系统没有影响。

2．吉利帝豪 EV450 纯电动汽车 LIN 的结构

吉利帝豪 EV450 纯电动汽车有很多地方都采用 LIN 系统，这里以车窗控制部分为例加以说明。图 6-4 所示为车窗控制网络结构。

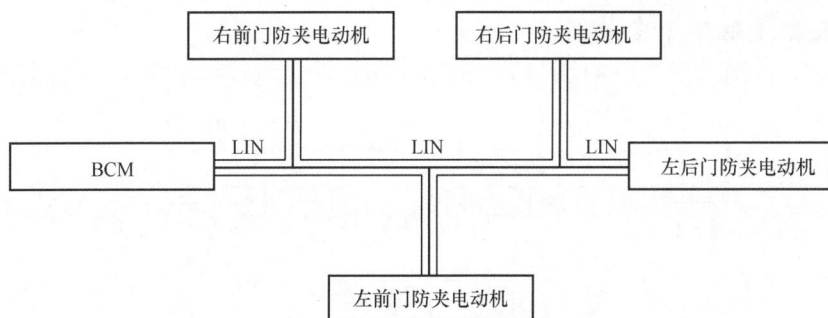

图 6-4 车窗控制网络结构

在车窗控制这部分 LIN 总线网络控制中,可以看到它是以 BCM 为主控制单元,通过 4 个从控制单元,即左前电动车窗电动机、右前电动车窗电动机、左后电动车窗电动机、右后电动车窗电动机,以及诊断接口和 LIN 总线线束构成网络控制系统。4 个车窗调节开关提供上升和下降的开关信号,并把此信号发送给车窗电动机模块,车窗电动机模块通过 LIN 总线与 BCM 通信,以此来驱动车窗的动作。打开点火开关时,BCM 会唤醒车窗电动机模块,当该系统出现故障时,BCM 用故障码的形式记录下来,利用故障诊断仪可以读取该故障码,控制逻辑如图 6-5 所示。

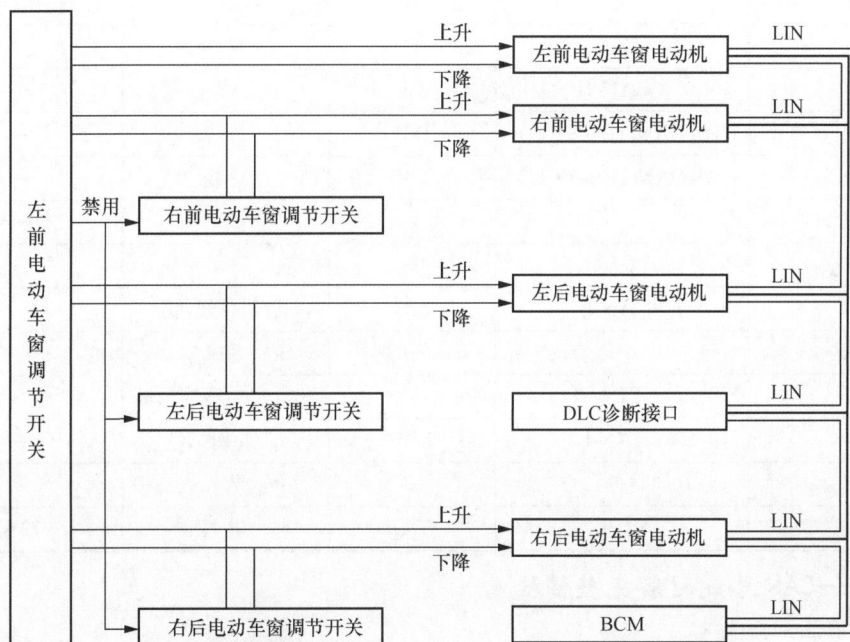

图 6-5 吉利帝豪 EV50 纯电动汽车电动车窗系统控制逻辑

3．CAN 总线网络完整性检查

（1）目视检查。

（2）检查可能影响数据通信系统工作的售后加装装置。

（3）检查易于接触或能够看到的系统部件,以查明其是否有明显损坏或存在可能导致故障的情况。

（4）若数据通信系统有故障,则在进行修理之前应检查连接在数据通信系统上的各个控制单元线束连接器是否都已正确地连接好。

4. 数据通信端子定义列表

诊断接口线束连接器 IP19 的诊断接口布置如图 6-6 所示。诊断接口端子含义如表 6-1 所示。

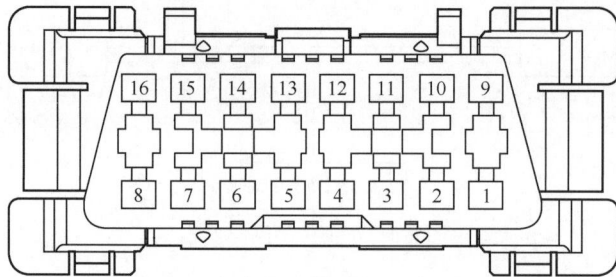

图 6-6　诊断接口线束连接器 IP19 的诊断接口布置

表 6-1　　　　　　　　　　　　　　　　诊断接口端子含义

端子号	端子定义	线径、颜色	端子状态	规定条件
1	CCAN-L	B/W	总线	—
2	CCAN-H	P/W	总线	—
3	PCAN-H	Gr/O	驱动总线-高	—
4	搭铁	B	搭铁	负极
5	搭铁	B	搭铁	负极
6	VCAN-H	Gr	车身总线-高	—
7	UDS CAN-1L（VCU）	Y/B	总线	—
8	UDS CAN-1H（VCU）	L/R	总线	—
9	—	—	—	—
10	—	—	—	—
11	PCAN-L	L/B	驱动总线-低	—
12	—	—	—	—
13	LIN	V/Y	车窗防夹模块诊断	—
14	VCAN-L	L/W	车身总线-低	—
15	—	—	—	—
16	KL30	Y/G	电源	12 V

5. V-CAN 总线网络完整性检查

检查前断开蓄电池。

（1）操作启动开关至状态电源模式 OFF 挡，使用万用表测量诊断接口 6 号端子和 14 号端子之间的电阻，如图 6-7 所示。

（2）如果万用表显示电阻值为 110～125 Ω 或不导通，表明 CAN 总线是不完整的，如图 6-8 所示。

（3）依次检查 ESC 和 BCM 的线束连接器，确认 CAN 总线的连接正常，如有断路或连接不良等情形，进行修理。

（4）如果万用表显示电阻值为 55～63 Ω，说明从 BCM 连接至 ESC 之间的 CAN 总线是完整的，如图 6-9 所示。

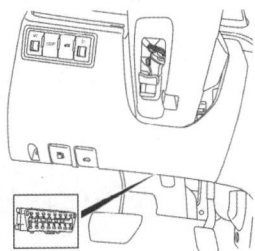

图 6-7　诊断接口安装位置　　　图 6-8　异常的终端电阻　　　图 6-9　正常的终端电阻

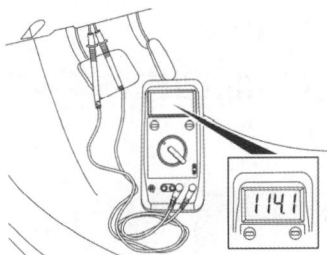

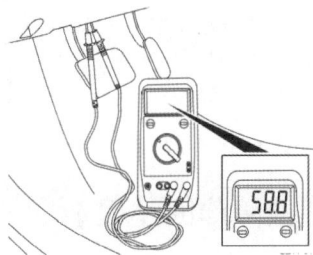

6．P-CAN 总线网络完整性检查

（1）操作启动开关至状态电源模式 OFF 挡，使用万用表测量诊断接口 3 号端子和 11 号端子之间的电阻。

（2）如果万用表显示电阻值为 110～125 Ω 或不导通，表明 CAN 总线是不完整的。

（3）依次检查电机控制器和 BMS 之间的线束连接器，确认 CAN 总线的连接正常，如有断路或连接不良等情形，进行修理。

（4）如果万用表显示电阻值为 55～63 Ω，说明电机控制器和 BMS 之间的 CAN 总线是完整的。

7．CAN 总线波形的检测

（1）找到车辆诊断接口位置。

（2）将启动开关置于 ON 挡，连接示波器并调整周期为 10 μs/Div，幅值为 1 V/Div。利用示波器双通道检测，通道 A 接 P-CAN-H，负极搭铁；通道 B 接 P-CAN-L，负极搭铁。

（3）P-CAN 总线波形如图 6-10 所示。

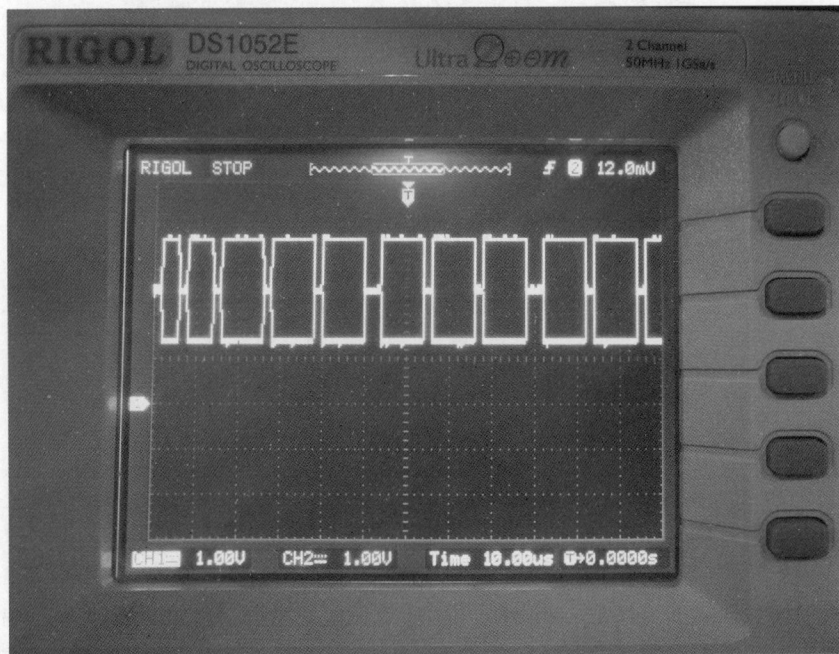

图 6-10　P-CAN 总线波形

|6.3 典型案例分析|

【故障诊断过程】

1．前述故障的诊断作业过程

（1）做好车辆防护和安全提示。车辆 CAN 总线属于低压系统，在进行故障检修时，无须高压下电，但是需要注意，在进行操作前，要穿戴好防护装备，操作时不要触碰高压线束，必要时进行低压系统下电，搭铁测试时关闭启动开关，严格按照作业流程进行操作。

（2）连接专用故障诊断仪，读取整车故障码。

读取结果为 P-CAN 系统读取失败，显示如图 6-11 所示。进入 P-CAN 系统中某一个控制单元，显示为与 ECU 连接失败。

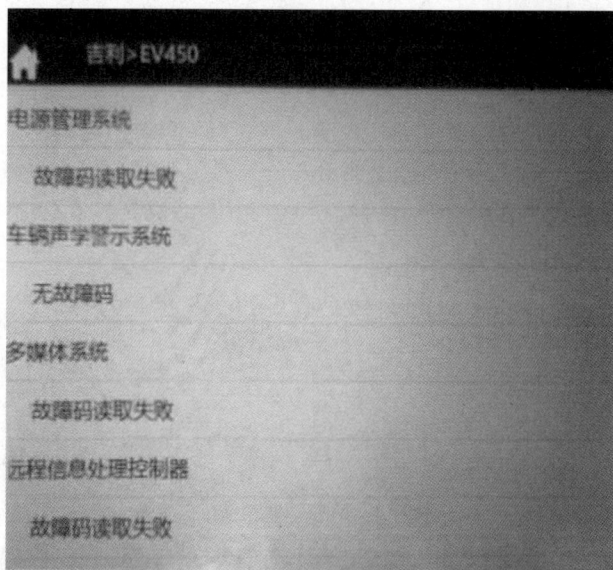

图 6-11　故障诊断仪读取结果

（3）查询车辆维修手册，P-CAN 系统电路如图 6-12 所示。诊断接口 3 号和 11 号为 P-CAN 端子。

2．操作步骤

（1）根据车辆维修手册的数据通信系统找到诊断接口位置。

（2）将启动开关置于 OFF 挡，使用万用表欧姆挡测量诊断接口 3 号端子和 11 号端子间的电阻。

（3）将启动开关置于 ON 挡，分别使用万用表直流电压挡测量诊断接口 3 号端子和 11 号端子对地电压。图 6-13 所示为 CAN-H 的电压，其值应为 2.6 V 左右，否则为异常电压。图 6-14 所示为 CAN-L 的电压，其值应为 2.3 V 左右，否则为异常电压。

总线通信系统 PT_CAN

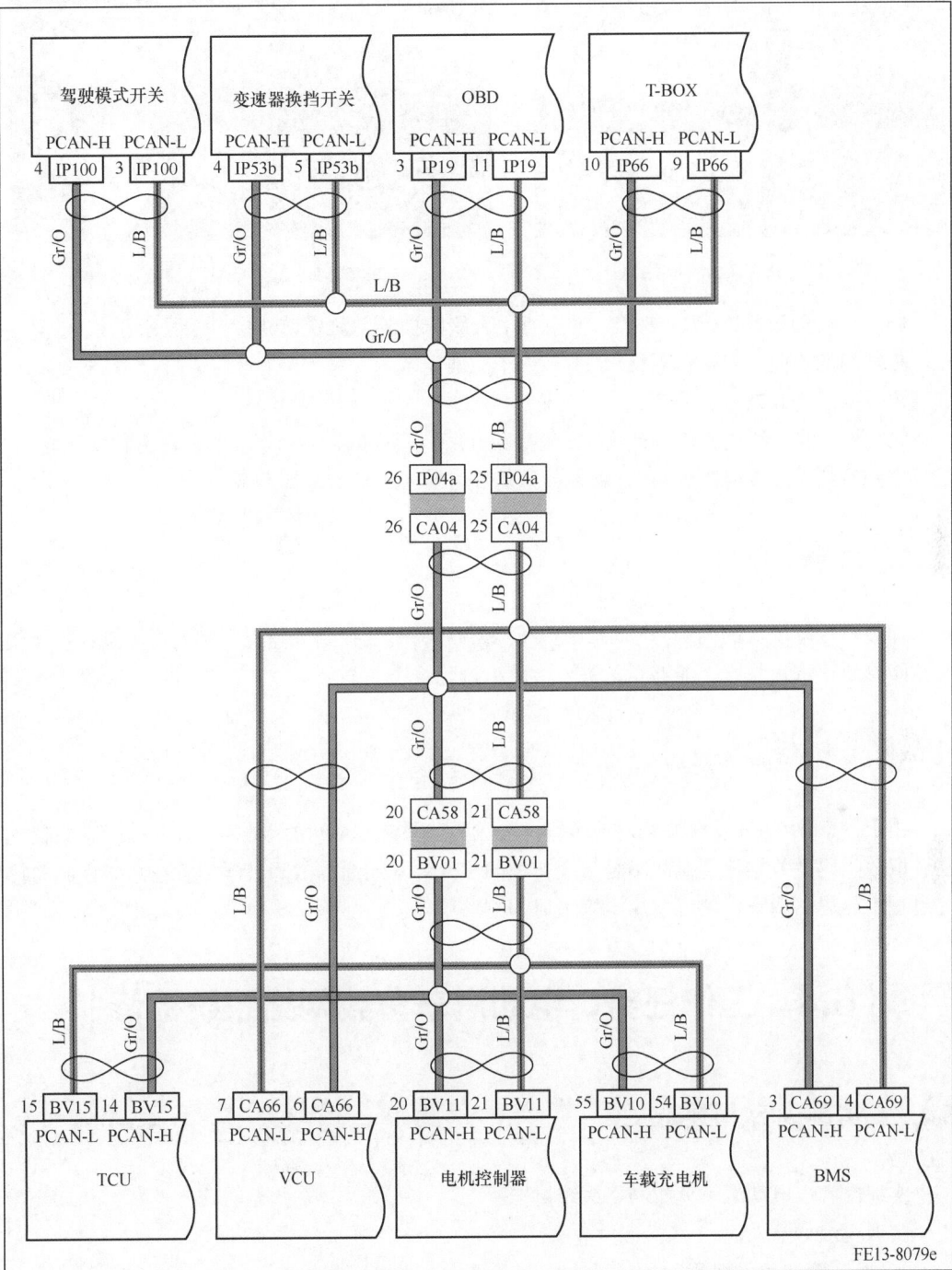

图6-12 P-CAN系统电路

图 6-13   正常 CAN-H 的电压

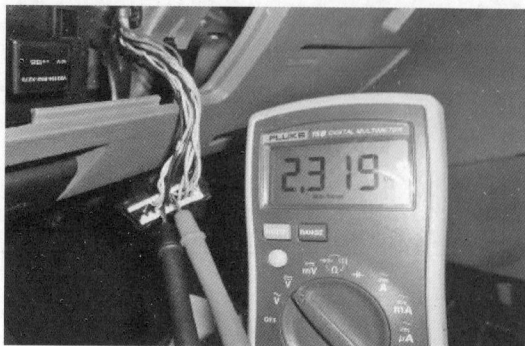

图 6-14   正常 CAN-L 的电压

（4）将启动开关置于 OFF 挡，使用万用表欧姆挡分别测量诊断接口 3 号端子和 11 号端子与搭铁间的电阻。发现诊断接口 11 号端子对地电阻为无穷大，3 号端子 CAN-H 对地有导通现象，电阻为 0.78 Ω，异常。

（5）断开低压蓄电池负极接线柱，依次断开所有模块插接器，观察万用表读数还有变化，最终查到诊断接口 3 号端子与 JC02 插接器的 3 号端子对地有短路现象。

【故障排除】

通过对故障现象的确认与诊断，经过反复测量、验证找到故障点，修复损坏点。再次使用故障诊断仪进入系统，能够正常进入，故障排除。

【故障分析与总结】

由于该车 P-CAN 系统总线对地短路，造成驱动系统 CAN 总线瘫痪，因此故障诊断仪无法读取故障码及数据流。该故障是一个典型的 CAN 总线通信故障，学习者在故障诊断与排除过程中要思路清晰，熟练使用维修手册和测试仪器。

|6.4   工作任务：电动汽车车载网络系统检修|

6.4.1   实训内容与要求

实训内容：电动汽车车载网络系统检修。

实训要求如下。

① 能够确认故障现象。

② 能够使用维修资料，正确选用工具。

③ 能够按照正确的步骤和方法完成车载网络系统故障诊断与维修。

④ 应在 80 min 内独立完成。

⑤ 在诊断与维修过程中应注意人身健康与安全。

6.4.2　实训条件

① 车间或模拟车间。
② 个人防护用品用具。
③ 汽车维修设备和工具。
④ 安全的工作环境和工作场所。
⑤ 有关人身健康与安全的信息。
⑥ 提供各类维修知识和维修资料的网页。

6.4.3　实训步骤

1. 检查吉利帝豪 EV450 纯电动汽车的车载网络系统（已设置车载网络系统故障），通过查询相关的维修资源，确认故障现象。
2. 分析故障原因，查阅维修手册确定诊断方法。
3. 使用故障诊断仪读取全车故障码。
4. 根据故障码判断故障区域。
5. 查阅线路图并在车辆上找到网络节点及总线位置。
6. 使用示波器读取总线数据波形。
7. 确定故障部件，提出维修方案。
8. 完成维修并交车。最后填写下表。

车载网络系统故障诊断与维修表

车型	
车载网络系统类型	
行驶里程	
故障现象：	
使用的仪器和工具：	
诊断和排除故障的步骤（记录主要数据）：	
故障原因和排除方法：	

|6.5 项目小结|

本项目主要介绍了 CAN 总线系统和 LIN 总线系统在纯电动汽车上的应用，重点介绍了吉利帝豪 EV450 纯电动汽车车载网络系统及其信号测量和故障诊断。通过本项目的学习，学习者应该能够具备纯电动汽车车载网络系统故障诊断与排除的能力。

|6.6 知识训练|

1．回答问题

（1）电动汽车 CAN 总线的主要功能有哪些？

（2）整车控制器通过 CAN 总线与哪些系统连接？

（3）吉利帝豪 EV450 纯电动汽车使用了哪几种数据通信方式？

（4）吉利帝豪 EV450 纯电动汽车 P-CAN 和 V-CAN 的结构是怎样的？

（5）简述 P-CAN 和 V-CAN 完整性检查的步骤。

2．判断正误

（1）（　　）如果用万用表测量吉利帝豪 EV450 纯电动汽车诊断接口的 6 号和 14 号端子间的电阻为 120 Ω，说明 CAN 总线正常。

（2）（　　）如果用数字万用表测量吉利帝豪 EV450 纯电动汽车诊断接口的 6 号和 14 号端子间的电阻为 60 Ω，说明 CAN 总线正常。

（3）（　　）如果用数字万用表测量吉利帝豪 EV450 纯电动汽车诊断接口的 3 号和 11 号端子间的电阻为 120 Ω，说明 CAN 总线正常。

（4）（　　）如果用数字万用表测量吉利帝豪 EV450 纯电动汽车诊断接口的 3 号和 11 号端子间的电阻为 60 Ω，说明 CAN 总线正常。

（5）（　　）若 P-CAN 总线 CAN-H 对地短路，则总线不能正常传输数据。

项目 7
智能网联汽车车载网络系统检修

|7.1　项目导入|

【项目描述】

　　一辆比亚迪汉 EV 车主反映刷手机能正常识别到 NFC（近场通信），但是刷手机无法正常解锁、上锁。怎样解决这个故障呢？

　　本项目以智能网联汽车车载网络系统为项目实体，介绍车载网络系统在智能网联汽车中的使用。在智能网联汽车中常用的车载网络系统是 NFC 技术和 5G 移动通信技术等。

【学习目标】

素质目标

通过对智能网联汽车车载网络技术的发展及应用的学习，培养勇于创新的精神。通过了解我国 5G 技术的发展及在智能网联汽车中的应用，增强民族自豪感和民族自信。

知识目标

1. 认识智能网联汽车车载网络系统；
2. 认识智能网联汽车通信技术。

技能目标

1. 能够使用仪器完成智能网联汽车车载网络系统诊断；
2. 能够诊断与维修智能网联汽车车载网络系统故障。

【学习资源】

1. 智能网联汽车数据总线系统自学手册；
2. 智能网联汽车维修手册；
3. 网络平台教学资源库课程资源。

|7.2　学习参考|

7.2.1　V2X 车联网技术

本节主要介绍 V2X 定义及内涵、V2X 通信技术两大阵营以及 V2X 车联网的应用进展。

1．V2X 定义及内涵

V2X（Vehicle to Everything）并非一般意义上的汽车联网，而是通过车上的全球定位系统（GPS），射频识别（RFID），传感器、摄像头和图像处理等电子组件，按照约定的通信协议和数据交互标准，进行无线通信的系统网络，以此来实现车辆与一切可能影响车辆的实体进行信息交互，目的是减少事故发生、减缓交通拥堵、降低环境污染以及提供其他信息服务。V2X 技术如图 7-1 所示。

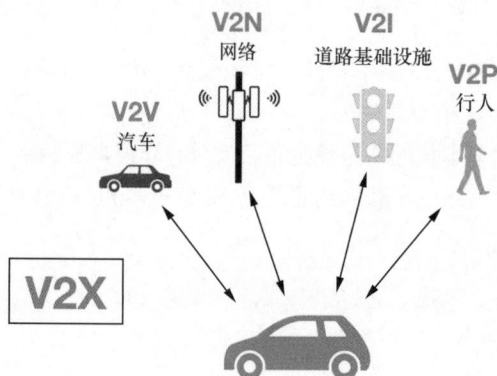

图 7-1　V2X 技术

车联网 V2X 的名字很直观，就是把车连到网或者把车连成网，包括汽车对互联网（V2N）、汽车对汽车（V2V）、汽车对基础设施（V2I）以及汽车对行人（V2P）。

V2I 即车辆与基础设施相连接（Vehicle to Infrastructure），I 在此包含交通信号灯、公交站、电线杆、大楼、立交桥、隧道、路障等交通设施设备。V2I 通信功能采用车载智能交通运输系统的 760 MHz 频段，可以在不影响车载传感器的情况下实现基础设施与车辆之间相互通信的功能。

简单地理解，就好比为盲人配上一根导盲杖，导盲杖接触到地方就可以看作车辆与基础设施之间的信息交互，它可以避免盲人碰到障碍物。同样的道理，车辆可以以此收集周围环境的信息。

V2P 即车辆与行人相连接（Vehicle to Pedestrian），车辆可以实现自动驾驶，可路上难免有行人，我们不可能像游戏里一样有传送技能，或者为行人发明一种传送带，让人可以想去哪里就去哪里。这关系着人身安全、交通秩序及社会安定等方面，所以 V2P 是自动驾驶中最重要的环节之一。

实现车辆感知行人的方法很多，除了比较直观的摄像机和各种传感器外，信息互联也是一种有效的办法。比如行人使用的终端，如智能手机、平板计算机、可穿戴设备等，都可以实现人与车辆的互联。

总结一下，V2X 就是对车载传感器的完善，甚至可以说车载传感器只是其辅助手段。它就像是给人们配上了智能手机，它可以无死角、穿越任何障碍物来获取信息，还可以和其他"手机"互联，信息互通，同时可以通过计算来进行智能操作，完美履行"驾驶员"的义务。

与车载传感器相比，它还不会受到天气状况的影响。比如，沙尘天气或者大雨、大雾情况下，车载摄像机的作用就会被减弱，但 V2X 依然可以保持正常工作。

2．V2X 通信技术两大阵营

V2X 早期主要基于专用短程通信（Dedicated Short Range Communication，DSRC）技术。DSRC 在美国已经经过多年开发、测试，后期随着蜂窝通信技术的发展才出现了 C-V2X（Cellular V2X，即以蜂窝通信技术为基础的 V2X）技术。

（1）DSRC

DSRC 是一种高效的无线通信技术，可提供高速数据传输、中短距离通信服务。1999 年，美国联邦通信委员会（FCC）决定将 5.9 GHz（5.850～5.925 GHz）频段分配给汽车通信使用，并鼓励快速开发、采用 DSRC 技术，主要为了提升公共安全和改善交通堵塞状况。在物理层和 MAC 等技术底层，DSRC 主要使用 IEEE 802.11p 标准，上层则采用 IEEE 1609 系列标准。其中，IEEE 802.11p 将带宽从 20 MHz 改为 10 MHz，输出速率为 27 Mbit/s。这种方式使得符号持续时间和保护间隔时间增加了一倍，提高了信号的稳定性，使 DSRC 技术适用于各种天气环境下的高速车辆通信。其实大家对于这项技术并不陌生，它是现代生活中不可或缺的专用短程通信技术。例如高速公路上的 ETC（电子收费）专用通道，它就是实现车辆身份识别、电子扣费、不停车、免取卡，建立无人值守车辆通道的关键。另外，小区停车场中的电子拦路口也有与之相同的技术应用。

它的特点是对短程（数十米的距离）中高速行驶的车辆进行识别和连接。从现有应用中也可看出，它的技术是比较成熟、稳定的，也是当前被广泛认可的。

（2）C-V2X

C-V2X 基于 LTE-R14 技术，通过 LTE-V-Direct 和 LTE-V-Cell 两大技术支持 V2I、V2V、V2P 等各种应用，目前正处于标准制定的关键阶段，并在 2017 年 9 月制定了第一版的标准，形成以华为、高通等通信产业链企业、电信运营商和汽车企业为主的产业阵营。

C-V2X 技术正持续获得广泛的生态系统支持，并有望成为汽车安全与未来自动驾驶领域的重要技术。继福特、奥迪、PSA 集团、上汽集团宣布支持 Qualcomm 第一个 C-V2X 商业解决方案——Qualcomm 9150 C-V2X 芯片组及参考平台后，越来越多的一级供应商将 C-V2X 解决方案用于测试并作为下一步商业实施计划的基础。

相比 DSRC，C-V2X 的优势比较明显。

① 基于蜂窝网络，与 4G 和 5G 网络可以复用，部署成本低。

② 网络覆盖广，网络运营盈利模式清晰。

③ 3GPP（第三代合作伙伴计划）标准制定，全球通用，使用单一 LTE（长期演进技术）芯片组，模块成本大幅降低。

④ C-V2X 作为 5G 的重要组成部分持续演进。

从我国拥有全球最大的 LTE 网络现状和 C-V2X 演进的技术优势来看，C-V2X 应该是国内 V2X 技术标准的首选。

然而 C-V2X 的基础技术 LTE 同样存在一定局限性。

① 目前的蜂窝网络无法提供足够的数据带宽以及满足要求的低延迟，而 D2D（D2D，即 Device-to-Device，也称终端直通）仅能在紧急情况下运行，设备发现协议极慢，因此难以支持时间要求严格的应用场景。

② LTE 采用增强型多媒体广播多播服务（Evolved Multimedia Broadcast Multicast Service，EMBMS）等技术进行单点到多点的接口管理，但主要支持静态场景，对于大量车辆拥挤的情况可能无法提供所需的功能。

③ LTE 涉及移动网络运营商之间的移交和应用服务供应商之间的合作，针对 V2X 应用如何构建新的合作模式尚不明确。

④ LTE 或邻近通信服务的安全机制并不适用于 V2V 通信，因为其仅提供安全信息的加密，但对信息的真实性并无保障。

3．V2X 车联网的应用进展

（1）DSRC 应用进展

美国是推动 DSRC 应用的主要国家，美国交通部长期致力于 DSRC 的试点部署工作，早在 1999 年便将 DSRC 选定为 V2V 通信方案，投入了大量的资金进行开发、测试。2011 年 8 月启动的"轻型车辆驾驶员接受度诊所"项目，在美国 6 个地方设立不同的应用环境，用以评估用户对 V2V 安全应用的接受程度，得到了奔驰、通用、福特、丰田等车企的参与，结果表明 58%的受访者愿意以 200 美元以下的价格购买 V2V 相关安全功能。2012 年 8 月到 2014 年 2 月，美国密歇根大学交通研究所在安娜堡市进行了"安全试点：模拟部署"测试，共计投入超过 2800 辆测试车辆以及 25 个基础设施站点，对 V2X 在真实环境下的运行情况以及安全效益进行评估。2016 年美国交通部还进一步在怀俄明州、纽约市和坦帕市启动了"网联车辆试点部署"项目，投资超过 4500 万美元进行网联系统的设计、建设和测试。

（2）C-V2X 应用进展

随着蜂窝通信技术的发展，蜂窝通信扮演的角色越来越重要，现在蜂窝通信技术已经从单纯的传递声音变成向传递音频、数据转变，也从 P2P（Person-to-Person，人对人）向 M2M（Machine-to-Machine，机器对机器）变革，V2X 技术就是 M2M 变革的一项应用。

V2X 是由 3GPP 定义的基于蜂窝通信的技术，它包含基于 LTE 以及 5G 的 V2X 系统，是 DSRC 技术的有力补充。它借助已存在的 LTE 网络设施来实现 V2V、V2N、V2I 的信息交互。这项技术最吸引人的地方是它能紧跟变革，适应于更复杂的安全应用场景，满足低延迟、高可靠性和带宽要求。

C-V2X 涉及通信单元及通信接口，通信单元为 2 部分路侧单元（Road Side Unit，RSU）和车载单元（On Board Unit，OBU），通信接口为 Uu 接口、PC5 接口。

RSU 主要是在覆盖范围内广播路况、行人信息，提供时间及位置同步等，同时具有移动网络接入能力，可接入车联网管理平台或云平台。

OBU 主要采集车况、路况、行人信息，提供与 RSU 及其他 OBU 的信息交互功能，同时具有移动网络接入能力，可接入车联网管理平台或云平台。

Uu 接口是指 OBU/RSU 与基站之间的接口，实现与移动网络通信。

PC5 接口是指 OBU 与 OBU、OBU 与 RSU 之间的直联通信接口，即车辆与其他设施之间不借助移动网络而直接进行通信。

在 IC（In Coverage，覆盖）场景下，OBU/RSU 间可通过 Uu 接口与 PC5 接口进行通信，但在 OC（Out of Coverage，不覆盖）场景下，只能使用 PC5 接口进行通信。

C-V2X 的几大技术优势如下。

① 卓越的射程和无线电性能：通过改进调制和编码以及更好的接收器和 LTE 技术带来的整体技术进步，C-V2X 可以提供更高的通信范围（约 2 倍的视距）、更好的非视距性能、高可靠性（更低的封包数据错误率）、更大的容量，与基于 IEEE 802.11p 的无线电技术相比，其在更密集的环境中拥有出色的拥塞控制能力。

② 可预测的性能：有别于 IEEE 802.11p，C-V2X 直接通信旨在基于 3GPP 无线电规范中规定的标准化最低性能要求，在现实场景中提供可预测和一致的性能。

③ 兼容性：C-V2X 旨在为 5G 提供一个演进路径，并且可以向前/向后兼容。通过设计，C-V2X 演进可以利用无线通信的最新进展，同时保持向后兼容。

④ 成本效益：C-V2X 可以整合到蜂巢式调制解调器芯片组产品中，与 DSRC 相比，基于 C-V2X 的解决方案更经济、高效。

欧洲和亚洲是 C-V2X 技术的积极倡导者，近期结成了各种旨在开发、测试和推进 C-V2X 技术的伙伴关系，包括 5G 汽车联盟、德国的"汽车连接未来一切"（Connected Vehicle to Everything of Tomorrow，ConVeX）联盟、法国的"驶向 5G"战略合作、韩国的 5G 汽车应用测试等。另外，在 ISO TC 204 第 49 次全会上，中国提出的 C-V2X 标准立项申请获得通过，确定 C-V2X 成为 ISO ITS 系统的候选技术，并完成了阶段性 C-V2X 标准发布，包括基于蜂窝网的 V2V 通信（V2V）和车路通信（V2I）、车人通信（V2P）等。

中国将 V2X 技术作为智能网联汽车和智能交通系统的一部分，纳入"中国制造 2025""互联网+"等国家战略，DSRC 和 C-V2X 技术分别得到政府的不同部委、基础设施供应商和汽车制造商等不同利益相关方的支持，各个政府部门和行业组织正在积极协调技术标准的制定。目前由通用汽车、长安汽车和清华大学共同制定的《合作式智能运输系统车用通信系统应用层及应用数据交互标准》已经正式发布，该标准将与底层通信技术无关的 V2X 信息格式标准化，有利于实现不同品牌车辆及 V2X 系统的互联互通。而在上海嘉定的智能网联汽车试点示范区规划中，也将同时测试 DSRC 与 C-V2X 两种技术。

相比较而言，在两辆汽车相向行驶的情况下，DSRC 只有在达到 C-V2X 约一半距离和速度的时候，才会开始运行。举例来说，如果两辆车以 45 km/h 的速度行驶，那么 C-V2X 可以在车距为 450 m 的时候发出提醒。若使用 DSRC 技术，只能在约 250 m 才能侦测到目标。

C-V2X 技术有助于在非直线性范围内进行事故车辆检测。当前方道路转弯处有一辆事故车辆时，在正常的驾驶过程中，驾驶员往往看不到事故车辆。但是当车辆进入了 C-V2X 的范围内，车辆就会收到通知，知道前方车辆挡在哪个车道上，可以广播车辆的位置。驾驶员由此可以知道前方有危险，从而降低车速来规避危险。

C-V2X 是以 LTE-R14 技术为基础的，同时 C-V2X 也是一个持续演进、不断完善的标准。不仅如此，在"4G 时代"对 C-V2X 的投资也可以延续到"5G 时代"，应用在 5G 的基础设施中，这也是 C-V2X 优于 DSRC 的原因之一。

抛开通信标准、政策等因素，V2X 过于依赖基础设施，如道路基础设施等，所以这项技术需要政府、科研机构、企业等各方的共同推进。而对厂商来说，在 V2X 商业布局加快的背景下，积极联合车企以及供应商进行硬件设备、基础设施部署，才能够保证 V2X 技术的商业化价值快速体现。

车联网及通信技术在智能网联汽车中的应用非常广泛，主要涉及提高驾驶安全、提升交通效率，以及向驾驶员提供信息或娱乐等。例如，当车辆进入交叉路口或离开高速公路时，提供危险位置警告信息，以及应用于智能交叉路口的自适应交通灯、高速公路安装的 ETC 等。

根据车联网主要应用场景及通信距离，将其分为近距离通信技术、中短距离通信技术、远距离通信技术以及车用 CAN 通信技术。

7.2.2　近距离通信技术

现阶段近距离通信技术主要有 RFID 技术、NFC 技术、Wi-Fi 技术、蓝牙技术等。

1．RFID 技术

RFID 技术，即射频识别（Radio Frequency Identification）技术，通过无线射频方式结合数据访问技术，进行非接触双向数据通信，利用无线射频方式通过电磁波实现对电子标签进行读写，以实现识别目标和数据交换的目的。

1948 年，RFID 的理论基础诞生。但是直到 2000 年以后，人们才普遍认识到 RFID 产品的意义，其应用领域逐渐增加。目前，单芯片电子标签、多电子标签识读、无线可读可写、适应高速移动物体的 RFID 技术不断发展，相关产品开始广泛应用。

（1）RFID 技术组成

RFID 技术由读写器、电子标签等部分组成，如图 7-2 所示。在 RFID 系统工作时，由读写器在一个大小取决于发射功率的区域内发送射频能量形成电磁场，覆盖区域内的电子标签被触发，发送存储在其中的数据给读写器，或根据读写器的指令修改存储在其中的数据。

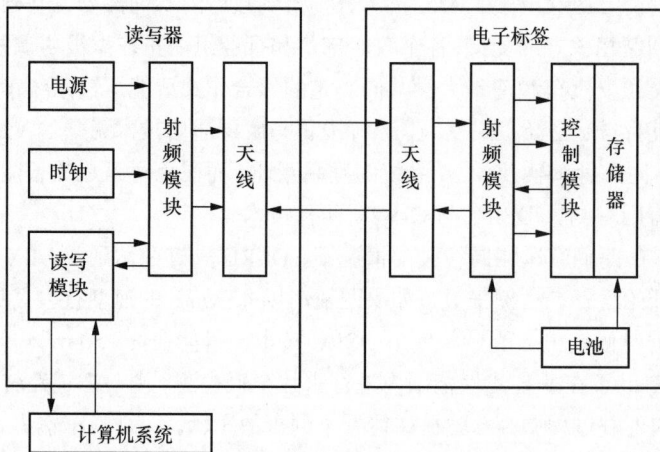

图 7-2　RFID 技术组成

（2）RFID 技术分类

RFID 技术分类如图 7-3 所示。

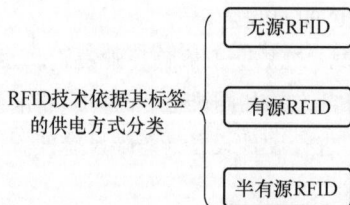

图 7-3　RFID 技术分类

① 无源 RFID。由于无源 RFID 出现时间早，其技术最成熟，应用也最为广泛。由读写器传输微波信号给电子标签，电子标签通过电磁感应线圈获取能量给自身短暂供电，实现信息交换。无源 RFID 产品的结构简单，成本、故障率低，使用寿命长，而且由于省略了供电系统，体积可以小到厘米量级，适用于公交卡和二代身份证等。

② 有源 RFID。有源 RFID 虽然出现时间短，但已广泛用于高速公路 ETC。电子标签使用外接电源供电，主动向读写器发送信号，主要工作在 900 MHz、2.45 GHz、5.8 GHz 等较高频段。有源 RFID 产品的传输距离较长，传输速率较高，但体积相对较大，适用于大范围的射频识别应用场合。

③ 半有源 RFID。半有源 RFID 弥补了无源 RFID 和有源 RFID 的缺陷。通常，半有源 RFID 仅对电子标签中保持数据的部分进行供电，产品处于睡眠状态，因此耗电量较小。读写器先以 125 kHz 低频信号在小范围内精确激活进入其识别范围的电子标签，使之进入工作状态，再通过 2.4 GHz 微波与其进行信息传递。

（3）RFID 技术在汽车领域应用

RFID 技术可以用于机动车流量、车辆平均速度、道路拥挤状况等交通信息的采集，也可以用于交通信号优化控制、公交信号优化控制、特定区域出入管理等智能交通控制，以及违章、违法行为检测和车牌自动识别系统等领域。

2．NFC 技术

（1）NFC 技术概念

NFC 技术即近场通信（Near Field Communication）技术，是一种高频无线通信技术，允许电子设备之间进行非接触式点对点数据传输（在 10cm 内）。该技术最早由飞利浦公司发起，诺基亚公司和索尼公司等主推。

NFC 技术由免接触式 RFID 演变而来，并向下兼容 RFID，工作在 13.56 MHz 频段，点对点的通信建立时间少于 0.1 s，传输速率分别有 106 kbit/s、212 kbit/s 和 424 kbit/s 这 3 种。

（2）NFC 技术工作原理

如图 7-4 所示，在被动模式下，NFC 通信的发起设备提供射频场，以一种固定的传输速率将数据发送到目标设备。NFC 通信的目标设备不必产生射频场，而使用负载调制技术以相同的传输速率将数据传回发起设备。因此，发起设备可以在该模式下以相同的连接和初始化过程检测目标设备，并与之建立联系。

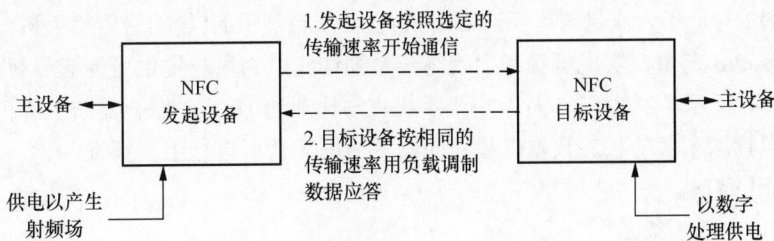

图 7-4 被动模式下 NFC 通信

如图 7-5 所示，在主动模式下，任一设备向另一台设备发送数据时，都必须产生自己的射频场，以便进行通信，获得快速的连接设置。

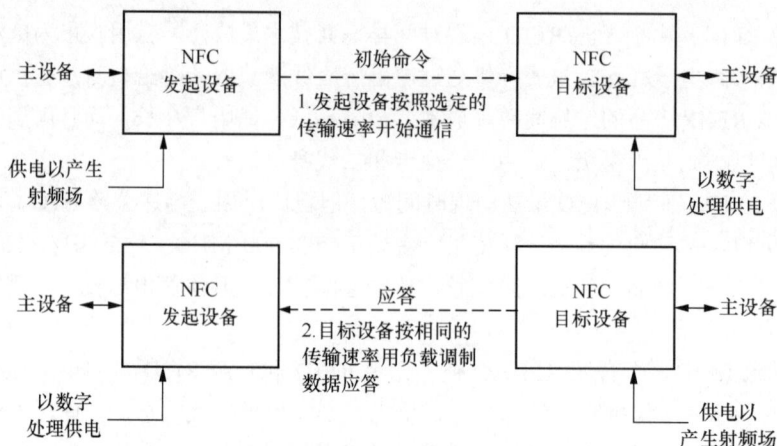

图 7-5　主动模式下 NFC 通信

NFC 是一个开放接口平台，可以对无线网络进行快速、主动设置，将非接触读卡器、非接触卡和点对点功能整合到一块单芯片，为消费者的生活方式开创了不计其数的全新机遇。

虽然 NFC 技术与 RFID 技术一样，通过频谱中无线频率部分的电磁感应耦合方式传递，但是两者之间存在很大的区别，主要表现在以下 4 个方面。

① NFC 技术是一种提供轻松、安全、迅速的无线通信连接的技术，其传输范围比 RFID 技术的米级以上的传输范围要小，具有距离近、带宽高、能耗低等特点。

② NFC 技术与现有非接触智能卡技术兼容，已成为越来越多主要厂商支持的正式标准。

③ NFC 技术是一种近距离连接协议，提供各种设备间轻松、安全、迅速且自动的通信。

④ RFID 技术更多地被应用在生产、物流、跟踪和资产管理上，而 NFC 技术则在门禁、公交、手机支付等领域内发挥着巨大的作用。

（3）NFC 技术应用

NFC 技术可以提高汽车的易用性和功能性，可以将智能手机作为汽车的智能钥匙，用于解锁并打开车门和关闭车门。

2014 年，芯片厂商 NXP 为 iPhone 6 和 iPhone 6 Plus 提供了内置 NFC 芯片，首次提出希望汽车厂商们能够加入对 NFC 技术的支持，通过智能手机解锁车门、发动汽车等。宝马公司 M850i 的数字钥匙就采用该技术，使用智能手机放在车门把手上即可打开车门，然后将智能手机放入无线充电手机托盘即可启动车辆。

2019 年 12 月，华为钱包与比亚迪 DiLink 联合发布基于 NFC 的智能"手机车钥匙"，将搭载比亚迪宋 Pro 车型，实现解锁和上锁等一系列动作，为用户提供更便捷、智能的数字车生活，如图 7-6 所示。2020 年 3 月，小米手机也与比亚迪 DiLink 联合发布了手机 NFC 车钥匙功能，可以读取车辆的状态数据。最新的发展情况读者可自行上网查询。

3．Wi-Fi 技术

（1）Wi-Fi 技术概念

Wi-Fi 技术由澳大利亚的研究机构 CSIRO 在 20 世纪 90 年代发明，并于 1996 年在美国成功申请专利。该技术是一种基于 IEEE 802.11 标准的无线局域网技术，实质上是 Wi-Fi 联盟制造商的商业认证，已经应用于智能手机和汽车等，具有覆盖范围广、传输速率高、安装和建设成本低的优势。同时，由于无线电信号遇到障碍物会发生不同程度的折射、反射和衍射，导致信号强度随着相对接入点距离的增加而减弱，而且容易受同频率电波的干扰和雷电天气的影响，造成网络信号的不稳定和速率下降。

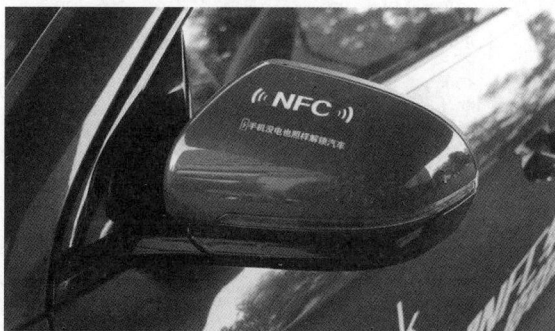

图 7-6　华为钱包与比亚迪 DiLink 携手提供汽车智慧出行解决方案

Wi-Fi 技术通常使用 2.4 GHz UHF 或 5GHz SHF ISM 射频频段。2.4 GHz 频段具有室内环境中抗衰减能力强的优点，但是由于干扰多，不能保障足够的稳定性。5 GHz 频段具有抗干扰能力强、能提供更大的带宽、吞吐率高以及可扩展性强的优点，但只适合室内小范围覆盖和室外网桥，容易受到各种障碍物的衰减作用。

（2）Wi-Fi 技术工作原理

Wi-Fi 技术的组成元件包括站点、接入点、基本服务集、服务集标识符、分布式系统、扩展服务集、门户。Wi-Fi 组成元件之间的关系如图 7-7 所示。

站点（Station，STA）是指具有 Wi-Fi 通信功能的且连接到无线网络中的终端设备，如智能手机、平板计算机、笔记本计算机等。接入点（Access Point，AP），也称为基站，是我们常说的 Wi-Fi 热点，相当于一个转发器，将互联网上的数据转发给接入设备。基本服务集（Basic Service Set，BSS）是网络基本的服务单元，可以由一个接入点和若干个网站组成，也可以由若干个网站组成。

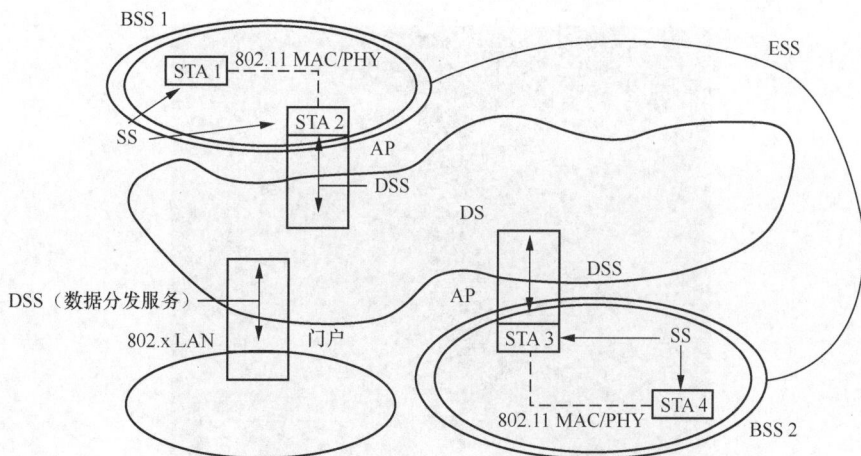

图 7-7　Wi-Fi 组成元件之间的关系

服务集标识符（Service Set Identifier，SSID），是指 Wi-Fi 账号，通过接入点广播。分布式系统（Distribution System，DS），也称为传输系统，通过基站将多个基本服务集连接起来。当帧传送至分布式系统时，随即被送至正确的基站，而后由基站转送至目的站点。扩展服务集（Extented Service Set，ESS），由一个或者多个基本服务集通过分布式系统串联在一起构成，可扩展无线网络的覆盖范围。门户（Portal）就相当于网桥，用于将无线局域网和有线局域网或者其他网络联系起来。

Wi-Fi 技术的工作模式主要有 STA 模式、AccessPoint（AP）模式、Monitor 模式、Ad-hoc（IBSS）模式、WDS 模式、Mesh 模式。以 STA 模式为例，其可以供任何一种无线网卡使用，是默认模式。在此模式下，无线网卡发送连接与认证消息给基站，基站接收并完成认证后，发回成功认证消息，而后此无线网卡接入无线网络。

（3）Wi-Fi 技术应用

Wi-Fi 技术应用于智能网联汽车，可快速搭建移动热点，在不依赖移动蜂窝网络的状态下实现网络连接，体验无线上网。车载 Wi-Fi 系统如图 7-8 所示。

驾驶员可以使用手机等移动设备远程查看车辆的位置、轮胎气压、油量与行驶里程等信息，以及查看车辆的性能与检测报告。同时，可以让驾驶员与乘客把移动设备中的内容同步传输到车辆的信息娱乐系统以及后座的显示屏上，实现手机与车辆的同步互联、双屏互动操作。阿里巴巴集团投资的斑马智行车载互联网系统可与手机进行良好的互动，如图 7-9 所示。

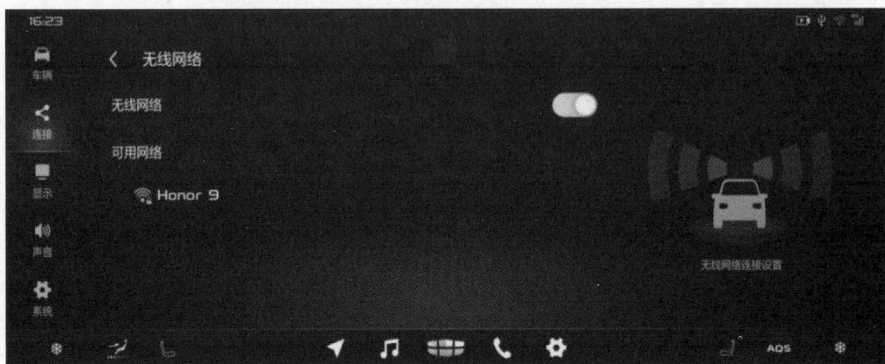

图 7-8　车载 Wi-Fi 系统

图 7-9　阿里巴巴集团投资的斑马智行车载互联网系统

4．蓝牙技术

（1）蓝牙技术概念

蓝牙技术是一种支持移动电话、无线耳机、智能汽车以及相关外设等设备不必借助电缆就能联网，组成一个巨大的无线通信网络进行近距离通信的技术。该技术是爱立信公司于 1994 年研发的，并在 1998 年 5 月由爱立信、诺基亚、东芝、IBM 和英特尔 5 家著名厂商联合研究发布。

目前，蓝牙技术已经经过了多个版本的更新，分别为 1.0、1.1、1.2、2.0、2.1、3.0、4.0、4.1、4.2、5.0、5.1、5.2、5.3、5.4。

1999 年：蓝牙 1.0，多家厂商的产品互不兼容，在协议的层面上不能做到匿名，容易造成数据泄露。

2001 年：蓝牙 1.1，属于 IEEE 802.15.1 标准，传输速率为 0.7 Mbit/s，容易受到同频率产品干扰，影响通信质量。

2003 年：蓝牙 1.2，针对 1.0 版本的安全性问题，完善了匿名方式，保护用户免受身份嗅探攻击和跟踪。

2004 年：蓝牙 2.0，是 1.2 版本的改良版，传输速率可达 3 Mbit/s，支持双工模式，可以一边进行语音通信，一边传输文档和高像素图片。

2007 年：蓝牙 2.1，新增了减速呼吸模式（Sniff Subrating）的省电功能，蓝牙芯片的工作负载大幅降低。

2009 年：蓝牙 3.0，新增了可选技术——高速（High Speed），使蓝牙可以调用 IEEE 802.11 Wi-Fi 实现高速数据传输，传输速率高达 24 Mbit/s，同时引入 EPC（增强电源控制）技术，实际空闲功耗明显降低。

2010 年：蓝牙 4.0，提出第一个蓝牙综合协议规范，明确了低功耗蓝牙、传统蓝牙和高速蓝牙 3 种模式。

2013 年：蓝牙 4.1，在传输速率和传输范围上变化很小，但在软件方面支持与 LTE 无缝协作，自动协调两者的传输信息，确保协同传输，降低相互干扰。

2014 年：蓝牙 4.2，传输速率更快，比 4.1 版提高了 2.5 倍，容纳的数据量也相当于 4.1 版的 10 倍左右，而且蓝牙信号想要连接或者追踪用户设备，必须经过用户许可。

2016 年：蓝牙 5.0，在低功耗模式下具备更快、更远的传输能力，传输速率是 4.2 版本的两倍（速度上限为 2 Mbit/s），有效传输距离是 4.2 版本的 4 倍（理论上可达 300 m），数据包容量是 4.2 版本的 8 倍，而且支持室内定位导航功能，结合 Wi-Fi 技术可以实现精度小于 1 m 的室内定位。

蓝牙 5.1 是 2019 年 1 月 28 日蓝牙技术联盟（SIG）公布的蓝牙标准。和蓝牙 5.0 相比，蓝牙 5.1 的带宽（传输速率）及传输距离等参数基本相同，最大的变化就是新增位置查找特征，定位的精度大幅度提升，可达到厘米级定位精度（10m 级提升至厘米级），该定位精度在室内导航、寻找手环等方面可发挥极其重要的作用。蓝牙技术联盟方面表示：希望可以通过蓝牙 5.1 的标准，把 Wi-Fi 的辅助定位的角色换掉，需要 GPS 定位位置服务的场景会得到更大的帮助，从而加强相关产品的定位能力。

蓝牙 5.2 中对属性协议（ATT）进行了加强，简称为 EATT。EATT 修改了顺序事务模型，允许堆栈处理并发事务，并且新增的流量控制提升了 EATT 的稳定性。也就是说 EATT 协议允许并发事务可以在不同的 L2CAP 通道上执行。这归功于 EATT 协议中的 ATT MTU 和

L2CAP MTU 是独立配置的，并且可以在连接期间重新配置。

蓝牙 5.3 在传输效率、安全性、稳定性等方面都有了不小的提升，延迟更低、抗干扰性更强，且延长了电池续航时间。但是需要注意的是，蓝牙 5.3 和蓝牙 5.2 一样，都具有 48Mbit/s 的最大传输速率和 300m 的理论传输距离。

蓝牙 5.4 添加了一项重要的全新双向无线连接功能，使在广播数据包中安全地广播机密数据成为可能。

（2）蓝牙技术工作原理

蓝牙技术由底层硬件模块、中间协议层和高层应用三大部分构成。

① 底层硬件模块。底层硬件模块由基带、无线调频层和链路控制单元组成，基带用于完成蓝牙数据和跳频的传输；无线调频层是不需要授权地通过 2.4 GHz ISM 频段的微波，实现数据流传输和过滤；链路控制单元用于实现链路建立、连接和拆除的安全控制。

② 中间协议层。中间协议层主要包括服务发现协议、逻辑链路控制和适应协议、电话通信协议和串口仿真协议这 4 个部分。其中，服务发现协议提供上层应用程序一种机制，以便于使用网络中的服务；逻辑链路控制和适应协议负责数据拆装、复用协议和控制服务质量，是其他协议层作用实现的基础。

③ 高层应用。高层应用位于协议层最上部的框架部分，主要有文件传输、网络、局域网访问，通过相应的应用程序在一定的应用模式实现无线通信。

当蓝牙设备之间想要相互交流时，首先进行配对创建网络环境，一台设备作为主设备，所有其他设备作为从设备。配对搜索称为短程临时网络模式，也被称为微微网。微微网在蓝牙设备加入和离开无线电短程传感时动态、自动建立。

（3）蓝牙技术应用

蓝牙技术的应用主要有车载蓝牙电话、车载蓝牙音响、车载蓝牙后视镜、汽车虚拟钥匙、获取车辆信息（胎压、位置等）、穿戴设备监测人体状态（血压、脉搏、酒精监测等）并与车辆信息交互等。

① 车载蓝牙电话。车载蓝牙电话专为行车安全和舒适性而设计，主要功能包括：自动辨识移动电话，不需要电缆或电话托架便可与手机联机；驾驶员不需要触碰手机便可控制手机，用语音指令控制接听或拨打电话；驾驶员可以通过车上的音响或蓝牙无线耳麦进行通话。车载蓝牙电话可以保证良好的通话效果，并支持任何厂家生产的内置蓝牙模块的手机，如图 7-10 所示。

图 7-10　车载蓝牙电话

② 车载蓝牙音响。车载蓝牙音响是一种以稳定的、高度通用的蓝牙技术为基础的无线有源音响，内设锂电池，可以随时充电，使用方便、快捷，如图 7-11 所示。车载蓝牙音响具有体积小，可牢牢固定在车内某一合理位置的优点。

图 7-11 车载蓝牙音响

③ 车载蓝牙后视镜。后视镜可通过蓝牙技术与手机相连（见图 7-12），手机来电时，后视镜显示来电信息，还可集成免提通话功能。

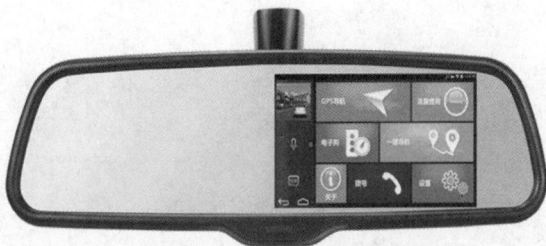

图 7-12 车载蓝牙后视镜

7.2.3 中短距离通信技术

目前中短距离通信技术主要有 DSRC 技术和 LTE-V 技术。

1．DSRC 技术

（1）DSRC 技术概念

DSRC 技术是由 IEEE 802.11p 底层通信协议与 IEEE 1609 系列标准所构成的技术，由美国主导，福特、丰田等车企推动，具备低延迟特性，以提供车用环境中短距离通信服务。IEEE 802.11p 解决了在高速移动环境中数据的可靠、低延迟传输问题。IEEE 1609 系列标准阐释了 V2X 通信的系统架构、资源管理、安全机制等。该技术可以实现小范围内图像、语音和数据的实时、准确和可靠的双向传输，将车辆和道路有机连接，专门用于道路环境的 V2V、V2I、基础设施与基础设施间通信距离有限的无线通信方式，是智能网联汽车最重要的通信方式之一。

（2）DSRC 技术工作原理

与 Wi-Fi、蓝牙等其他通信技术采用的共享开放 2.4 GHz 频带不同，DSRC 技术专属的交通安全频谱位于 1999 年美国联邦通信委员会分配给汽车通信使用的 5.9 GHz 频带的一段

75 MHz 的带宽，被分为 7 个频道，目标的通信范围可达 1 km。

如图 7-13 所示，每辆车都会在信道 172 中，以 10～20 次/s 的频率，交互 DSRC 基础安全信息。紧急信息则会在信道 184 中，以更高的优先级进行传播。每一条基础安全信息都包含两部分信息，第一部分信息是强制性信息，包括位置、速度、方向、角度、加速度、制动系统状态和车辆尺寸；第二部分信息是可选信息，例如 ABS 状态、历史路径、传感器数据、方向盘状态等。

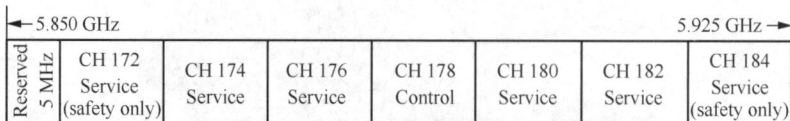

Reserved 5 MHz	CH 172 Service (safety only)	CH 174 Service	CH 176 Service	CH 178 Control	CH 180 Service	CH 182 Service	CH 184 Service (safety only)

←5.850 GHz ... 5.925 GHz→

图 7-13 DSRC 技术频道的划分

DSRC 技术主要由 OBU、RSU 两个部分组成。通过 OBU 与 RSU 之间的无线通信实现路网与车辆之间的双向信息交流，将车辆与道路有机地连接在一起，如图 7-14 所示。

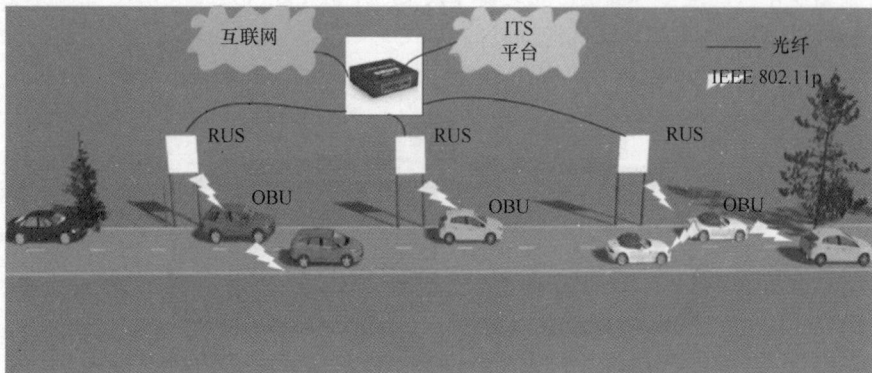

图 7-14 DSRC 系统的组成示意

OBU 是具有微波通信功能和信息存储功能的移动识别设备，既可以作为独立的数据载体制成电子标签，也可以附加智能卡读写接口实现数据存储和访问控制。RSU 是 OBU 的读写控制器，由加密电路、编码/解码器和微波通信控制器等组成，以 DSRC 通信协议的数据交换方式和微波无线传递手段实现信息交换。

根据信息调制方式的不同，DSRC 分为主动式和被动式两种。主动式 DSRC 又称为收发器系统，OBU 和 RSU 均有振荡器用于发射电磁波，当 RSU 向 OBU 发射询问信号后，OBU 利用自身的电池能量发送数据给 RSU。被动式 DSRC 又称为异频收发系统，由 RSU 发射电磁信号，OBU 接收电磁信号激活后进入通信状态，并以一种切换频率反向发送给 RSU，OBU 可以有电源，也可以没有电源。

（3）DSRC 技术优缺点

DSRC 具有易于部署、低成本和原生的自组织网络支持等优点。而且，针对 V2X 通信的终端高速移动和数据传输的高可靠、低延迟等需求进行了优化，适合应用在 V2X 场景，尤其是一些和安全相关的交通场景。

① 车辆接入互联网的路侧设备覆盖问题。如果汽车需要接入互联网，必须依靠连接到互联网的路侧设备的支持，这需要在路侧大量布置能够接入互联网的设备。

② 考虑车辆高速移动的环境下复杂的网络拓扑结构，数据包的多级连跳通信以及路由问题削弱了 DSRC 高可靠和低延迟的性能。

③ DSRC 在高密度场景下，车辆之间的信道接入竞争会变得非常激烈，从而导致通信延迟增加和传输速率下降。

④ 由于 DSRC 路侧设施投入大，商业盈利模式尚未明确。

（4）DSRC 技术应用

DSRC 技术的应用，在国内主要以车与路通信中的 ETC 为代表，如图 7-15 所示。车辆经过特定的 ETC 车道，通过 OBU 与 RSU 的通信，在无须停车和收费人员采取任何操作的情况下，自动完成收费过程。此外，DSRC 还可以实现电子地图下载和交通调度等。

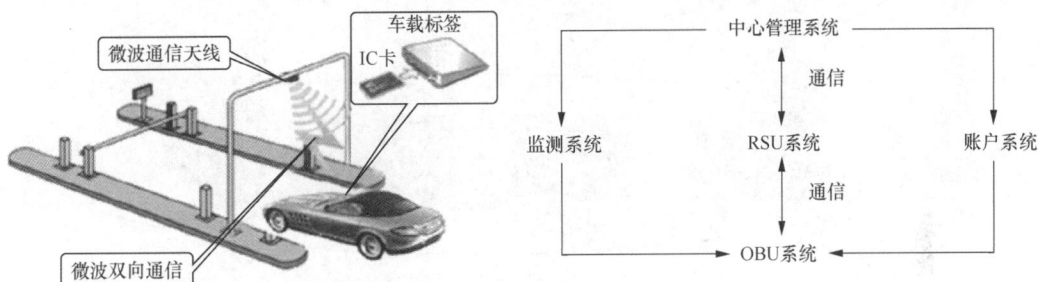

图 7-15　ETC 示意

DSRC 通信终端包括 OBU 和 RSU 两大部分硬件，如图 7-16 所示。

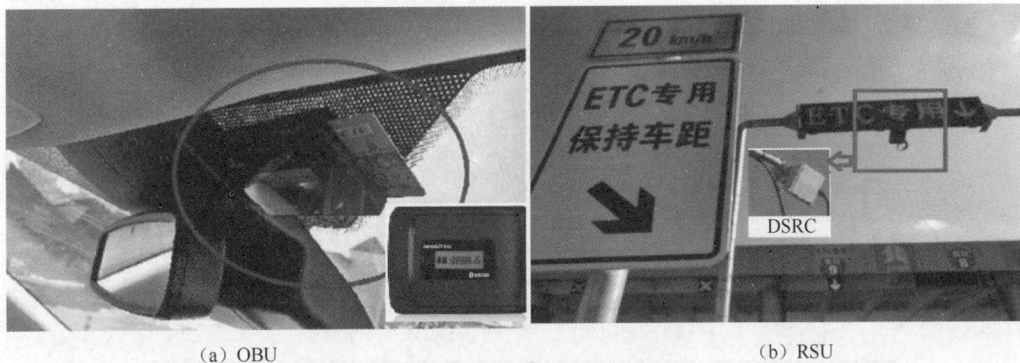

（a）OBU　　　　　　　　　　　　　　（b）RSU

图 7-16　DSRC 通信终端

2．LTE—V 技术

（1）LTE-V 技术概念

LTE-V 技术是大唐电信基于 TD-LTE 技术而推出的具有中国自主知识产权的车载中短距离通信技术，支持在 V2V、V2I、V2P 之间快速组网，构建数据共享交互桥梁。

如图 7-17 所示，LTE-V 能重复使用现有的蜂巢式基础建设与频谱，营运商不需要重新进行基础设施建设以及提供专用频谱，组网成本可以大幅降低，主要解决交通实体之间的"共享传感"（Sensor Sharing）问题，可将车载探测系统（如雷达、摄像头等）从数十米视距范围扩展到数百米以及非视距范围，实现在相对简单的交通场景下的辅助驾驶。

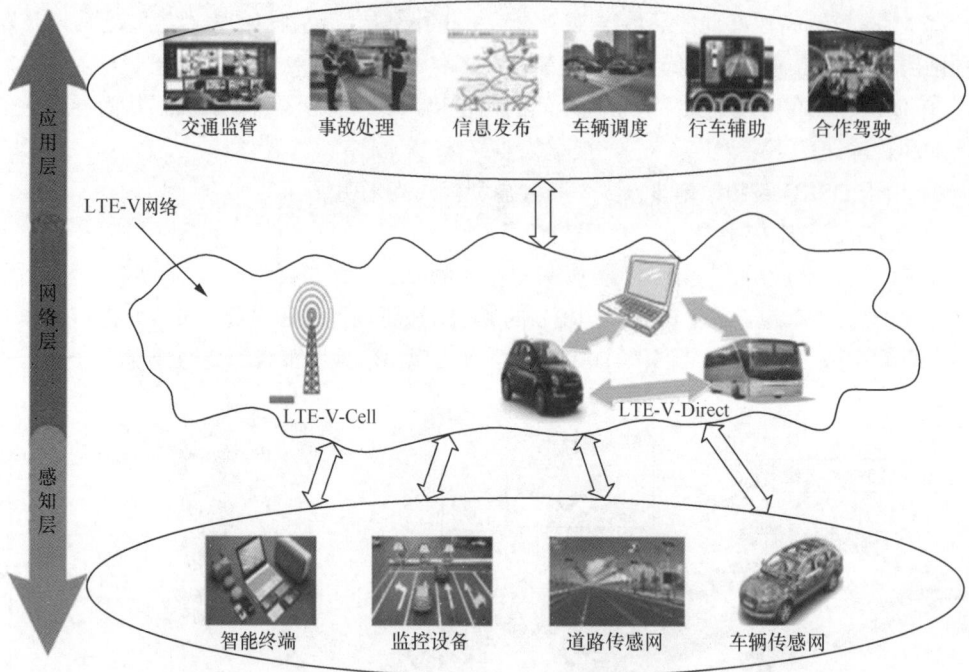

图 7-17　LTE-V 技术

（2）LTE-V 技术分类及工作模式

LTE-V 技术包括集中式（LTE-V-Cell）和分布式（LTE-V-Direct）两种，如图 7-18 所示。其中，LTE-V-Cell 需要基站作为控制中心，实现大带宽、大覆盖通信，定义车辆与路侧通信单元以及基站设备的通信方式；LTE-V-Direct 则无须通过基站作为支撑，可直接实现车辆与周边环境节点低延迟、高可靠的通信。

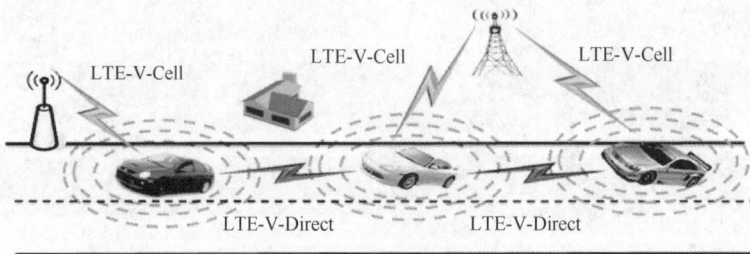

图 7-18　LTE-V 技术分类

LTE-V-Cell 的传输带宽最高可扩展至 100 MHz，下行 1 Gbit/s，用户面时延≤10 ms，控制面时延≤50 ms，支持车速 500 km/h，在 5G 时代演进成 C-V2X 技术，主要由电信企业推动。LTE-V 技术分为 Uu 和 PC5 两种接口。其中，Uu 为"接入网—终端"通信模式，通过基站进行终端之间的通信；PC5 为"用户终端—用户终端"空口短距直传通信模式，不需要通过基站即可完成终端之间的通信。相对于普通 LTE，LTE-V 增加了端到端的直接通信能力，这使 LTE-V 能够满足 V2X 的低延迟通信要求。

（3）LTE-V 技术特点

优点：基于现有的移动蜂窝网络，部署简单。部署时只需要在现在的 LTE-V 基站中增加一些设备，不需要额外建设基站；覆盖范围广，可实现无缝覆盖；传输更可靠；3GPP 持续演进，未来可支持更高级的车路协同业务需求；网络运营模式灵活，盈利模式多样化。

缺点：当前的技术成熟度较低；蜂窝基础设施的中继性质，会导致在时间敏感的车辆操作中存在安全隐患；LTE-V 应用于车辆主动安全与车辆智能驾驶的 V2X 应用时，其网络通信性能还需要充分的测试验证。

（4）LTE-V 技术应用

LTE-V 技术可应用于交叉路口会车避让、紧急车辆优先通行、前方车辆的紧急制动告警以及多车的自动驾驶编队，如图 7-19 所示。

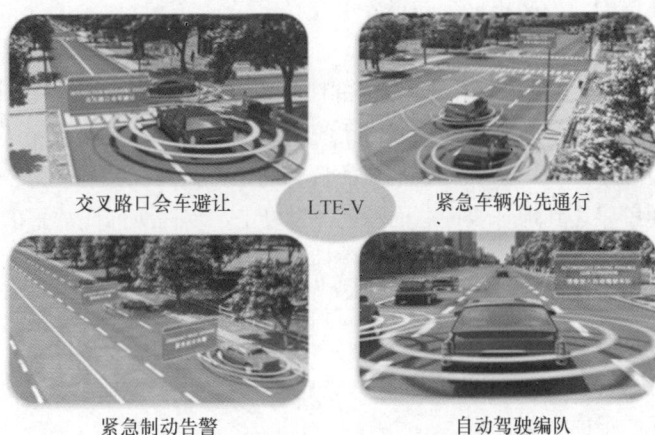

图 7-19　LTE-V 技术应用

2018 年 9 月在无锡召开的世界物联网博览会上，奥迪、大众、一汽、东风、长安、上汽等汽车厂商，采用搭载华为 LTE-V（基于移动通信技术演进形成的车联网无线通信技术）车载终端的汽车，进行了 V2X 智慧交通场景演示。华为 LTE-V 车载终端成为国内首个在开放道路上成功应用的 LTE-V 车联网终端，通过集成千寻位置网络有限公司的亚米级定位服务及融合惯导算法，为汽车提供了车道级的定位能力。

华为 LTE-V 通信终端包括 OBU、RSU 两大部分硬件，如图 7-20 所示。

(a) OBU　　(b) RSU

图 7-20　华为 LTE-V 通信终端

7.2.4 远距离通信技术

现阶段远距离通信技术主要有卫星通信技术和5G移动通信技术。

1. 卫星通信技术

卫星通信技术（Satellite Communication Technology）是指利用人造地球卫星作为中继站转发无线电波，以达到在两个或多个地球站之间进行通信的目的的技术。卫星通信具有覆盖范围广、通信容量大、传输质量好、组网方便迅速、便于实现全球无缝链接等众多优点，被认为是建立全球通信的一种必不可少的重要手段。

（1）卫星通信技术组成及特点

卫星通信系统由通信卫星和经该卫星连通的地面端两部分组成。运行在赤道上空35860 km高度上的静止通信卫星是目前全球卫星通信系统中常用的星体。此类卫星的运转方向与地球自转方向一致，而且运转周期正好等于地球的自转周期，始终保持与地球的同步运行状态。其波束最大覆盖面可以达到地球表面总面积的1/3以上，仅需等间隔放置的3颗通信卫星即可实现全球范围的通信。地面端是通信卫星与地面公众网的接口，可用于出入卫星系统形成数据通信链路，供用户使用。

卫星通信技术具有以下6个方面的特点。

① 覆盖区域大，通信距离远。由于卫星距离地面远，所以覆盖地球的区域大，是远距离越洋电话和电视广播的主要手段。

② 具有多址连接功能。卫星所覆盖区域内的所有地球站都能利用同一卫星进行相互间的通信。

③ 频段宽，容量大。采用微波频段，每颗卫星上可设置多个转发器，通信容量很大。

④ 灵活。地球站的建立不受地理条件的限制，可建在偏远地区。

⑤ 通信质量好，可靠性高。电波主要在自由空间传播，噪声小，通信质量好。

⑥ 通信的成本与距离无关。卫星通信的地球站至卫星转发器之间不需要线路投资，其成本与距离无关。

（2）卫星通信技术应用

在智能交通系统中，卫星通信技术主要应用于GPS导航、车辆定位、车辆跟踪及交通管理，向驾驶员提供出行线路的规划和导航、信息查询以及紧急援助等，如图7-21所示。

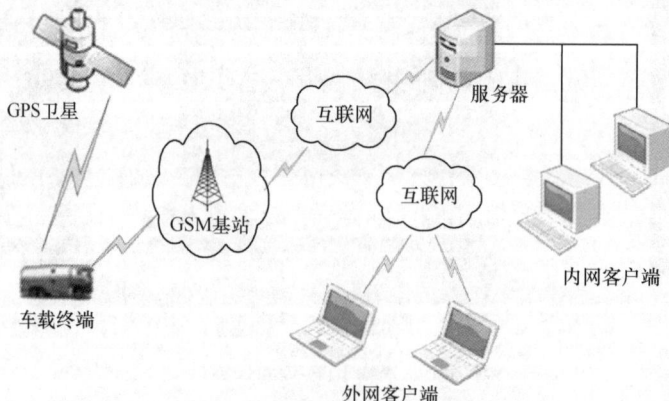

图7-21 智能交通系统中的卫星通信技术

2. 5G 移动通信技术

5G 移动通信技术即第五代移动通信技术（5th Generation Mobile Communication Technology），简称 5G 技术。5G 技术是对包括 3G、4G 技术在内的现有通信技术的技术更新，是 4G 技术的延伸。5G 网络延迟低于 1 ms，数据传输速率可达 10 Gbit/s，比 4G LTE 网络快 100 倍。

5G 移动通信技术的供应商将覆盖的服务区域划分为许多蜂窝小地理区域，以数字信号的方式传输声音和图像等其他数据。5G 设备通过无线电波与蜂窝中的本地天线阵和低功率自动收发器进行通信。当用户从一个蜂窝穿越到另一个蜂窝时，移动设备将自动"切换"到新的蜂窝中。5G 网络切片示意如图 7-22 所示。

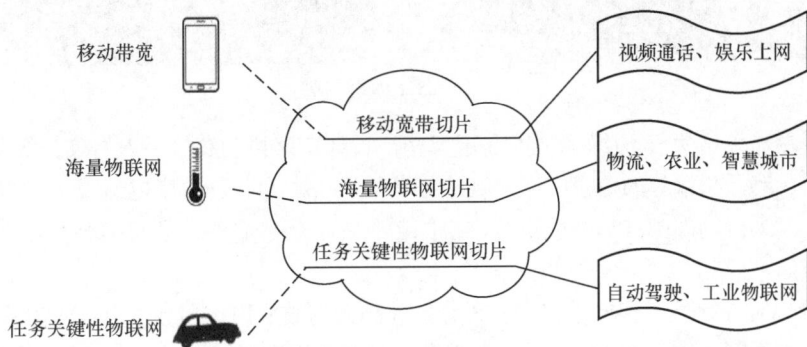

图 7-22 　5G 网络切片示意

（1）5G 移动通信技术组成及特点

5G 网络中，接入网由集中单元（Centralized Unit，CU）、分布单元（Distribute Unit，DU）、有源天线单元（Active Antenna Unit，AAU）3 个部分组成。5G 与 4G 网络的组成对比如图 7-23 所示。

CU 由 4G 网络基站中负责信号调制 BBU 的非实时部分分割构成，负责处理非实时协议和服务。

AAU 由 4G 网络基站中负责信号调制 BBU 的部分物理层处理功能与负责射频处理 RRU 及无源天线合并构成。

DU 由 4G 网络基站中负责信号调制 BBU 的剩余功能重新定义构成，负责处理物理层协议和实时服务。

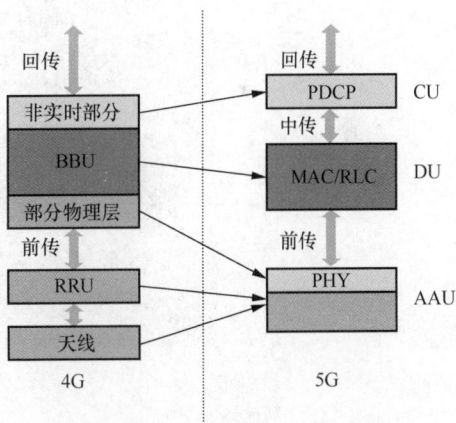

图 7-23 　5G 与 4G 网络的组成对比

5G 移动通信技术正朝着网络多元化、宽带化、综合化、智能化的方向发展，具有高数据传输速率、超低延迟、节省能源、降低成本、系统容量高和允许大规模设备连接的特点。

（2）5G 移动通信技术应用

2019 年，湘湖国家旅游度假区管委会联合中国移动杭州分公司召开湘湖 5G 智能网联无人驾驶车发布会，当天同时亮相的无人驾驶车是国内首个在景区开放道路上实现的 5G 智能网联驾驶应用。该无人驾驶车基于 5G 移动通信和网联自动驾驶技术，可实现车辆自动驾驶，包括循迹自动驾驶、行人识别和动态避障、区域动态限速、交通信号灯控制、超视距、车辆动态调度等，同时具有远程驾驶功能（见图 7-24），可根据场景需求，完成自动或远程驾驶实时接管，以及网联后台的监控与管理的功能场景。

图 7-24　5G 远程驾驶

在平台端，采用"云-边缘-终端" 3 层架构，设计车路协同智能无人驾驶分级决策平台，通过人、车、路、云端等的信息交互实现边缘计算服务能力、高精度定位服务能力、五维时空服务能力，为自动驾驶汽车智能决策、协同控制提供信息服务，进而实现不同等级智能驾驶及智慧交通。

2019 年，"5G 赋能、智造未来——智慧矿区无人驾驶应用发布会"上，中国移动和包钢集团展示了合作研发的"5G 技术+无人驾驶矿车项目"，基于 5G 技术打造了智慧矿区，是全国乃至全球首个 5G 技术成功应用案例，如图 7-25 所示。

图 7-25　5G 无人驾驶矿车

7.2.5　车联网及通信技术应用

车联网及通信技术目前主要应用在车路协同控制、多车列队协同控制方面。

1. 车路协同控制

车路协同控制是指基于无线通信、传感探测等技术经行路信息获取，通过车车、车路信息交互和共享，实现 V2I 之间智能协同与配合，达到优化利用系统资源、提高道路交通安全、缓解交通拥挤的目标。

（1）实现方式

基于车联网技术的车路协同系统总体上由车载感知子系统、路侧感知子系统、数据传输子系统、数据处理及预警子系统、交通控制与信息发布子系统 5 个部分组成，各子系统的共同作用实现车路协同。

车载感知子系统由安装在车辆上的各种车辆运行参数传感器、车载摄像头和雷达、GPS 卫星定位装置以及车载微处理单元等组成，如图 7-26 所示。该子系统又分为车辆感知模块、环境感知模块和 GPS 定位模块 3 部分。

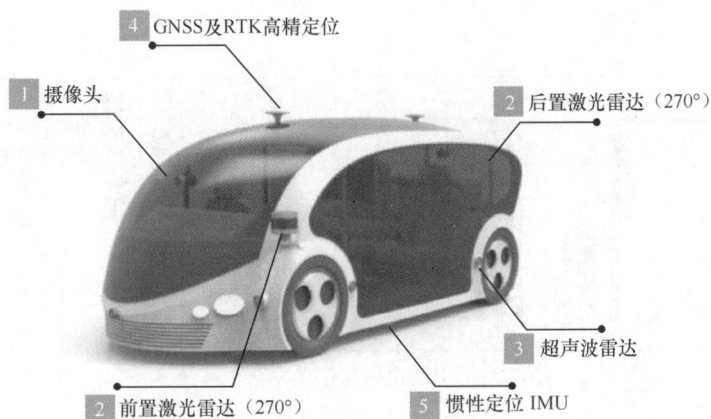

图 7-26　车载感知子系统

路侧感知子系统由安装在道路上的地磁、超声波、红外线、RFID、信标、视频检测器和道路气象站、路面路况检测器等组成。该子系统又分为道路交通感知模块、道路气象感知模块和路面状况感知模块 3 部分。道路交通感知模块如图 7-27 所示。

图 7-27　道路交通感知模块

车载通信模块、路侧通信模块、移动通信基站以及其他通信设施共同组成数据传输子系统，用于实现短距离无线通信及远距离有线或无线通信与数据传输。

在交通管理中心，各种信息处理设备及显示、报警装置等组成了数据处理及预警子系统。该子系统分为数据处理模块、预警和报警模块。

交通控制与信息发布子系统（见图 7-28）由安装在道路沿线的信号控制装置、可变信息板、路旁广播以及车载信息提示与发布装置等组成。车路协同系统的上述 5 个子系统紧密联系，相互协调，将人、车、路、环境和谐统一，共同形成一个基于车联网技术的有机的车路协同整体，从而实现车路协同系统的总体目标与功能。

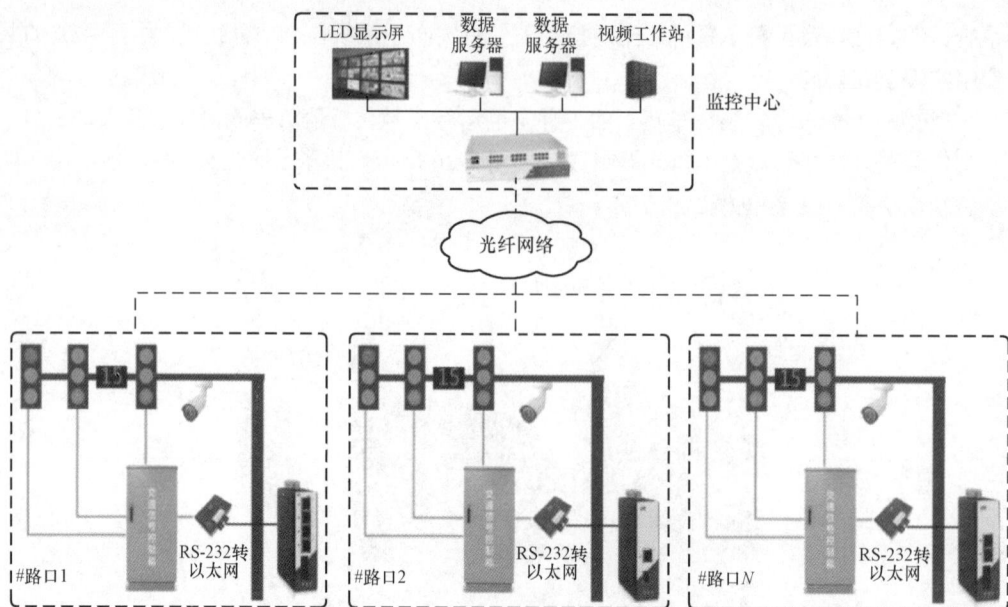

图 7-28　交通控制与信息发布子系统

（2）典型应用场景

车路协同需要投入一定费用进行基础设施建设，包括建设 RSU。当然，作为 5G 最主要的应用，RSU 可以随着我国城市大规模进行 5G 试验网络一同建设，应用于特定的场景，如公共交通车辆、货运车、特种车辆（救护车、消防车、公务车等）等的车路协同。

① 交叉口车路协同控制。交叉口车路协同控制的本质是依据实时交通状况对交叉口中冲突点的通行时空资源进行合理分配，最终实现减少车辆在交叉口的等待时间，提高交叉口的通行效率的目的。

车辆通过交叉口车路协同控制如图 7-29 所示。在路口布设 RSU，RSU 接收附近智能网联汽车的信息和从云端接收数据中心的数据，并不断向附近的所有联网车辆广播其间发生的事情的信息，从而提前警告车辆潜在的安全问题并同时在智能环境感知系统本身对道路观察的基础上提供进一步的信息。智能网联汽车接收到 RSU 发出的信息后对自动驾驶进行调整，同时将自己的数据发送给 RSU。

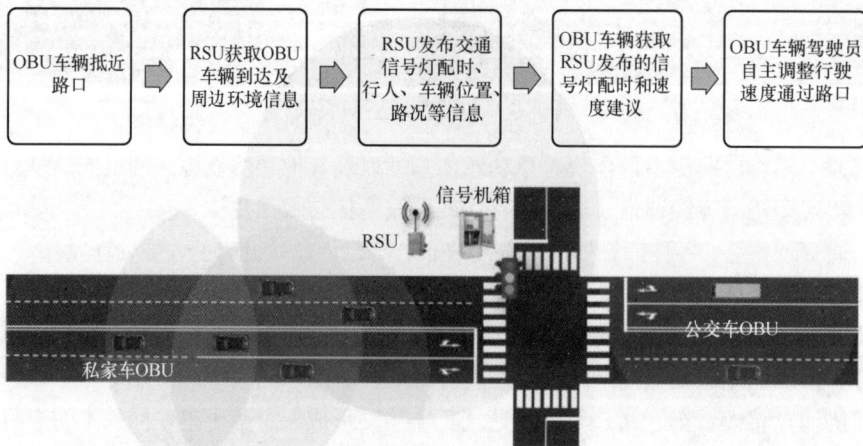

图 7-29　车辆通过交叉口车路协同控制

RSU 与 OBU 建立连接后，OBU 向 RSU 发送包括车辆速度、车辆位置的车辆状态信息。RSU 收到车辆状态信息后进行解析处理，实现对车辆运行参数的实时监测，然后根据监测数据判定交叉口当前安全等级，并将判定结果与当前交叉口动态信息（当前交通信号灯状态、信号保持时间等）打包为交叉口状态信息或预警信息后实时向处于其通信队列的 OBU 发送，其中预警信息定向发布至潜在事故车辆，提醒其调整驾驶行为，避免事故发生；状态信息以广播方式发布，接收到信息的非事故车辆根据状态信息调整驾驶行为。

② 智慧公交车路协同控制。利用车路协同技术提升智能公交管理水平，沿公交专用道部署 RSU，可以实现公交专用道沿线的网络覆盖，形成智能公交车联网。公交车辆安装 OBU，交通信号控制系统可检测到公交车到达，为公交车提供信号优先服务。公交优先通过车路协同控制如图 7-30 所示。

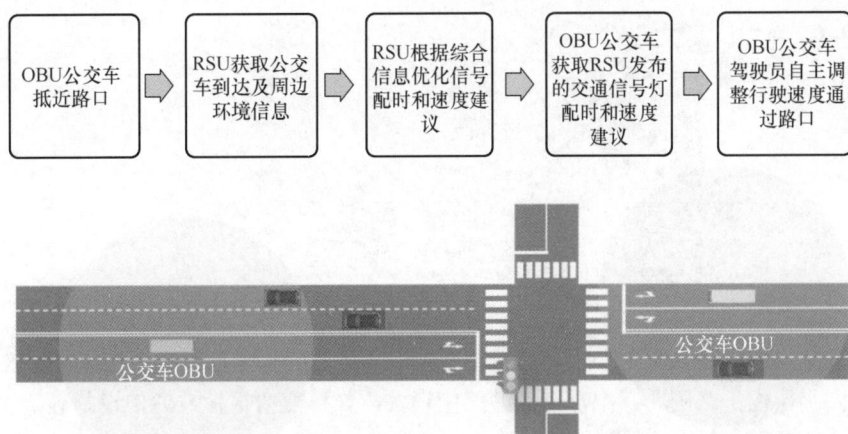

图 7-30　公交优先通过车路协同控制

在市区的公交专用车道上，公交车较多，公交车行驶安全性和效率问题都十分突出。车路协同系统可为公交车提供车队行驶服务，减小车辆间隔，提高公交车的通行能力，并为公交车提供主动安全服务，如图 7-31 所示。

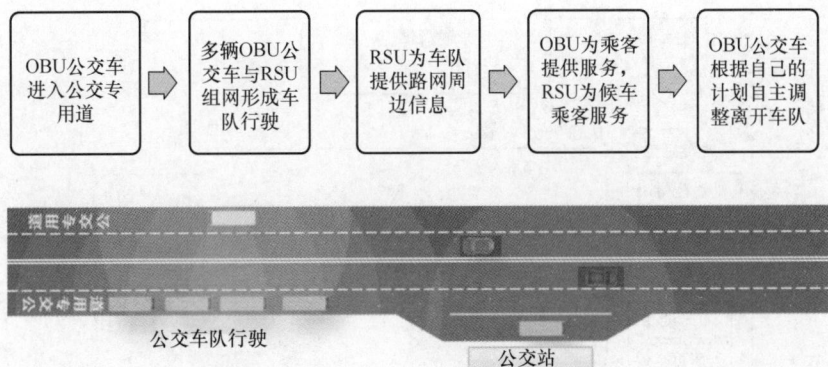

图 7-31　公交车队行驶车路协同控制

2. 多车列队协同控制

多车列队协同控制是通过控制手段实现自动驾驶汽车自动组队以较小间距沿相同路径

行驶，提高道路车辆密度，简化交通控制复杂程度，在缓解交通压力的同时还可以降低油耗，节约能源。

智能网联汽车将先进的计算机技术、信息采集与通信技术和无人驾驶技术集成在一起，基于感知车辆及车队周围的环境信息，通过车辆队列以及单体车辆整体和局部决策规划，利用协同控制策略和方法，实现多智能体的协同驾驶。多车列队协同控制如图 7-32 所示。

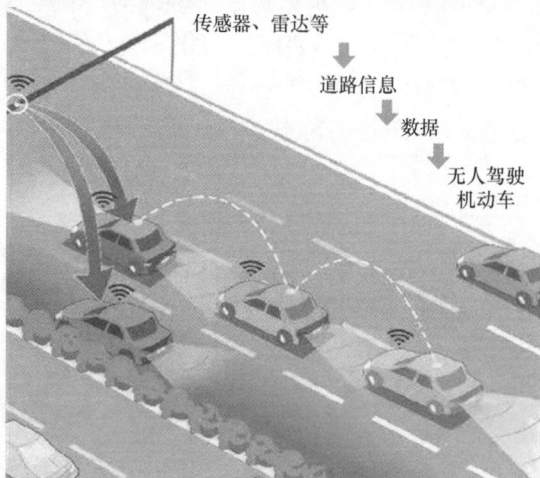

图 7-32　多车列队协同控制

多车列队协同驾驶系统主要由交通控制层、车辆管理层和车辆控制层构成，如图 7-33 所示。交通控制层位于路侧。其中，搭建的路侧设备，如可变情报板、通信设备等，均用于支持车辆的协同驾驶；制定的基本准则，如方式、准则、习惯等，均用于指导车辆的协同驾驶。车辆管理层和车辆控制层位于车载端，用于协同驾驶策略的决策与执行。

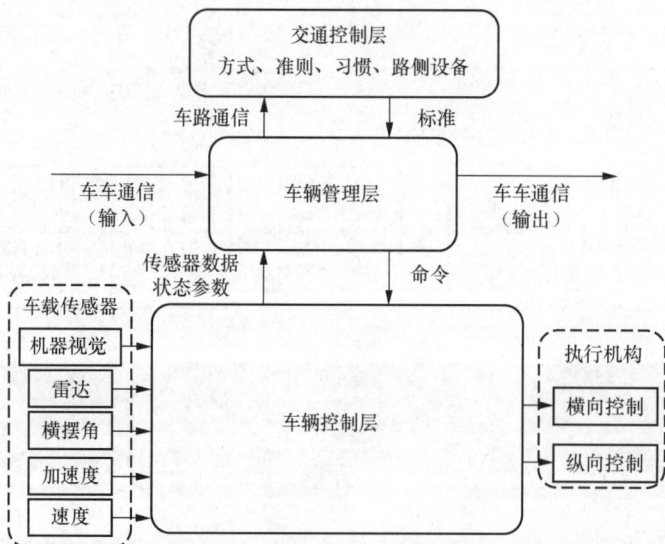

图 7-33　多车列队协同驾驶系统结构

多车列队协同控制架构采用分层设计的方式，由数据收发处理单元、协同轨迹规划单元和自车轨迹跟踪单元 3 部分组成，如图 7-34 所示。

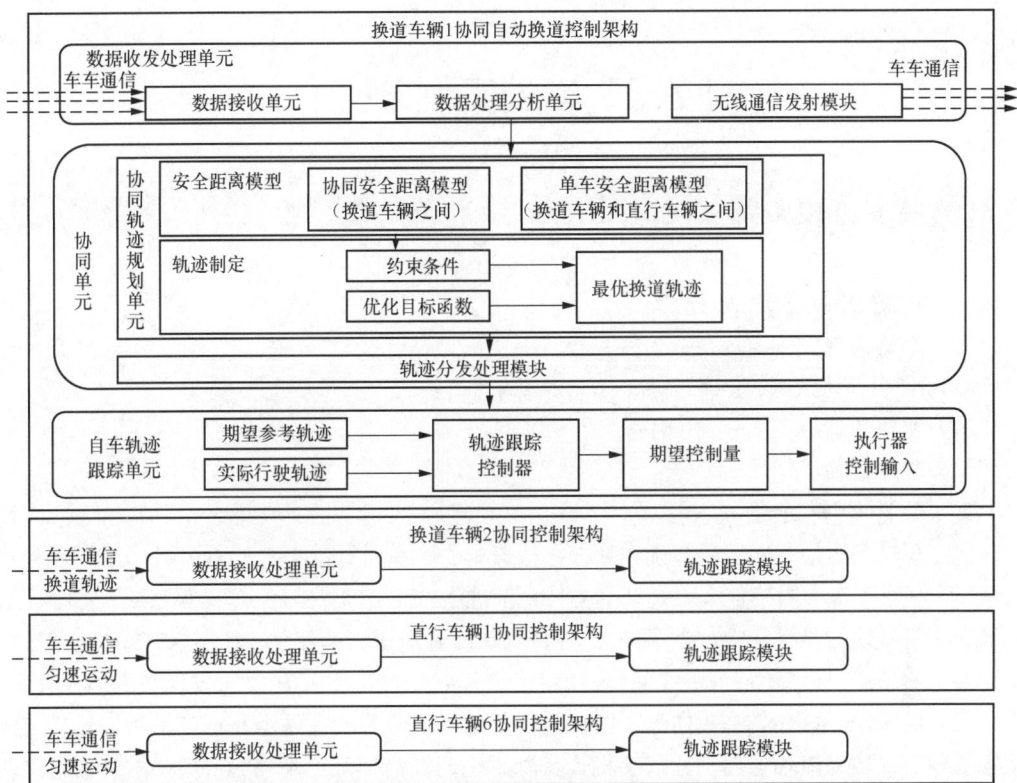

图 7-34　多车列队协同控制架构

这里以常见的多车列队协同换道为例，讲述多车列队协同控制实现方式。首先，数据收发处理单元根据车辆信息进行处理，并进行轨迹规划后将信息发送。场景中各个车辆根据传感器（如 GPS、速度传感器、加速度传感器、横摆角速度传感器等）获得位置、速度、横摆角（或者横摆角速度）等状态变量，并根据地图信息计算得出所在车道、车道宽度、车辆与车道中线的夹角等数据，再通过车车通信将其和换道决策信息发送到协同轨迹规划车辆。

在协同轨迹规划车辆上，一方面，数据处理模块凭借地图信息，计算得到车辆之间的相对距离、速度等信息；根据车辆的换道决策划分为换道车辆和直行车辆，并将相关信息传递到协同轨迹规划单元，为其提供相关数据。另一方面，无线通信发射模块把规划好的车辆轨迹发送到各个车辆。

协同轨迹规划单元根据两辆换道车辆原始车道和目标车道，进行协同轨迹规划，得到多条换道车辆时间位置序列。协同轨迹规划单元包括安全距离模型和轨迹制定两个方面。安全距离模型分为换道车辆之间安全距离模型和换道车辆与直行车辆之间安全距离模型。前者保证换道车辆之间的安全性，后者保证换道车辆与直行车辆之间的安全性。轨迹制定以保证车辆换道的舒适性、安全性等为目标，以安全距离模型和动力学限制为约束，制定两条安全、舒适和高效的换道轨迹。轨迹制定后，将规划轨迹信息分类，通过数据收发处理单元分别发送给各个换道车辆和直行车辆。

自车轨迹跟踪单元根据车辆收到的规划轨迹信息，进行实时跟踪，实现协同换道。协同轨迹规划车辆的轨迹跟踪控制器直接从协同轨迹规划单元得到参考轨迹信息进行跟踪；其他车辆通过车车通信获得规划轨迹，经轨迹分发处理模块后，直接下发给轨迹跟踪控制器进行轨迹跟踪。

|7.3 典型案例分析|

【故障诊断过程】

1. 对前述故障原因分析

（1）手机问题。

（2）NFC 模块故障。

（3）线路故障。

（4）程序故障。

2. 故障诊断过程

（1）车辆到店检查发现故障确实存在，检查车主手机设置，NFC 功能打开，手机钱包也登录了，联系手机客服确定本手机型号支持比亚迪 NFC，用 VDS（汽车诊断系统）扫描无故障码，所有模块均是最新版。为了排除 NFC 模块故障，重新匹配了一张 NFC 卡片，发现卡片能够正常使用，怀疑还是手机的问题，然后找了几部带 NFC 的手机测试发现故障同样存在。

（2）用 VDS 读取 NFC 数据流，发现刷手机数据流卡片状态显示非本车卡片，然后询问技术督导得知数据流不适用于读取手机，排除手机问题后怀疑还是 NFC 模块本身信号比较弱，无法准确识别手机。

【故障排除】

通过故障现象的确认与诊断，更换 NFC 模块后使用手机可以解锁车辆，故障排除。

【故障分析与总结】

此故障为典型的 NFC 模块故障，此故障可根据比亚迪汽车 App "帮助与反馈"里面的 NFC 钥匙进行排查。

|7.4 工作任务：智能网联汽车车载网络系统检修|

7.4.1 实训内容与要求

实训内容：智能网联汽车车载网络系统检修。

实训要求如下。

① 能够确认故障现象。

② 能够使用维修资料，正确选用工具。

③ 能够正确完成智能网联汽车车载网络系统检修。

④ 应在 80 min 内独立完成。

⑤ 在诊断与维修过程中应注意人身健康与安全。

7.4.2　实训条件

① 车间或模拟车间。

② 个人防护用品用具。

③ 汽车维修设备和工具。

④ 安全的工作环境和工作场所。

⑤ 有关人身健康与安全的信息。

⑥ 提供各类维修知识和维修资料的网页。

7.4.3　实训步骤

1. 检查智能网联汽车车载网络系统（已设置车载网络系统故障），通过查询相关的维修资源，确认故障现象。

2. 分析故障原因，查阅维修手册确定诊断方法。

3. 使用故障诊断仪读取全车故障码。

4. 根据故障码判断故障区域。

5. 确定故障部件，提出维修方案。

6. 完成维修并试车。最后填写下表。

车载网络系统故障诊断与维修表

车型	
车载网络系统类型	
行驶里程	

故障现象：

使用的仪器和工具：

诊断和排除故障的步骤（记录主要数据）：

故障原因和排除方法：

|7.5 项目小结|

本项目介绍了 V2X 车联网技术的定义及内涵、V2X 通信技术两大阵营以及 V2X 车联网的应用进展；现阶段近距离通信技术（RFID 技术、NFC 技术、Wi-Fi 技术、蓝牙技术）；现阶段中短距离通信技术（DSRC 技术和 LTE-V 技术）；现阶段远距离通信技术主要有卫星通信技术和 5G 移动通信技术；车联网及通信技术目前主要应用（车路协同控制、多车列队协同控制方面）。

学生学习本项目应着重掌握 V2X 技术概念及应用、智能网联汽车通信技术概念及应用。

|7.6 知识训练|

1．回答问题
（1）简述 RFID、NFC、Wi-Fi、蓝牙技术的概念和工作原理。
（2）简述 DSRC、LTE-V 技术的概念和工作原理。
（3）简述卫星通信技术及 5G 移动通信技术的概念和工作原理。
（4）简述车路协同控制、多车列队协同控制的概念及实现方式。

2．不定项选择题
（1）下列（　　）技术属于近距离通信技术。
  A．RFID   B．NFC   C．Wi-Fi   D．GPS
（2）下列（　　）技术属于中短距离通信技术。
  A．RFID   B．DSRC   C．LTE-V   D．GPS
（3）下列（　　）技术属于远短距离通信技术。
  A．RFID   B．5G   C．LTE-V   D．卫星通信

3．填空题
（1）根据车联网主要应用场景及通信距离，将其分为_____通信技术、_____通信技术、_____通信技术以及_____通信技术。
（2）DSRC 技术主要由_____（On Board Unit，OBU）和_____（Road Side Unit，RSU）两个部分组成。
（3）LTE-V 技术包括_____和_____两种。
（4）CAN 数据传输系统中每块 ECU 的内部包含_____，每块 ECU 的外部连接两条_____，系统中作为终端的两块 ECU 内部各包含一个_____。
（5）CAN 数据总线是用以传输数据的双向数据传输线，一般是双绞线，可以分为_____和_____，可以双向传递数据。